高等院校会计与财务系列
精品规划教材

PRINCIPLES OF FINANCIAL MANAGEMENT
财务管理原理

第3版

主　编　王明虎
副主编　王锴　吴良海　顾银宽
参　编　赵娟

机械工业出版社
China Machine Press

图书在版编目（CIP）数据

财务管理原理 / 王明虎主编. —3 版. —北京：机械工业出版社，2018.3（2023.8重印）
（高等院校会计与财务系列精品规划教材）

ISBN 978-7-111-59375-1

I. 财… II. 王… III. 财务管理－高等学校－教材 IV. F275

中国版本图书馆 CIP 数据核字（2018）第 044698 号

本书是在我国市场经济体制改革深入发展以及世界金融危机的影响逐步加深扩大的形势下编写的，编者用言简意赅的语言将财务管理的理论阐述清楚并将现代企业管理中的前沿问题反映出来，结合经典案例将课程内容完整系统地体现出来。本书内容充实、案例丰富，既有对理论的深入探讨，又有对实务操作的清晰讲解。

本书适用于大专院校财务管理专业的本科生及专科生，也可作为经济管理类其他专业财务管理基础课教材以及 MBA 教学用书。

出版发行：机械工业出版社（北京市西城区百万庄大街 22 号 邮政编码：100037）
责任编辑：宋　燕　　　　　　　　　　　　责任校对：殷　虹
印　　刷：固安县铭成印刷有限公司
版　　次：2023 年 8 月第 3 版第 6 次印刷
开　　本：185mm×260mm　1/16
印　　张：20
书　　号：ISBN 978-7-111-59375-1
定　　价：45.00 元

客服电话：(010) 88361066　68326294

版权所有·侵权必究
封底无防伪标均为盗版

前言

近年来,中国经济发展态势将持续向好,一方面,经济发展维持中等速度;另一方面,为维持经济发展,我国政府采取了多方面的改革措施,既涉及大型中央企业的混合所有制改革,也包括金融市场利率机制、证券市场发行机制等。这些改革措施,不仅加大了我国企业财务管理环境的市场化进程,也为财务管理创新提供了基础。

互联网的发展成为当今经济发展的又一强大推动力,以"互联网+"为代表,一些新业态、经营模式进入市场,对传统经营模式提出了挑战,同时也改进了企业财务管理的主要方法和政策。

正是在制度和技术革新的重大背景下,我们对本书进行了全面改编。本次改编,我们注重以下一些方面的修订:

(1)根据新的政治经济改革措施,更新财务管理环境陈述,以及这一系列改革对财务管理的影响。

(2)根据当今信息化技术发展对企业财务管理的影响,讨论"互联网+"背景下财务管理的变革。

(3)根据企业当前财务管理的新实践,为了更好地体现党的二十大报告提出的"讲好中国故事",更新案例题材,拓展讨论范围。

(4)更新相关教学辅助内容,适当增加练习题和考试模拟题,提高教学适用效果。

本次修订得到安徽工业大学会计系老师的大力支持,特别是选定本书作为教材的教师,提出了各种修订建议。机械工业出版社的编辑为本次修订做了很多工作,还有其他老师在我们和出版社、读者之间做了大量联系工作,在此一并感谢。

教学建议

教学目的

财务管理原理是财务管理专业的一门重要专业基础课程,本课程的教学目的在于让学生通过学习初步具备财务学基础理论和解决实际问题的能力,为学生以后继续深化本专业后续课程的学习和将来走上本专业工作岗位打下良好的基础。具体来讲,要培育学生掌握财务管理目标、假设、内容、原则等基本原理,了解货币时间价值和投资风险价值等基本观念,学会初步的财务分析方法,并对企业财务管理的基本内容有一个概括了解。

前期需要掌握的知识

管理学、基础会计学、微观经济学、高等数学等课程相关知识。

课时分布建议

教学内容	学习要点	课时安排	
		MBA	本科
第1章 概论	(1) 了解财务管理的对象和内容 (2) 掌握财务管理的概念 (3) 掌握财务管理的目标 (4) 了解财务管理的假设和原则	2	4
第2章 财务管理的环境	(1) 了解企业组织形式及其优缺点 (2) 金融市场的结构 (3) 利率的构成和影响因素 (4) 了解税收对财务管理的影响	4	5
第3章 财务管理基本观念	(1) 了解货币时间价值概念 (2) 掌握终值和现值计算 (3) 掌握单项资产投资收益和风险的衡量 (4) 了解组合投资理论 (5) 掌握资本资产定价模型	4	6

(续)

教学内容	学习要点	课时安排	
		MBA	本科
第4章 证券投资原理	(1) 了解证券投资基本概念 (2) 了解债权类证券估价方法 (3) 了解权益类证券估价方法 (4) 了解期权估价方法	4	5
第5章 财务分析原理	(1) 了解财务分析的概念及重要性 (2) 掌握基本财务能力分析 (3) 了解业绩评价基本理论 (4) 掌握综合财务能力分析	4	6
第6章 项目投资原理	(1) 了解项目投资决策基本概念 (2) 掌握项目投资决策基本评价方法 (3) 了解项目投资决策组合分析方法	4	6
第7章 筹资原理	(1) 了解基本筹资方式 (2) 掌握资本成本的概念和计算 (3) 了解财务杠杆基本理论 (4) 了解资本结构基本理论	2	5
第8章 营运资本管理原理	(1) 了解营运资本管理原则与政策 (2) 把握现金管理模型 (3) 熟悉信用政策控制变量 (4) 掌握基本经济批量模型	4	6
第9章 长期筹资	(1) 了解股票筹资的基本规定和优缺点 (2) 了解债券筹资的基本规定和优缺点 (3) 了解认股权证、租赁和可转换债券等筹资方式	4	5
第10章 利润分配	(1) 了解利润分配的程序与原则 (2) 掌握股利分配政策的基本理论 (3) 把握影响股利政策的类型与选择	4	4
第11章 财务管理其他专题基本原理	(1) 企业合并的基本形式以及合并价值评估 (2) 国际财务管理的环境和基本内容 (3) 资本运营的基本概念和形式	4	4
课时总计		40	56

说明：

（1）在课时安排上，对于 MBA 是 40 学时；财务管理专业本科生和非管理专业本科生是根据 56 学时安排的，标注课时的内容建议要讲，其他内容不一定讲，或者选择性补充；非财务管理专业的本科生建议安排学时到 64 学时以上，以便补充相关的专业知识。

（2）讨论、案例分析等时间已经包括在前面各个章节的教学时间中。

目 录

前言
教学建议

第 1 章 概论 1
   1.1 财务管理的对象和内容 2
   1.2 财务管理发展概况 11
   1.3 财务管理的基本理论框架 16
   本章小结 27
   参考文献 28
   复习思考题 28
   练习题 28
   案例题 29

第 2 章 财务管理的环境 30
   2.1 企业组织形式 31
   2.2 金融市场 40
   2.3 利率和税收 49
   本章小结 54
   参考文献 54
   复习思考题 55
   练习题 55
   案例题 55

第 3 章 财务管理基本观念 57
   3.1 货币时间价值观念 58
   3.2 风险价值观念 73

本章小结	86
参考文献	86
复习思考题	86
练习题	86
案例题	87

第4章 证券投资原理 … 88

4.1 证券估价基本概念	89
4.2 债权证券投资	92
4.3 权益证券投资	97
4.4 混合证券和其他证券投资	106
本章小结	108
参考文献	109
复习思考题	109
练习题	109
案例题	110

第5章 财务分析原理 … 111

5.1 财务分析概述	112
5.2 基本财务能力分析	120
5.3 综合财务能力分析	135
5.4 业绩评价基本理论	140
本章小结	143
参考文献	144
复习思考题	145
练习题	145
案例分析	147

第6章 项目投资原理 … 149

6.1 项目投资决策概述	149
6.2 项目投资决策基本评价方法	153
本章小结	164
参考文献	166
复习思考题	166
练习题	166
案例题	168

第 7 章　筹资原理 … 169
7.1　基本筹资方式 … 170
7.2　资本成本 … 172
7.3　杠杆原理 … 182
7.4　资本结构 … 188
本章小结 … 192
参考文献 … 193
复习思考题 … 193
练习题 … 194
案例题 … 195

第 8 章　营运资本管理原理 … 196
8.1　营运资本管理概述 … 197
8.2　现金管理 … 203
8.3　应收账款管理 … 209
8.4　存货管理 … 214
8.5　短期融资 … 217
本章小结 … 223
参考文献 … 224
复习思考题 … 224
练习题 … 224
案例题 … 225

第 9 章　长期筹资 … 226
9.1　股票筹资 … 227
9.2　债券筹资 … 235
9.3　其他筹资方式 … 242
本章小结 … 253
参考文献 … 254
复习思考题 … 254
练习题 … 254
案例题 … 255

第 10 章　利润分配 … 256
10.1　利润分配的程序与原则 … 257
10.2　股利支付的方式与程序 … 258
10.3　股利政策的类型与选择 … 264
本章小结 … 272

参考文献	273
复习思考题	273
练习题	273
案例题	274

第 11 章　财务管理其他专题基本原理 … 275

11.1　企业合并	276
11.2　国际财务管理	281
11.3　资本运营	288
本章小结	293
参考文献	293
复习思考题	293
练习题	293
案例题	294

试卷一	296
参考答案	300
试卷二	303
参考答案	308

第1章
概　　论

本章学习要点
财务管理对象
财务管理内容
财务管理假设
财务管理原则

课前阅读材料

恒大投资足球：成功还是失败

广州恒大淘宝足球俱乐部（以下简称"恒大淘宝"）前身是成立于1954年的广州市足球队。1993年1月，广州市足球队通过和太阳神集团合作，成为中国第一家政府与企业合股的职业足球俱乐部。2010年3月1日，恒大集团买断当时尚处于中国足球甲级联赛的球队全部股权，俱乐部更名为广州恒大足球俱乐部。2011年球队提前四轮成功冲超，并最终获得联赛第一。2012年，俱乐部以升班马身份在顶级联赛第一年就勇夺中超联赛冠军。首次参加亚洲足球俱乐部冠军联赛并进入八强，2013年获得亚洲足球俱乐部冠军联赛冠军，这也是中国足球俱乐部第一次问鼎该项赛事的冠军，同年获亚足联最佳俱乐部奖。2014年6月5日，阿里巴巴入股恒大俱乐部50%的股权；同年7月4日俱乐部更名为广州恒大淘宝足球俱乐部。为提高球队水平，俱乐部先后重金聘请里皮、斯科拉里两位足球世界杯冠军教练，将孔卡、高拉特以及国内的邹林、张琳芃等名将招致麾下，真金白银投入激励球队取得成绩。截至2017年，恒大淘宝已连续六次获得中超联赛冠军，也是中国联赛历史中夺冠次数第二多的球队；并获得三次中国足球超级杯冠军，两次中国足协杯冠军，两次亚冠联赛冠军。

为获得更多社会人士对中国足球运动的支持，恒大淘宝于2015年申请新三板上市并成功登陆。表1-1是2013~2016年恒大淘宝的主要经营业绩指标。

表1-1　恒大淘宝2013~2016主要财务指标一览表　　（单位：百万元）

年份 财务指标	2013	2014	2015	2016
总资产	358	1 353	2 009	1 272

(续)

年份 财务指标	2013	2014	2015	2016
总负债	1 312	490	1 484	665
股本	100	300	375	396
营业收入	413	342	380	560
营业成本	919	833	1 266	1 512
营业利润	−565	−527	−916	−985
净利润	−576	−482	−953	−811

从表 1-1 中可以看出，恒大投资足球，虽然获得了无数荣誉，但并未给集团带来直接的经济收益，2013~2016 年这四年累计亏损达到 28.22 亿元，属于典型的"赔钱赚吆喝"。

然而恒大投资足球的社会效应远不止获得几个联赛冠军那么简单，六年前，即恒大入主广州队前的 2009 年，恒大合约销售金额为 303 亿元，在当年的房企销售额排行榜中仅位列第七，不及领头羊万科的一半。六年后，恒大销售额达到 2 013.4 亿元，上升至全国第三，六年间增长了 564%。按年份看，在恒大接手广州队的 2010 年，恒大老板许家印曾放言"5 年内夺取亚冠冠军"，这一年恒大地产的合约销售额增幅 66.4%，达到 504.2 亿元。随后一年，恒大合约销售额继续呈暴涨趋势，增幅为 59.4%，销售额达到 803.9 亿元。2013 年，恒大首次夺得亚冠冠军，恒大地产也迎来丰收，跨过千亿大关，销售额达到 1 004 亿元。2014 年，恒大地产的合同销售额继续激增 31%，达到 1 315.1 亿元。2015 年恒大足球实现中超五连冠，第二次举起亚冠奖杯。尽管 2015 年经济持续下行，房地产企业业绩普遍表现不佳，但恒大地产却逆市而上，合同销售额增长 53.1%，首次跨过 2 000 亿元大关，达到 2 013.4 亿元。从这点来看，恒大投资足球，胜过拿出百亿元资金进行广告投资。

讨论题：恒大投资足球是营销问题还是财务问题？

1.1 财务管理的对象和内容

财务管理是企业经营管理的重要内容和职能，关系到企业的生存和发展。本节我们重点讨论什么是财务管理、财务管理管什么、财务管理怎么管这三个核心问题。

1.1.1 财务管理管什么

财务管理管什么，从理论上说，就是财务管理的对象是什么。要讨论财务管理的对象，首先要讨论与财务管理有重要关联的概念——资金。企业是投资者为获取收益而投资兴办的经济组织，企业从其设立开始，就一直从事经济活动，企图通过经济活动的开展获取收益。然而企业是生存在一定的经济环境中，需要与供应商、客户、员工、国家、金融机构、投资者等发生经济往来。这种经济往来，表现为企业的资金运动。

1. 资金

所谓资金，是指企业财产物资的货币表现。在企业中资金有多种形式，以工业企业为例，其资金包括如下形式：货币资金（现金、银行存款、银行票据）、储备资金（原材料)、生产资金(在产品)、成品资金(库存完工产品和半成品)、应收账款、固定资产、对外投资等。

2. 资金运动

在企业中,资金的形态不是固定静止的,而是在生产经营中不断变化的。从短期来看,其资金运动表现为如下程序(见图 1-1)。

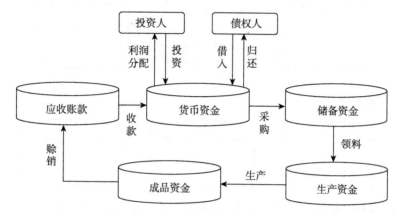

图 1-1 工业企业短期资金运动示意图

从长期来看,企业的固定资产也逐渐消耗,资金价值转入产品成本,如图 1-2 所示。

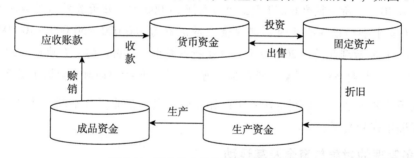

图 1-2 工业企业长期资金运动示意图

[例 1-1] 下岗工人小王筹集资金 20 万元开了一家小超市,开张时,其资产包括如下项目(见表 1-2)。

表 1-2 小王的资产情况

项 目	金额(元)
采购商品	120 000
现金	10 000
超市用货架	70 000

开业一个月超市出售商品收入 80 000 元,其成本为 70 000 元,另采购商品 20 000 元,所有收支均以现金结算。试分析其资金运动过程。

从开业时点来看,超市有三种资金,其分布如下:

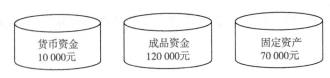

销售和采购业务的发生使资金发生如下变动（暂不考虑折旧因素）：

一个月后的资金分布为：

总资金额为 210 000 元，比起初增加 10 000 元，为超市的销售利润。

[例 1-2] 江天公司 2017 年度的经营状况如下：销售收入 100 000 元，不含折旧的制造成本 50 000 元，销售和管理费用 10 000 元，折旧费用 20 000 元，税前利润 20 000 元，假设所得税率为 30%，所得税为 6 000 元，税后利润 14 000 元。江天公司本年内所有收入全部收现金，所有支出全部以现金支付，则现金净增加额为 100 000 − 50 000 − 10 000 − 6 000 = 34 000（元），比税后利润增加 20 000 元。这是折旧费用发生引起的。企业每期的现金增加是利润和折旧的和，利润会增加现金，折旧也会增加现金，但折旧同时会使固定资产价值减少。

资金能否顺利运动，关系到企业的生存和发展。只有企业资金不断地运动并发生增值，企业才能保证生存和发展。

3. 财务管理的对象是资金及其运动

财务管理作为企业管理的一部分，其管理的对象具有特别性。如果说生产管理的对象是生产活动、营销管理的对象是营销活动的话，财务管理的对象就是企业的资金及其运动。这是因为财务管理主要是为企业理财，这就需要管理企业的资金，而不是管理企业的人事、生产、营销、科技开发、安全等其他事务。从财务管理的实务工作来看，财务管理的筹资、投资、利润分配、营运资金管理等也主要是管理企业各项资金的分布和流转情况，提出优化建议。

阅读材料 1-1　　雨润集团的财务困境如何化解

在 2015 年 3 月 23 日雨润集团董事长、实控人祝义财被监视居住后一年时间以来，此前一度大规模扩张的雨润一步步滑入债务危机的漩涡里，并最终在一年后爆发了债务危机。而在债务危机背后，是雨润激进的扩张模式，艰难的去产能转型以及紧绷的资金链。面对危局，雨润试图通过转让股权寻求救赎，然而萧条晚景下，即便"卖身"也屡遭不顺。

1. 债务违约或引发资金链危机

2016年3月17日,南京雨润食品有限公司(以下简称"南京雨润")发布公告称,2015年度第一期短融资券(即15雨润CP001)应于当日兑付本息。但公司未能按照约定筹措足额偿债资金,未能按期足额偿付,标志着南京雨润正式债务违约。

南京雨润系中国最大肉制品生产企业、中国雨润食品集团有限公司(雨润食品,股票代码01068.HK)旗下核心子公司,雨润食品则是雨润集团最主要产业和旗下两家上市公司之一。

在债务违约的第二天,南京雨润公告称,公司积极努力通过多种渠道筹措资金,现确定于3月21日兑付15雨润CP001全部应付利息和部分应付本金,共计2.5亿元。

值得注意的是,雨润食品在公告中表示,15雨润CP001未能按期足额兑付,南京雨润违约情况或已触及集团所订立的若干借款的交叉违约条款,从而可能会导致雨润食品需立即偿还约14.5亿元。

这意味着15雨润CP001的违约有可能成为雨润一连串债务偿还的导火索,令雨润食品本已紧绷的资金链再次面临大考。

雨润食品2015年中报显示,截至2015年6月流动负债净额为41.5亿港元;总借款及融资租赁负债为85.8亿港元,其中74.3亿港元将于12个月内到期;而截至2015年6月底的6个月,经营活动现金所用的现金净额为6.1亿港元。雨润食品承认,这些情况显示,本集团的持续经营能力可能存在重大的不确定性。

2. 房地产业务拖累资金面

分析人士表示,雨润资金链紧张与此前的激进扩张有关。2010年,雨润集团曾宣布了"三三三"发展战略,即在全国30个省会城市建设雨润农副产品全球采购中心、在300个地级市建设雨润农副产品物流配送中心、在3000个县域建设雨润农副产品种养生产基地。根据评级机构中债资信数据,截至2015年9月末,雨润固定资产、在建工程和无形资产合计达112亿元,在总资产中的比重为73.66%,明显高于双汇(58.16%)。

然而,雨润大举扩张的资金可能并未真正投入于肉制品主业,而是流向了房地产业。由于雨润的房地产项目不得不追随养殖基地而建,后者普遍位于非一线城市的偏远郊区,投资规模大而配套并不完善,在非一线城市房地产行业大幅遇冷的背景下,能否及时回收资金存疑。在大笔投资房地产业务的时候,雨润集团的利润来源——食品业务却增长乏力,导致雨润食品业绩亏损。

此外,雨润食品长期以来依赖政府补贴。据新京报记者此前梳理,雨润食品自2005年上市后的10年中,累计获得政府补贴逾40亿港元,占累计净利润比例达46.38%。

3. 两次尝试股权转让均未成功

在业绩不佳和实控人被监视居住背景下,陷入债务困境的雨润选择了"卖身救赎"。2015年9月8日,雨润旗下的雨润食品与中央商场公告称,雨润在与融创中国商讨有关战略合作事宜,融创中国可能购买雨润持有的雨润食品股权,并承诺向雨润提供全面支持,与债权人共同商讨雨润债务问题的解决。不过,12天以后,融创中国就退出了此项合作。

(资料来源:节选自赵毅波.雨润集团核心子公司债务违约 引发资金链危机[N].新京报,2016-03-28)

思考题

1. 雨润集团的财务困境与资金管理有什么关系?
2. 请思考雨润集团如何化解信用危机?

1.1.2 什么是财务管理

关于财务管理到底是什么，我国学术界曾有过激烈的争论，主要有以下观点。

1. 资金运动论

资金运动论认为，所谓企业财务，就是企业资金运动及其所形成的经济关系，因此，所谓财务管理，就是对企业资金运动及其所形成的经济关系所进行的管理。[一] 类似的观点还有，认为财务管理就是对企业的资金进行规划运筹和控制的一项管理活动。[二]

2. 货币关系论

货币关系论者认为，商品经济要讲价值，价值用货币来体现，在整个生产经营过程中，商品的流通要以实在的货币为媒介，商品的生产要以观念上的货币来计量，所以，在生产经营过程中需要用货币来处理的经济关系即货币关系，形成了财务。由此，财务一般地定义为商品生产经营者同各方面的货币关系。而财务管理就是对商品生产经营者同各方面的货币关系进行管理。[三]

3. 分配关系论

长期以来，分配关系论一直是财务本质论的一个重要观点，因为它体现了社会主义财务与财政之间的天然血缘关系。在传统体制下，我国大财政体系是社会主义计划经济体系的分配系统，国民经济部门和企业财务是其有机组成部分，而国有企业财务是大财政体系的基础。由此，决定了社会主义财务的本质与财政的本质是一致的，即它们都是一种分配关系。因此所谓财务管理是对企业纯收入的分配活动。

4. 经济活动论

这种观点认为，财务管理是指企业在生产经营活动中有关资金的筹集、使用、回收和分配等方面的经济活动。[四] 从本质上说，这一观点与资金运动论基本类似，但强调财务管理的经济属性。

5. 价值创造活动论

价值创造活动论认为，财务活动的本质是进行资本管理以实现价值创造的活动。这种资本管理以实现价值创造的财务活动的具体内容是如何进行的呢？首先要确定不同的理财主体及其资本，通过理财主体理性地预测与决策，形成不同的资产及其价值转移，在此过程中通过合理地核算与控制成本、风险、收入，最终实现收益——价值创造。[五]

上述观点各有所长：资金运动论从财务管理的对象角度界定财务管理的特点；货币关系论则看到了资金是财产物资货币表现这一本质属性；分配关系论从我国社会主义计划经济的企业特征出发看到了财务的分配特性；经济活动论则看到了财务管理从实务工作角度

[一] 曹侠. 关于社会主义企业财务本质各派学说的评价 [J]. 当代经济科学, 1992 (2).
[二] 陆正飞. 财务管理 [M]. 大连：东北财经大学出版社. 2001. 6.
[三] 谷祺. 工业企业财务管理 [M]. 北京：中国财政经济出版社, 1989：P1.
[四] 陆建桥. 对财务本质的探讨 [J]. 财会通讯, 1994 (12)：3.
[五] 袁业虎. 财务研究的起点及理财本质的界定 [J]. 当代财经, 2005 (12)：117.

来说是一种经济活动的表现形式；价值创造活动论则看到了市场经济条件下企业财务管理的目标。但每一种观点又或多或少地忽视了其他方面的财务管理特征。我们认为，要厘清财务管理的本质需要从财务管理的对象、职能、内容等主要表现形式开始，逐步抽象出其本质。一般认为，财务管理的对象是资金，财务管理主要是要做好资金的运动控制和管理；财务管理的职能包括预测、决策、计划、控制、分析和评价；财务管理的主要工作内容是筹资、投资、利润分配和营运资本管理等日常事务，以及企业合并、财务战略等特殊事务。总结这些基本结论，我们认为，财务管理是以资金运动为中心，通过预测、决策、计划、控制、分析和评价等工作方式，对企业的筹资、投资、利润分配和营运资本管理等日常事务，以及企业合并、财务发展战略等特殊事务进行管理的价值管理形式，其目的是使企业价值实现最大化。

> **阅读材料1-2　　财务本质的重塑：一种契约观**
>
> 　　当企业契约取代市场契约来进行社会资源配置时，财务就成为企业契约集合中的一个子契约，即财务契约，它是企业签订契约与履行契约的前提和基础。如果财务管理被看作企业管理的中心，资本运作被看作财务管理的中心，那么作为实现财务资源配置职能载体的财务契约就是企业契约集合的中心。因为利益相关者必然会关心其在企业契约的签订与履行过程中的责、权、利关系。财务契约作为一种共同认识被引入企业契约中，可以降低各利益相关者之间信息不对称的程度，有利于降低契约履行成本，以便确定利益相关者之间的这种经济关系。
>
> 　　财务契约是企业利益相关者在财务活动中所形成的各种有关财产权利流转的协议或约定。财务的本质是指财务活动固有的内在属性，无论资金运动论、价值运动论、资金分配（配置）论，还是本金投入收益论、财权流论等，体现的都是财务活动的事实或现象，即使这些理论已考虑到财务的某些内在属性，但都不是具有抽象意义的一般属性，而契约属性能够反映出抽象意义上的财务内在属性。因此，从新制度经济学角度来看，我们将财务的本质定位于契约属性或许更为恰当，这就是财务契约论。
>
> 　　（资料来源：节选自张正国.财务本质的重塑：一种契约观［J］.财会月刊（理论），2008（3）：67.）
>
> **思考题**
> 1. 财务契约观的合理性在哪里？
> 2. 财务契约观为什么没有得到学术界的广泛认同？

1.1.3 财务管理怎么管

　　所谓财务管理怎么管，就是财务管理的具体工作内容。财务管理的具体工作内容与企业的目标有很大的关系，它要服从于企业的目标。

　　企业是一个以营利为目标的经济组织，尽管它的形式多样，但不同企业的投资者都需要获取利润，否则他宁愿从事慈善事业以获取社会名誉。但企业生存在一个充满竞争的经济环境中，只有努力做好经济活动，才能保持生存、发展和获利。作为一个社会组织，企业的目的有三个层次：生存、发展、获利。

（1）生存。企业只有在困难的环境中生存下来，才可能取得以后发展和获利的机会。企业生存的土壤是经济环境，包括商品市场、资本市场、人力资源市场、技术市场等。企业要生存，需要两个基本条件：一是以收抵支。如果一家企业在日常经营中所收入的资金能够大于其消耗的资金，就能够在日常的经营中逐渐积累资金，从而生存和慢慢发展起来；如果企业在日常经营中取得的收入不能弥补其支付的支出，则资金就会逐渐减少，最终导致企业破产。企业生存的另一个条件是能够偿还到期债务。企业在生产经营中经常因为临时周转需要或扩大投资需要而借入资金，如果这些债务不能在到期得到偿还，则债权人可能要求企业破产还债，从而无法生存下去。

为了实现上述两个条件，企业财务管理要能够及时筹措资金偿还到期债务，而且在日常经营中能够扩大收入、降低成本，实现资金在周转中增值。

阅读材料1-3　　资产重组是上市公司脱困的主要措施吗

截至2017年3月23日晚，根据Wind数据，今年以来，公告申请撤销退市风险提示的A股公司有23家。其中，批准撤销退市风险提示的公司14家，除两家公司因其他风险提示只摘星外，其他12家公司实现了摘星脱帽。

在撤销退市风险提示的公司中，均采取了多种措施改善经营，提高盈利能力，2016年实现扭亏为盈。通过资产重组基本面得到根本改变的公司值得关注，包括百花村、中油资本等。通过资产重组，公司盈利能力大大增强，行业发展前景广阔。业绩承诺方面，中油资本2016年预计实现归属于母公司所有者的净利润为52.17亿元。与其重组前的2015年亏损7 618万元，2014年亏损11 518万元不可同日而语。

有的公司进行了部分的资产重组，原有主营业务资产仍然保留，但引进了盈利能力更强的资产，实现双主业模式。以神州易桥为例，公司前身为青海明胶，原主营业务为明胶系列产品、硬胶囊、胶原蛋白肠衣等产品的研发、生产和销售。通过发行股份购买神州易桥100%股权，而神州易桥主营业务为通过企业服务互联网平台面向中小微企业提供财税综合服务，属于企业互联网服务范畴。由此，上市公司由传统的医药制造业转变成为两轮驱动的业务格局，优化了公司盈利能力。神州易桥所处的企业服务O2O市场空间广阔，将对上市公司未来业绩产生较大的拉动作用。

然而，部分公司获准撤销退市风险提示，但主业并没有发生重大变化。虽然2016年实现盈利，但扣除非经常性损益后的净利润仍然为亏损，表明其主业盈利能力并未有较大改善，风险仍然存在。还有部分公司尚未进行实质性资产重组，虽然在降本增效方面取得效果，但基本上仍依靠非经常性损益实现2016年盈利。以华菱星马为例，公司2016年度实现归属于上市公司股东的净利润为7 554.82万元，但扣除非经常性损益的净利润为亏损3.02亿元。收到政府补助是公司实现盈利的重要因素。

思考题

1. 资产重组是否有助于上市公司脱困？
2. 除资产重组外，有没有其他途径帮助上市公司脱困？

（2）发展。企业要在市场中生存，必须不断发展自己的力量，否则在激烈的竞争中如"逆水行舟，不进则退"，最终失败。企业的发展需要多个条件：市场拓展、科技进步、管理提升，但最终表现为收入的增加和盈利的增多。而扩大收入和利润的根本途径是不断提高产品质量，扩大产品销售数量。这就需要企业能够及时更新产品和生产技术，实施好的投资项目，加强日常营运管理，提高效益。当企业的主业在市场竞争中处于不利地位或市场需求受限时，企业也可以通过转换商业模式等方式获得新的发展空间。

阅读材料1-4　　　　**郑永刚谈杉杉转型的过去、现在与未来**

日前，宁波市举办了"2016全球化企业发展中国论坛"。杉杉控股董事局主席郑永刚在论坛中的"闭门午餐会：智能增长与商机"上发表相关的主题演讲。关于杉杉转型，郑永刚做了如下描述。

第一次转型：服装产业

甬港服装厂，也就是杉杉的前身，是一个资不抵债的企业。我不会做衣服，我在考虑，这个衣服怎么做。我开始在全国考察。既然所有的服装厂都在做衣服，那我就研究衣服以外的价值。当时我确定了两个东西：品牌和市场网络。我们就从市场网络和品牌推广着手，在没有发工资前，借钱去打广告。"杉杉西服，不要太潇洒"。最后，时代成就了杉杉西服非常辉煌的局面。到了1998年，亚洲金融危机以后，进入了WTO谈判阶段，这个阶段我意识到了一个问题，只要中国的市场一打开，咱们的服装将成为非主流品牌。我感受到中国的服装业已经走入了一个新的阶段，所以我单枪匹马去了上海。

第二次转型：新能源产业

1999年3月，我考虑要寻找未来的产业。进行了一次又一次的咨询后，发现新能源一定是未来的方向。于是我收购了国家唯一的碳素研究所，它有一个863的课题，研究锂电池的负极材料。现在应用范围非常广，汽车电池、电动工具、储能电池都需要锂电池的负极材料。我不是科学家，也不是科研人员，我做的事就只是给这些科研人员在上海买房子，给他们的老婆找工作，给他们的孩子找学校。就是从这个新能源锂电材料开始，到现在为止，杉杉已经是全世界最大的锂电池材料供应商。所以说转型升级要有意识，但是要熬，要坚持。当时我们的服装产业还是蛮赚钱的，不是走投无路的时候去转型，而是在你还有钱、还健康的情况下去转型。

第三次转型：国际化和产融结合

我们进入国际化不是喊口号，而是跟企业的发展紧密联系起来。杉杉一直以实业为基础。我觉得经济不能空洞化，必须以实业为基础。产业资本和金融资本如何结合，这是当今企业家所面临的一个比较大的战略型的考验。当前杉杉有几个产业板块：服装、新能源、奥特莱斯。我们培育旅游产业，就是先通过资本手段。我们收购了新疆的一个企业，拿下了火焰山等景点的经营权。我们和浦发银行做了一个110亿元的旅游产业投资基金，地方政府也非常欢迎。我们也不是贸然进入旅游产业的。我们先成立旅游研究院，把要做的发展战略方向、全球旅游产业的整个现状以及中国目前旅游产业的发展战略全部弄清楚，半年以后我们再进入。

（资料来源：侯哲. 郑永刚谈杉杉转型的过去、现在与未来 [OL]. 华夏经纬网，[2017-03-13]. http://www.huaxia.com/xw/zhxw/2017/03/5229681.html）

表1-3 杉杉股份2007～2016年度主要产业收入统计表 （单位：百万元）

年　份	纺织服装	新　能　源
2007	1 343	704
2008	1 432	986
2009	1 329	776
2010	1 528	1 262
2011	1 694	1 157
2012	1 802	1 678
2013	1 725	2 163
2014	1 147	2 398
2015	581	3 398
2016	523	4 095

数据来源：杉杉股份2007～2016年度报告，经编者整理。

思考题

杉杉在不同发展阶段实行转型，其必要性是什么？如何评价杉杉的转型？

（3）获利。企业若要生存，必须具有获利的前景，否则就无法保证长久生存。企业若要获利，就必须投资于高效益的项目，并在项目投产后做好经营管理，确保投资规划的目标实现。这就要求企业在选择投资项目时能够充分调查未来市场需求，开发适应产品，获取投资收益，并在日常营运中做好管理。

总结上述企业的三个层次目标及其对财务管理的要求，企业财务管理需要做好四个方面工作：筹资、投资、营运资金管理和利润分配。这四个方面就是财务管理的基本内容。

1. 筹资

筹资是指企业为满足投资和日常经营的需要所进行的筹集资金行为。企业筹资有多个渠道。首先，企业可以从投资者那里获取资金，这种资金来源属于权益性资金；其次，企业也可以从债权人（银行等机构）那里获取借款，这种资金来源属于债务性资金。此外，企业还可以通过内部盈利留存等方式获取资金。

企业在进行资金筹集时，需要考虑不同资金筹集方式的成本、风险以及企业某时期资金需求的数额，确定恰当的筹资渠道，以提高企业效益。

2. 投资

投资是指企业根据投资决策方案投出资金的行为。企业投资可分为广义投资和狭义投资两种。广义投资包括对外投资（证券投资、对外直接投资、房地产投资等）和内部固定资产及项目投资，狭义的投资仅指对外投资。

企业在进行投资决策时，要根据不同项目的市场需求状况以及本企业的竞争优势，确定合适的投资项目，在此基础上通过不同的评价指标计算和评比，确定最佳的投资项目进行投资。

3. 营运资金管理

企业在日常的生产经营活动中会有一系列有规则的资金收付行为。如图1-1所示，从单个经营过程来看，企业首先需要采购材料，并将材料投入生产，同时支付员工工资和动力费用[○]等。其次，企业生产产品完工后，需要对外销售，并收回货款。在生产经营过程中，可能因为临时性或季节性需要，向银行等金融机构借入短期资金，并资金周转结束时归还。企业需要加快对日常经营活动中资金收付的管理，以确保资金循环的顺畅和高效进行。在财务管理中，我们把为满足企业日常经营活动需要垫支的资金，称为营运资金；对营运资金的管理活动，称为营运资金管理。企业在营运资金管理中，需要确定适当的营运资金持有政策，合理的营运资金融资政策以及合理的营运资金管理策略。具体包括：现金和交易性金融资产持有计划的确定；应收账款的信用标准、信用条件和收账政策的确定；存货周期、存货数量、订货计划的制订；短期借款计划、商业信用计划的确定等。

4. 利润分配

企业在经过一段时间的经营后，会产生盈利。企业的投资者可能需要收回部分盈利，而企业也可能因为有比较好的投资项目需要将盈利留存在企业内部。因此如何确定利润留存和分配的比例成为财务管理的重要内容。此外分配利润的形式也很重要，企业的投资者不同，所需要的利润分配形式也不同，企业的利润分配如不能满足大部分投资者的需求，可能会影响投资者对本企业的投资意向，从而影响企业的市场价值。

1.2 财务管理发展概况

人类的生产活动是随着时间的推移而逐渐发展的，作为与生产经营活动密切相关的财务管理活动也是逐渐发展壮大的，因此，在人类生产经营活动的不同阶段，财务管理的内容、方法也大不相同。

1.2.1 西方国家财务管理的产生与发展

西方国家的财务管理发展可分为以下几个阶段。

1. 萌芽阶段

随着人类生产经营活动的产生，就有了原始形态的财务活动，比如古代手工业者为了建立自己的作坊，可能需要向大地主、大商人借款，这种原始的高利贷实际上就是现代意义上的筹资活动。可是在中世纪以前，由于人类的生产经营相对落后，财务管理活动只是人类组织生产经营过程中的零星、自发的活动，没有形成社会性的系统活动。

到了15～16世纪，地中海沿岸的城市商业得到了迅速发展、私人资本已不能满足商业规模扩大的要求。在一些城市（热那亚、威尼斯等）出现了邀请公众入股的城市商业组织，股东包括商人、王公、廷臣和一般市民。当时的这类股份公司大都由官方设立并监督业务，股份不能转让，但投资者可以收回投资。投资者可以根据股份公司盈利状况每年分红。虽

○ 主要是指燃料、电力等能源费用。

然当时没有公开的股票市场交易场所,也没有规范的股票发行规范,但股份公司已初步有了直接筹资的能力,并按盈利分配利润,财务管理的初步职能已经具备,只不过当时的财务管理并没有成为一项独立的职能和部门。

2. 筹资财务阶段

从 16 世纪到 20 世纪初,随着科学技术的发展、产业革命的推进,企业的生产经营社会化进程加快,私人资本越来越不能满足企业生产规模的发展需要,这一阶段财务管理的主要任务,就是为公司的组建和发展筹集所需要的资金。随着纽约证券交易所等一批大规模的现代化证券交易市场的出现,大批的股份制公司通过股票发行筹集资金,推动了企业和社会的发展。

阅读材料 1-5　　　　　　荷兰东印度公司

荷兰东印度公司(Dutch East India Company)成立于 1602 年 3 月 20 日,1799 年解散。荷文原文为 Vereenigde Oostindische Compagnie,简称 VOC,中文全文应译为联合东印度公司。该公司的标志以 V 串联 O 和 C,上方的 A 为阿姆斯特丹的缩写。在荷兰东印度公司成立将近 200 年间,总共向海外派出 1 772 艘船,约有 100 万人次的欧洲人搭乘 4 789 航次的船班前往亚洲地区。平均每个海外据点有 25 000 名员工,12 000 名船员。

荷兰东印度公司建立于 17 世纪欧洲的大航海时代,当时的欧洲各国兴起海上冒险,探寻世界地理,更发展外海的商机。16 世纪的葡萄牙在东南亚地区已有殖民地与商业发展,16 世纪 60 年代,一群荷兰商人派浩特曼(Cornelis de Houtman,? —1599)至葡萄牙刺探商情,浩特曼回国后这群商人便成立一家公司,利用这个资讯往东印度地区发展,1595 年 4 月至 1602 年,荷兰陆续成立了 14 家以东印度贸易为重点的公司,为了避免过度的商业竞争,这 14 家公司合并成为一家联合公司,也就是荷兰东印度公司。荷兰当时的国家议会授权荷兰东印度公司在东起好望角,西至南美洲南端麦哲伦海峡具有贸易垄断权。

荷兰东印度公司由位于阿姆斯特丹、泽兰省的密德堡市、恩克华生市(Enkhuizen)、德夫特市(Delft)、荷恩市(Hoorn)、鹿特丹市(Rotterdam)六处的办公室所组成,其董事会由七十多人组成,但真正握有实权的只有 17 人,被称为十七绅士(Heren XVII),分别是阿姆斯特丹 8 人、泽兰省 4 人,其他地区各 1 人。

荷兰东印度公司是第一个可以自组佣兵、发行货币,也是第一个股份有限公司,并被获准与其他国家订立正式条约,并对该地实行殖民与统治的权力。

荷兰东印度公司在爪哇的巴达维亚(今印尼的雅加达)建立了总部,其他的据点设立在东印度群岛、香料群岛上。

到了 1669 年时,荷兰东印度公司已是世界上最富有的私人公司,拥有超过 150 艘商船、40 艘战舰、5 万名员工、与 1 万名佣兵的军队,股息高达 40%。认购股份的热潮时,荷兰东印度公司共释出 650 万荷兰盾供人认购,当时的 10 盾约等于 1 英镑,而 1760 年代荷兰一位教师的年薪约 280 盾,光阿姆斯特丹一地就认购了一半的股份。

(资料来源:百度网站百度百科栏目)

思考题

荷兰东印度公司与当代股份公司在资本筹集方式上有哪些共同点?

然而，由于当时的资本市场刚刚开始发展，市场的管理缺乏规范，会计信息披露混乱，内幕交易十分严重，所有这些，最终导致了 1929 年的纽约证交所崩盘，进而引发了世界性的经济危机。

为了刺激经济发展，确保投资人利益和资本市场的健康发展，美国罗斯福政府采取了一定的措施，其中重要措施之一就是在 1933 年和 1934 年分别通过《联邦证券法》和《证券交易法》，规定公司发行证券之前必须向证券交易委员会登记注册，向投资人提出公司财务状况及其他有关情况的说明书，并按规定的程序向证券交易委员会定期报告财务状况。这些措施使得公司要想通过证券市场筹资，必须经过一系列的审查步骤。从这一时期开始，各公司财务管理的主要任务，就是如何通过证券监管部门的审查获得资金。

3. 营运资金管理阶段

第二次世界大战以后，随着西方资本主义国家经济的复苏，科学技术的迅速发展，市场竞争日益激烈，企业管理者逐渐意识到，在残酷的竞争环境中，要维持企业的生存与发展，财务管理仅仅关注资金的筹集是不够的，更重要的是应该管好用好企业所掌握的各种资源，加强企业内部的财务管理与控制。在财务管理实践中，人们将计算技术用于财务分析与财务预算，用于现金、应收账款、存货以及固定资产的管理与控制，与此同时，各种计量模型也应运而生，并得到日益广泛的应用。

4. 投资管理阶段

随着企业经营环境的发展与变化，企业经营者发现，企业营运效率和效益的提高，并不完全取决于日常的财务管理（比如对存货、应收款项、固定资产等的管理），而在更大程度上依赖于投资决策的成功。因此投资管理就成为财务管理的重要内容，投资管理的发展主要表现在以下方面：①投资管理的程序科学化，不论是项目投资还是证券投资，企业都制定一系列严格的控制程序，保证投资决策科学；②投资决策的方法科学化，净现值法、内含报酬率法、投资组合模型等方法得到广泛运用；③投资风险和收益的均衡化，在投资决策中，企业不仅关注收益，也关注投资风险，使得投资决策更符合企业价值的增值要求。

5. 全面发展阶段

进入 20 世纪 80 年代后，财务管理的发展呈现全面态势。这一方面由于资本市场的发展，企业合并等特殊财务管理问题的出现，也由于经济的国际化发展，出现了汇率变动、跨国结算和控制等多方面财务问题，为了解决这些问题，财务管理研究的对象呈现多方面发展。具体有如下几个方面：

（1）企业并购的财务管理决策，主要包括并购企业的价值评估、并购支付方式、并购资源整合等方面问题。

（2）企业国际化经营的财务管理，主要包括跨国经营的资本控制、经营控制、汇率风险控制等问题。

（3）企业集团的财务管理问题，主要包括集团企业的预算管理、财务管理体制、现金控制等问题。

1.2.2 当代中国财务管理的发展

1949 年新中国成立，依照苏联模式建立了社会主义国有企业制度，其财务管理模式完全仿照苏联的做法,即企业的生产产品由国家规定,全部生产计划由国家制定,产品也由国家统一包销。企业生产所需要的资金由国家统一拨付,盈利全部上交国家,因此不存在企业投资、筹资和利润分配问题,从这个角度说,当时的企业财务完全由国家财政统一管理,只有成本核算和控制由企业掌握。

1979年的改革开放,使国有企业逐步从国家的完全管理中摆脱出来,财务管理也逐渐发展。这表现在如下几个方面的事件。

1. "承包制"的实施

1987年开始,国有企业进入第一轮承包期间,当时实行这一经营方式的主要动机是搞活国有企业,使国有企业从国家计划的实施者角色中摆脱出来,企业承包者可以根据市场的需求,确定产品的价格、产量和生产方式。由此,企业的日常营运逐渐由企业自行负责,与其相关的"班组核算""岗位工资""车间成本"等一系列具有我国社会主义特色的营运资金管理方法逐渐发展起来。

阅读材料1-6　　我国企业经营承包制的基本规定和做法

在企业经营承包制以前,我国国有企业实行高度计划经济管理体制,企业的生产销售和采购大部分有国家计划部门进行管理,这造成了"大锅饭"的局面,不利于企业经济发展。1984年以后,承包制开始在部分国有企业实施。"承包"准确地说应是"承包经营管理",是指企业与承包者间订立承包经营合同,将企业的"经营管理权"全部或部分在一定期限内交给承包者,由承包者对企业进行经营管理,并承担经营风险及获取企业收益的行为。

承包经营者必须具备的资格、条件规定为:将经营管理方式改变为承包的必须是具有法人资格并已有三年以上经营活动的公司、企业;相对地,进行承包经营的个人必须具备一定的经营才能,并能提出切实解决该企业严重亏损及正常发展的具体方案。此外,还必须是能够向所承包的企业提供足够数额的风险抵押金或风险保证金函的企业。

承包经营的权利与义务:承包是当事人之间以合同约定的一种经营管理行为,承包者只是企业财产的经营管理者。承包者最基本的权利是收取承包收益。其应承担的义务主要为:中外合营企业的承包者应接受该合营企业董事会的监督;对所承包企业的财产没有任何处分权,并不得将所承包企业的财产转让、变卖、转移、抵押、出租或赠予;定期向所承包企业的董事会报送企业财务报表。最重要的是,承包者应保证,于承包经营期满时,所承包的企业能够扭亏为盈或经营状况有明显改善。

(资料来源:百度网站百度百科栏目)

思考题

我国国有企业承包经营管理制度从哪些方面改进了我国国有企业的财务管理?

---

2. 利改税制度

所谓利改税,是将国有企业财政缴款中的上缴利润改为缴纳所得税,是国家参与国有企业纯收入分配制度的一种改革。改革开放以前,我国国有企业在经营中所形成的利润要全部上交国家。由于缺乏对企业和员工的激励,员工对企业经营效益缺乏关注,企业则吃国家的"大锅饭"。1983年在确立了有计划的商品经济体制以后，中央政府的改革方针要求国有企业从过多的行政干预中摆脱出来，成为自主生产经营、独立核算、自负盈亏的经济实体，其资产所有权仍归国家，但企业拥有长期使用权。国家在参与企业纯收入分配时，放弃以资产权力为依据的利润上交方式，改为以政治权力为依据的缴纳所得税方式，借以理顺国家与企业的分配关系，克服"大锅饭"的弊端，促进企业经济责任制的建立，并为财政体制的改革准备必要的条件。为此，1983年进行了国有企业利改税第一步改革，之后，又于1984年进行了第二步改革。第一步"利改税"办法规定，对国有大中型企业征收55%的所得税。税后利润根据企业的不同情况分别采取递增包干、固定比例上交、征收调节税、定额上交等办法。1984年实行第二步"利改税"。对国有大中型企业缴纳了55%的所得税后的利润统一开征调节税，设想把国家同国有企业的分配关系完全作为税收关系固定下来。国务院于1984年9月18日发布的《中华人民共和国国营企业所得税条例（草案）》和《国营企业调节税征收办法》，对第二步"利改税"的内容做了具体规定。

利改税的理论观点尽管存在某些不妥之处，但对于在税收理论界和实际工作中，破除非税论、适应经济体制改革的需要，促进单一税制向复税制过渡，促成工商税收制度的全面改革，以税收法律形式调整并固定国家与企业的分配关系，保证财政收入的稳定增长等，都有一定的意义。

利改税对我国国有企业财务管理具有积极影响，它提出了国有企业利润分配和留存的问题，使企业积极思考如何正确使用留存收益，扩大企业规模。

3. "拨改贷"

"拨改贷"是我国在特定历史背景下出现的现象。在计划经济时代，国有企业补充资本金由国家财政直接拨款解决，企业利润全部上缴财政。20世纪80年代初，国家为了提高国有资金使用效率，将原来的财政直接拨款方式改为通过银行转贷给企业使用的方式。后来在国有企业改革过程中，国家陆续出台了一些将"拨改贷"资金直接转为国有企业资本金的政策。

"拨改贷"对国有企业筹资产生了巨大影响。在"拨改贷"前，企业只要有资金需求，就向国家伸手，国家下拨资金后，由企业无偿使用，由此造成许多企业为上规模、上项目拼命向国家要钱，既造成资金浪费，又降低了投资项目的效率。"拨改贷"后，由于银行贷款的约束力，企业在筹资时既要认真考虑资本成本，又要考虑偿还压力，因此就必须充分考虑投资项目的回收和效益，这大大改进了企业的筹资思路。

4. 证券市场

在我国证券市场建立以前，企业只能通过金融机构间接筹资，很难获得直接投资。1990年11月26日上海证券交易所成立，同年12月19日开业；1990年12月1日深圳证券交易所成立。随着两大交易所的发展，越来越多的企业可以到证券市场发行证券筹集资本。2016年全年上市公司通过境内市场累计筹资47 927亿元，其中，首次公开发行A股筹资40.07亿元；A股再筹资（包括配股、公开增发、非公开增发认股权证）17 276亿元；上市公司通过发行可转债、可分离债、公司债、可交换公司债筹资87 279亿元。

表 1-4 是 2017 年 7 月 19 日深圳证券市场融资情况。

证券市场的成立对我国企业财务管理的推动作用表现在以下几个方面：

（1）使得财务管理的目标得到强化。在股份公司上市前，作为公司财务管理目标的企业价值最大化很难落实；公司股票上市后，每天公布的股票价格使公司的价值计量成为现实，成为激励企业财务管理者努力工作的推进器。

（2）使公司融资渠道得到拓展。企业可以通过股票、债券、可转换债券等多种证券发行筹集资本，其筹资容量也远远超出了金融机构的融资潜力。

（3）使公司投资的选择机会更多，公司可以选择债券、股票等多种组合投资，分散投资风险，也为企业并购提供了平台。

表 1-4 深圳证券交易所 2017 年 7 月 19 日主要指标统计表

指 标 名 称	当 日 数 值
深证成指	10 295.57
深证综指	1 839.06
中小板指	6 881.14
创业板指	1 684.77
上市公司数	2 003
上市证券数	4 943
市场总成交金额（百万元）	340 031
股票总股本（百万股）	1 790 093
股票流通股本（百万股）	1 325 302
股票总市值（百万元）	22 003 976
股票流通市值（百万元）	15 435 945
股票成交金额（百万元）	255 674
平均股票价格（元）	12.29
股票平均市盈率	34.61
股票平均换手率	1.79

1.3 财务管理的基本理论框架

任何一门学科的发展都需要理论支持，而判断一门学科的理论成熟度，主要从其理论框架的逻辑性、合理性来评论。财务管理作为一门社会科学学科，其发展也需要一个系统的理论框架。从初学者角度来讲，一个良好的理论框架能够帮助他理解该学科各种理论、概念之间的衔接关系，从而更深刻地把握该学科理论。本节我们将重点讨论财务管理的理论框架。

1.3.1 财务管理理论框架结构

财务管理理论框架结构如图 1-3 所示。

从图 1-3 中我们可以看出，财务管理理论框架结构中各要素之间存在如下关系：

（1）财务管理环境是财务管理的决定性因素，它决定着企业的组织形式，并和企业组织形式一起确定企业财务管理的目标和假设。

（2）财务管理目标为财务管理指定方向，而财务管理假设设定了财务管理工作的基本条件。财务管理目标和假设确定企业财务管理的原则、理念和内容。

（3）财务管理原则、理念和内容确定财务管理方法。

本书第 2 章重点讨论财务管理环境和企业组织形式，第 3 章讨论财务管理理念，第 4~8 章主要讨论财务管理的内容，第 9 章和第 10 章主要讨论财务管理方法。因此本节主要讨论财务管理理论框架的三个部分：财务管理目标、假设和原则。

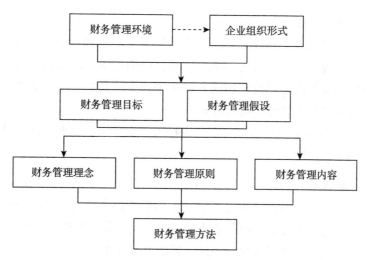

图 1-3 财务管理理论框架结构示意图

1.3.2 财务管理目标

财务管理目标是财务管理工作的出发点，也是评价财务管理工作效果的基准。从企业组织来说，财务管理的目标服从于企业的目标，而企业是一组契约的结合，是各个资源提供者共同的组合体，每个资源提供者对企业都有一定的要求，因此企业的目标受到多种因素的影响，而财务管理的目标也有着不同的说法，这些不同的说法，反映了企业的发展历程。

1. 利润最大化

把利润最大化作为财务管理的目标，是要求企业财务管理者在进行财务管理工作时，要把利润增长作为最终目标。利润最大化是企业发展初期的产物，在企业发展初期，规模很小，大都是由一个或有限个投资人投资。这些投资人兴办企业，主要的目的是要价值增值，而这种增值直接表现在利润上，因此利润最大化就成为企业财务管理的目标。

把利润最大化作为财务管理的目标有它的合理性，主要表现在如下几个方面：

（1）利润是会计计量的结果，具有一定的可靠性。

（2）利润说明了某一定时期企业经营的成果，直接计量了所有者价值的增值程度。

（3）在企业管理实践中，投资者（所有者）都是根据利润来判断企业的业绩，因此企业的财务管理者就需要根据利润的多少来选择自己的行动，利润最大化无形中就成为财务管理的目标。

然而利润最大化观点也存在一些缺点，随着企业组织的发展和财务管理环境的变化，人们对利润最大化提出了很多批评意见。总结这些观点，利润最大化主要的缺点包括：

（1）利润的计算本身并不一定非常正确。利润是会计核算的产物，存在太多的估计和假设；而且利润受会计政策操纵影响，可能并不客观。

（2）利润是过去经营活动的结果，并不反映将来企业的发展趋势；而投资者更需要了解的是企业未来是否具有投资价值，进而做出投资选择。

（3）利润的计算是具体某一时期经济活动的结果，它不能反映资金在不同时期的流入和流出，因而无法考虑货币时间价值，而货币时间价值是客观存在的现实，不考虑货币时

（4）利润最大化不能考虑风险因素，利润的计算完全是确定状态下的。而企业在实际工作中往往有很多不确定因素，这些不确定因素会影响投资者的价值判断，进而影响企业价值。单纯从利润角度无法解释盈利相同的两个企业为什么在市场上价值有很大差异这一现象，也容易误导企业财务管理人员的行为。

（5）利润最大化是一个绝对值，它不考虑投入产出关系，因此在不同规模企业之间无法衡量财务目标的实现程度。

2. 每股盈余最大化

每股盈余最大化是针对股份公司这一特定组织形式逐渐成为主流的企业组织形式而提出的财务管理目标，它认为，企业财务管理的目的，是要使每股盈余达到最大化。

每股盈余最大化是对利润最大化的改进，其主要改进在于：

（1）每股盈余是相对指标，消除了不同企业在规模上的差异，可以用来比较不同企业之间财务管理效率。

（2）每股盈余有多个层次概念，每个层次概念都很明确，投资者可以根据不同层次概念，发觉企业盈余构成的差别，从而进一步了解企业盈余质量。[⊖]

然而，每股盈余最大化并未消除其出自利润的本质缺点，因此上述利润最大化的第1～4个缺陷依然存在。不仅如此，每股盈余只是外部评价企业财务工作的标准，企业内部各部门就不能用这个目标。

3. 股东财富最大化

股东财富最大化观点认为，企业财务管理的最终目的，是要使企业的股东得到最大的财富。股东财富最直接的表现形式就是企业股票的市场价格。

股东财富最大化的基本理由是：企业是多个股东的共同财产，股东投资企业，其目的是想让他的投资——股票价值增值，只有股票价值增值，股东才能最终得到回报。而在现代的公司治理结构中，股东因为其产权而控制了公司的董事会，进而通过董事会控制了公司的管理层，管理层只有让公司股票价值增值，才能确保其职位和晋升。

股东财富最大化是目前财务学界最被广泛接受的观点，其主要原因在于它具有如下优点：

（1）股东财富最大化充分考虑了货币时间价值和投资风险价值这两个现代财务管理的基本理念。股东的财富由股票价格来衡量，而在一个具有充分流动性、信息充分的资本市场中，投资者购买某个公司股票，不仅要看它过去的经营状况，还要看将来的业绩和风险，以及未来现金流量的分布状况，这就使得股票价格充分反映该公司的未来现金流量分布和风险。因此，财务管理人员在进行决策时，不仅要考虑其对现在的影响，还要考虑其未来的风险和收益。

（2）股东财富最大化不仅考虑了公司过去的经营成果，还考虑公司未来的发展趋势。

⊖ 比如，我国上市公司公布的每股盈余包括基本每股盈余和稀释每股盈余。而稀释每股盈余的计算需要考虑潜在稀释因素等多个方面的因素。

在证券市场上，投资者总是根据其对未来各公司价值的预测，买入价值上升的公司而卖出价值下降的公司，这就使得财务管理人员在做决策时，不仅要注重短期收益，更要注重长期收益，使企业行为合理化，避免短期行为。

（3）在"股东财富最大化"目标指导下，企业财务管理不仅要关注投资决策，也要关心筹资决策和股利政策。考虑筹资问题的目的是，既要充分利用负债的杠杆效应，又要减少财务风险以维护企业的稳定发展。考虑股利政策的目的是：充分考虑投资者的短期利益和长期利益，使企业增强发展后劲，扩大股票价值。而利润最大化片面注重投资和经营，忽视了财务杠杆等现代财务管理工具的应用，从而降低了财务管理水平。

股东财富最大化之所以被广泛接受，还在于它对社会资源配置的优化作用。从整个社会的角度来说，由于资源的稀缺性和需求的无限性，如何将有限的资源分配到社会效益最好的生产单位成为整个社会需要考虑的问题。社会资源的最合理分配就是将资源分配给边际生产率最大的经济组织，其衡量标准就是净现值，即财富。就社会的资本分配而言，根据财富最大化标准，如果资本市场的参加者行为合乎理性，那么整个社会的资本将分配到那些能为社会创造最大财富的投资机会上去。而企业追求股东财富价值最大化，实际上就是追求社会资源使用效率最高，如果每个企业在资本市场的竞争下都能从股东财富价值最大化角度考虑经营管理，则整个社会资源的分配必将得到最优安排。

股东财富最大化观点也存在一定的缺陷，这主要表现在两个方面：①在现实生活中，股东财富通常由股票价格表示，而大部分股份制公司并不是上市公司，其股票没有公开交易市场，因而价格难以被经常发现；②即使是股票上市公司，由于受市场波动影响，股票价格有时并不能客观反映所有股东的财富。

阅读材料 1-7　　　　**2016 年度妖股王：四川双马**

四川双马股份有限公司（股票代码 000935，以下简称"四川双马"）本是一家生产水泥的上市公司。在我国经济发展进入新常态的情况下，其经营业绩不佳，2015 年每股收益 -0.16 元，2016 年 7 月 6 日，其股票市场价格为 7.01 元。为改善公司经营，公司控股股东拉法基集团与北京和谐恒源科技有限公司（以下简称"和谐恒源"）达成控股权转让协议。在这一消息指引下，市场投资者大幅度炒作四川双马股票，其股票价格多次涨停，2016 年 11 月 3 日，股票价格涨至每股 42 元。2016 年 8 月 23 日，北京和谐恒源科技有限公司拟受让拉法基中国海外控股公司持有的四川双马水泥股份有限公司 25.92% 股权，作价 16.01 亿元人民币。2016 年，四川双马营业收入增长 13.34%，每股收益 0.11 元。

思考题

1. 四川双马股权转让后，其业绩是否有明显提升？
2. 四川双马股票价格在 4 个月内上涨近 5 倍，是否真实反映了公司价值？

4. 利益相关者的价值最大化

在财务管理中要考虑利益相关者的说法最早由李心合提出。他认为，企业的成立除了股东的投资外，还有利益相关者（比如员工、债权人等）的投入。现代企业财务管理的目标是"股东财富最大化",这一目标定位的产权基础是贯彻了"资本雇用劳动"逻辑的"业主产权论",所考虑的只是财务资本的产权所有者——股东的利益,而忽视了利益相关者的不同要求。[一]尹卿认为,虽然企业价值最大化能够满足各利益相关者的利益要求,但是还需做到企业价值在各利益相关者之间的公平分配,使各方的利益达到和谐统一。因此,"企业价值分配公平化"也应纳入现代企业财务管理的目标之中。[二]此后,越来越多的学者都从和谐社会的角度提出将企业财务管理的目标确定为利益相关者价值最大化。

阅读材料1-8　　中国乳制品行业的重大事件

1. 大头娃娃事件

头大,嘴小,浮肿,低烧,鲜花般娇嫩的幼小生命,刚来到世间几个月就枯萎、凋谢,罪魁祸首竟是本应为他们提供充足"养料"的奶粉。一度泛滥安徽阜阳农村市场、由全国各地无良商人制造的"无营养"劣质婴儿奶粉,已经残害婴儿六七十名,至少已有8名婴儿死亡,给这里还相当贫困的一个个农民家庭以无情的打击。

2005年4月15日,记者就大头娃娃事件进行专访。据阜阳市人民医院郭玉淮大夫介绍,一年多来,仅他们医院就收治了60多个得"大头怪病"的娃娃,有时候一来就好几个,而且基本在6个月以下、来自农村。因为严重缺乏营养,这些婴儿多已停止生长,有的甚至越长越轻、越小。阜南新村镇陈娃3个月时7.5公斤[三]重,到7个月时锐减到6公斤,头发脱落,不吃不喝,头脸肥大,全身水肿;利辛县马店镇王宝成,出生时4公斤重,3个月后却减至3公斤,全身浮肿、低烧不退、时常呕吐。

2. 光明回炉奶事件

2005年6月6日,记者进入市场暗访,发现郑州光明山盟乳业有限公司从市场上回收牛奶再利用生产,此事经记者曝光后一时成为焦点问题。"上海厂不可能出现任何问题,请消费者放心。"面对郑州光明"回奶事件"、杭州光明"早产奶事件"等一系列汹涌而来的负面报道,光明乳业董事长王佳芬把她的最后防线放了光明乳业的大本营——上海。然而在6月13日,上海市闵行区质量技术监督局(以下简称"闵行区质监局")对光明乳业股份有限公司乳品二厂(以下简称"乳品二厂")的抽查却彻底打破了光明乳业的上海神话。检查人员发现,就在与光明乳业集团总部一墙之隔的乳品二厂,也普遍存在提前标注生产日期的现象。

3. 三聚氰胺事件

事件起因是很多食用三鹿集团生产的婴幼儿奶粉的婴儿被发现患有肾结石,随后在其奶粉中发现化工原料三聚氰胺。根据我国官方公布的数字,截至2008年9月21日,因使用婴幼儿奶粉而接受门诊治疗咨询且已康复的婴幼儿累计39 965人,正在住院的有12 892人,此前已治愈出院1 579人,死亡4人,另截至9月25日,香港有5人、澳门有1人确诊患病。

[一] 李心合,朱立教. 利益相关者产权与利益相关者财务 [J]. 财会通讯,1999 (12):14-15。
[二] 尹卿. 从利益相关者合作角度重新确定企业财务目标 [J]. 财会通讯,2002 (5):47。
[三] 1公斤=1千克。

事件引起各国的高度关注和对乳制品安全的担忧。中国国家质检总局公布对国内的乳制品厂家生产的婴幼儿奶粉的三聚氰胺检验报告后，事件迅速恶化，包括伊利、蒙牛、光明、圣元及雅士利在内的 22 个厂家 69 批次产品中都检测出三聚氰胺。该事件亦重创中国制造商品信誉，多个国家禁止了中国乳制品进口。

4. 皮革奶事件

2009 年 2 月，国家质检总局食品司接到了一封匿名举报信，信中称，浙江金华晨园乳业有限公司在生产过程中添加一种"皮革水解蛋白粉"的物质，以提高产品蛋白质含量。3 月 5 日，金华市质监局、兰溪市质监局配合浙江省质监局对位于兰溪市赤山湖绿色农庄内的这家乳制品企业进行突击检查，当场查获 3 包 20 公斤装无标签白色粉末，经浙江省质监局鉴定为皮革水解蛋白粉。3 月 18 日，浙江省质监局抽样检测晨园乳业 8 个批次的含乳饮料成品、半成品，结果其中 3 批次成品、2 批次半成品含有皮革水解蛋白成分，之后，质监部门根据公司销售出库单紧急展开省内清查、省外协查，在浙江省的嘉善、海宁、龙游、诸暨四地检测出含有皮革水解蛋白的晨园乳业产品 1 298 箱，并就地封存。此外，晨园乳业还从慈溪、诸暨等地召回含乳饮料 760 箱，其中 576 箱检测出含有皮革水解蛋白粉。

5. 蒙牛致癌牛奶

国家质检总局于 2011 年 12 月 24 日公布了近期对 200 种液体乳产品质量的抽查结果；抽查发现蒙牛、长富纯牛奶两种产品黄曲霉毒素 M1 项目不符合标准的规定；其中，蒙牛乳业（眉山）有限公司生产的一批次产品被检出黄曲霉毒素 M1 超标 140%。对此，12 月 25 日蒙牛在其官网承认这一检测结果并"向全国消费者郑重致歉"，此外表示对该批次全部产品进行了封存和销毁。据悉，国家质量监督检查检疫总局 2 月 2 日向内蒙古自治区质量技术监督局发出公函，要求该局责令蒙牛公司禁止向"特仑苏"牛奶添加 OMP 物质。蒙牛集团已经向卫生部提交了相关材料，等待卫生部的批准；"有害无害现在还不知道，但企业自己做了实验证明'特仑苏'中添加的 OMP 是没有问题的，不过一切都要听卫生部的。"内蒙古质检局监督处陈处长表示。

思考题

中国乳制品事件反映了我国企业在利益相关者保护中存在什么问题？

5. 代理理论对财务管理目标的影响

代理理论是詹森和麦克林两位学者于 1976 年提出的观点，其主要思想是：在一个现实的世界中，每个人的禀赋和能力各不相同，而又不可能每个人都能够按照其禀赋和能力进行各种事务，因此就可能出现个体经常要解决某个对他的禀赋和能力来说不能胜任的事情。为了解决这一事项，个人可能会委托某个更胜任这一事项的人从事这一活动，并支付一定的报酬作为酬金。在这个过程中，委托他人解决自己事务的主体被称为委托人，而受他人所托处理事务的人被称为代理人，委托人和代理人就所代理事项之间形成的关系称为代理关系。

在一个完美的环境下，代理人和委托人之间信息完全对称（委托人能完全判断代理人的行为及其对所代理事务的影响），因此委托人可以根据代理人对代理工作的尽力程度付给酬金，代理人为了获得最多的酬金，必须尽力为委托人工作，委托人不会因为代理关系而产生损失。

然而由于契约的不完备性和代理人有时的行为不可观测性，委托人不能观察到代理人各种代理行为及其对所代理事务的实质影响，也不可能根据代理人工作的各种不同可能的进度支付报酬。加上代理人和委托人之间的利益不一致，代理人就有可能消极工作，或利用代理权利谋取私利，给委托人带来损失，这种损失被称为代理成本。

在现代公司制企业中，股东在投资成立公司后，并不自己直接经营企业（股东可能有资金，但自己没有经营的才能），而是将企业的经营权委托给经理人控制。由于经理人的经营管理活动不是股东能观察到的（股东不可能每天都与经理一起上班工作），而经理人的利益与股东不一致（经理努力工作会减少休闲，增加劳累，但企业的利润由股东享有），因此经理就有可能在工作中消极工作，或进行灰色消费甚至贪污盗窃，给股东带来损失。这就是代理理论给现代财务管理提出的问题：企业财务管理人员会按照股东财富最大化来进行工作吗？

阅读材料 1-9　　安 然 事 件

2001 年 12 月 2 日，拥有资产 498 亿美元，在美国公司 500 强中名列第七的美国能源巨头安然公司向纽约破产法院申请破产保护，创下美国历史上最大宗的公司破产案纪录。这位能源巨人以迅雷不及掩耳之势轰然倒地。

据有关媒体披露，安然公司在 1997～2000 年度期间，累计高估利润 5.9 亿元，隐瞒负债 25.85 亿美元。安然公司已经承认其通过大约 3 000 家 SPE，其中有 900 家设立避税天堂和进行表外融资，并且通过和它所控制 300 家 SPE 的自我交易，编造利润。这充分说明，美国的公司一样也会制造虚假会计信息。

安然公司还被《财富》连续五年评为"最富创新能力"的公司，其创新成就却主要是来自对金融工具的创造性"运用"。但最终从"创新"的顶峰变成靠欺诈手段以维持高增长的幻象，并由此坠落。

面对一片喊打声，安然公司副总裁选择了自杀来逃避现实。但是看看那些因养老金在一夜之间化为乌有的安然员工和股东们悲痛欲绝的脸，你就会发现安然事件将给美国乃至全世界带来多么大的影响。

（资料来源：节选自《广西会计》2002 年第 4 期小资料）

思考题

1. 安然的财务管理人员为什么要进行会计利润操纵？
2. 会计利润操纵给安然公司和股东带来了什么样的结果？

然而，即使考虑到股东和经理人之间存在的代理关系，也不能否认企业财务管理的目标是股东财务最大化，这是因为股东也是理性经济人，他能充分估计到经理人可能采取的不合作态度，并采取措施限制经理人财务这种不合作态度的发生可能，最大限度地引导经理人努力工作实现共赢。股东可能采取的措施包括：

（1）监督。为了确保股东能更清晰地了解经理人的行动及其对企业价值的影响，股东成立董事会，要求经理人定期向董事会报告工作成果和工作计划，并设立内部控制制度限制经理人的工作内容和程序。此外，董事会还聘请独立审计人员对企业的财务报告进行审计,从而确保最大限度地了解企业经营状况,消除信息不对称现象。

(2) 激励。为了引导经理人努力工作,股东可以和经理人制订剩余分享契约,将企业的部分剩余分配给经理人,这样经理人的工作努力程度就会与其工作成果挂钩,从而激发经理人认真工作,在实现股东财富最大化的同时也使自身的财富得到增值。

6. 社会责任对企业财务管理目标的影响

所谓社会责任,是指企业因从事经营活动,消耗社会资源,而应向社会履行的各种责任。企业的社会责任范围比较广泛,包括对员工的责任、对消费者的责任、对环境保护的责任等多个方面。有学者的观点认为,企业履行社会责任,会增加企业的成本,从而降低企业股东财富,因此股东会尽量避免履行社会责任,扩大自己的剩余,增加自己的财富,因此将"股东财富最大化"作为企业财务管理目标不利于改善企业和社会的关系,最终导致企业的失败。

阅读材料1-10　　　　瘦肉精与双汇集团

2011年中央电视台在3·15消费者权益日播出了一期《"健美猪"真相》的特别节目,其中披露了双汇集团子公司河南济源双汇公司收购使用含"瘦肉精"猪肉的事实。据央视记者调查,在河南省孟州市、沁阳市、温县和获嘉县调查了十几家养猪场,发现几乎家家都在使用"瘦肉精",添加量大小不一,几乎成了公开的秘密。

消息传出后对双汇集团经营产生了巨大冲击,各地大型超市均撤出双汇产品。为恢复市场信誉,2011年3月31日,处在"瘦肉精"危机中的双汇集团在河南漯河召开"万人职工大会",集团董事长万隆再次向消费者致歉,并称双汇因"瘦肉精"事件受损超过121亿元。双汇集团董事长万隆承认"瘦肉精"事件对双汇影响巨大:3月15日双汇发展股价跌停,市值蒸发103亿元;3月15日至今,影响销售额15亿元;济源双汇处理肉制品和鲜冻品直接损失预计3 000多万元;由于"瘦肉精"事件改为生猪头头检查,全年预计增加检测费3亿多元;品牌美誉度受到巨大伤害。为了消除影响,杜绝类似事件的再次发生,万隆宣读了双汇集团的六项决定:①强化源头控制;执行生猪头头检验,原辅料强化批批检查。②成立双汇集团食品安全监督委员会,监督企业各个环节;③建立双汇集团食品安全奖励基金,每年"3·15"做总评;④建立食品安全举报制度;⑤引入"中国检验认证集团"作为独立监督机构进行第三方监测;⑥加快养殖业发展,进一步完善产业链,提高企业对产业链上下游的控制力。

(资料来源:李静.双汇董事长就瘦肉精事件致歉称损失12亿 [J/OL]. [2011-04-01]. http:finace.sina.com.cn/chanjing/gnews/20110401/01489627445.shtml.)

思考题

1. 双汇集团是否应该对农户使用"瘦肉精"而给自己市场声誉造成损失负责?
2. "瘦肉精"事件给企业管理者带来的启示是什么?
3. 通过这一事件,你如何考虑股东财富最大化和企业社会责任之间的关系?

然而,上述说法存在一定的片面性。"股东财富最大化"是在考虑股东长期价值最大化的基础上,并不是注重短期利益。企业如果不履行应该承担的社会责任,就可能遭到社会

的抵制和法律的制裁,最终使股东受损失。因此强调股东财富最大化就是建立在履行社会责任的基础上的管理目标,与社会责任并不矛盾。

1.3.3 财务管理假设

任何一门学科的发展都是在一定假设条件下进行的,按照假设条件进行构建。所谓财务假设,是指人们在研究财务管理科学和进行财务管理工作实践时,对财务管理环境因素进行的一种设定。假设不是随意设定的,它是人们根据长期实践总结出来的,用以指导后续的理论和实践。

由于人们对财务管理的理论研究角度不同,对财务管理假设的设置有一定的差别。比如陆建桥(1995)[1]认为,财务管理假设主要包括理财主体、理性理财行为、不确定性、财务预期、财务信息可靠等基本假设。而王化成(1999)[2]认为,财务管理假设包括:理财主体、持续经营、有效市场、资金增值、理性理财。

根据上述基本条件,我们认为,财务管理中需要如下基本假设。

1. 财务主体假设

财务主体假设是假设财务管理工作所服务的对象,是独立进行财务管理,具有独立或相对独立的物质利益的经济实体。一个经济实体要成为一个财务主体,需要具备以下条件。

(1)独立性。所谓独立性,是指财务主体按照自身目标出发进行财务管理工作,而不是根据其他主体的指示进行财务管理。财务主体的独立性要求财务主体具有如下条件:①拥有自己拥有或能控制的资产并独立地承担债务,这是财务主体独立性的基础;②独立自主进行筹资、投资等财务管理活动,这是财务主体独立性的表现形式。

(2)目的性。所谓目的性,是指财务主体按照自己预先设定的目标开展财务管理工作,而不是无目的地组织工作。企业财务工作的目的性,就是使股东财富实现最大化,并在股东财富最大化总目标下具体分解财务活动目标,开展工作。

财务主体假设是财务管理的首要假设。首先,该假设从空间上限定了财务管理工作的具体范围,将财务主体的财务管理活动与其他企业的财务管理活动区分开。其次,它使财务主体、财务客体、财务管理目标、财务管理信息、财务管理方法具有了空间归属,并赋予了其特定的经济含义。最后,它明确了财务管理工作的服务对象。

2. 持续经营假设

持续经营假设是指财务主体按照目前的状况预计会继续按设定的规模和方向经营下去,不会有破产或清算的可能性。持续经营假设对大多数正常经营的企业都是适用的,因为在正常经营的情况下,企业都会以其收入抵减支出,获取盈余,并按其经营计划和战略持续经营下去。然而,如果企业长期亏损,经营前景暗淡,则业主必然会对企业进行清算,债权人也可能接管该企业以保全自己的债权,在这种情况下,企业自然无法经营下去,这时就不能设定企业会持续经营,而应按破产清算状态进行财务管理。

---

[1] 陆建桥.试论财务假设[J].四川会计,1995(2)。
[2] 王化成.试论财务管理假设[J].会计研究,1999(2)。

持续经营假设对财务管理工作非常重要,它对财务管理的指导意义在于:

(1) 它使得企业的财务管理有了长远规划和计划的可能。只有企业持续经营,财务管理人员才能预测企业未来的投资机会和筹资需求,进而进行财务决策;如果企业不能保证持续经营,则企业将进入清算或破产程序,所有对企业未来的规划将变得毫无意义。

(2) 它使得财务管理的各种技术和方法能够实现。比如投资项目评价中的净现值法、证券估价中的折现现金流量法都是假设企业能够按预定的规模和方向经营下去,从而估计项目和证券的投资价值。

3. 理性理财假设

理性理财假设是指从事财务管理工作的人员都是理性的理财人员,因而他们的理财行为也是理性的。他们都会在众多的方案中,选择最有利的方案。[⊖] 从本质上说,理性理财假设主要是对理财人员能力的假设,做这种假设的原因在于:

第一,只有设定财务管理人员的理性理财,才能保证企业财务管理按其发展规划开展下去,保障财务管理的正常进行。

第二,只有设定财务管理人员的理性理财,才能保障财务管理人员在各种可供选择的决策方案中,经过综合比较,选择一个比较优化的方案。

第三,只有设定财务管理人员的理性理财,才能保证企业的财务管理制度有效,并在运行中得到遵循和完善。

理性理财假设的基本要求是:

(1) 从认知能力上看,企业财务管理人员应该具备一定的能力和素质,具有在现代市场经济条件下开展现代财务管理活动的能力。这些能力包括专业素质、基本工作和处理事务能力等。

(2) 从职业道德来看,企业财务管理人员应具备较高的职业道德,能从企业长远利益出发,对各种财务管理事项进行决策。

4. 财务信息可靠假设

企业的财务管理离不开各种信息,这些在财务管理中运用的信息被称为财务信息。企业的财务信息有多种来源,有的来自会计报告和账簿系统,有的来自企业的统计台账以及其他业务部门的数据,有的来自企业员工与外部人员交往所得到的非正式信息。除了这些内部信息外,企业还有一些来自企业外部的信息,如宏观经济运行信息、行业信息、市场信息、客户信息等。这些信息大部分并不是直接由财务管理人员收集和加工的,而是由其他部门或企业外部人员提供的。如果不假设财务信息可靠,财务管理人员势必要对每一种信息都要进行稽核,这样财务管理工作就可能无法进行下去。

假设财务信息可靠,并不是说财务管理人员盲目信任任何来源取得的数据。财务管理人员对任何来源取得的数据都要进行适当的职业鉴别,以过滤一些明显错误的信息,并通过不断的财务分析,发现各种不同来源的信息中可能出现的矛盾,并据此判断不同来源信息的准确性。

⊖ 王化成. 试论财务管理假设 [J]. 会计研究, 1999 (2)。

1.3.4 财务管理原则

所谓财务管理原则，是指财务管理人员在组织开展各种财务管理工作时应遵循的基本规则。在漫长的财务管理实践中，人们逐渐总结出一些在财务管理中具有普遍指导意义的规则，这些规则逐渐成为财务管理原则。

根据人们对财务管理研究的角度不同，对财务管理的原则认识也存在一定的差异。比如，冯建（2000）[1]认为，财务管理的原则包括成本效益原则、风险与收益均衡原则、资源合理配置原则和利益关系协调原则；而陆正飞（2001）[2]认为，财务管理的原则包括财务自理、目标统一、权责利结合、动态平衡、风险与收益权衡等原则。

我们认为，确认财务管理原则的目的是为了更有效地指导财务管理实践，提高工作效率。因此确认财务管理原则需要具备一定的标准，这些标准包括：

第一，普遍适用性。财务管理原则是企业进行一般财务管理活动时必须遵循的规则，因此它需要具备较广泛的适用性。如果某个财务管理的规则只能适用于一个特定的企业，就不能把它提升为财务管理原则。

第二，可靠性。财务管理原则作为企业财务管理的行动指南，其本身必须是一个经过无数次实践检验的，在理论上具有逻辑性的经验总结。如果某一个财务管理理论只是经过财务管理学者的论证，并未在财务管理实践中得到检验，就不能把它确认为财务管理原则。

根据上述确认标准，本书认为，企业财务管理原则有以下几条。

1. 风险与收益均衡原则

在市场经济中，风险是客观存在的，而由于股东的风险厌恶特性，导致企业的风险对其市场价值有影响；而若完全排斥风险，就无法开展工作。因此财务管理人员在理财活动中，要把握好风险与收益的均衡关系，既不能害怕风险而排斥许多可行的决策，也不能不顾风险而盲目决策。

风险与收益均衡原则要求财务管理人员在处理风险与收益的关系时，要保证企业不能承担超过收益限度的风险。在收益既定的条件下，应最大限度地降低风险。在企业的筹资和投资决策中，人们往往需要根据风险和收益的均衡原则，在衡量各个可供选择决策方案风险与收益的基础上，正确进行决策。

2. 资源优化配置原则

企业作为一个财务主体，拥有货币、员工、财物等各种资源，这些资源都是企业花费一定的代价获得的，企业必须合理地使用这些资源，才能保证其所获得现金流入超过资源消耗，取得经济效益。然而，企业的各种资源只有配合使用，才能生产出社会需求的商品和服务，获得现金收入。企业的各种资源配置方法不同，其所产生的现金流入不同，因此企业应选择最优的资源配置方案，以取得最佳经济效益。

资源优化配置原则要求企业财务管理人员在开展理财活动时，既要保证有限资源得到

---

[1] 冯建. 财务学原理 [M]. 北京：高等教育出版社，2000。
[2] 陆正飞. 财务管理 [M]. 大连：东北财经大学出版社，2001。

充分利用,以防止资源闲置,又要分析计算各种不同的资源配置方案产生的效益,从效益最佳角度出发,优先保证资源使用效益最佳的决策方案得到资源配置。

在企业的预算管理、投资项目决策等财务管理活动中,财务管理人员要根据资源优化配置原则,确定各部门、各投资项目的资金分配,以保障企业的效益不断提高。

3. 责、权、利相结合原则

企业的财务管理决策需要各种业务部门执行,因此在财务管理中,需要给各个业务部门划分一定的责任,授予相应的权力,并按照责任履行情况,分配一定的利益。在各个业务部门的责、权、利配置过程中,责任的配置是关键问题。企业要根据各业务部门的业务性质,结合企业的管理模式,给各个业务部门工作性质设定相应的责任。责任的划分应具体明确,对于那些不能严格划分的责任,不能勉强划分,而应由上级管理层承担。责任明确后,企业应根据责任的大小,授予各业务部门相应的权力,以保障他们履行责任。在权责明确的基础上,为各个业务部门制订利益分配方案。企业应根据责任的重要性,履行责任的难度,分别制定各个不同职能部门的利益分配制度,以激励企业员工努力完成相应的职责,使企业整体财务目标能够实现。

4. 动态平衡原则

财务管理的中心是企业的资金运动。在企业的运营中,只有资金周转顺畅,才能保证企业的正常运转,否则企业可能陷入财务危机。在市场经济中,由于许多不确定因素的存在,企业的资金流入和流出在某一个时段可能不均衡。在这种情况下,如果企业不能预计这一现象的发生,进而采取预防措施,就无法保证资金周转的顺畅。为此,企业财务管理者要定期预计未来一段时期(一个月、季度、年)可能的现金流入和流出,进而发现现金流入和流出有可能不均衡的未来状况,及时采取控制措施(筹集资金或组织闲置资金投资),保持未来现金收支的大致均衡。因此,动态平衡原则就是要求财务管理人员能及时预测未来的现金流入和流出,及时发现企业可能出现的现金流入流出失衡,从而采取针对措施,保持企业资金流动的长期动态平衡。

本章小结

财务管理的对象是资金及其运动,财务管理是以资金运动为中心,通过预测、决策、计划、控制、分析和评价等工作方式,对企业的筹资、投资、利润分配和营运资本管理等日常事务,以及企业合并、财务发展战略等特殊事务进行管理的价值管理形式,其目的是使企业价值实现最大化。财务管理的主要内容包括投资、筹资、营运资金管理和利润分配。

财务管理的发展是随着人类生产水平的提高而逐渐发展的,西方财务管理经过了萌芽阶段、筹资财务阶段、营运资金管理阶段、投资管理阶段和全面发展阶段,我国的财务管理则随着我国经济的发展呈现快速发展的趋势。

财务管理目标是财务管理工作的出发点,也是评价财务管理工作效果的基准。现代企业财务管理目标是股东财富最大化。财务管理假设是人们在研究财务管理科学和进行财务管理工作实践时,对财务管理环境因素进行的一种设定。基本的财务管理假设包括:财务主体假设、持续经营假设、理性理财假设和财务信息可靠假设等。财务管理原则是指财务管理人员在组织开展各种财务管理工作时应遵循的基本规则,包括风险与收益均衡原则,资源优化配置原则,责、权、利相结合原则,动态平衡原则。

参考文献

[1] 财政部注册会计师考试委员会办公室财务成本管理[M]．大连:东北财经大学出版社,2000．

[2] 财政部会计资格评价中心财务管理[M]．北京:中国财政经济出版社,2007．

[3] 连杰,张茂杰．财务圣手 点石成金——记广州南沙泰山石化发展有限公司财务总监曾伟[J]．中国总会计师,2008(1)．

[4] 曹侠．关于社会主义企业财务本质各派学说的评价[J]．当代经济科学,1992(2)．

[5] 陆正飞．财务管理[M]．大连:东北财经大学出版社,2001．

[6] 谷祺．工业企业财务管理[M]．北京:中国财政经济出版社,1989．

[7] 陆建桥．对财务本质的探讨[J]．财会通讯,1994(12)．

[8] 袁业虎．财务研究的起点及理财本质的界定[J]．当代财经,2005(12)．

[9] 刘文静．海尔的产业扩张发展模式[J]．合作经济与科技,2008(总第353期)．

[10] 王明虎．财务管理原理[M]．北京:中国商业出版社,2006．

[11] 白华．质疑利益相关者价值最大化目标[J]．统计与决策,2005(3)．

[12] Michael C Jensen, William H Meckling. Theory of the Firm: Managerial Behavior, Agency Costs and Ownership Structure [J]. Journal of Financial Economics, 1976 (3): 305-360.

[13] 李心合,朱立教．利益相关者产权与利益相关者财务[J]．财会通讯,1999(12)．

[14] 尹卿．从利益相关者合作角度重新确定企业财务目标[J]．财会通讯,2002(5)．

复习思考题

1. 为什么说企业财务管理的对象是资金及其运动?
2. 财务管理工作与营销管理工作、生产管理工作有哪些区别和联系?
3. 股东财富最大化目标与建设和谐社会有什么关系?
4. 什么是代理成本?它对企业价值有什么影响?
5. 如何理解财务管理中的"风险与收益均衡原则"?试举一个财务管理工作中的例子证明。

练习题

1. 张先生用积蓄5万元在2008年8月8日开了一家小餐馆,开业当天的财产包括:购置的桌椅、烹调用具40 000元,采购菜肴和调味品1 000元,剩余9 000元现金。当天因为是奥运会开幕,有许多青年到餐馆用餐和看开幕式,张先生所有菜肴和调味品全部消耗完毕,就餐费收入3 000元。

要求:

(1) 试分析餐馆开业初的资金分布。

(2) 分析开业第1天资金运动过程(不考虑资产折旧)。

(3) 计算 1 天结束后餐馆的资金分布。

2. 金辉公司股东投资 1 000 万元成立公司，聘请李先生担任公司总经理，李先生是行业里的专家，在他的经营下，公司第一年获利 500 万元。在年终大会上，李先生通过其好友向股东们提出涨薪请求，其理由是按照行业内基本规则，李先生可以分享公司 1%~5% 的利润，而股东只给了他年终奖 1 万元。股东们经过磋商，提出一个折中方案：第二年如果公司再获利超过 500 万元，一次给予李先生年终奖 5 万元。李先生对这个折中方案不太满意，但仍然继续担任公司总经理。第二年，李先生工作不再积极投入，而是过起了太平总裁的日子，一年到头，企业只盈利 5 万元，而同行业的盈利水平都达到 20%。金辉公司股东经过磋商，解雇了李先生。

要求：（1）计算金辉公司第二年的代理成本有多少？这种代理成本表现为什么形式？

（2）如果你是金辉公司股东，在第三年开始聘请总经理时，如何根据李先生担任经理时期的激励政策，设置新的激励方案？

案例题

财务专业大学生小王今年二年级，刚学完财务管理原理课程。寒假回家，小王到舅舅的工厂参观。舅舅告诉小王由于金融危机的影响，他的企业出了一些问题，主要有：①工厂是生产电子玩具的企业，由于出口下降，生产开工不足；②许多客户虽然采购了工厂的产品，但迟迟不支付货款；③工厂的生产技术设备老化，经常停工；④由于产品积压，资金周转困难，而供应商又在催讨货款；⑤工人因为不能及时拿到工资，工作态度消极，产生很多废品。

根据上述材料回答下问题：

(1) 工厂出现的这些问题，哪些属于财务管理问题？

(2) 这些问题具体属于哪个方面的财务问题？应如何解决？

第 2 章
财务管理的环境

本章学习要点

企业组织形式及其优缺点

金融市场的结构

利率的构成和影响因素

税收对财务管理的影响

课前阅读材料

国务院设立雄安新区 河北地区股票大面积一字涨停

中共中央国务院决定设立河北雄安新区,河北地区股票大面积一字涨停。金隅股份 A 股开盘集合竞价封单超 2 700 万手,总金额超百亿元。另外,港股雄安新区概念股大涨,金隅股份涨 20%,新天绿色能源涨 6.55%,天津港发展涨 6.54%,中国建材涨 4.66%,中材股份、北控水务集团涨超 3%。

雄安新区大热,哪些板块和哪些上市公司将由此受益成为市场关注的焦点?据《证券日报》记者统计,房地产、建材、钢铁、机械、交运、环保、水泥、建筑等几大板块同时被多家券商研报看好,其中地产股更是备受宠爱。多家券商发布的研报中全部推荐了房地产相关的股票,华夏幸福、荣盛发展、京汉股份等公司被券商研报提及次数最多。

除了房地产外,建材、钢铁、机械、交运、环保、水泥、建筑七大板块也被多家券商看好。4 月 1 日,A 股开盘不久,耐不住性子的资金蜂拥而出,港股市场上雄安新区概念股狂飙。其中,涨幅最高的是金隅股份,当日涨幅一度高达 46%,至 4.7 港元/股,最终收于 4.35 港元/股。金隅股份是中国环渤海地区最大的建筑材料生产企业。兴业证券认为,京津冀交通运输的发展,首先在建设上将带动当地建材、钢铁等基建行业的发展,重点关注冀东水泥和金隅股份、河钢股份等;其次,更加合理的交通运输规划将有利于当地港口机场的发展,重点关注天津港、唐山港、首都机场(港股)等。长江证券在研报中还重点推荐了建筑行业,认为无论是从政策层面还是从区域经济发展层面,雄安新区的设立都利好区域建筑产业链,重点推荐区域公司中化岩土、江河集团等;央企方面,结合在手订单、基本面和一带一路,推荐中国交建、中国化学、中铁工业等。

此外,华泰证券、广发证券、国泰君安等券商在研报中还推荐了机械、环保、水泥等相关行业,受益个股包括河北宣工、巨力索具、先河环保、冀东水泥等。

(资料来源:东方财富网,2017年4月5日)

讨论题

1. 雄安新区成立后,为什么大多数券商认为京津冀房地产板块上市公司将有重大投资价值?
2. 如何从政治环境角度分析我国上市公司股票价值与国家重大决策之间的关系?

所谓环境,是指存在于某事物以外,对事物的产生和发展起重要影响的各种因素的总和。按照哲学观点,环境是事物生存和发展的环境。企业的财务管理环境是指对企业财务管理起影响因素的各种因素总和,从这一角度说,财务管理的环境包括很多因素。这其中企业的组织形式、金融市场、利率、税收和行业特征是重要影响因素,本书将主要以上述因素为主,讨论财务管理环境及其对财务管理的影响。

2.1 企业组织形式

企业的组织形式不是一成不变的,而是随着人类生产的发展而逐渐发展的。早期的企业大部分是个人独资企业,随着个人财富的增加,逐渐出现了合伙企业、公司制企业等。企业组织形式不同,财务管理的目的和方法也会有所差异。本节我们将重点讨论三种主要的企业组织形式及其对财务管理的不同影响。此外,企业集团、战略联盟是当代企业之间经常采取的合作形式,本章也将从组织形式的角度对其进行讨论。

2.1.1 独资企业

所谓独资企业,是指由一个自然人投资,财产为投资人个人所有,投资人以其个人财产对企业债务承担无限责任的经营实体。独资企业是最古老的企业组织形式,从远古社会的手工作坊,到资本主义社会的初级工厂,再到当代我国社会中广泛存在的个体经济,都属于这一组织形式。独资企业是社会经济的基础,在西方国家,80%左右的企业为独资企业,它们构成国家宏观经济的基础,承担着大部分的社会就业和推动经济发展重任;在我国大大小小的中小企业中,大部分是独资企业,2003年全国个人独资企业总数为66.17万户[一]。而且,大部分公司制企业都是从独资企业发展而来的,没有投资者经过独资企业阶段的创业,就不可能有现代化的大公司和企业集团。

从法律角度说,独资企业具有如下特点:①只有一个出资人;②出资人对企业债务承担无限责任;③独资企业不作为企业所得税的纳税主体,其获取的收益由出资人交纳个人所得税。

独资企业的这些特点,对其财务管理有一些影响。其优点在于:

(1) 独资企业组织结构相对比较简单,其财务管理往往只有出资者个人负责,财务管理效率高。

(2) 独资企业容易开办。为了促进经济发展,各国对独资企业的设立都不加严格限制。

[一] 唐海滨. 非公有制经济定义、范围和基本情况 [EB/OL]. 价值中国网,[2008-01-14]. http://www.chinavalue.net.

比如《中华人民共和国个人独资企业法》第八条规定："设立个人独资企业应当具备下列条件：（一）投资人为一个自然人；（二）有合法的企业名称；（三）有投资人申报的出资；（四）有固定的生产经营场所和必要的生产经营条件；（五）有必要的从业人员。"上述条件都是很容易实现的。

（3）政府对独资企业的管制比较少。由于独资企业业主承担无限责任，业主高度关心企业发展，不存在中小股东利益保护问题。而对于股份公司，国家往往会通过信息强制披露、治理结构强制健全等方式对其进行管制，影响所有者的财务决策。

（4）独资企业利益由业主独享，不存在大股东与中小股东之间的代理问题，而且大部分独资企业的经营者就是业主本身，不存在所有者与经营者之间的代理问题，因此代理成本比较低。

然而独资企业对财务管理也存在一定的消极影响，主要表现在：

（1）出资者对企业承担无限责任导致企业业主风险增大。在我国东南部，许多企业家成功创业后，没有将企业做大做强，而是维持原有规模和产品。这也是我国经济发展受限制的一个重要原因，究其原因，主要是业主将企业成功创业后，需要追加很多资金扩大规模，这些资金只能由创业者向银行借款。而若企业规模扩大后经营不善，则这些债务就完全落在了业主身上。业主为避免再度贫困，就不敢再融资扩大规模。

（2）筹资困难。与公司制企业相比，独资企业存在一定的融资难度，这种难度存在的主要原因有：①独资企业大多规模小，资本薄弱，一旦经营不善很容易破产，给债权人带来损失；②银行信贷对信用非常重视，而独资企业大部分不注重信用管理，因此难以从银行获得贷款；③独资企业不是独立法人，不能通过发行证券方式直接筹集资本。

（3）有限寿命。独资企业从属于业主，因此一旦业主出现健康问题或者死亡，则独资企业将被清算。从这个角度来讲，独资企业很难获得其关联企业的长期战略性支持，从而影响其发展战略和前景。

（4）所有权难以转移。独资企业的所有权没有进行分割，若要转移必须先将企业清算，将资产转移给其他主体。因此独资企业所有者一旦在企业遇到经营困难时，就必须承受损失，而无法将企业转让出去。这在很大程度上影响了投资人的积极性。

我国的国有独资企业不属于本类企业，而按有限责任公司组织成立。

阅读材料2-1　银行人士眼中的中小企业

赵丹蓓，工商银行浙江金华市分行的行长。对于中小企业，她的判断是"短期是好的，中期要调整，调整好了长期才能向好，企业发展的趋势是走向集中。"在她看来，我们很多中小企业只是一个代工环节，往中期看这样的企业是很危险的。她打个比方说，这样的企业"像模像样的人不多，有脑袋的不多，更多的只有手。"她说，一些中小企业现在还停留在短期赚钱的阶段，不断转移，没有聚焦，很多的模式都是小企业加房地产。长此以往，企业跳来跳去，总也形不成主业，有点像炒股票。当然，也有的中小企业执着于某一行业，她更看好这样的企业。

而在金华市商业银行行长助理汪平看来，中小企业发展中一个很大的问题就是在投资中缺乏指导，有一定盲目性。比如，金华企业都一窝蜂地上水泥、袜子项目，导致现在金华水泥和袜子生产能力过剩。对此，他建议政府应该有一个部门来指导中小企业的投资，特别是要能为企业提供这方面的信息。另一个突出问题就是中小企业人才的匮乏。究其原因，汪平认为由于中国经济的快速增长，使得很多小企业已经成长为中型企业，但企业的人才并未能同步跟上，尤以技工缺乏为甚。

（节选自－银行人士眼中的中小企业［N］.金融时报，2007-09-21）

思考题

上述银行人士的观点对独资企业筹资有什么影响？

2.1.2 合伙企业

合伙企业是依法设立，由各合伙人订立合伙协议，合伙经营，共享收益，共担风险，并对合伙企业债务承担无限连带责任的营利组织。按照合伙人权利和义务的不同，合伙企业分为普通合伙企业和有限合伙企业两类。在我国，大部分会计师事务所、律师事务所等采用合伙制形式。

根据我国2006年修订的《中华人民共和国合伙企业法》规定，我国普通合伙企业具有如下特征：

（1）普通合伙企业由普通合伙人组成，合伙人对合伙企业债务承担无限连带责任。

（2）合伙协议依法由全体合伙人协商一致、以书面形式订立。

（3）合伙企业的生产经营所得和其他所得，按照国家有关税收规定，由合伙人分别缴纳所得税。

（4）合伙人对执行合伙事务享有同等的权利。按照合伙协议的约定或者经全体合伙人决定，可以委托一个或者数个合伙人对外代表合伙企业，执行合伙事务。不执行合伙事务的合伙人有权监督执行事务合伙人执行合伙事务的情况。

（5）由一个或者数个合伙人执行合伙事务的，执行事务合伙人应当定期向其他合伙人报告事务执行情况以及合伙企业的经营和财务状况，其执行合伙事务所产生的收益归合伙企业，所产生的费用和亏损由合伙企业承担。

（6）合伙企业的利润分配、亏损分担，按照合伙协议的约定办理；合伙协议未约定或者约定不明确的，由合伙人协商决定；协商不成的，由合伙人按照实缴出资比例分配、分担；无法确定出资比例的，由合伙人平均分配、分担。

（7）除合伙协议另有约定外，合伙人向合伙人以外的人转让其在合伙企业中的全部或者部分财产份额时，须经其他合伙人一致同意。

有限合伙企业由普通合伙人和有限合伙人组成，普通合伙人对合伙企业债务承担无限连带责任，有限合伙人以其认缴的出资额为限对合伙企业债务承担责任。有限合伙企业由普通合伙人执行合伙事务。执行事务合伙人可以要求在合伙协议中确定执行事务的报酬及报酬提取方式。有限合伙人不执行合伙事务，不得对外代表有限合伙企业。有限合伙人可以按照合伙协议的约定向合伙人以外的人转让其在有限合伙企业中的财产份额，但应当提前30日通知其他合伙人。

由于合伙制企业在法人地位、所得税交纳和出资人责任方面与独资企业类似，其财务管理方面的优缺点也很相近。合伙制企业对独资企业的改进主要在于出资人数量增加，资本总量增加，增强了企业抗拒风险和筹资的能力，然而由于其成立的法律条件更多，因此在我国合伙制企业为数最少。2003年全国合伙企业总数为12.06万户。

阅读材料2-2　会计师事务所为什么应采取合伙制而不应采取有限公司制

詹森和梅克林（1979）曾概括了劳动者管理型企业的产生条件，他们认为"劳动者管理型企业的专业合伙形式极有可能对其他组织形式而言处于支配地位，条件是：①资本/劳动的比率很小；②劳动附加值对所有非劳动成本的比率很高；③班组生产存在规模经济；④外部监督成本很高，并且（或者）班组成员生产的内部监督成本低廉；⑤班组规模很小；⑥班组成员个人人力资本收益远远偏离完全正相关的水平；⑦有关未来劳动收入资本化的代理成本很高。"

这些条件也同样适用于事务所。第一，事务所不是资本密集型的企业，而是智力密集型的企业，在事务所的经营管理中，所需的资本支出很小，绝大部分的支出是工作人员的工资支出，因此资本/劳动比率很小。第二，包括审计、鉴证和咨询等业务在内的事务所业务具有典型的高劳动附加值的特征。在现实生活中，尽管可能存在，但我们很难发现有比事务所业务更具专业性、技术性和复杂性的业务种类，同时由于几乎无须厂房设备等资本支出，非劳动成本与很多行业相比较低，因此，劳动附加值对所有非劳动成本的比率很高。第三，事务所在承接一个服务项目时，往往由合伙人、经理、高级审计人员和助理人员组成一个项目组，这样要比单打独斗更有效率。第四，我们在前面的有关论述已经很好地证明了外部监督成本很高，并且（或者）班组成员生产的内部监督成本低廉。第五，一般来讲，事务所的规模不大，针对某项任务而组成的项目组一般也不大，不像一个建筑工程项目或者一条生产线那样人员队伍庞大，因此可以说班组规模很小。第六，实际上，我们可以把一个企业视为一个投资组合，一个事务所主要是由各个合伙人的人力资本构成的一个组合，那么，如何实现这个组合的多样化呢？主要就是通过使不同的合伙人在组合中占有不同的人力资本份额，具体就体现为合伙人占事务所剩余求偿权的不同比例，也体现为人力资本收益的不同，即所谓的"偏离完全正相关的水平"。在以人力资本为主的企业里要实现以上的安排，最佳的组织形式便是合伙制。第七，什么是未来劳动收入的资本化呢？企业投资各方可以未来劳务收入的形式出资，将未来的劳动收入本金化，未来劳动收入的资本化就是这个意思。但是由于未来的劳动收入是不确定的，同时也由于在现在出售未来的劳动收入将激励他在未来才开始生产（就有可能不生产或低标准生产），那么就存在着进行监督和约束的困难。在这种情况下，合伙制成为最佳的选择，因为它可以降低或消除因为未来销售而需要进行监督的代理成本。因此，我们得出了事务所所具备的生产要素特征导致了其应采取合伙制的结论。

（资料来源：节选自朱小平，叶友. 会计师事务所法律组织形式的企业理论观点——会计师事务所为什么应采取合伙制而不应采取有限公司制［J］. 会计研究，2003（7）。）

思考题

对于会计师事务所，合伙制公司制有什么优点？

○ 唐海滨. 非公有制经济定义、范围和基本情况［EB/OL］. 价值中国网，［2008-01-14］. http：chinavalue.net.

2.1.3 公司制企业

公司制企业是指依照公司法登记设立，以其全部法人财产依法自主经营、自负盈亏的企业法人。公司享有由股东投资和企业经营形成的全部法人财产权，依法享有民事权利，承担民事义务。公司股东作为出资人享有资产收益权、参与重大决策和选择管理者权利，以及合法转让股份的权利，并以其出资额或所持有股份对公司承担有限责任。我国《公司法》规定，公司包括有限责任公司和股份有限公司。

1. 有限责任公司

有限责任公司，股东以其出资额为限对公司承担责任，公司以其全部资产对公司的债务承担责任。有限责任公司由两个以上 50 个以下股东共同出资设立。国家授权投资的机构或者国家授权的部门可以单独投资设立国有独资的有限责任公司。

我国《公司法》明确规定，有限责任公司的成立须具备如下条件：

（1）股东符合法定人数。
（2）股东出资达到法定资本最低限额。[①]
（3）股东共同制定公司章程。
（4）有公司名称，建立符合有限责任公司要求的组织机构。
（5）有固定的生产经营场所和必要的生产经营条件。

2. 股份有限公司

股份有限公司，其全部资本分为等额股份，股东以其所持股份为限对公司承担责任，公司以其全部资产对公司的债务承担责任。设立股份有限公司，应当有 5 人以上为发起人，其中须有过半数的发起人在中国境内有住所。国有企业改建为股份有限公司的，发起人可以少于 5 人，但应当采取募集设立方式。

我国《公司法》明确规定，股份有限公司的成立须具备如下条件：

（1）股东符合法定人数。
（2）股份有限公司发起人，必须按照本法规定认购其应认购的股份，并承担公司筹办事务。
（3）股份有限公司的设立，必须经过国务院授权的部门或者省级人民政府批准。
（4）股份有限公司注册资本的最低限额为人民币 1 000 万元。股份有限公司注册资本最低限额需高于上述所定限额的，由法律、行政法规另行规定。
（5）股东共同制定公司章程[②]。

[①] 我国公司法规定的最低出资额为：（一）以生产经营为主的公司人民币五十万元；（二）以商品批发为主的公司人民币五十万元；（三）以商业零售为主的公司人民币三十万元；（四）科技开发、咨询、服务性公司人民币十万元。

[②] 股份有限公司章程应当载明下列事项：（一）公司名称和住所；（二）公司经营范围；（三）公司设立方式；（四）公司股份总数、每股金额和注册资本；（五）发起人的姓名或者名称、认购的股份数；（六）股东的权利和义务；（七）董事会的组成、职权、任期和议事规则；（八）公司法定代表人；（九）监事会的组成、职权、任期和议事规则；（十）公司利润分配办法；（十一）公司的解散事由与清算办法；（十二）公司的通知和公告办法；（十三）股东大会认为需要规定的其他事项。

3. 公司制企业在财务管理上的优缺点

与独资企业和合伙企业相比，公司制企业在财务管理上具有如下优点：

（1）公司制企业具有无限寿命。公司制企业是独立法人，并不因为个别股东的死亡或股票转让而停止营业，只要公司不破产或清算，就能够持续经营下去。公司制企业的这一优点给公司带来了财务管理上的巨大优势：公司可以制定长期发展战略，与合作伙伴建立战略联盟，而独资或合伙企业则不具备这种优势。

（2）股东承担有限责任。在公司制企业中，股东对企业的债务承担有限责任。如果公司清算破产，股东的损失以其对公司的投资额为上限。而对独资或合伙企业来说，其业主可能损失更多甚至是个人的全部财产。公司制企业的这一优点使得投资人更有安全感，从而增加股东投资于本企业的积极性。

（3）产权流动性强。在公司制制度下，所有者对企业的所有权被划分成股份（股票），股东可按持有股票的任意份额转让。比如《公司法》（2014）第七十一条规定，有限责任公司的股东之间可以相互转让其全部或者部分股权。股东向股东以外的人转让股权，应当经其他股东过半数同意。股东应就其股权转让事项书面通知其他股东征求同意，其他股东自接到书面通知之日起满三十日未答复的，视为同意转让。其他股东半数以上不同意转让的，不同意的股东应当购买该转让的股权；不购买的，视为同意转让。《公司法》（2014）第一百三十七条规定：股份有限公司股东持有的股份可以依法转让。这样所有者可以通过股份的转让实现所有权的转让，而同时又不影响公司经营。在独资和合伙组织形式下，由于所有权没有股份划分，所有权的转让必将导致企业的变更登记或清算，增加了产权转让的难度。

产权流动性对出资人有很大影响，流动性越小，则出资人越难在企业陷于困境时抽出资本，损失的可能性越大；相反如果产权流动性越大，则出资人的损失可能性越小。从这一角度说，公司制企业的产权对出资人吸引力更大，在相同情况下，显然价值更高。

（4）筹资的优越性。公司制企业因为其资本来自多个股东，一般资本量比单个出资人成立的独资企业大，因此其风险低。另一方面，我国《公司法》规定公司制企业可以在证券市场上发行股票或债券等证券进行直接筹资。因此公司制企业比独资企业和合伙企业筹资渠道更多，更容易得到金融机构的支持。

但公司制企业也存在一些不利于财务管理的方面，主要有：

（1）所得税双重征税问题。公司制企业是独立法人，在各国税法中都规定公司制企业需要按其应纳税所得向所在国政府交纳所得税。企业的税后利润再向股东分配时，股东还须根据股利所得交纳个人所得税。因此相同的企业利润就被征收了两次所得税。而合伙企业和独资企业就不存在这样的问题。

（2）公司制企业成立有较大的难度。由于公司制企业的有限责任，因此企业的破产损失风险就有一部分被转移到企业的债权人和潜在投资者身上。为了保护这些债权人和潜在投资者的利益，国家对公司制企业的成立条件比独资企业和合伙企业成立的条件限制更为严格。比如，我国《公司法》对有限责任公司和股份有限公司都规定了最低的资本金额，而独资企业和合伙企业都没有这样的规定。此外，公司制企业成立时要有严格的公司章程确保股东利益，并经过政府有关部门审核，独资企业和合伙企业没有类似规定。

（3）对公司制企业的管制较多。为保证公司制企业合法经营，保护相关利益者的利益，国家对公司制企业设立了很多的管制政策。比如，对股份有限公司设立了增发股票的限制条件，对上市公司增加了财务报告审计、财务信息公开和公司治理结构建设等方面的强制性要求。这直接限制了公司的财务管理行为，也使公司的经营信息公开化，所有这些都使公司陷于不利地位。

（4）公司制企业代理成本更大。随着公司规模的发展，大部分公司（尤其是上市公司）的股东并不直接参与企业管理，而是聘请职业经理人，因此在股东和经理人之间存在着代理关系，这种代理关系在公司治理结构不健全的条件下，可能给投资人带来很大的损失，相比之下，独资企业和合伙企业的代理问题更少。

然而，随着市场经济的发展，公司制企业的内外部治理结构越来越完善，代理成本问题越来越少。而公司制企业的各种优势越来越明显，这使得许多具有发展潜力的独资企业和合伙企业纷纷改制为公司制企业。当今世界上一些著名的企业，如微软公司、惠普公司等，都是由合伙企业转变而成为股份公司的。

2.1.4 企业集团

从严格意义上来讲，企业集团不是一种独立的企业组织形式，只是企业之间合作的一种形式。但它在现代市场经济中具有非常重要的地位，因此我们在这里把它作为一种企业组织形式来讨论它的优缺点。

企业集团是一个由核心企业控制的多层次企业联合体，这个联合体成立的目的，是要在核心企业的统一领导下，相互协调经营行为，共同分享收益、分担风险，以增强每个成员企业的市场竞争力。企业集团本身不是一个独立法人，而其中的母公司和每个子公司却是独立法人。

企业集团作为一种企业间的合作形式，在财务管理上拥有一定的优势，主要表现在：

（1）企业集团一般比单个企业规模大，资本更雄厚，因此其筹资能力比单个企业更强，在生产经营中由于规模大于单个企业而可能形成垄断优势，从而降低产品成本，改进其经营业绩。

（2）在集团内部能进行优势互补，资源优化配置，改进资金使用效率。企业集团内部各子公司具有不同的竞争优势，这些优势能使得各子公司在生产、经营和财务上相互支持，增强整体实力。

（3）分散经营风险。由于企业集团各单位的产品并不完全相同，这就使得企业集团的经营风险分散化，从而降低了企业集团的整体风险；另一方面，由于企业分散经营，企业集团可以从社会各方面获得人才和支持，从而提高企业的整体实力。

当然，企业集团也存在一定的不利因素，主要有：

（1）由于管理层次的增加，导致管理成本增加，管理效率降低。由于企业集团由各个单个企业组成，使集团企业在每个单个企业的管理层次基础上又增加了一个集团管理层。管理层次增加，导致管理机构增加，同时导致企业管理系统内部信息传递环节增多，如集团企业不能改进管理方式，势必会降低管理效率。

（2）由于管理层次增加，企业内部代理关系增多，从而可能增加代理成本。企业集团的成立使企业的代理关系增加，由原来的股东—经理的代理关系变为股东—集团管理层—

各单位管理层的代理关系。此外各子公司之间也可能出现代理关系。由于代理关系的增加，可能会增加代理成本，从而降低了股东的投资效益。

阅读材料 2-3　　地方政府忙于组建企业集团会有什么问题

近几年来，为了组建和发展企业集团，湖南省先后出台了《湖南省人民政府关于促进大型企业集团发展的通知》和《湖南省企业集团组建管理办法》两个政策性文件，采取了一系列的优惠政策和措施。但是，大多数集团成员没有经过公司化改制，不熟悉集团化运作，存在的问题比较突出。

1. 行政捏合痕迹严重，资本纽带作用不强

一些企业集团的形成不是从经济因素考虑，而是出于非经济因素需要。比如，国光瓷业集团收购一家破产企业的行为完全不是由于集团本身发展的需要，而是地方政府为了"甩包袱"。行政捏合形成的企业集团，磨合期长，内部矛盾多，难以形成合力。

2. 集团凝聚力不强、稳定性差

企业集团的凝聚力主要不是依赖企业之间平等基础上的自觉自愿，而是以股权、债权为纽带关系塑造出来的。靠行政手段捏合而又没有突出资产的纽带作用而形成的企业集团，势必缺乏形成凝聚力的机制，缺乏形成利益、风险共同体的基础。湖南省某集团，其资产规模在全国同行业中居于第一，规模不可说不大，由于其没有形成利益共同体，凝聚力不强，缺乏新的共同的利益生长点，导致效益不佳，有经济规模而没有规模经济。

3. 内部管理体制的不规范

资产纽带不强，产权关系不明严重影响了集团内部规范的管理体制的形成，母子公司体制不健全。据省企业调查队的调查显示，目前湖南省还有17.8%的企业集团尚未建立母子公司体制。有的建立了母子公司体制的集团，也由于缺乏资产纽带，存在管理松散，只集不团，只大不强，导致母公司职能难以落实。少数子公司不服从集团的决策和协调，无论是生产销售、经营管理，还是投资融资、人事调配，并不按集团董事会的决议办事。

4. 核心企业主体地位难以确立和发挥

核心企业是集团公司的投资中心。它的投资功能的发挥能改变集团的内部结构，优化内部资源配置，强化集团成员之间的资本纽带作用，使集团成为一个有机的整体。没有核心企业作为投资中心的地位及其功能的发挥，要带动整个集团走向大型规模化经营是不可能的。但湖南省一些企业集团的核心企业本身效益不佳，且现行的国有资产管理体制及投资审批制度，使核心企业难以成为投资主体，阻碍了集团的规模化发展。例如湖南某集团的母公司，自身经营管理不善效益十分低下，自然它就不能起到核心企业投资主体地位的作用，对其他子公司也无多大约束力。

（资料来源：节选自易可君，周新德. 湖南国有企业集团发展中的问题及对策［J］. 湖南经济，1999（6））

思考题

1. 我国国有企业为什么要组建集团？
2. 通过政府主导方式组建企业集团对财务管理有什么影响？

2.1.5 战略联盟

战略联盟是两个或两个以上的经济实体（一般指企业，如果企业间的某些部门达成联盟关系，也适用此定义）为了实现特定的战略目标而采取的任何股权或非股权形式的共担风险、共享利益的长期联合与合作协议。⊖与企业集团不同，战略联盟中成员企业之间一般不存在严格意义上的投资和被投资关系。从20世纪80年代开始，战略联盟的数量激增。战略联盟已成为最广泛使用的战略之一，它可以使来自不同国家的企业共同分担风险、共享资源、获取知识、进入新市场。

根据林奇（Lynch，1993）的研究，战略联盟可为合作双方提供下列其他机制中所不具有的显著优势：①协同性，整合联盟中分散的公司资源凝聚成一股力量；②提高运作速度，尤其是当大公司与小公司联合时更是如此；③分担风险，使公司能够把握伴有较大风险的机遇；④加强合作者之间的技术交流，使他们在各自独立的市场上保持竞争优势；⑤与竞争对手结成联盟，可以把竞争对手限定到它的地盘上，避免双方投入大量资金展开两败俱伤的竞争；⑥通过联盟可获得重要的市场情报，顺利地进入新市场，与新客户搞好关系，这些都有助于销售的增长；⑦大公司以股票或R&D合约方式的投资将会给小公司注入一笔资本；⑧由于许多联盟形式不含有稀释股权的投资，因而有助于保护股东在各公司的股东权益；⑨组成联盟可给双方带来工程技术信息和市场营销信息，使他们对于新技术变革能够做出更快速地调整和适应；⑩营销领域向纵向或横向扩大，使合作者能够进入新的市场，进入单方难以渗透的市场。一旦战略联盟管理有方，合作双方将比单方自行发展具有更广阔的战略灵活性，最终可以达到双赢（Win-Win）。⊜

战略联盟作为企业间合作的一种形式，给财务管理带来一些影响。这种影响主要表现在联盟内企业可以快速响应彼此的要求，加快资金投入和商品产出，提高营运资金管理效果。此外，战略联盟对于中小企业也有很大的帮助，中小企业可以利用和大企业建立战略联盟，扩大自身抵御市场风险的能力，增强项目投资的稳定性，降低风险。

阅读材料2-4　　万科万达战略联手全球开发　　未来合作规模或上千亿

新华房产（2015年）5月14日北京讯，国内住宅龙头万科企业股份有限公司，与商业地产龙头大连万达集团股份有限公司在北京签订战略合作框架协议。双方宣布建立战略合作关系，计划在国内外项目开展深度合作。

万科与万达历来被视作住宅与商业地产领域的两大标杆。此次两大龙头宣布携手，无疑将提供巨大的想象空间。万科总裁郁亮笑言，希望这是中国房地产行业的"双打梦之队"。而万达集团董事长王健林更是在采访中透露，双方合作绝不仅限于万达广场周边土地的开发，如果接下来的谈判能达成一致，其规模可能超过千亿元。

根据此次签署的战略合作框架协议，万科与万达将充分发挥各自在房地产领域的优势，

⊖ 颜光华，严勇. 企业战略联盟及其在我国企业的应用 [J]. 财经研究，1999（7）.
⊜ Lynch, Robert Porter. Business Alliances Guide: the Hidden Competitive Weapon [M]. New York: John Wiley &Sons, 1993.

在一系列双方有合作意向的房地产项目上开展深度合作，以实现利益共赢。为此，万达和万科将共同组成由双方集团高层担任领导的联合协调小组，互相交流项目合作信息；双方将长期进行合作；由于万达和万科都有海外发展计划，未来双方的合作不仅限于国内，也将在全球展开。

万达从 2014 年开始就在力推轻资产模式，逐渐把企业的收入和利润转移到服务业方面，如文化、旅游、金融等领域，而万科也在寻求转型，双方的战略合作可谓不谋而合。

"如果仅仅把我们的战略合作理解为那种结合双方的优势，共同拿地，共同开发，这个层面也太小了。……如果双方接下来的谈判能达成一致，是超过千亿级的。"王健林在采访中表示，万达将继续发挥自身商业地产和文化旅游方面的优势，而万科对于住宅建设精细化管理，成本管控和后期物业服务管理方面的经验也将给合作提供广阔的空间。

王健林认为，万达与万科的战略合作是一次全新的尝试，对万达来说，通过与万科合作，万达可以集中精力，加快实施轻资产战略。同时双方合作也是对行业和社会的贡献，可以更有效地利用社会资源，减少浪费，对行业发展起到示范作用。

（资料来源：节选自张际达．万科万达战略联手全球开发　未来合作规模或上千亿［N］．新华网，2015-05-14.）

思考题
1. "二万联盟"对万达和万科各有什么好处？
2. "二万联盟"对万达和万科的财务管理有什么影响？

2.2　金融市场

所谓金融市场（financial market），是指构成市场资金融通的各种机构和程序的总和[①]，是资金供应者和资金需求者双方进行交易的场所，它可以是有形的市场，也可以是无形的市场。在市场经济中，金融市场的主要作用包括：将储蓄资金转化为投资，增强金融体系的效率，改善社会资源配置，增加社会价值创造等。金融市场是财务管理环境中最重要的环境因素，企业的资金来自金融市场，企业部分资金要投放在金融市场获利，此外金融市场通过其交易产生各种财务信息（利率、汇率、股票市场走势等），影响企业财务决策。从这个角度来讲，金融市场对企业财务管理有着重要作用。本节我们主要讨论以下问题：金融市场的构成、金融市场的分类、金融市场的资金融通行为、金融机构等。

2.2.1　金融市场的构成要素

虽然金融市场的交易对象比较特殊，但与其他市场一样，有交易主体、交易对象、交易工具和交易价格，试分别讨论如下。

1. 交易主体

交易主体是市场交易中的参与者，在金融市场上，交易主体是指参加交易过程提供或

[①] James C. Van Horne, John M. Wachowicz. Fundamentals of Financial Management［M］. 11th edition, Beijing: Tsinghwa University Press, 2001.

获取货币资金的主体。按照交易主体在金融市场交易中的交易地位不同,可将交易主体分为以下三个类别。

(1) 资金供给者。金融市场交易的前提是市场拥有大量的资金,这些资金需要由资金提供者投放市场。在金融市场上,主要的资金提供者是居民个人、企业和事业单位、机关和其他主体。资金提供者出于投资增值或闲置资金储蓄的需要,将货币存入银行或购买证券、保险,从而为市场资金需求者提供资金来源。

(2) 资金需求者。在市场经济社会中,经常有一些主体有比较好的投资项目,但却缺乏资金无法投资,为获得资金,这些主体可能到银行贷款,或在证券市场发行证券筹集资本,这些主体被称为资金需求者。主要的资金需求者包括:企业、政府、消费者。

(3) 金融机构。金融机构是金融市场的枢纽,在金融市场的交易中,金融机构主要从资金供给者手中吸收资金,然后投放给资金需求者。金融机构主要通过储蓄、发行证券等方式吸纳资金,通过贷款、购买证券等方式投放资金。

2. 交易对象

交易对象是指市场交易双方交换的标的物。在金融市场上,交易双方交易的对象是货币资金。在金融市场的交易中,无论是银行的存贷款,还是证券市场上的证券买卖,交易双方主要都是货币资金的供给者和需求者,最终通过交易,将货币资金从供给者转让给需求者。然而,与商品市场交易不同,金融市场的交易大多数是表现货币资金使用权的转移,而商品市场交易则表明商品的所有权和使用权同时转移。

3. 交易工具

交易工具是指市场上对交易对象进行交易的载体,金融市场的交易工具是金融工具。所谓金融工具是指能够证明债权债务关系或所有权关系并据以进行货币资金交易的合法凭证。金融工具是一种交易契约,对于交易双方都有约束力。与商品市场中交易的商品相比,金融工具具有如下特征:

(1) 期限性。期限性是指金融工具一般都有明确的到期日,在到期日以前债务人必须归还其到期债务。商品交易完成后,销售方一般都不存在货款返还义务。

(2) 流动性。流动性是指金融工具可以由持有者在市场上有偿转换给另一个持有者而避免受损失,商品在市场成交后,往往由于功能、构造等非标准化而很难再次转让。⊖

(3) 风险性。风险性是指金融工具的购买者在到期日所收回的资金金额存在一定的不确定性,它受发行人的财务状况和宏观经济形势影响。而商品的风险则主要来自使用过程和市场价格波动。

(4) 收益性。收益性是指金融工具能给其持有人带来一定的收益。这一收益是金融工具发行人为获得资本使用权而支付给购买人的报酬。

4. 交易价格

商品市场中,交易价格是交易双方就商品所有权转移所达成的转让价格,它主要受商品价值和供求关系的影响。在金融市场中,交易价格是指在金融市场中转让一定时期的货

⊖ 部分实物商品存在公开的转让市场,如汽车、房产等,具有一定的流动性。

币资金使用权所得到的报酬，一般用利率或投资报酬率来表示。我们将在后文专门讨论这些问题。

2.2.2 金融市场的分类

金融市场交易的交易规则各异，交易产品不同，交易的期限也不相同，因此金融市场可从多个方面分类。我们可从以下几个方面给金融市场分类。

1. 按照金融市场交易的期限分类，金融市场可分为短期市场和长期市场

短期市场也被称为货币市场，是指以期限在一年以内的金融工具为媒介，进行短期资金融通的市场。短期市场主要包括短期存款放款市场、银行同业拆借市场、票据市场、短期债券市场和可转让大额存单市场等。短期市场的主要特点有：①融资期限短；②交易的目的主要是满足短期投资和周转需要；③所交易的金融工具流动性强，收益性低。

阅读材料 2-5　　　　　银行同业拆借市场

银行同业拆借市场是指银行业同业之间短期资金的拆借市场。各银行在日常经营活动中会经常发生头寸不足或盈余的情况，银行同业间为了互相支持对方业务的正常开展，并使多余资金产生短期收益，就会自然产生银行同业之间的资金拆借交易。

1. 银行同业拆借市场的产生与发展

银行同业拆借市场起源于西方国家存款准备金制度的实施，在存款准备金制度下，规定商业银行吸收的存款必须按一定比例提取准备金，缴存于中央银行，称为法定储备。但对每家银行的某一时日来说，有些银行准备金保有量过多，出现多余，把这些超出法定准备的部分称为超额储备，超额储备停留在无利息收益的现金形式上，就会产生潜在的收益损失。而另有一些银行当储备计算期末储备金不足时，就会面临被征收罚金的危险。在这种客观条件下，储备多余的银行便设法将其拆出，增加收入，储备不足的银行又设法拆入资金，由此逐渐形成了银行同业拆借市场。

近20多年来，银行同业拆借市场有了较大的发展，它不仅作为同业之间调整储备的市场，而且已经成为银行为扩大资产业务的手段，同业拆借的参加者也从商业银行扩大到非银行金融机构，使拆借市场的范围日益扩大。

2. 银行同业拆借市场的特点

这种交易活动一般没有固定的场所，主要通过电信手段成交。期限按日计算，有1日、2日、5日不等，一般不超过1个月，最长期限为120天，期限最短的甚至只有半日。拆借的利息叫"拆息"，其利率由交易双方自定，通常高于银行的筹资成本。拆息变动频繁，灵敏地反映资金供求状况。同业拆借每笔交易的数额较大，以适应银行经营活动的需要。日拆一般无抵押品，单凭银行间的信誉。

一般而言，银行同业拆借市场具有五大特点：

（1）只允许经批准的金融机构进入市场。

（2）融资期限较短，最常见的是隔夜拆借，目前甚至出现日内拆借，一般最长不超过1年。

(3) 交易金额较大,而且不需要担保或抵押,完全是凭信用交易。
(4) 交易手续简便,一般通过电话洽谈。
(5) 利率由双方协商决定,随行就市。

3. 银行同业拆借市场的交易形式

银行同业拆借市场的交易有间接拆借和直接交易两种。

(1) 间接拆借。资金拆借双方将意向和信息传递到中介机构,由中介机构根据市场价格、双方指令媒介交易。间接拆借是最主要的交易方式,其特点是拆借效率高、交易公正、安全。充当中介机构的主要是某些规模较大的商业银行或者专门的拆借经纪公司。

(2) 直接交易。不通过经纪机构,由拆借资金买卖双方通过电话或其他电信设备直接联系,洽谈成交。其特点是交易成本低。这种交易在同业拆借市场上较为少见。

同业拆借期限较短,我国拆借期大多为1~3个月,最长为9个月,最短为3~5天。同业拆借利息一般是低息或无息的,我国规定不得低于人民银行再贷款利率。

(资料来源:金库网金库百科栏目)

思考题

银行同业拆借市场的货币借贷与商业银行对客户的借贷有什么区别与联系?

长期市场也被称为资本市场,是指以期限在1年以上的金融工具为媒介,进行长期资金融通的市场。我国的资本市场包括长期存放款市场和证券市场。长期市场的主要特点有:①融资期限长;②交易的目的主要是满足长期投资和长期资本需要;③所交易的金融工具流动性差,收益性强。长期存款市场和长期贷款市场主要来自商业银行的长期存款和贷款业务,而证券市场主要是为债券、股票和混合性证券以及衍生证券的发行和流通市场。我国证券市场起始于20世纪80年代末,1990年11月26日,上海证券交易所成立,1990年12月1日,深圳证券交易所成立。此外,为促进我国非上市公司的产权交易,我国从20世纪90年代开始在全国各地建立了中央、省、市级的产权交易市场(中心、所),用以进行企业产权交易和其他性质的资产交易。

阅读材料2-6　上海联合产权交易所

上海联合产权交易所是经上海市人民政府批准设立的具有事业法人资格的综合性产权交易服务机构,是集物权、债权、股权、知识产权等交易服务为一体的专业化市场平台。上海联合产权交易所的主要职责是:

(1) 履行国务院国资委授予的从事中央企业国有产权转让交易职能。
(2) 履行上海市人民政府、上海市国有资产监督管理委员会和有关部门交办或委托的市场管理功能。
(3) 依法审查产权交易主体的资格和交易条件,以及交易行为的合法性规范性,对符合规定的交易出具交易凭证。
(4) 为全国各地的产权机构提供规范服务,组织产权交易,维护交易各方的合法权益。
(5) 建立健全会员管理制度,积极开展业务培训。

(6) 研究产权市场的发展趋势和政策。

上海联合产权交易所的主要业务范围包括：各类所有制企业产权、股权交易；国家"863"项目（上海）促进中心的交易服务；中央企业国有产权转让交易指定场所；企业重组并购服务；中小企业融资服务；风险创业投资的进入和退出服务；知识产权和科技成果（项目）的转让交易；国有资产进入和退出等战略性调整；外资并购交易服务；企业改制、上市的配套服务；项目融资服务；非上市股份有限公司的股权托管及转让服务。

思考题

上海联合产权交易所和上海证券交易所在交易对象和交易方式上有什么联系和区别？

2. 按金融工具交易的性质分类，金融市场分为发行市场和流通市场

发行市场，也称初级市场或一级市场，是指金融工具在形成后由资金需求方转让给资金供给方以实现融资目标的市场。在这个市场中，资金需求方通过金融工具的发行获得资本，而资金供给方出让货币，获得金融工具。股票和债券的发行、各种短期有价证券发行都属于发行市场行为。

流通市场，也称次级市场或二级市场，是指为已发行的金融工具进行再转让的市场。在这个市场中，金融工具的首次发行人不能再获得资本，金融工具的持有人可以通过该市场在到期日前进行转让。股东持有的股票、债券投资者持有的债券都是在流通市场进行转让。我国的上海证券交易所和深圳证券交易所既有发行市场，又有流通市场。

除了证券交易所具有二级市场外，店头交易市场（over-the-counter market，OTC）也属于二级市场。所谓店头交易，是指由专门的证券交易商（dealers）组成的，专门从事不在证券交易所上市交易或交易量较少的上市公司的证券的市场。这些证券交易商通过保持在店头交易市场上市的公司的证券，随时按公布价格买入或卖出公司证券的方法，来使得这些公司的证券能够获得很高的流动性。美国的纳斯达克市场就属于这类市场。我国的中小企业股份转让系统（新三板市场）也采用这类交易方式。表2-1具体反映了我国新三板市场交易的基本情况。

表2-1 我国中小企业股份转让系统市场主要统计指标概览

	2016年	2015年	2014年	2013年
挂牌规模				
挂牌公司家数	10 163	5 129	1 572	356
总股本（亿股）	5 851.55	2 959.51	658.35	97.17
总市值（亿元）	40 558.11	24 584.42	4 591.42	553.06
股票发行				
发行次数	2 940	2 565	329	60
发行股数（亿股）	294.61	230.79	26.52	2.92
融资金额（亿元）	1 390.89	1 216.17	132.09	10.02
优先股发行				
发行次数	3			
融资金额（亿元）	20.20			
股票转让				
成交金额（亿元）	1 912.29	1 910.62	130.36	8.14

（续）

	2016 年	2015 年	2014 年	2013 年
成交数量（亿股）	363.63	278.91	22.82	2.02
换手率（%）	20.74	53.88	19.67	4.47
市盈率（倍）	28.71	47.23	35.27	21.44

流通市场的存在对发行市场具有重要作用，流通市场的存在使发行市场发行的证券具有很强的流动性，从而减少了发行市场投资者的投资风险，对于初级市场的金融工具发行具有重大的支撑作用。

除上述分类之外，金融市场还可以按交割方式分为现货市场、期货市场和期权市场；按交易对象分为票据市场、证券市场、衍生工具市场、外汇市场、黄金市场等。

2.2.3 金融市场的资金融通行为

金融市场中，资金的融通过程和方式可以用图 2-1 表示。

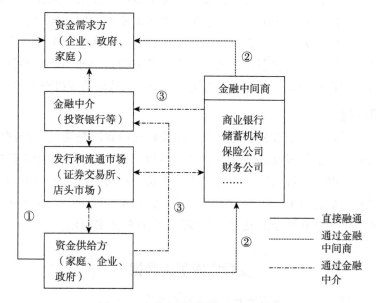

图 2-1 金融市场中的资金流动方式

从图 2-1 中我们可看出，金融市场的资金融通有三种方式。

1. 直接融通方式

直接融通方式下，资金供给方和资金需求方直接联系，协商资金融通的契约条款，并最终达成资金融通的行为。在直接融通方式下，资金融通的行为没有第三者影响，因此融资效率比较高，能迅速融通资金。但这种资金融通方式存在以下缺点：

（1）如果资金供给方和资金需求方存在信息不对称，则可能存在信用风险。

（2）由于资金需求方只是与单个或有限数量资金供给方协商资金融通，因此受单个资金供给方资本数额的限制，所能筹集的资本有限。

（3）由于资金的供给方大多数不是专业的投资和金融机构，对资金需求方的信用和投资效果不能很准确地估计,也很难控制资金需求方的经营行为,因此这种资金融通方式对资金供给方来说风险很大。

2. 通过金融中间商的资金融通方式

金融中间商(financial intermediary)是指以企业自身的名义专门从事吸收家庭、企业等资金供给方的资金,并将这些资金投放到企业和个人等资金需求方的金融机构。这些金融中间商一般有很广泛的营业网点,吸收储蓄,并利用储蓄资金向企业和个人贷款,拥有很丰富的存贷款经验和专业人才。通过金融中间商的资金融通,资金需求方可以广泛地筹集社会闲散资金,并通过金融中间商的专业服务和监督,降低金融风险,提高资金使用效率,但融资规模受到一定的限制。

3. 通过金融中介的资金融通方式

金融中介(financial brokers)是指不以自己的名义吸收和投放资金,而是专门代理资金需求方从事证券发行业务,从而获取代理费用的金融机构。由于资金供给者和资金需求者之间存在的信息不对称,且资金需求方的发行证券融资能力受限,因此资金需求方很难广泛地筹集资金。而金融中介机构由于其分散的营业机构和专业的代理服务,因此能够在较短的时间内代理资金需求方发行证券筹集资金。这种方式存在的一个缺点是由于金融中介机构只是一个代理机构,因此它们并不关注资金需求方的资金使用收益和信用,如果金融中介只关注自身的代理费用收入,就可能忽视证券质量,从而造成投资人的损失。

4. 互联网金融

关于互联网金融目前还没有公认的定义,比较普遍的看法是通过互联网实现资金的融通称为互联网金融。目前我国互联网金融有两大类型:一种类型是传统金融机构利用互联网开展业务,如各大商业银行的网上银行、银联支付等;另一种类型是非金融机构利用互联网进行资金融通,如支付宝、众筹、P2P 网贷等新型互联网金融产品和业务。随着我国网民数量的飞速增加,互联网金融成为个人和企业融资的重要渠道。

阅读材料2-7　　　　　　　**支付宝发展大数据**

2003 年 10 月 18 日,淘宝网首次推出支付宝服务。

2004 年,支付宝从淘宝网分拆独立,逐渐向更多的合作方提供支付服务,发展成为中国最大的第三方支付平台。

2004 年 12 月 8 日,浙江支付宝网络科技有限公司成立。

2005 年 2 月 2 日,支付宝推出"全额赔付"支付,提出"你敢用,我敢赔"承诺。

2008 年 2 月 27 日,支付宝发布移动电子商务战略,推出手机支付业务。

2008 年 10 月 25 日,支付宝公共事业缴费正式上线,支持水、电、煤、通信等缴费。

2010 年 12 月 23 日,支付宝与中国银行合作,首次推出信用卡快捷支付。

2011 年 5 月 26 日,支付宝获得央行颁发的国内第一张《支付业务许可证》(业内又称"支付牌照")。

2013 年 6 月,支付宝推出账户余额增值服务"余额宝",通过余额宝,用户不仅能够得到较高的收益,还能随时消费支付和转出,无任何手续费。

2013年11月13日，支付宝手机支付用户超1亿，"支付宝钱包"用户数达1亿，支付宝钱包正式宣布成为独立品牌。

2013年11月30日，12306网站支持支付宝购买火车票。

2013年12月31日，支付宝实名认证用户超过3亿。

2013年，支付宝手机支付完成超过27.8亿笔、金额超过9 000亿元，成为全球最大的移动支付公司。

来自艾瑞咨询的数据显示，自2013年第一季度以来，支付宝在移动互联网支付市场份额从67.6%逐步提升至78.4%，居第一。

截至2013年年底，支付宝实名认证的用户数超过3亿。2013年，支付宝单日交易笔数的峰值达到1.88亿笔。其中，移动支付单日交易笔数峰值达到4 518万笔，移动支付单日交易额峰值达到113亿元人民币。

2014年2月28日，余额宝用户数突破8 100万。

2014年3月20日，支付宝每天的移动支付笔数超过2 500万笔。

思考题

1. 支付宝快速发展的原因是什么？
2. 现在大多数青少年学生都有支付宝账号和使用支付宝支付的经验，与传统银行结算方式相比，支付宝作为新的结算方式有什么优缺点？

2.2.4 金融机构

金融机构是指专门从事金融业务的机构，是社会资金融通的枢纽。金融机构包括银行类金融机构和非银行类金融机构。银行类金融机构包括商业银行、中央银行和专业银行。非银行类金融机构是银行以外的各种金融机构，包括保险公司、信托投资公司、典当商行等。本节主要介绍以下几种主要金融机构。

1. 商业银行

有关商业银行的定义目前因各国的金融体系不同而没有达到完全统一，比较公认的观点是：商业银行是以经营工商业存、放款为主要业务，并以获取利润为目的的货币经营企业。其主要特征是：①商业银行是唯一能提供"银行货币"（活期存款）的金融组织；②从事的交易种类繁多、次数频繁、金额巨大；③分支机构众多、分布区域广；④高负债经营，债权人众多；⑤与社会公众利益密切相关，受到银行监管法规的严格约束和政府有关部门的严格监管。商业银行在银行体系中处于主体地位。

根据2003年修订的《中华人民共和国商业银行法》，商业银行是指依照本法和《中华人民共和国公司法》设立的吸收公众存款、发放贷款、办理结算等业务的企业法人。商业银行的主要业务包括：①吸收公众存款；②发放短期、中期和长期贷款；③办理国内外结算；④办理票据承兑与贴现；⑤发行金融债券；⑥代理发行、代理兑付、承销政府债券；⑦买卖政府债券、金融债券；⑧从事同业拆借；⑨买卖、代理买卖外汇；⑩从事银行卡业务；⑪提供信用证服务及担保；⑫代理收付款项及代理保险业务；⑬提供保管箱服务；⑭经国务院银行业监督管理机构批准的其他业务。

目前，我国的商业银行按其产权关系和组织方式分为三大类：国有控股商业银行、股份制商业银行和合作制商业银行。国有控股商业银行包括中国工商银行、中国农业银行、中国建设银行和中国银行；全国性股份制商业银行包括交通银行、中信实业银行、华夏银行、中国光大银行和中国民生银行等。区域性的股份制商业银行包括招商银行、深圳发展银行、广东发展银行、福建兴业银行、上海浦东发展银行等。合作制商业银行主要包括各种城市信用社和农村信用合作社（农业合作银行）。

2. 投资银行

投资银行是在资本市场上从事证券发行、承销、交易及相关的金融创新和开发活动，为长期资金盈余者和短缺者双方提供资金融通服务的中介性金融机构。⊖ 从本质上说，投资银行属于非银行金融机构，与商业银行相比，投资银行有如下区别：①主营业务不同，商业银行主要从事存贷款和结算业务，而投资银行主要从事证券的发行、承销以及其他中介服务；②对金融市场的作用不同，商业银行是主要从事间接融资的金融机构，而投资银行主要辅助证券发行人实现直接融资。

在我国，主要的投资银行包括证券公司、信托投资公司等。

3. 保险公司

保险公司（insurance company）是指经营保险业的经济组织，属于非银行金融机构。保险公司通过吸收财产保险和人身保险资金，取得资金来源，并将资金投放于证券等投资项目，获取投资收益。我国的保险机构分为财产保险机构和人身保险机构两大类别。表2-2为我国保险业机构2016年全年收支数据。

表2-2 我国保险业机构2016年全年收支状况

项　　目	金额（万元）
原保险保费收入	309 591 008.90
1. 财产险	87 244 981.36
2. 人身险	222 346 027.54
（1）寿险	174 422 166.77
（2）健康险	40 424 967.91
（3）人身意外伤害险	7 498 892.86
人身保险公司保户投资款新增交费	118 601 615.29
人身保险公司投连险独立账户新增交费	9 389 744.45
原保险赔付支出	105 128 899.84
1. 财产险	47 261 838.89
2. 人身险	57 867 060.95
（1）寿险	46 029 461.77
（2）健康险	10 007 522.22
（3）人身意外伤害险	1 830 076.96
业务及管理费	38 955 248.72
银行存款	248 442 107.31
投资	1 090 664 619.03
资产总额	1 511 691 649.52

资料来源：中国保险监督管理委员会网站公布数据。

⊖ 陈琦伟. 投资银行学［M］. 大连：东北财经大学出版社，2002.

2.3 利率和税收

在 2.2 节中我们曾讨论到金融市场的要素之一——利率，本节我们将详细讨论这个问题。按照马克思的观点，所谓利息，是指让渡货币使用权所获得的报酬，在金融市场中，资金需求者要想获得资金使用者的资金使用权，必须支付一定的代价，这一代价就是利息。在财务管理中，利息有着重要作用，本节我们将主要讨论两个方面的问题：利率的种类和利率的决定因素。税收也是影响企业财务管理决策的重要因素，本节我们也将一并讨论。

2.3.1 利率的种类

所谓利率，是指在一次借贷行为中，资金使用方支付利息占使用本金的比率。在不同的融资形式和市场中，利率的计算和支付有多种方式，我们将主要介绍一些与财务管理有关的一些分类方式。

1. 基准利率和套算利率

所谓基准利率，是指对市场利率走向起主导作用的利率，基准利率如发生变动，其他利率也会发生相应变动。在西方国家中，基准利率通常是中央银行的再贴现率，它是中央银行宏观经济调控的重要指标。在我国，基准利率是中国人民银行对商业银行贷款的利率。所谓套算利率，则是指各金融机构根据基准利率和自身特点制定出的利率。

阅读材料 2-8　　　　　　　　　　利率市场化

随着改革的深入，中国政府对利率的监管也逐步放松，由中央银行指定商业银行存贷款利率，到中央银行规定基准利率，允许商业银行在一定范围内自由浮动。进入新世纪，中国政府加快了利率市场化进程。2013 年 7 月 19 日，经国务院批准，中国人民银行决定，自 2013 年 7 月 20 日起全面放开金融机构贷款利率管制。2014 年 11 月 22 日，中国人民银行决定结合推进利率市场化改革，将金融机构存款利率浮动区间的上限由存款基准利率的 1.1 倍调整为 1.2 倍；其他各档次贷款和存款基准利率相应调整，并对基准利率期限档次做适当简并。

2015 年 3 月 1 日，中国人民银行决定结合推进利率市场化改革，将金融机构存款利率浮动区间的上限由存款基准利率的 1.2 倍调整为 1.3 倍。

2015 年 5 月 11 日，中国人民银行决定结合推进利率市场化改革，将金融机构存款利率浮动区间的上限由存款基准利率的 1.3 倍调整为 1.5 倍。

2015 年 8 月 26 日，中国人民银行决定，放开 1 年期以上（不含 1 年期）定期存款的利率浮动上限，活期存款以及 1 年以下定期存款的利率浮动上限（1.5 倍）不变。

自 2015 年 10 月 24 日起，中国人民银行决定对商业银行和农村合作金融机构等不再设置存款利率浮动上限。

（资料来源：百度百科）

> **思考题**
> 1. 利率市场化后，中央银行公布基准利率的作用是什么？
> 2. 利率市场化对企业财务管理有什么影响？

2. 名义利率和实际利率

所谓名义利率，是指不考虑货币通货膨胀所计算的利息率。设 1 年期贷款金额为 L，利息为 I，则名义利率为 I/L。在实际生活中，通货膨胀经常发生，在通货膨胀发生后，实际收到的利息的购买力要小于同面值货币金额在期初的购买力，这就使得贷款人的实际利息收入要小于名义利息收入。

所谓实际利率，是指名义扣除通货膨胀因素后的真实利率。设名义年利率为 i，年通货膨胀率为 r，e 为年实际利率，则有以下公式：

$$1 + i = (1 + r)(1 + e)$$

在实际工作中，由于 $r \cdot e$ 很小，因此人们往往用 $e = i - r$ 来近似计算实际利率。如果通货膨胀率大于名义利率，就可能出现实际利率为负的特殊情况。我国在进入 2008 年时，实际负利率水平达到惊人的程度——以 2008 年 7 月份为例，当时 CPI 约 7%，1 年期定期为存款税后 3.93%，负利率 3%。

3. 固定利率和浮动利率

所谓固定利率，是指在借贷期内固定不变的利率。由于通货膨胀的存在，固定利率的实行可能会给贷款人带来潜在的损失。设某银行在 2008 年 6 月贷款给某企业，期限 3 个月，名义固定利率为 2.5%，3 个月后发生通货膨胀，比率为 2%，则银行实际得到的贷款利率为 0.5%，银行会遭受很大损失。为了避免损失，银行在与企业签订贷款协议时，可能会采用浮动利率。所谓浮动利率，是指在借贷期限内可以调整的利率。设某银行在 2008 年 6 月贷款给某企业，期限 3 个月，采用浮动利率，为 2.5% 加通货膨胀率。3 个月后发生通货膨胀，比率为 2%，则银行实际得到的贷款利率为 5.5%，银行就可以避免遭受损失。我国人民币借贷一向实行固定利率。20 世纪 80 年代初以来，对某些贷款实行浮动利率也不同于本节所说的浮动利率，是指银行可在国家统一规定的利率基准上下一定幅度内，酌情浮动的利率。

2.3.2 利率的影响因素

利率是宏观经济的重要因素，它受到很多因素的影响。在不同的金融市场交易中也有不同的影响因素。主要的影响因素如下。

1. 纯粹利率

纯粹利率是指没有通货膨胀、没有风险情况下的平均利率。在一般情况下，纯粹利率可用短期国库券利率来表示。纯粹利率的高低主要受平均利润率、资金供求关系和国家宏观政策的影响。按照马克思主义的观点，利息主要是产业资本家为获得产业利润而向银行资本家融资所支付的利息，因此纯粹利率主要取决于社会平均产业投资报酬率（平均利润率），最高不得高于平均利润率，否则产业资本家会因为无利可图而放弃向银行借款。资金供求在一定程度上影响利率,当社会资金供求不足时,纯粹利率会上升,相反则会下降。国家的宏观政策也会影响纯粹利率。当国家为刺激经济发展而下调基准利率时,纯粹利率可能会下降,另一种情况,当国家为防止经济过热而上调基准利率时,纯粹利率可能上升。

2. 通货膨胀因素

通货膨胀会影响资金供给和需求双方投资回报和实际利率水平。因此当社会在某一段时期出现通货膨胀的环境下,资本供给者为确保投资回报,会要求资金需求方给出的利率能弥补通货膨胀因素带来的购买力损失,在这种情况下,利率就等于纯粹利率加预期通货膨胀率。

3. 流动性因素

所谓流动性,是指金融工具持有者能够在比较短的时间内以合理的价格转让该金融工具的能力。转让时间越短,流动性越强。从这一角度来说,流动性强的金融工具风险小,流动性弱的工具风险大。因此,如果资金需求者发行的金融工具流动性比较弱,就必须支付给资金供给者更高的利率,以满足资金提供者承担的更大风险。实务中,政府债券比公司债券流动性更强,因此一般公司债券的利率要大于政府债券。

4. 违约风险

所谓违约风险,是指金融工具发行人不能在金融工具到期日归还其应支付的本金和利息的可能性。违约风险越高,金融工具购买人所冒的风险越高,相应地,其所要求的利率也就越高。在实务中,人们往往用金融工具的信用评级来衡量其违约风险,信用级别越低,所要求的利率越高。

5. 再投资风险

所谓再投资风险,是指因金融工具到期日短,购买人在持有金融工具到期后,没有比继续持有该金融收益高的投资机会,因而可能遭受的损失。从这一角度来说,金融工具到期日越长,再投资风险越低,相应的利率也越低。在一个处于正常状况的经济环境中,再投资风险相对比较小,而在经济发展趋向收缩时,由于未来投资机会可能减少,再投资风险明显上升。

6. 到期日

到期日是指金融工具距离其到期还本付息的期限长度。到期日越长,不确定性越大,因而风险越大。从这一角度来讲,到期日长的金融工具(如长期债券、股票等)风险要大于到期日短的金融工具(如短期债券或票据),因而其利率要大于到期日短的金融工具。

考虑到上述因素,金融市场中某一金融工具的利率应为

利率 = 纯粹利率 + 通货膨胀风险附加 + 流动性风险附加 + 违约风险附加
+ 再投资风险附加 + 到期日附加

阅读材料2-9　　**2008 上海银行间同业拆放利率走势**

上海银行间同业拆放利率(Shanghai interbank offered rate, Shibor),以位于上海的全国银行间同业拆借中心为技术平台计算、发布并命名,是由信用等级较高的银行组成报价团自

主报出的人民币同业拆出利率计算确定的算术平均利率,是单利、无担保、批发性利率。目前,对社会公布的 Shibor 品种包括隔夜、1 周、2 周、1 个月、3 个月、6 个月、9 个月及 1 年。图 2-2～图 2-4 是 2008 年 7 月 24 日到 2009 年 1 月 14 日隔夜、6 个月及 1 年 Shibor 走势图。(纵轴单位为 1%,资料来自 http://www.shibor.org/,2009 年 1 月 14 日公布)

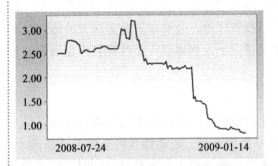

图 2-2　隔夜 Shibor 走势图　　　　图 2-3　6 个月 Shibor 走势图

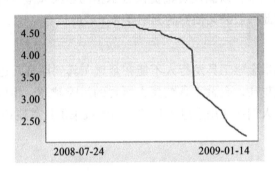

图 2-4　1 年 Shibor 走势图

思考题

1. 结合这一时期我国经济发展的环境和形势,分析三个走势图都表示利率下降的最大影响因素是什么?

2. 为什么隔夜 Shibor 走势图的波动性要大于 6 个月和 1 年期 Shibor 的走势图?

3. 2009 年 1 月 14 日 1 年期 Shibor 为 2.1539%,同期中央银行规定人民币一年期存款基准利率为 2.25%,这其中的差异是什么因素影响造成的?

2.3.3　税收

税收是财务管理的重要影响因素,这是因为税收影响企业的现金支出,进而影响企业的市场价值。企业的应纳税收有多个项目,其中以企业所得税对企业财务管理的影响最大,本节我们主要讨论企业所得税对财务管理的影响。

企业所得税主要通过以下几个方面对财务管理产生影响。

1. 影响企业投资项目选择

税收是国家重要的经济杠杆,在宏观调控中具有重要作用。在企业所得税方面,国家针对不同的行业，可能会给予不同的税收优惠。比如，在 2008 年 1 月 1 日《中华人民共和国企业所得税法》实施前，依据财税〔2006〕88 号《关于企业技术创新有关企业所得税优惠政策的通知》规定：自 2006 年 1 月 1 日起，国家高新技术产业开发区内新创办的高新技术企业，自获利年度起两年内免征企业所得税，免税期满后减按 15% 的税率征收企业所得税。企业在投产经营后，其获利年度以第一个获得利润的纳税年度开始计算；企业开办初期有亏损的，可以依照税法规定逐年结转弥补，其获利年度以弥补后有利润的纳税年度开始计算。2008 年 1 月 1 日颁布的《中华人民共和国企业所得税法》规定：企业的下列所得，可以免征、减征企业所得税：①从事农、林、牧、渔业项目的所得；②从事国家重点扶持的公共基础设施项目投资经营的所得；③从事符合条件的环境保护、节能节水项目的所得。符合条件的小型微利企业，减按 20% 的税率征收企业所得税。国家需要重点扶持的高新技术企业，减按 15% 的税率征收企业所得税。这些规定会对企业投资项目产生引导作用，吸引企业从事税收优惠项目的投资。

2. 影响企业资本筹集渠道

企业主要的筹资方式包括负债和权益两种，企业负债筹资所支付的利息，在国家税收政策允许的范围内，可以作为应纳税所得的扣除项目，从而抵减所得税；而权益筹资支付的股利不能作为扣除项目，因而无法抵减所得税。因此在相同的融资支出的情况下，负债筹资因为所得税的利息税前扣除而更容易被企业作为首选渠道。

3. 影响企业利润分配

企业的利润分配方式有多种，既可以直接发放现金股利，也可以通过股票回购方式回报股东，但通过股票回购使股东产生资本利得，而发放现金股利使股东得到股利所得，这两者在所得税交纳上存在区别，一般国家所得税法都规定股利所得的个人所得税率大于资本利得，因此在相同的情况下企业更愿意通过股票回购或把利润留在企业的方式分配利润。

由于税收对企业财务管理的不同影响，企业财务管理人员要根据税收规定，财务相应的措施和安排，确保企业税负降低，增加企业价值。

阅读材料 2-10　营改增的财务效应

2016 年 5 月，财政部　国家税务总局颁布《关于全面推开营业税改征增值税试点的通知》，我国政府全面推行增值税，替代传统营业税（简称"营改增"）。这一税收改制对传统的营业税纳税企业产生了重大影响。

营改增对企业财务有什么影响呢？不同行业由于税率和可抵扣进项税等方面的差异，其财务影响不同，具体分析如下：

（1）营改增利好商业地产、工业地产和住宅，降低税负成本，改善房地产企业盈利，有利于带动建筑业及相关产业发展；减税规模占净利润比重为 -4.5%~10.36%，是否减税及减税规模取决于建筑安装成本的可抵扣比例。

（2）建筑业是税率提高最大的行业，但由于过渡政策及小规模纳税人简易征收的规定，短期内税负略微下降，中期将由于过渡政策的消失而税负上升，长期引发建筑业洗牌并降低税负。

（3）对于金融保险业，我国将成为世界上第一个对金融服务业征收增值税的国家，税率从5%提高到6%，实际可比税率为5.66%，税负持平或降低，取决于进项税额是否能达到销售额的0.66%；以基金业为例测算，营改增预计提高基金业净利润7%。

（4）对于生活服务业，减税明显，尤其是餐饮、住宿、养老和娱乐行业。其中，小规模纳税人从5%的税率下降了40%，一般纳税人的税率从5%提高到实际5.66%，但大量可抵扣项目及免税规定降低了税负。需要注意的是，对于私立、以职业培训为主的中大型教育机构、部分私立医疗机构无法获得减税效应。

（资料来源：摘引自至诚财经网2016年04月27日讯）

思考题

如何分析营改增对不同企业财务管理的影响？

本章小结

企业组织形式对财务管理具有重要影响，主要表现在不同组织形式在投资人的责任、企业寿命、产权流动性以及市场筹资地位方面，公司制企业由于投资人的有限责任、企业的无限寿命和产权流动性方面均优于独资和合伙企业，在市场上具有融资优势，成为现代企业组织形式的主流。

金融市场是构成市场资金融通的各种机构和程序的总和，是资金供应者和资金需求者双方进行交易的场所。金融市场的主要因素包括交易主体、交易对象、交易工具和交易价格四个方面。金融市场可以按多种形式分类，在市场可以有多种融资方式。金融机构是金融市场的重要力量，主要的金融机构包括商业银行、投资银行等现代金融机构。

利率是财务管理中的重要指标，它受纯粹利率、通货膨胀、流动性、再投资和到期日的影响。利率可以进行多种分类。税收是企业财务管理中的重要因素，不同的财务决策都可能受税收因素的影响。

参考文献

[1] 财政部注册会计师考试委员会办公室. 财务成本管理 [M]. 大连：东北财经大学出版社，2000.

[2] 财政部会计资格评价中心. 财务管理 [M]. 北京：中国财政经济出版社，2007.

[3] 陆正飞. 财务管理 [M]. 大连：东北财经大学出版社，2001.

[4] 朱小平，叶友. 会计师事务所法律组织形式的企业理论观点——会计师事务所为什么应采取合伙制而不应采取有限公司制 [J]. 会计研究，2003（7）.

[5] 易可君，周新德. 湖南国有企业集团发展中的问题及对策 [J]. 湖南经济，1999（6）.

[6] James C Van Horne, John M Wachowicz. Fundamentals of Financial Management [M]. 11th edition, Beijing: Tsinghua University Press, 2001.

[7] 王明虎. 财务管理原理 [M]. 北京：中国商业出版社，2006.

[8] 人民银行岚县支行课题组. 对民间融资运行方式的调查与思考 [J]. 华北金融，2008（8）.

[9] 陈琦伟. 投资银行学 [M]. 大连：东北财经大学出版社，2002.
[10] 侯君邦. 浅谈白酒生产企业的纳税筹划 [J]. 财会月刊（综合），2008（8）.

复习思考题

1. 独资企业、合伙企业和公司制企业各具有什么特点？
2. 金融市场对财务管理有哪些影响？
3. 我国公司股票市场属于哪一类市场？它有哪些主要职能？
4. 利率如何影响企业的投资决策？
5. 除了企业所得税外，增值税也影响企业财务管理，试举一例。

练习题

1. 2018年1月张先生向银行贷款购房，约定期限2年，利率为5%，2018年平均物价指数为2%，则：

    (1) 2018年银行实际得到的利率是多少？

    (2) 如果2019年实际通货膨胀率为-1%，则银行和张先生谁会遭受损失？应如何避免这一损失？

2. 小林是大学二年级财务管理专业的学生，家里面的理财主要由妈妈掌管。以前小林对理财没有兴趣，学了部分财务管理知识后，他想把所学的知识用到家庭理财上面。小林了解的情况是：爸爸妈妈每月月薪收入2万元，家庭固定开支大约每月6 000元，余下14 000元不能存银行活期，利率太低。他问妈妈如何理财，妈妈告诉小林，每月的14 000元钱有10 000元存银行定期1年期，存款利率为2%，余下4 000元购买理财产品，年化利率为5%左右。小林向妈妈建议，银行定期存款利率太低，应全部购买理财产品，每年的利息收入为14 000×12×5% = 8 400（元），而按目前的理财方案，每年的利息收入只有（10 000×2% + 4 000×5%）×12 = 4 800（元），少收利息3 600元。妈妈不同意小林的建议，认为如果全部买理财产品，遇到意外事项需要钱的时候拿不出来，而且理财产品也可能存在一定的风险。

    问题

    (1) 上述案例中，理财产品和银行定期存款利率存在差距的主要原因是什么？

    (2) 如果小林建议妈妈将每月收入中的8 000元拿出存入余额宝（2017年年化利率月为4%），4 000元用于购买理财产品，2 000元用于定期存款，妈妈会同意吗？

案例题

马钢股份的经营管理报告

2016年，中国经济增速继续放缓，GDP同比增长6.7%，增速继续回落。政府在适度扩大总需求的同时，大力推进供给侧结构性改革。随着各项政策措施的实施效果初步显现，市场出现积极变化，据中钢协统计，2016年全国粗钢产量8.1亿吨，粗钢表观消费量7.1亿吨，同比分别增长0.6%和1.7%。受市场需求有所好转、钢材库存处于历史低位等多重因素影响，国内市场钢材价格波动回升。钢材综合价格指数由年初的56.37点上涨到年底的99.51点，上涨

43.14 点，同比上升 76.5%。钢铁行业运行走势稳中趋好，全行业从深度亏损到扭亏为盈。但是，行业销售利润率只有 1.02%，远低于工业行业 5.97% 的平均水平。

面临经济新常态下的新机遇，公司紧紧围绕"聚焦两大战场、锐意变革突破"工作主题，把产品升级、产业链延伸、国际化经营作为主攻方向，抢抓市场机遇，深化结构调整，提升精益运营水平，通过全体职工共同努力，2016 年顺利实现扭亏为盈，取得了"十三五"发展的良好开局。

按中国会计准则计算，本集团 2016 年营业收入为人民币 482.75 亿元，同比增长 7.02%；归属于上市公司股东的净利润为人民币 12.29 亿元，扭亏为盈；基本每股收益为人民币 0.16 元。报告期末，本集团总资产为人民币 662.46 亿元，同比增长 6.07%；归属于上市公司股东的净资产为人民币 197.64 亿元，同比增长 7.09%。报告期末，本集团资产负债率为 66.67%，较上年下降 0.12 个百分点。

按中国企业会计准则计算，2016 年度，本公司实现净利润为人民币 13.63 亿元，加上年初的未分配利润 -14.89 亿元，2016 年年末可供股东分配的利润为人民币 -1.26 亿元。由于本公司 2016 年年末可供股东分配的利润为负，董事会建议 2016 年度不派发现金股利，亦不进行资本公积金转增股本。该等分配方案尚待提交股东周年大会审议。

公司于 2016 年 8 月 2 日发行了短期融资券人民币 20 亿元，票面利率 5.45%，募集资金用于补充营运资金。另外，公司于 2011 年发行的 5 年期公司债券人民币 23.4 亿元已于 2016 年 8 月 25 日兑付完毕。

为了提升综合生产效率，公司决定逐步退出部分成本高、效率低的产线。2016 年，公司永久性关停一座高炉和一座转炉，涉及炼铁产能 62 万吨、炼钢产能 64 万吨。

思考题

1. 在上述报告中，哪些因素对马钢股份有限公司 2016 年财务管理产生影响？各属于什么领域？（企业组织、金融市场、利息和税收）
2. 针对上述影响，你认为企业在财务方面应对措施是否合适？还可以采取哪些措施？

第3章
财务管理基本观念

本章学习要点

货币时间价值概念
终值和现值的计算
单项资产投资收益和风险的衡量
组合投资理论
资本资产定价模型

课前阅读材料

中国企业海外投资可能的问题是什么

2016年1月12日,万达在北京宣布,以35亿美元收购美国传奇影业公司。这被认为是迄今中国企业在海外最大的一桩文化并购。传奇影业,大家可能会感到比较陌生,但它出产的《蝙蝠侠》系列、《盗梦空间》《侏罗纪世界》《环太平洋》等,相信大家应该知道。

万达的大手笔,其实也是中国近几年对外投资的一个缩影。随着中国经济的崛起,中国企业越来越多地走向海外市场:劳务输出,并购企业,建设工程……其中,中海油并购尼克森、联想拿下IBM笔记本,以及万达接连并购AMC、传奇影业的跨国并购事件,震撼世界市场,让西方人感到:现在的中国企业,确实已非"吴下阿蒙"了。然而中国企业海外投资失败的案例也很多,一些企业决策者不顾可能存在的风险因素,匆匆决策,给国家和企业带来不可挽回的损失。

比如,东南亚的缅甸,在该国招商引资政策的激励下,很多中国企业兴冲冲地前往缅甸,其中就包括中国的电力投资集团(以下简称"中电投")。至少在刚开始几年,中电投还是很兴奋的,该公司获得了一个巨额的密松水电开发合同。一旦开发完成,中电投自然收益不菲,对缅甸当地来说,也是一个摇钱树工程——既可提供巨额电力,促进当地经济发展;还可向中国出口电力,换取大量外汇,可谓一举多得。但人算不如天算,随着缅甸国内局势的改变,开始主动疏远了与中国的关系,一些民众更将中国的工程,视作侵犯缅甸人利益的工程。中国企业在环保方面的瑕疵,更是被无限放大。在各方压力下,缅甸政府随即叫停了该水电站项目。中国企业为此蒙受巨额损失,到目前为止,前期投资损失至少是数十亿元人民币。类似情况还发生在亚非拉多个国家。

思考题

1. 根据上述文章，你认为我国企业海外投资的必要性是什么？
2. 结合中国电力投资公司在缅甸失败的案例，你如何看待在海外投资的风险？

财务管理观念是人们在进行财务管理工作时的指导思想，这些观念是根据财务管理的理论和实践总结出来的，对财务管理的各方面工作都具有指导作用。本章我们主要讨论两个基本观念：货币时间价值观念和风险价值观念。

3.1 货币时间价值观念

大部分财务管理活动的影响不是立即出现的，而是要在未来一段时期后出现，因此，作为财务管理者，需要考虑现在某一决策（活动）对将来企业价值的影响。而要考虑时间因素，首先就要考虑货币本身在一段时间后可能发生的价值变动。货币时间价值是每项财务决策都需要考虑的重要因素。

3.1.1 货币时间价值概述

1. 货币时间价值概念及原因

在具体讨论这一概念以前，我们先看一个简单的小例子。民工小张是木工能手，许多建筑公司都希望聘用他。2018 年 1 月有两家公司提出聘用邀请，A 公司提出的条件是每月 6 000 元，月初支付工资，B 公司提出的条件也是每月 6 000 元，但在月末支付工资。如果两家公司其他条件完全相同，则小张应选择哪家公司呢？

在实际工作中这个问题很好判断，小张应选择 A 公司，因为 A 公司支付工资更早。但如果我们把这个问题上升到理论高度，就会提出这样的问题：早得到的货币比晚得到的货币更有价值吗？或者说，货币经过一段时间后，其价值会增值吗？这个问题就是货币时间价值问题。在经济学理论中，我们常常把货币时间价值称为货币经过一段时间后所发生的价值增值。

那么，货币为什么会增值呢？西方经济学家有多种解释。一种观点认为，货币持有者不把货币消费掉，而是储存起来，是一种美德。货币价值的增值是对美德的回报。这是最原始的解释。现代西方经济学的基本观点认为，货币是市场经济中最重要的资本，是企业投资的必要资源。企业为了获得这一资源，必须向货币持有者支付一定的报酬，才能获得货币暂时的使用权，而货币持有者只有在得到增值的条件下，才可能将货币使用权转让给他人，否则他宁愿把货币埋藏起来或消费完。

马克思主义认为，货币产生时间价值的原因是货币本身是一种资本形式，当它参与社会资本运转时，就会发生增值。因此货币时间价值是社会资本利润的表现形式之一，其前提是货币必须转化为资本，参与生产经营。如果一个海盗把劫掠的货币藏在山洞里，就不可能获得时间价值。而当一个老人将货币储蓄在银行里的时候，即使这个老人没有参与任何生产经营活动，他的货币也能增值，原因是银行代这个老人将他的货币投入了社会资本运营（贷款给企业或购买企业证券）。

2. 货币时间价值的计量

货币时间价值的计算有绝对数和相对数两种形式。由于绝对数的计算结果在不同货币规模下不可比,因此货币时间价值的衡量大多采用相对数形式,即货币增长幅度,在现实生活中大多数以利率或投资报酬率来表示。货币在经过一段时间(比如 1 年)的增长幅度究竟有多大?根据马克思主义观点,货币时间价值是没有风险和通货膨胀状态下的社会平均资本报酬率。这是因为,在完全竞争的市场经济条件下,资本是完全流动的,这使得各类资本家的投资报酬率达到完全相同,银行资本家也得到与产业资本家一样的报酬(不考虑风险和通货膨胀)。在现实生活中,由于风险和通货膨胀不可能完全不存在,因此货币时间价值近似地等于短期国库券的利率。

3. 货币时间价值对财务管理的影响

货币时间价值对财务管理有决定性影响,它使得人们在进行投资、筹资等各种决策时,充分考虑货币时间价值因素,将各个不同时段的现金流量进行对比,发现各种财务活动对企业价值的影响,从而寻求最优决策,我们将在以后的章节中进行具体讨论。

3.1.2 一次性收付款的终值和现值的计算

考虑到货币有时间价值,因此在考虑货币的价值量时,要充分考虑其持有的具体时点。在财务管理中,我们将现时持有一笔货币的现在价值称为现值,而将一笔货币在经过一段时间后未来的价值量称为终值。比如,按照 2017 年 1 月 1 日中国人民银行公布的存贷款利率,1 年期定期存款的利率为 1.5%。小王 2017 年 1 月 1 日存入定期一年存款 10 000 元,则这一笔存款的现值为 10 000 元,一年后,本金仍为 10 000 元,利息为 150 元,本利和为 10 150 元,因此终值为 10 150 元。

终值和现值的计算受利息计算方式的影响,下文我们分别进行讨论。

1. 单利

所谓单利,是指在货币时间价值计算期内,本金保持不变,利息不转入本金。比如年初存入一笔资金 100 元,期限 5 年,利率为 5%,则第 1 年到第 5 年的本金都是 100 元,利息都是 $100 \times 5\% = 5$(元),终值为 $100 + 5 \times 5 = 125$(元)。

一般地,在单利条件下,如果一笔资金现值为 P,年利率为 i,则 n 年后终值 F 为

$$F = P \cdot (1 + i \cdot n)$$

同理可知如果一笔资金终值为 F,年利率为 i,则 n 年前现值 P 为

$$P = F/(1 + i \cdot n)$$

2. 复利

单利的计算假设条件是:货币持有人每次得到利息,都不进行投资,因而利息不能转为本金。但在现实生活中,这一假设条件并不一定成立。在大多数情况下,到期的利息收入都被货币持有人投入下一期资本中,因此利息的计算要考虑到上一期收回的利息转本金情况。所谓复利,是指在每次利息计算时,都将上一次收到的利息转为本金,在此基础上计算利息的利息计算方式。虽然我国目前银行系统公布的利率大部分是单利计算方式,但由于大部分银行在设计存款方式时都有自动转存功能,因此实际在选择自动转存方式存款

时，利息计算实际上采用复利方式。

(1) 复利终值。在复利方式下，如果一笔资金现值为 P，年利率为 i，则

第 1 年年末的本利和为 $P(1+i)$；

第 2 年年末的本利和为 $P(1+i)+P(1+i)i=P(1+i)^2$；

第 3 年年末的本利和为 $P(1+i)^2+P(1+i)^2 i=P(1+i)^3$；

……

第 n 年年末的本利和为 $P(1+i)^n$；

n 年后终值 F 为 $P(1+i)^n$。

由于 $(1+i)^n$ 大于 $(1+i\cdot n)$，因此可看出，在其他条件相同的情况下，复利计算的终值大于单利计算的终值。

在财务管理中，我们将 $(1+i)^n$ 称为利率为 i，期限为 n 的复利终值系数，记作 $FVIF(i,n)$。因此 $FVIF(5\%,4)=(1+5\%)^4$，$FVIF(10\%,8)=(1+10\%)^8$。人们根据不同的利率和复利计算次数，计算出各种情况下对应的复利终值系数，以便计算，见书后附表。

在现实生活中经常需要复利终值的计算，试举一例。

[例3-1] 李先生今年 50 岁，经过多年积蓄 2016 年 12 月 31 日活期存款余额为 200 000 元。由于银行存款利率下调到 1 年期 1.5%，因此李先生不愿意投入定期存款。李先生所在的企业最近在进行职工集资，集资期 4 年，年利率 5%，采用单利计算方式，到期一次还本付息，李先生到底应该存定期还是进行集资呢？

如果存定期一年银行储蓄，自动转存，则 4 年后终值为

$200\ 000\times FVIF(1.5\%,4)=200\ 000\times(1+1.5\%)^4=200\ 000\times 1.061\ 3=212\ 260(元)$

如果集资，则 4 年后终值为

$$200\ 000\times(1+5\%\times 4)=240\ 000(元)$$

虽然集资按单利计算，但由于利率远大于银行 1 年期存款利率，因此如不考虑集资风险，应该集资。

(2) 复利现值。复利现值实际上是寻求未来某一时点货币资金在现在价值的问题。在复利条件下，一笔现在的存款 P，在存期为 n，年利率为 i 的情况下，相当于 n 年后的 $P(1+i)^n$ 的金额，因此 n 年后的一笔款项 F，相当于现在的价值应为 $F/(1+i)^n$。因此，在复利的计算方式下，n 年后的一笔款项，在利率为 i 的条件下，其现值 P 的计算公式如下：

$$P=F\cdot[1/(1+i)^n]$$

在财务管理中，我们将 $1/(1+i)^n$ 称为利率为 i，期限为 n 的复利现值系数，记作 $PVIF(i,n)$。因此 $PVIF(5\%,4)=1/(1+5\%)^4$，$PVIF(10\%,8)=1/(1+10\%)^8$。人们根据不同的利率和复利计算次数，计算出各种情况下对应的复利现值系数，以便计算，见书后附表。

在现实生活中经常需要复利现值的计算，试举一例。

[例3-2] 民营资本家周先生有闲置资金 2 000 万元，准备用来做风险投资。最近他通过到各地洽谈，有两个投资计划引起了他的注意。A 计划要求初始投资 2 000 万元，10 年后收回投资，并在第 3 年、第 6 年、第 9 年年末分别收到投资利润 500 万元。B 计划也要求初

始投资 2 000 元,10 年后收回投资,并收到投资利润 1 950 万元。

要求:

(1) 假设周先生在自身企业投资的投资回报率为每年 6%,周先生应投资哪个项目?

(2) 假设周先生在自身企业投资的投资回报率为每年 7%,周先生应投资哪个项目?

要回答这个问题,关键是要看 A、B 两个计划投资收回资金的价值大小。由于两个计划资金收回的时间不同,不能直接比较,因此我们可以考虑将两个计划收回的投资分别折算为现值,在进行比较。

为了计算方便,我们将 A、B 两项目投资回报的时间和数额画成图,如图 3-1 和图 3-2 所示。

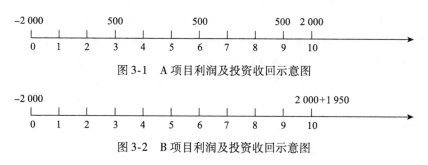

图 3-1　A 项目利润及投资收回示意图

图 3-2　B 项目利润及投资收回示意图

列表计算如下,见表 3-1。

表 3-1　投资收回资金现值计算示意图

年份	收回投资及利润	复利现值系数(投资回报率为6%)	复利现值系数值(投资回报率为6%)	各年收回资金现值	复利现值系数(投资回报率为7%)	复利现值系数值(投资回报率为7%)	各年收回资金现值
A 项目							
3	500	$PVIF(6\%,3)$	0.839 6	419.8	$PVIF(7\%,3)$	0.816 3	408.15
6	500	$PVIF(6\%,6)$	0.705	352.5	$PVIF(7\%,6)$	0.666 3	333.15
9	500	$PVIF(6\%,9)$	0.591 9	295.95	$PVIF(7\%,9)$	0.543 9	271.95
10	2000	$PVIF(6\%,10)$	0.558 4	1 116.8	$PVIF(7\%,10)$	0.508 3	1 016.6
合计				2 185.05			2 029.85
B 项目							
10	3 950	$PVIF(6\%,10)$	0.558 4	2 205.68	$PVIF(7\%,10)$	0.508 3	2 007.785

从上述计算表中我们可看出,当投资回报率为 6% 时,投资 B 计划得到的回报更多,而若投资回报率为 7% 时,投资 A 计划更佳。

阅读材料 3-1

购买阿拉斯加是不是个错误决定

阿拉斯加成为美国领土的过程非常滑稽。19 世纪初,世世代代居住在阿拉斯加南部的特林基特印第安人部落同入侵的俄国人接连进行了两次战争,最终被火力强大的俄国人征服。但是,1856 年克里米亚战争后,俄国元气大伤,沙皇亚历山大二世决心卖掉这块不挣钱的土地。他把买主锁定在美国人的身上。

由于担心美国对购买阿拉斯加不感兴趣，俄国花了 10 万美元收买美国一些新闻记者和政客，试图通过他们来游说美国政府。1867 年 3 月，俄国派官员到美国洽谈出售阿拉斯加问题。当时，美国国务卿威廉·西沃德是个狂热的扩张主义者。他在同俄国谈判时，开始出价 500 万美元，后以 720 万美元的价格同俄国在一夜之间达成了购买协议，并且急不可待地于第二天凌晨在协议书上正式签字。终于，美国以绝对低廉的价格（相当于每平方公里 4 美元 74 美分，平均每英亩⊖只值 2 美分），买到了面积达 150 多万平方公里的巨大半岛及其周边的阿留申群岛。

当时在美国，只有少数渔民希望得到出入阿拉斯加海港的权利，一部分加利福尼亚商人谋求在那里从事毛皮贸易的特权，而多数人对阿拉斯加一无所知。西沃德签订购买阿拉斯加协议后，立即在国内引起一阵反对声，说阿拉斯加是"西沃德的冰箱"，批评这是"一笔糟糕的交易"，"一个异乎寻常的错误。"西沃德被国内舆论骂得躲在家里许多天。

精明的西沃德还是坚持不懈地争取到了国会的支持。1867 年 4 月和 7 月，参、众两院分别以多数票通过了这项协议。现在看来，美国人的确应该感谢西沃德这位政治家的远见。据估计，今天的阿拉斯加，"地价"约值 3 万亿美元。阿拉斯加地下埋藏着 5.7 万亿立方米的天然气和 300 亿桶原油，现在价值超过 2 万亿美元！随着国际油价不断升高，它的身价肯定不止这个数字。俄国人一定为当初这个鲁莽的决定后悔了。

（资料来源：柳叶刀妹：《购买阿拉斯加》和讯博客 2007 年 9 月 11 日）

思考题

从财务投资学角度来讲，您认为美国政府购买阿拉斯加是不是"一笔糟糕的交易"？（假设美国政府的投资报酬率为 5%）

3.1.3 年金的终值与现值计算

在现实生活中，由于大部分企业的业务是连续不断地发生的，所以有许多资金的收付不是一笔完成的，而是一个系列的收付过程。其中有些是等额的连续收付业务。比如，企业与国家签订合同，每年支付土地出租金，或与员工签订等额报酬的固定劳动合同等。对于这些有规律的资金收付，如果按一次性收付款的规则来计算其终值或现值，势必非常麻烦。因此，在财务学中，对年金的计算有专门的计算方法。在本节中，我们根据年金的具体类型进行分别讨论。

1. 普通年金

所谓普通年金，也称后付年金，是指每期期末定期等额收付的资金。比如个人住房贷款中的等额还款或等额的租金支付等。普通年金的资金收付如图 3-3 所示。

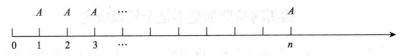

图 3-3　普通年金资金收付示意图

⊖　1 英亩 = 4 046.86 平方米。

普通年金的计算分为年金终值和年金现值两种，分别讨论如下。

(1) 普通年金终值。要计算普通年金的终值，首先要弄清它的含义。我们先看一个例子。小吴是位热心于公众事业的人，自 1998 年 12 月底开始，他每年都要向一位失学儿童捐款。小吴向这位失学儿童每年捐款 1 000 元，帮助这位失学儿童从小学一年级读完九年义务教育。假设每年定期存款利率都是 2%，则小吴九年捐款在 2006 年年底相当于多少钱？

小王的捐款可用图 3-4 表示。

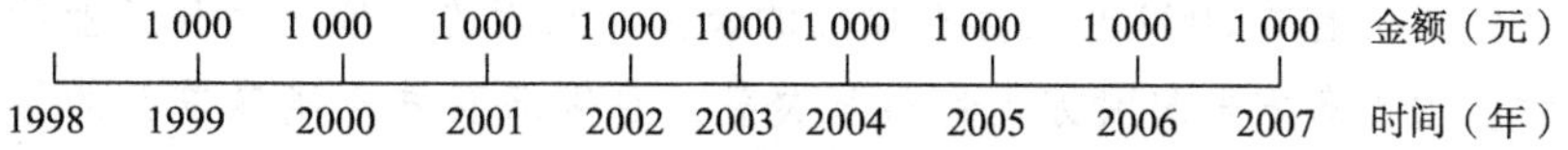

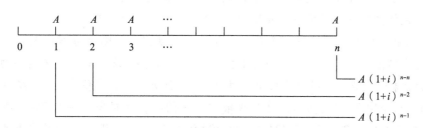

图 3-4　捐款时间和金额示意图

图 3-4 中，每个结点的 1 000 元表示每年年底的捐款，9 年捐款的终值，相当于将 1998~2006 年每年年底的捐款 1 000 元都计算到 2006 年年底终值，然后再求和。普通年金终值是指对于设定每期收付款金额，在给定收付期数和利率的情况下，求年金在到期时的本利和。设年金的期数为 A，收付期数为 n，利率为 i，则终值计算如下。

图 3-5　普通年金终值计算示意图

分别计算每一年收付款的终值，则

第 1 年收付款终值 $FV_1 = A(1+i)^{n-1}$

第 2 年收付款终值 $FV_2 = A(1+i)^{n-2}$

……

第 n 年收付款终值 $FV_n = A(1+i)^{n-n}$

年金终值 $FV_A = FV_1 + FV_2 + \cdots + FV_n = A(1+i)^{n-1} + A(1+i)^{n-2} + \cdots + A(1+i)^{n-n}$
$= A[(1+i)^{n-1} + (1+i)^{n-2} + \cdots + (1+i) + 1]$

按上式计算年金终值，比较复杂。我们可以计算出它的简化公式。

$$FVA(1+i) = A[(1+i)^{n-1} + (1+i)^{n-2} + \cdots + (1+i) + 1](1+i)$$
$$= A[(1+i)^n + (1+i)^{n-1} + \cdots + (1+i)^2 + (1+i)]$$
$$FV_A(1+i) - FV_A = A[(1+i)^n + (1+i)^{n-1} + \cdots + (1+i)^2 + (1+i)] - A[(1+i)^{n-1} + (1+i)^{n-2} + \cdots + (1+i) + 1]$$
$$= A[(1+i)^{n-1}]$$
$$iFV_A = A[(1+i)^n - 1]$$
$$FV_A = A[(1+i)^n - 1]/i$$

上式中，$[(1+i)^n-1]/i$ 被称为普通年金终值，用 $FVIFA(i,n)$ 表示，由于计算比较复杂，人们一般用电子计算机编制程序计算，或利用已编制完成的表格查表计算。

上例中，小吴的9年捐款终值应为 $1\,000 \times FVIFA(2\%,9) = 1\,000 \times 9.754\,6 = 9\,754.6$（元）。

[例3-3] （欠款支付问题）2008年12月，俄乌两国关于天然气价格和天然气债务问题的争端再起。18日，俄天然气工业股份公司发言人透露，乌克兰石油天然气公司2008年11月和12月拖欠俄方欠款以及滞纳金合计超过20亿美元。31日，俄天然气工业股份公司与乌石油天然气公司有关2009年天然气供应的谈判无果而终，俄天然气工业股份公司总裁米勒随即表示，由于乌方未向俄方支付供气欠款，且俄乌双方未能签署新的供气合同，俄方于2009年1月1日莫斯科时间10时起中断对乌克兰供气。俄乌两国能源公司于2009年1月8日重开谈判。现假设乌克兰石油天然气公司在2008年12月31日欠俄罗斯天然气工业股份公司20亿美元，乌方在谈判时提出两种方案：方案一，从2009年1月起分7个月支付21亿美元，每个月月末定期支付3亿美元；方案二，到2009年7月底，一次性支付22亿美元。要求：

（1）如果俄方的投资回报率为每月1%，哪一方案比较有利？

（2）如果俄方的投资回报率为每月2%，哪一方案比较有利？

上述乌方提出的欠款偿还是一个年金，从俄方角度来看，哪个方案有利主要看它们在2009年7月底终值的大小。方案二的价值在7月底是确定的22亿美元。方案一的终值有两种情况：①如果俄方要求的投资回报率为每月1%，则方案一的终值为 $3 \times FVIFA(1\%,7) = 3 \times 7.213\,5 = 21.640\,5$（亿美元）；②如果俄方要求的投资回报率为每月2%，则方案一的终值为 $3 \times FVIFA(2\%,7) = 3 \times 7.434\,3 = 22.302\,9$（亿美元）。因此，如果俄方的投资回报率为每月1%，则方案二更有利，如果俄方的投资回报率为每月2%，则方案一更好。

（2）普通年金现值。后付年金的现值计算在现实生活中也比较常见。比如，赵小姐最近准备买房，收集了好几家开发商的售房方案，其中一个方案是A开发商出售一套100平方米的住房，要求首期支付10万元，然后分10年每年支付3万元，年底支付。另一个方案是B开发商出售100平方米的住房，要求付现金，每平方米3 000元。哪个方案价格更便宜呢？这就需要将每年支付的3万元折算为现值，然后再相加，得出年金的现值，再与首付相加，看平均价格，才能比较价格。

在财务管理学中，计算普通年金的现值，就是将普通年金的每一笔收付款折算为现值再求和。设有一笔普通年金，每年收付款金额为A，期限为n期，利率为i，则普通年金的现值的计算如图3-6所示。

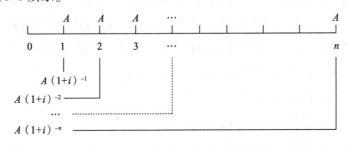

图3-6 普通年金现值计算示意图

如图 3-6 所示，普通年金现值 $PV_A = A(1+i)^{-1} + A(1+i)^{-2} + \cdots + A(1+i)^{-n}$

按照以上公式计算显然比较麻烦，我们可以对该公式进行推导。将上述等式两边同时乘以 $(1+i)$，得

$$(1+i)PV_A = [A(1+i)^{-1} + A(1+i)^{-2} + \cdots + A(1+i)^{-n}](1+i)$$
$$= A + A(1+i)^{-1} + A(1+i)^{-2} + \cdots + A(1+i)^{-n+1}$$
$$(1+i)PV_A - PV_A = [A + A(1+i)^{-1} + A(1+i)^{-2} + \cdots + A(1+i)^{-n+1}] -$$
$$[A(1+i)^{-1} + A(1+i)^{-2} + \cdots + A(1+i)^{-n}]$$
$$= iPV_A = A - A(1+i)^{-n} = A[1-(1+i)^{-n}]$$
$$PV_A = A[1-(1+i)^{-n}]/i$$

如果不用数学推导，我们从年金的终值公式也能算出年金现值公式。设有一笔普通年金，每年收付款金额为 A，期限为 n 期，利率为 i，则年金终值为 $FV_A = A[(1+i)^n - 1]/i$。将该终值折算为现值，则 $PV = \{A[(1+i)^n - 1]/i\}(1+i)^n = A[1-(1+i)^{-n}]/i$。

上式中，$[1-(1+i)^{-n}]/i$ 被称为年金现值系数，用 $PVIFA(i, n)$ 表示。比如 $PVIFA(6\%, 6)$ 表示 $[1-(1+6\%)^{-6}]/6\%$。人们可以通过计算机编制程序进行计算。

根据上述公式，设赵小姐的住房贷款年利率为 6%，则 6 年每年付 3 万元的现值为
$$PV = 3 \cdot PVIFA(6\%, 10) = 3 \times 7.360\ 1 = 22.080\ 3(万元)$$

A 开发商的总价款为 32.080 3 万元，平均单价为 3 208 元/平方米，比 B 开发商的价格高。

[例3-4]（出租出售问题）杨先生是一家建筑机械公司的总经理。公司主营水泥搅拌车、挖土机等机械。一天，他与一位客户谈一笔生意。客户是某镇建筑公司的业务代表，他想承租建筑机械公司的挖土机 10 台，每年租金 60 000 元，租 10 年，租金在每年年末支付。杨先生对外出售挖土机的售价为 35 000 元/台，而 10 年后收回挖土机也几乎毫无价值。假设杨先生认为企业每年的总资产报酬率应不低于 10%，则杨先生是否应该出租这 10 台挖土机？

要回答这个问题，主要是比较 10 台挖土机的出租收益和出售收益哪个更大。由于出租的租金收入不是现值，而出售收入是现值，因此二者不能直接比较，但我们可以将出租的租金收入折算为现值，从而进行比较。在折算时，不能以银行一年定期存款利率进行折算，因为它是资金持有人投资银行时的货币时间价值，从企业的角度来讲，企业的资产并不投资于银行，而是在自身的经营中，因此它的货币时间价值不按银行利息计算，而是按自己的资产报酬率增长，因此在上例中，计算出租租金的现值，应该以企业的总资产报酬率作为计算 $PVIFA(i, n)$ 中的 i。

根据以上分析，计算如下：

10 年租金的现值 = 60 000 × $PVIFA$(10%, 10) = 60 000 × 6.144 6 = 368 676(元)

现在出售的价值 = 10 × 35 000 = 350 000（元）。

显然，如不考虑出租服务和市场影响问题，出租的收益更大，应该出租。

> **阅读材料 3-2 深圳市康达尔（集团）股份有限公司债务重组**
>
> 深圳市康达尔（集团）股份有限公司（以下简称"本公司"）非流通股股东、本公司和债权人中国长城资产管理公司深圳办事处（以下简称"长城公司深圳办事处"）三方于 2006 年 1 月 16 日签署了《股权抵债及债务减让协议》《债务重组协议》。根据该协议约定，本公司非流通股股东同意向中国长城资产管理公司送出所持有的本公司非流通股股份 11 423 737 股，以抵偿本公司所欠中国长城资产管理公司的部分债务。
>
> **1. 债权债务情况**
>
> 1999~2002 年，因经营发展需要，经公司董事会批准，本公司先后向中国银行深圳分行申请多笔贷款，期间，经过数次转贷之后，中国银行深圳分行将该等贷款的主从债权转让给中国信达资产管理公司深圳办事处。2005 年 8 月 18 日，中国信达资产管理公司将该等贷款的主从债权转让给长城公司深圳办事处。截至 2005 年 12 月 31 日，长城公司深圳办事处对本公司的债权总额合计为 85 918 339.85 元，其中：本金 77 018 000 元，利息 8 900 339.85 元。
>
> **2. 债务豁免**
>
> 长城公司深圳办事处对本公司债务本息合计 85 918 339.85 元，本公司按 70% 偿还，即折后需还欠款金额为 60 142 837.90 元，其余债务本息共 25 775 501.96 元给予减免。
>
> **3. 非流通股股东以部分股份偿还欠款金额 60 142 837.90 元中的部分债务 14 983 597.34 元（股权分置改革对价安排的一部分）**
>
> **4. 本次债务重组对本公司未来经营的影响**
>
> 本次以股权抵偿债务的重组完成后，本公司的债务总额有所下降，盈利能力得到提升，即本公司非流通股股东用于抵债的股份为 11 423 737 股，抵债价格为 1.31 元/股，可抵偿债务总额为 14 983 597.34 元，豁免债务本息 25 775 501.96 元，由此公司相应增加了净资产，同时，由于债务减少，公司每年利息支出也相应减少。
>
> （资料来源：康达尔公司公告）
>
> **思考题**
>
> 1. 如果康达尔不是通过债务重组，而是通过等额分期支付方式于 2006 年每月月末定期支付一定金额，使分期支付款的年金现值达到 85 918 339.85 元，按贷款利率 0.5%/月计，则每个月须支付多少债务？
>
> 2. 与定期支付债务相比，债务重组对公司财务状况有哪些改进作用？

2. 先付年金

所谓先付年金，是指在每期期初收付的年金。在现实生活中，先付年金的主要例子包括企业每个月月初预付租金、每年年初房产投保、学生每个学期期初预交学费等。与普通年金相比，其资金的收付相当于前移一期，如图 3-7 所示。

先付年金货币时间价值的计算包括两个方面：终值和现值。

（1）先付年金的终值。先付年金终值的计算其实就是将先付年金在某个时点的终值计算出来，这个时点就是最后一期收付款的期末。由于先付年金与普通年金之间存在一定的

图 3-7 普通年金和先付年金资金收付示意图

关系,我们可以通过普通年金的计算公式,求出先付年金的计算公式。从图 3-7 我们可以看出,先付年金相等于普通年金整个往前推移了一期,因此它的终值理论上应该比期数、金额和利率完全相同的普通年金多计算一次复利。从这个角度说,期数为 n、利率为 i、每期收付金额为 A 的先付年金终值应为 $FV_{AD} = A \cdot FVIFA(i,n) \cdot (1+i)$。

[例 3-5](特许权使用费问题)2015 年年初杨先生下岗回家,着急如何找到生财之道。最近看到邻市一家瑜伽会馆搞得很红火,便与该会馆取得联系。馆主告诉他,如果杨先生愿意在所在地开设一家分馆,每年大约能得到 5% 左右的投资报酬。馆主可以帮助培训员工、设置会馆,广告联系会员,前提是杨先生现在需要缴纳加盟费 50 000 元。杨先生提出如果投资会馆,就暂时没有那么多钱来付加盟费。馆主又提出可以从 2015 年年初到 2020 年年初分 6 次支付,每次支付 10 000 元。回家后杨先生联系政府失业人员创业扶持中心,中心人员告诉他下岗人员凭失业证可以申请 50 000 元以内贷款,年利率为 3%,5 年后本利一次还清,采用复利计算。杨先生不知道是该贷款支付加盟费还是该分次支付加盟费。

要解决这个问题,首先要确认杨先生投资的货币时间价值。假设投资每年得到回报 10%,则选择贷款还是分期支付主要看贷款或分期支付在第 5 年年末 (2019 年年末) 终值的大小,选择小的那个支付方式。试列表计算如下(见表 3-2)。

表 3-2 贷款归还和分期付款终值计算表

支付方式	还款年限	本金(元)	复利终值系数	复利终值系数值	5 年末终值
贷款	第 5 年年末	50 000	$FVIF(3\%,5)$	1.159 3	57 965
分期付款	第 1 年年初	10 000	$FVIF(5\%,5)$	1.276 3	12 763
	第 2 年年初	10 000	$FVIF(5\%,4)$	1.215 5	12 155
	第 3 年年初	10 000	$FVIF(5\%,3)$	1.157 6	11 576
	第 4 年年初	10 000	$FVIF(5\%,2)$	1.102 5	11 025
	第 5 年年初	10 000	$FVIF(5\%,1)$	1.05	10 500
	第 6 年年初	10 000	$FVIF(5\%,0)$	1	10 000
分期付款终值合计					68 019

注意上述计算中,贷款偿还不用 5% 的比例算终值,而应按银行利率算;分期付款部分终值按 5% 计算,这是因为付款后这部分资金不能参与周转,因而损失回报 5%。上述计算比较麻烦,考虑到分期付款其实就是一个 5 年期的先付年金再加最后一年到期支付款,则分期付款方式的终值可用先付年金的终值计算方法来计算:

前 5 年年金终值 = 10 000 × $FVIFA(5\%,5)$ × (1 + 5%) = 10 000 × 5.525 6 × 1.05 = 58 018.8(元)

最后一次支付的终值 10 000 × $FVIFA(5\%,0)$ = 10 000(元)

总计终值为 68 018.8 元,与列表计算相同。

(2) 先付年金的现值。先付年金的现值其实就是将先付年金的各项收付款的现值计算出来,再进行加总。从图 3-3 中我们可看出,期限为 n,每次收付额为 A 的先付年金可看成两个部分:一个部分是期初支付的 A,它的现值就是 A;另一部分是从第 1 年年末到第 $n-1$ 年年末的系列收付,它相当于一个 $n-1$ 年,每次收付额为 A 的普通年金。因此我们可以利用普通年金的计算方法来计算先付年金的现值。

我们用图形来表示先付年金的现值计算如下(见图 3-8)。

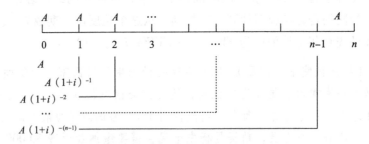

图 3-8 先付年金现值计算示意图

因为先付年金首次支付在年初,因此可以将它看成是现值,价值为 $A(1+i)^0$,从第二年年初到第 n 年年初支付的年金,相当于第 1 年年末到第 $n-1$ 年年末的普通年金,因此可以将这部分按 $n-1$ 年的普通年金现值计算,因此先付年金的现值为

$$PV_{AD} = A + A[1-(1+i)^{-n+1}]/i = A\{1+[1-(1+i)^{-n+1}]/i\}$$
$$= A \cdot [1 + PVIFA(i, n-1)]$$

[例 3-6] 郑女士想在社区开一家服装干洗店,于是联系了几家干洗设备生产厂家。在一家工业洗涤设备有限公司网站上,郑女士看到开服装干洗加盟店需要设备及价款如表 3-3 所示。

表 3-3 开设服装干洗加盟店需要的设备及价款

5 星级店设备配置费用（A 套餐）			
（电压 220V 或 380V）合计:98 700 元（加盟费暂免,品牌使用保证金暂免）			
设 备 名 称	品　　牌	型　　号	价格（元）
全自动悬浮变频烷烃碳氢干洗机		SGX-12	28 000
全自动烘干机		HG-12	9 000
吸风烫台		YTT-1475A	1 600
蒸汽发生器（6kW）		LDR6-0.4-Z	3 500
熨斗（1 把）/胶管（两根）			200
全自动立式变频洗脱机		XGQ-12	21 000
成衣立体包装机		FRB-1	4 600
多功能抽湿冷热去渍台		QZT-2	8 500
消毒柜		双门豪华型	2 800
衣物输送线		406	11 000
电脑管理系统（含加密狗软件）			8 500

郑女士联系了厂家,提出价款是否可以分期支付,厂家答复可以分 6 年付款,每年年

初支付 20 000 元。假设郑女士资金的投资回报率为每年 5%，应一次支付还是分期支付？

要解决这一问题，主要看分 6 年支付的付款现值是否高于 98 700 元，盈余分期支付属于先付年金，因此其现值等于 $20\,000 + 20\,000 \times PVIFA(5\%,5) = 20\,000 + 20\,000 \times 4.3295 = 106\,590$（元），高于一次支付金额，因此应一次性支付。

3. 递延年金

所谓递延年金，是指年金的收付不是从当期开始的，而是从若干年以后开始的。这在项目投资中经常出现。比如，赵先生现在有两个备选投资项目，初始投资都是 1 000 万元，但建设期不同，A 项目建设期 3 年，每年年末收回现金 200 万元，可经营 7 年，B 项目建设期 2 年，每年年末可收回 150 万元，可经营 9 年。赵先生应选择哪个项目呢？上述 A、B 项目经营期收回现金就是一个递延年金。由于递延年金的前若干期无现金收付，因此其终值和现值的计算与普通年金不同，需要按其他方式计算。

设某递延年金每次收付金额为 A，在第 $m-n$ 期期末支付，我们用图 3-9 表示。

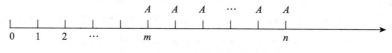

图 3-9　递延年金资金收付示意图

递延年金的计算也分终值和现值两个方面，分别讨论如下。

（1）递延年金终值。递延年金终值的计算就是将每次收付的资金价值折算到最后一期收付的期末，求其终值，然后再加总。考虑到递延年金可能有许多期，因此分每次收付分别计算终值非常麻烦。我们可以利用普通年金终值的计算方法求递延年金终值计算公式。

要利用普通年金终值计算公式计算递延年金终值，我们需要理解递延年金与普通年金之间的区别，我们可用图 3-10 表示。

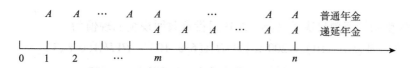

图 3-10　递延年金与普通年金资金收付示意图

从图 3-10 中我们可以看出，期限相同的普通年金与递延年金最大的区别，在于普通年金从第 1 年到第 $m-1$ 年都有等额资金收付，而递延年金没有。实际上从第 m 年年初看，它就是一个 $n-m+1$ 年的普通年金，设利率为 i，则每次收付金额为 A，在第 $m-n$ 期期末支付的年金终值为 $FV_P = A \cdot FIVFA(i, n-m+1)$。

仍以赵先生的两个备选项目为例，A 项目投资收回资金的时间和金额分布如下图：

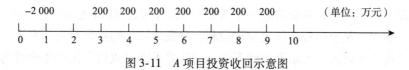

图 3-11　A 项目投资收回示意图

假设赵先生要求的投资回报率达到 6%，则 A 项目第 10 年收回投资终值为 $200 \times FVIFA(6\%,$

$10-4+1) = 200 \times 8.3938 = 1\,678.76$(万元)。

B项目投资收回资金的时间和金额分布如图3-12所示。

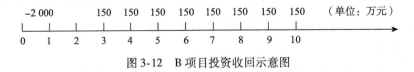

图3-12 B项目投资收回示意图

假设赵先生要求的投资回报率达到6%，则B项目第10年收回投资终值为 $150 \times FVIFA(6\%, 10-3+1) = 150 \times 9.8975 = 1\,484.625$（万元）。

综合比较两个项目，A项目更佳。

（2）递延年金现值。递延年金现值的计算比终值计算复杂。我们仍然利用普通年金的现值计算方法来求递延年金现值。由于期限相同的普通年金与递延年金最大的区别在于，普通年金从第1年到第 $m-1$ 年都有等额资金收付，而递延年金没有。因此，如果先求出期限为 n 的普通年金现值，在减去 $m-1$ 期普通年金现值（$m-1$ 年金实际未发生），就可以计算出每次收付金额为 A，在第 $m-n$ 期期末支付的递延年金现值。用公式表示如下

$$PV_A(m-n) = A \cdot [PVIFA(i,n) - PVIFA(i,m-1)]$$

递延年金现值的计算可用图3-13表示。

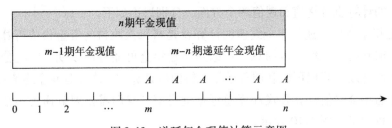

图3-13 递延年金现值计算示意图

仍以赵先生的投资项目决策为例，A项目投资收回现金的现值为

$$PV_A(4-10) = 200 \times [PVIFA(6\%,10) - PVIFA(6\%,3)]$$
$$= 200 \times (7.3601 - 2.6730) = 937.42$$

B项目投资收回现金的现值为

$$PV_A(3-10) = 150 \times [PVIFA(6\%,10) - PVIFA(6\%,2)]$$
$$= 150 \times (7.3601 - 1.8334) = 829.005$$

A项目的投资收回现值大于B项目，因此A项目比B项目好；但如果比较初始投资，两个项目都不可取（收回现值都小于初始投资价值）。

4. 永续年金

一般情况下，年金的收付期数有一个确定的期限，但在经济生活中有些年金无法确定其收付期数。比如，某公司每年固定发放股利，每股2元，则股票持有人只要不转让股票，就可以每年获得2元收入，无限期延续下去。我们将无确定收付期限的年金称为永续年金。在财务管理中，股票定价、土地估价等都可能遇到永续年金的问题。

（1）永续年金终值。永续年金的终值计算方式与普通年金相同。设某永续年金的期限

为 n（n 趋于无穷大），每次收付金额为 A，利率为 i，则永续年金的终值 FV_A 等于 $A[(1+i)^n-1]/i$，当 n 趋于无穷大时，由于 A、i 都是有界量，$(1+i)^n$ 趋向无穷大，因此 $FV_{A(n=\infty)} = A[(1+i)^n-1]/i$ 趋向无穷大。

（2）永续年金的现值。永续年金的现值计算方式与普通年金相同。设某永续年金的期限为 n（n 趋于无穷大），每次收付金额为 A，利率为 i，则永续年金的现值 $PV_{A(n=\infty)} = A[1-(1+i)^{-n}]/i$。当 n 趋向无穷大时，由于 A、i 都是有界量，$(1+i)^{-n}$ 趋向无穷小，因此 $PV_{A(n=\infty)} = A[1-(1+i)^{-n}]/i$ 趋向 A/i。因此，该永续年金现值等于 A/i。

[**例 3-7**]（奖学金问题）归国华侨冯先生想支持家乡建设，特地在祖籍所在县设立奖学金。奖学金每年发放一次，奖励该县每年高考的文理科状元各 10 000 元。奖学金的基金设立在该省信托投资公司，信托投资公司承诺每年该奖学金基金投资回报率达到 5%，问冯先生要投资多少钱作为奖励基金？

由于每年都要拿出 20 000 元，因此奖学金的性质是一项永续年金，其现值应为

$$20\,000/5\% = 400\,000(元)$$

也就是说，吴先生要存入 400 000 元，作为基金，才能保证这一奖学金的成功运行。

阅读材料 3-3　　　　　　　　**诺贝尔奖奖金**

诺贝尔奖奖金是以瑞典化学家诺贝尔的遗产设立的奖金。

阿尔弗雷德·诺贝尔（Alfred B. Nobel 1833—1896）是位杰出的化学家，他于 1833 年 10 月出生在瑞典首都斯德哥尔摩。他的一生中有许多发明，其中最为主要的是安全炸药。这项发明使他获得了"炸药大王"的称号，并使他成为百万富翁。他希望他的这项发明能够为促进人类生活的繁荣做出贡献，但事与愿违，炸药被广泛地使用于战争。这使他在人们心目中成了一个"贩卖死亡的商人"，为此，他深感失望和痛苦。诺贝尔在逝世前立下遗嘱，把遗产的一部分——920 万美元作为基金，以其每年约 20 万美元的利息作为奖金，奖励那些为人类的幸福和进步做出卓越贡献的科学家和学者。为此，瑞典于 1900 年 6 月 29 日专门成立了诺贝尔基金会，并由其董事会管理和发放奖金。

诺贝尔奖奖金分为物理学、化学、生理学和医学、文学、和平奖五项。物理学和化学奖由瑞典皇家科学院负责颁发，生理学和医学奖由瑞典卡罗琳医学研究院负责颁发，文学奖由瑞典文学院负责颁发，和平奖由挪威议会负责颁发。1968 年瑞典银行决定增设经济学奖，这项奖金由瑞典银行提供。2012 年我国作家莫言获得诺贝尔文学奖，获得 800 万瑞典克朗（约合人民币 750 万元）奖金。

（资料来源：节选自百度网站百度百科栏目）

思考题

1. 如果以 920 万美元作为基金，每年基金投资回报率 5%，每年可用于发放奖金的数额有多少，才能保证奖金持续发放？

2. 2008 年度诺贝尔生理学或医学奖奖金为 140 万美元，假设其他 5 个项目奖金都是 140 万美元，则 2008 年度诺贝尔基金会的总资产需要达到多少？

3.1.4 一年内多次计息的问题

在以前的学习中,我们总假设利息的计算是一年一次。但在现实经济生活中,有时有半年、3个月计算一次利息的情况,由于利息的计算可能一年多次,因此可能出现按名义的年利率折算出的货币时间价值与实际价值不符合的情况。我们来看下面的一个例子。

张先生于2015年1月1日存入2 000元,存期3个月,4月1日到期后,又转存3个月,如此往复,直到2016年1月1日取出,则到期本利和为多少?

由于月利率为1.425‰,因此3个月为4.275‰,则1年后存款的本利和为

$$2\ 000 \times (1 + 0.004\ 275)^4 = 1.017\ 20 \times 2\ 000 = 2\ 034.4(元)$$

1年后的利息为34.4元,年利率为34.4/2 000 = 1.72%,与当时规定的1.71%的年利率不相等。为什么会出现这种情况呢?这是因为表格中的1.71%是按每个月的单利计算方法计算的(1.71% = 0.142 5% × 12),而我们计算出来的实际利率1.72%是按每3个月复利一次计算出来的,因此这二者有差别。

1. 名义利率

如果在计算利息时,每年计算n次,则我们将没有经过复利计算,而是根据具体计算利息期限的利率乘以年计息次数算出来的利率称为名义利率。比如,B公司债券半年计算一次利息,半年的票面利率为4%,则一年的名义利率为4% × 2 = 8%。

在利息计算方法按单利计算的条件下,名义利率与实际利率相同,但在复利计算方法下,名义利率要小于实际利率。

2. 实际利率

实际利率是指当一笔资金的利息计算不是一年一次,而是一年多次的情况下,由于采用复利计算利息而计算出来的实际利率。设一笔资金的名义利率为i,每年计息n次,则每次计算利息的利率为i/n,这相当于每年复利n次,每次复利的利率为i/n。设某人初始存款为A,则年后存款本利和为$A(1+i/n)^n$,实际利率为$[A(1+i/n)^n - A]/A = (1+i/n)^n - 1$。

[例3-8] 自2005年10月15日起,我国境内美元存款利率如表3-4所示。

表3-4 我国境内美元存款利率(自2005年10月15日起)

期限	活期	1个月	3个月	6个月	1年
利率(%)	0.775 0	1.75	2.25	2.375	2.5

周先生做出口生意获得美元10 000元,他不想将这些美元花掉,而想存下来以备不时之需,因此将美元存入银行,问杨先生应如何储蓄才能保证实际利率最大?

要解决这个问题,首先要计算各种不同储蓄方式在1年内增值的程度,计算1年的实际利率进行比较。现列表计算如下(见表3-5)。

表3-5 1年的实际利率比较

期限	活期	1个月	3个月	6个月	1年
名义利率(%)	0.775	1.75	2.25	2.375	2.5
年初存款	100	100	100	100	100

(续)

年末利息	0.775	23.14	9.31	4.81	2.5
实际利率（%）	0.775	23.14	9.31	4.81	2.5

表3-5中，年末利息行是根据存款利率复利计算来的，比如1个月期的存款利率1.75%，1年后的利息为 $10\,000 \times (1+1.75\%)^{12} - 10\,000 = 2\,314$（美元）。从表3-5计算可看出，存一个月期，到期转存利率最大。

3.2 风险价值观念

在企业的财务管理中，由于所处环境的不确定性，因此存在着很多的风险。本节我们主要讨论风险的衡量、分类以及风险对企业财务决策的影响。

3.2.1 风险的概念及衡量

在日常生活中，风险往往被理解为不利事件出现的可能。在财务管理中，风险的概念也比较类似，风险是指企业在各项财务活动过程中，由于各种不确定性因素，导致企业实际的收益与预期收益发生背离，以至蒙受损失的可能性。要正确理解风险，我们需要进一步了解风险如何衡量。

1. 资产收益和收益率

在企业的生产经营过程中，需要投入一定数额的资产，资产在经过一定时期的经营后，会发生价值增值，这一增值被称为资产的收益。比如，某人于年初购买股票，花费1 000元，1年后出售股票，得到1 200元，所获取的利润200元就被称为收益。

资产的收益有两种表达方式，一种是绝对数形式，表现为资产购买和出售价格的差异，或表现为资产期初价值和期末价值的差异，当然也有可能是资产持有期间的利息或股利所得。另一种形式是相对数形式，通常用百分比表示，它是用资产的增值部分同资产期初价值的比值。由于绝对数形式虽然能准确把握收益的具体数额，但却不利于不同投资规模的项目之间收益水平的比较，因此在财务管理中一般用相对数来表示资产收益，即资产收益率。

在资产收益率的计算和衡量过程中，由于收益率受到资产持有期间的影响而变动，因此为了收益率的直接可比，人们在计算收益率时一般要将不同时期的收益率转化为1年的收益率。

[例3-9] 许先生2018年年初投资股票，购买A公司股票1 000股，股价每股8元，2018年5月收到每股现金股利1元，2018年年底股票价格为每股6.5元，问许先生股票投资的收益率是多少？

解答： 股票投资在2018年1年的收益为
(1) 股利所得 $1\,000 \times 1 = 1\,000$（元）
(2) 资本利得（价差） $1\,000 \times (6.5 - 8) = -1\,500$（元）
(3) 总收益为 $1\,000 - 1\,500 = -500$（元）
(4) 资产收益率为 $-500/8\,000 = -6.25\%$

[例3-10] 魏先生于2017年1月投资房产250 000元,6月份出售该房产,价款300 000元,求魏先生投资房产的报酬率。

解答: 魏先生投资房产收益总额为300 000 − 250 000 = 50 000(元),半年投资收益率为50 000/250 000 = 20%,如果按复利计算,1年的投资收益率为$(1 + 20\%)^2 − 1 = 44\%$。

2. 预期收益率

预期收益率也称为期望收益率,是指在各种不确定性的情况下,某资产预期可能实现的收益率。在财务管理中,预期收益的计算主要采用概率统计方法。具体做法如下:①预测某资产未来一年可能出现的经营状态;②预测各种可能出现的经营状态的概率;③预测各种经营状态下资产的可能收益率;④用各种状态下的经营收益率,乘以该状态可能出现的概率,将乘积加总,得到预期收益率。公式表示如下:

$$ER = \sum (P_i \cdot R_i)$$

式中 ER——预期收益率;
  P_i——第i种情况出现的可能性;
  R_i——第i种情况下资产的收益率。

[例3-11] 2018年年初某公司有一笔闲置资金,总值100万元,准备投资股票市场。在投资之前,公司领导咨询了某信托投资公司有关我国股票市场未来发展趋势以及可能的投资收益率,得到如下结果(见表3-6)。

表3-6 我国股票市场未来可能的投资收益率

股市2018年可能情况	每种情况相应概率	投资收益率
牛市	0.4	50%
熊市	0.3	5%
鹿市	0.3	20%

根据上述资料,试计算该公司2018年投资股票市场的可能收益率。

解答: 根据上述资料,列表计算如下(见表3-7)。

表3-7 该公司2018年投资股票市场的可能收益率

股市2018年可能情况	每种情况相应概率	投资收益率	预期收益率 = 每种情况相应概率 × 投资收益率
牛市	0.4	50%	20%
熊市	0.3	5%	1.5%
鹿市	0.3	20%	6%
合计	1	—	27.5%

3. 收益率方差

收益率方差是用来表示某资产收益率的各种可能结果与其预期收益率之间的离散程度的一个指标,其计算公式如下:

$$\sigma^2 = \sum_{i=1}^{n} (R_i - ER)^2 P_i$$

式中 σ^2——收益率方差;

R_i——第 i 种情况下资产的收益率；

ER——资产预期收益率；

P_i——第 i 种情况出现的可能性。

方差越大，说明各种可能的收益率偏离预期收益率越大，风险越大。

[例 3-12]　仍以上例，列表计算方差如下（见表 3-8）。

表 3-8　方差的计算结果

股市 2018 年可能情况	每种情况相应概率	投资收益率	预期收益率	$R_i - ER$	$(R_i - ER)^2$	$(R_i - ER)^2 \cdot P_i$
牛市	0.4	50%	0.2	22.50%	5.062 500%	0.020 25
熊市	0.3	5%	0.015	-22.50%	5.062 500%	0.015 187 5
鹿市	0.3	20%	0.06	-7.50%	0.562 500%	0.001 687 5
合计	1	—	27.50%			0.037 125

根据上述表格计算结果，收益率的方差为 3.712 5%。

4. 收益率标准差

收益率标准差是用来表示某资产收益率的各种可能结果与其预期收益率之间的离散程度的一个指标，其计算公式如下：

$$\sigma = \sqrt{\sum_{i=1}^{n}(R_i - ER)^2 P_i}$$

式中　σ——收益率标准差。

与方差相似，标准差越小，风险越小。上例中，股票投资的收益率标准差为 $0.037\,125^{1/2}$，即 19.26%。

由于方差或标准差都是用来衡量风险的绝对数大小，因此它们不能用来衡量收益水平不同的资产风险。如果需要比较不同收益水平的项目风险，需要比较标准离差率。

5. 收益率的标准离差率

标准离差率也被称为变异系数，它是某项目的标准离差和期望值的比例。收益率的标准离差率的计算公式为

$$V = \sigma/ER$$

与标准离差相比，标准离差率是相对数，用来衡量每单位预期收益所承担的风险程度，可以用来衡量不同收益水平项目的风险大小。

[例 3-13]　某公司正在考虑以下三个投资项目，预计未来的情况可能三种，每种情况下的投资收益率及概率分布如下（见表 3-9）。

表 3-9　某公司的三个投资项目的投资收益率及概率分布

经济状况	概率	项目收益率		
		A 项目	B 项目	C 项目
好	0.5	20%	30%	10%
正常	0.3	15%	20%	9%
差	0.2	10%	10%	8%

试分析各项目的收益和风险情况。

解答：列表计算各项目的预期收益率（见表 3-10）。

表 3-10　各项目的预期收益率

经济状况	概率	项目收益率			预期收益率		
		A 项目	B 项目	C 项目	A 项目	B 项目	C 项目
好	0.5	20%	30%	10%	0.1	0.15	0.05
正常	0.3	15%	20%	9%	0.045	0.06	0.027
差	0.2	10%	10%	8%	0.02	0.02	0.016
合计					0.165	0.23	0.093

计算各项目标准差、标准离差率如下：

项目 A 的收益率标准差 $\sigma_A = [(20\% - 16.5\%)^2 \times 0.5 + (15\% - 16.5\%)^2 \times 0.3 + (10\% - 16.5\%)^2 \times 0.2]^{1/2} = 3.91\%$

同理可求得 $\sigma_B = 7.81\%$，$\sigma_C = 0.78\%$

项目 A 的标准离差率 $= 3.91\%/16.5\% = 0.2370$

项目 B 的标准离差率 $= 7.81\%/23\% = 0.3396$

项目 C 的标准离差率 $= 0.78\%/9.3\% = 0.0839$

因此，A、B、C 三个项目中，B 项目收益最高，风险也最大。

3.2.2　风险的分类

风险可以按多种类别分类。在财务管理中，我们主要按风险产生的因素来源将风险分为系统风险和非系统风险。

1. 系统风险

所谓系统风险，是指对各种资产的预期收益率都有影响的风险因素。系统风险的因素来源有多个方面，主要包括以下因素。

（1）国际政治和经济因素。在经济全球化的今天，国际政治经济形势的重大变化对全球经济的发展具有重大影响，从而影响资产的预期收益率。国际政治因素包括重大的战争和冲突因素、重大恐怖活动、国际超级大国政策变化、区域政治联盟的形成和政策等。例如 1963 年的中东战争，以及 1991 年的苏联解体，对当时的全球经济都产生了一定的影响，从而对资产收益率产生影响。

阅读材料 3-4　　英国脱欧对英国经济的影响

英国"脱欧"公投投票结果于当地时间 2016 年 6 月 24 日上午 7 点（北京时间 24 日下午 2 点）出炉，公投的最终结果为英国将脱离欧盟，其中支持脱欧的票数 17 410 742，占 51.9%，支持留欧的票数 16 141 241，占 48.1%，支持脱欧的票数以微弱优势战胜留欧票数。

英国官方及不少国际研究机构均认为，英国脱欧将给英国经济带来严重打击，对英国年轻人的发展带来很多现实障碍。

首先，若英国退出欧盟，英国经济可能陷入衰退。国际货币基金组织（IMF）主席拉加德

5月13日表示，英国脱欧对英国经济将会是一个"糟糕到极点"的选择。该组织6月17日发布的一份报告中写道，如果英国选择离开欧盟，对于英国经济前景的影响将会是负面且巨大的。极端情况下，英国2019年的经济增速相对于留在欧盟而言的，可能会放缓1.5%~5.5%的水平。

其次，脱欧将对英国与欧洲的贸易带来负面冲击。欧盟是英国的第一大出口目的经济体，占英国出口总额的46.9%，美国和中国仅占11.9%和5.1%。同时欧盟也是英国第一大进口来源经济体，占英国进口总额的52.3%。如果英国脱欧，英国经济赖以运转的许多协议、规定和法律依据将被打破，该国经济将发生剧烈震荡。比如，英国将需要争取到欧洲单一市场的准入，要与其他60个国家和地区重开欧盟贸易协定谈判，要将数以千计的欧盟法规重新写入英国法律。评级机构穆迪认为，脱离欧盟将在短期甚至中期内对英国经济带来负面影响。中期经济影响主要取决于英国能与欧盟协商达成的新贸易协定。此外，脱欧后英国在欧盟贸易政策上的话语权将减小。欧盟当前正在和美国、日本进行TTIP谈判，英国也难以直接参与。

再次，英国脱欧对金融市场的利空大于利好。伦敦的定位是国际金融中心，一旦脱离欧盟，这一地位将受到很大冲击。英镑可能受到挤兑。对于一个需要填补巨额海外赤字、没有资本管制的国家而言，英镑挤兑将是一个重大风险。德意志银行表示，英国脱欧将拖累英镑汇率走低。该行预计英镑兑美元汇率在2017年年底将跌至1英镑兑1.15美元，欧元兑英镑汇率在2019年底将升至1欧元兑0.82英镑。而一旦脱欧的"黑天鹅"事件发生，英国股市、房地产市场都可能出现趋势性下跌。

（资料来源：江濡山，何懿文．解读"英国脱欧"六大影响［J/OL］．新浪财经意见领袖，2016-06-24）

思考题

英国脱欧对英国企业财务管理可能会产生哪些方面的影响？

（2）国内政治经济政策。针对不同的经济形势，各个国家政府都会采取一定的经济政策，这些经济政策主要包括财政政策和金融政策两个方面。由于政府经济政策涉及面广，因此它对大部分企业和资产的收益水平都会产生影响。例如，为避免2008年世界金融危机对我国经济的影响，我国采用了积极的财政政策，扩大投资，拉动内需，力图保证经济的稳定发展，这对宏观经济的走势乃至各个中小企业的发展都十分有利。

阅读材料3-5　多省份公布企业工资指导线 基准线平均约8%　略有回落

《经济参考报》记者初步统计，截至目前，已有河南、北京、山西、山东、内蒙古和天津六个省、市、自治区公布了2017年企业工资指导线。各地基准线平均在8%左右，这一水平相比往年有所下降。专家认为，企业工资上涨幅度主要与经济运行指标有关，经济转型期，工资呈两位数增长的情况将会结束。

具体而言，山东2017年企业职工货币工资增长指导线基准线为7.5%，下线为3%，上线为12%。其中，基准线、上线比2016年分别下调0.5个、1个百分点，下线与上年持平。北京企业工资指导线基准线为8.5%，建议企业最高涨薪不超14%、不低于4%，基准线的上涨幅度已经是第四年连续下降。内蒙古基准线为8.0%，预警线为12.0%，下线为2.0%，其中基准线由2016年的8.5%下降了0.5%。天津市基准线9%，与2016年持平，上线为14%，下线为3%。

此外，河南和山西基准线略有上浮。河南省基准线为7.5%，上线为12%，下线为3%，基准线较2016年上涨0.5%。山西省工资增长基准线为8%，增长上线为12%，增长下线为4%，其中基准线较2016年上调1%。

据了解，工资指导线是政府根据当年经济发展调控目标，向社会发布的年度工资增长水平的建议。企业工资指导线本身并不具有强制约束力，其主要作用是为企业与职工开展工资集体协商以及企业自身合理确定工资增长水平提供参考依据，同时也是对国有企业实现工资总额管理的重要手段。

对于工资指导线的测算，一位不愿具名的专家表示，企业工资上涨的幅度主要与经济运行指标有关，最关键的两个指标就是GDP增速和CPI。"随着我国经济进入新常态，经济转型压力较大，经济增长的相关指标也有所调整。考虑到企业成本上升，指导线如果定得太高，企业也未必具备涨薪能力。"他表示，企业工资指导线"基准线"将告别此前普遍超过10%的高增速。

从机构调研数据来看，企业薪酬增幅回落趋势也较为明显。智联招聘近日发布的《2017年夏季中国雇主需求与白领人才供给报告》显示，全国37个主要城市的平均薪酬为7 376元，环比首次下滑。报告显示，本季度平均薪酬下降幅度较大，为3.8%。其中，微型企业薪酬环比下降31%，创业公司高薪招人的盛况已不复存在。报告认为，这主要是由于，小微企业薪酬下降、新一线及以下城市岗位增幅上升，带来的整体薪酬平均数被拉低。

（资料来源：李唐宁. 多省份公布企业工资指导线［N］. 经济参考报，2017-07-21.）

思考题

本年度各省公布工资指导线对地方企业会产生哪些方面的影响？

（3）金融市场环境。任何企业的生产经营都是在一定的金融市场环境中进行的，因此金融市场的发展趋势和利率、汇率、市场规制等因素都影响企业的行为，进而影响企业和资产收益率。例如，当市场利率上升时，大部分企业会减少投资；而当汇率上升时，大部分企业会降低出口、增加进口。因此金融市场的许多因素变化都会引起企业财务决策的变化，从而产生系统影响。我国在2008年世界经济衰退的大环境下，连续5次降低利率，其目的就是利用这一系统因素，刺激企业投资，从而保障经济整体平稳发展。

除上述因素外，一些重大的突发事件，如重大灾难、重大技术进步等，都是影响范围很广泛的系统风险因素。

2. 非系统风险

非系统风险是与系统风险相对而言的，是指不能影响所有企业或资产的预期收益，但对某一行业、地区或企业产生影响的因素。比如某一地区发生局部灾难、某行业出现市场衰退，或某企业出现重大人事变更等。按照非系统风险的影响范围，可将非系统风险分为地区风险、行业风险和公司特有风险。地区风险是指对某一地区企业经营产生影响的因素，比如某地区的经济政策发生变动。2008年四川发生特大地震，就属于地区性风险因素。行业风险是指某一行业因市场供应、销售、科技进步发生重大变动而产生的风险。2008 年我国奶粉行业因"三聚氰胺事件"而出现销量大幅度下滑，大部分企业出现短期内亏损，就属于行业风险。公司特有风险是对某个特定的行业而产生的风险因素。比如某公司因火灾而造成重大损失，或因客户诉讼而被判处赔偿，都是公司特有风险因素。公司特有风险可进一步分为经营风险和财务风险。我们将在后面的章节中详细讨论。

3.2.3 组合投资的收益和风险计算

所谓组合投资，是指投资主体将资金投放在不同的资产上，形成多元投资的整体。在证券投资和企业的项目投资中，人们往往将资金投放在不同的项目或证券上，形成所谓多元化投资。在这种情况下，收益率和风险的计算将进一步复杂化。我们将在下面分别进行讨论。

1. 组合投资的收益计算

组合投资的收益计算比较简单，根据统计学的基本理论，组合投资的总收益率等于各组成投资的单个项目（资产）的收益率的加权平均数。用公式表示如下：

$$ER_P = \sum_{i=1}^{n} W_i ER_i$$

式中　ER_P——组合投资的整体预期收益；

ER_i——第 i 项资产的预期收益率；

W_i——第 i 项资产在总资产中所占的比例。

[例 3-14]　2007 年中旬，我国股票市场进入了一个快速发展时期，股票价格大幅度上涨。小李在朋友的鼓动下，决定投资股票。在朋友小王的帮助下，购买了 A、B 和 C 三公司股票，投资额和预期收益率如表 3-11 所示。

表 3-11　小李投资股票的投资额和年预期收益率

股票种类	年预期收益率	投资金额（万元）
A 公司	25%	200
B 公司	20%	100
C 公司	15%	200
合计		500

求小李投资股票组合的年预期收益率。

解答：列表计算如下（见表 3-12）。

表 3-12　小李投资股票组合的年预期收益率

股票种类	年预期收益率	投资金额（万元）	投资比例	加权平均报酬率 = 预期报酬率 × 投资比例
A 公司	25%	200	40%	10.0%
B 公司	20%	100	20%	4.0%
C 公司	15%	200	40%	6.0%
合计		500	100%	20.0%

根据上述投资组合收益率的计算公式和例子我们可以看出，投资组合的收益并不因为

投资种类的增加而增加，它只是各投资资产收益率的平均数，那为什么人们在进行投资时要进行组合投资呢？主要是因为组合投资的风险比单个投资项目的风险更低。我们将进一步讨论组合投资的风险。

2. 组合投资的风险

根据现代统计学研究结果，n 项资产形成的组合投资收益的整体风险计算如下：

$$\sigma_p = \sqrt{\sum_{i=1}^{n}\sum_{j=1}^{n} w_i w_j \sigma_{ij}}, \quad (i, j = 1, 2, \cdots, n)$$

式中　σ_p——组合投资收益率的整体风险；

　　　w_i——第 i 种资产在组合中所占的比例；

　　　w_j——第 j 种资产在组合中所占的比例；

　　　σ_{ij}——第 i 和 j 种资产收益率的协方差。

当 i 等于 j 时，σ_{ij} 为第 i 种资产投资收益率的方差。

σ_{ij} 表示第 i 和 j 种资产收益率在外界因素变动情况下的变动同步程度，具体计算公式如下：

$$\sigma_{ij} = \sigma_i \sigma_j \text{Cov}_{ij}$$

式中　σ_i 和 σ_j 分别是第 i 和 j 种资产收益率的标准差；

　　　Cov_{ij}——第 i 和 j 种资产收益率的相关系数。

由于相关系数在 -1 和 1 之间，因此 $\sigma_{ij} \leq \sigma_i \sigma_j$，资产组合中任何两个资产的收益协方差总是小于等于这两个资产各自收益的标准差的乘积。由此可得出资产组合的风险小于等于单个资产风险的加权平均数，即

$$\sigma_p \leq \sum_{i=1}^{n} w_i \sigma_i$$

[例 3-15]　仍以上例，假设小李投资的 A、B 和 C 公司股票收益率标准差和收益率之间的相关系数如表 3-13 所示。

表 3-13　小李投资的 A、B 和 C 公司股票收益率标准差和收益率之间的相关系数

股票种类	预期报酬率	收益率标准差	股票组合	相关系数
A 公司	25%	5%	AB	0.5
B 公司	20%	4%	BC	0.3
C 公司	15%	3%	AC	0.2

试求整个投资组合的风险，并与单个资产收益率风险的加权平均值做比较。

解答：

首先，计算不同两个股票收益率的协方差如下：

$$\sigma_{AB} = \text{Cov}_{AB} \times \sigma_A \times \sigma_B = 0.5 \times 5\% \times 4\% = 0.001$$

同理可求得 σ_{BC} 和 σ_{AC} 分别为 0.000 36 和 0.000 3。

因此，投资组合的收益率标准差 = $(40\% \times 40\% \times 5\% \times 5\% + 20\% \times 20\% \times 4\% \times 4\% + 40\% \times 40\% \times 3\% \times 3\% + 2 \times 40\% \times 20\% \times 0.001 + 2 \times 40\% \times 40\% \times 0.000\ 3 + 2 \times 20\% \times 40\% \times 0.000\ 36)^{0.5}$ = 3.035 8%

而三个公司股票收益率标准差的加权平均数 = 0.4×5% + 0.2×4% + 0.4×3% = 4%

根据以上计算结果可看出，单个资产收益率风险的加权平均数大于组合投资收益率的风险，组合投资能够降低风险。

由于组合投资能够降低风险，因此组合中资产种类越多，整体风险就越低。如何解释这种现象呢？这是因为，每种资产都存在系统风险和非系统风险，而每种资产的非系统风险因素各不相同，非系统风险因素的发生也是相互独立的，从这一角度来说，组合中资产种类越多，各种资产同时发生非系统风险的可能性就越小，当组合中包括市场所有资产时，这些资产同时发生非系统风险的可能性几乎不存在，因此非系统风险因素被降低到最低。

然而，即使投资组合包括所有资产，也不可能使整体风险降低为零，因为系统风险依然存在，而所有的资产都受系统风险的影响，因此投资组合中依然存在系统风险。

根据上述推论，投资组合中所含有资产种类与风险之间的关系如图3-14所示。

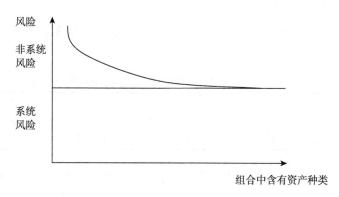

图3-14 投资组合和风险关系示意图

图3-14表明，随着投资组合中资产种类的逐渐增加，非系统风险发生的可能性逐渐降低。当组合中包括所有资产时，非系统风险接近于零；但系统风险仍不能随资产组合种类的增加而降低。因此当组合中包括所有资产种类时，组合的风险主要是系统风险。

值得注意的是，在实务工作中，不应该过多强调资产组合的风险分散作用，根据统计研究的结果，资产组合在资产种类达到20个时，绝大多数非系统风险已被消除，继续增加资产种类并不能最大限度地降低风险。而另一方面，随着资产种类的增加，管理成本递增，从而降低投资收益。

3.2.4 系统风险的衡量

尽管所有企业和资产都受系统风险的影响，但它们受系统风险的影响程度不同。比如2008年金融危机对我国钢铁行业产生巨大影响，大部分钢铁企业亏损，一部分中小型钢铁企业倒闭。但金融危机对于粮食、食品、民用消费品的影响并不大，有些企业甚至盈利超过上一年。为了描述系统风险对不同资产的影响，财务学上用β系数衡量系统风险对单项资产的收益影响。

1. 单项资产 β 系数的定义和计算

单项资产的β系数是指可以反映单项资产收益率与市场平均收益率之间变动关系的一

个量化指标。具体计算公式如下：

$$\beta_i = \mathrm{Cov}(R_i, R_m)/\sigma_m^2 = \rho_{i,m}\sigma_i/\sigma_m$$

式中　　β_i——第i项资产的β系数；
　　　　$\mathrm{Cov}(R_i, R_m)$——第i项资产收益率和市场组合收益率的协方差；
　　　　σ_m——市场组合收益率的标准差；
　　　　$\rho_{i,m}$——第i项资产收益率和市场组合收益率的相关系数；
　　　　σ_i——第i项资产收益率的标准差。

[例3-16]　假定2008年我国股票市场整体资产收益率的标准差为10%，某股票收益率与市场整体收益率相关系数为0.6，该股票自身收益率标准差为8%，则该股票的β系数为$0.6 \times 8\%/10\% = 0.48$。

在实际工作中，由于上述数据难以得到，因此人们往往根据每天交易的公开数据来近似估计某项资产或证券的β值。

[例3-17]　2008年10月的10个交易日，市场综合指数和A公司股票价格的变动情况如表3-14所示。

表3-14　市场综合指数和A公司股票价格的变动情况（2008年10月的10个交易日）

交易日	1	2	3	4	5	6	7	8	9	10
市场综合指数	2000	1980	1950	1970	2002	2008	1995	1998	1970	2020
A公司股票价格	10	9.8	9.5	9.72	10.02	10.1	9.95	9.97	9.9	10.2

解答：根据上述数据，列表计算市场收益率和A公司股票价格收益率如表3-15所示。

表3-15　市场收益率和A公司股票价格收益率的计算

交易日	1	2	3	4	5	6	7	8	9	10
市场综合指数	2000	1980	1950	1970	2002	2008	1995	1998	1970	2020
A公司股票价格	10	9.8	9.5	9.72	10.02	10.1	9.95	9.97	9.9	10.2
市场收益率	0	−0.01	−0.015	0.010 3	0.016 2	0.003	−0.006	0.001 5	−0.014	0.025 4
A公司股票收益率	0	−0.02	−0.031	0.023 2	0.030 9	0.008	−0.015	0.002	−0.007	0.030 3

根据上述市场收益率和A公司股票收益率的分布，以市场收益率作为自变量，A公司股票收益率作为因变量，进行一元回归分析，得到$\beta = 1.507$。也就是说，市场收益率每上升1%，A公司股票要上升1.507%。

2. 投资组合的β系数计算

如果投资者持有一个投资组合，则投资组合的整体β系数计算如下：

$$\beta_p = \sum W_i \beta_i$$

式中　　β_p——投资组合的β系数；
　　　　W_i——第i项资产的权数；
　　　　β_i——第i项资产的β系数。

[例3-18]　在[例3-14]中，小李投资的A、B、C公司股票的β系数如表3-16所示。

表 3-16　小李投资的 A、B、C 公司股票的 β 系数

股票种类	β 系数	投资金额（万元）
A 公司	1.05	200
B 公司	2	100
C 公司	3.2	200
合计		500

试计算整个投资组合的 β 系数。

解答：列表计算整个投资组合的 β 系数如表 3-17 所示。

表 3-17　整个投资组合的 β 系数计算

股票种类	β 系数	投资金额（万元）	权数	加权 β 系数
A 公司	1.05	200	0.4	0.42
B 公司	2	100	0.2	0.4
C 公司	3.2	200	0.4	1.28
合计		500	1	2.1

根据计算结果，整个投资组合的 β 系数为 2.1。

从投资组合的 β 系数计算公式和上述例题的计算结果可以看出，整个投资组合的 β 系数是投资组合中各个资产 β 系数的加权平均数，也就是说，组合投资不能降低投资整体 β 系数，这与我们前面所说的投资组合不能降低系统风险的结论是一致的。

3.2.5　风险与收益的关系

由于市场投资者大部分都是风险厌恶的，因此与低风险的投资项目比较，高风险的项目必须有更高的投资收益率，才能够获得市场投资者的资本，也就是说风险越高，报酬越高。但风险与报酬之间具体的函数关系却非常难以确定。为了解决上述问题，威廉姆·夏普（William Sharpe）和哈里·马科维茨（Harry Markowitz）于 1964 年提出资本资产定价模型。他们也因为这一重要贡献而获得 1990 年诺贝尔经济学奖。

资本资产定价模型（capital assets pricing model，CAPM）的基本原理主要来自人们对风险与收益之间关系的认识。由于人们的风险厌恶，投资者对某一资产要求的收益率（必要收益率）会随着资产风险的提高而增加，具体地说，资产风险与收益率之间存在如下关系：

必要收益率 = 无风险收益率 + 风险溢价 × 风险水平

上述公式中，无风险收益率是指没有任何风险的资产所给予投资者的收益率，它通常是短期国债的利率，风险溢价是指单位风险所应得到的收益增长幅度，风险水平是指某资产本身的风险水平。

资本资产定价模型将上述公式具体化，形成一个具体的函数关系，即

$$R = R_f + \beta(R_m - R_f)$$

式中　R——某资产的必要收益率；

　　　R_f——无风险收益率；

　　　R_m——市场组合收益率；

β——某资产的 β 系数。

$(R_m - R_f)$ 被称为市场风险溢价,它是由于承担系统风险(市场组合基本不承担非系统风险)而要求得到的超过无风险收益率的收益,它体现的是市场全体投资者对系统风险的态度。$(R_m - R_f)$ 越高,说明市场投资者越厌恶风险,相反,则说明市场投资者越敢于冒险。

值得注意的是,在 CAPM 中,某资产必要收益率不受非系统风险的影响,这是因为 CAPM 假设所有投资者都是理性投资者,在进行投资时会尽可能降低风险,而能够降低的风险就是非系统风险,投资者可以通过多样化投资的方式将非系统风险降低为零,因此承担非系统风险不应获得风险溢价。

为了利用 CAPM 来描述资产风险和报酬之间的关系,人们用证券市场线来进行形象描绘。在一个直角坐标系中,如果把 CAPM 中的 β 看成是横坐标,把资产必要收益率看成纵坐标,则 CAPM 就是直角坐标中的一个一次函数关系,其图像是一个直线,称为证券市场线(security market line,SML)。这个一次函数中,$(R_m - R_f)$ 是它的斜率,R_f 是它的截距,如图 3-15 所示。

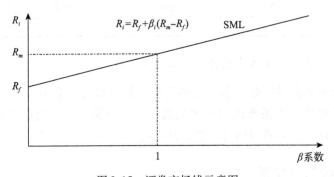

图 3-15 证券市场线示意图

图 3-15 中,SML 线上斜率和截距都是确定的,只要选定 β 系数,就可以确定某资产的必要收益率。每一个证券都可以在 SML 上找到对应的一点。

[例 3-19] 表 3-18 是 2006 年度美国纽约证券交易所上市的六大公司股票的 β 系数,假定美国 2006 年纽约证券交易所股票投资平均收益率为 10%,美国 2006 年短期国债利率为每年 4%,求 2006 年度上述六大公司股票的必要收益率。

表 3-18 2006 年度美国纽约交易所上市的六大公司股票的 β 系数

公司	时代华纳	IBM	通用电气	微软	可口可乐	宝洁公司
β 系数	1.94	1.00	0.81	0.94	0.70	0.27

解答:列表计算如表 3-19 所示。

表 3-19 2006 年度上述六大公司股票的必要收益率计算

公司	时代华纳	IBM	通用电气	微软	可口可乐	宝洁公司
β_i	1.940 0	1.000 0	0.810 0	0.940 0	0.700 0	0.270 0
R_f	4.000 0%	4.000 0%	4.000 0%	4.000 0%	4.000 0%	4.000 0%
$R_m - R_f$	6.000 0%	6.000 0%	6.000 0%	6.000 0%	6.000 0%	6.000 0%
$\beta_i(R_m - R_f)$	11.640 0%	6.000 0%	4.860 0%	5.640 0%	4.200 0%	1.620 0%
R_i	15.640 0%	10.000 0%	8.860 0%	9.640 0%	8.200 0%	5.620 0%

证券市场线不是固定不变的，它受到 R_f、R_m 两个因素影响，分别讨论如下。

1. 无风险收益率变动对证券市场线的影响

无风险收益率是证券市场线的截距，因此它的变动会导致整个证券市场线上下移动（假定市场组合收益率同步变动），如图 3-16 所示。在经济生活中，经济的衰退或扩张、中央银行基准利率的变动，都可能导致无风险收益率的变动。

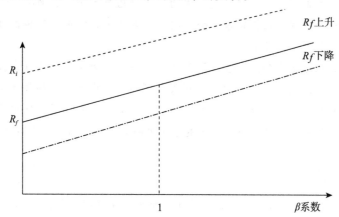

图 3-16　无风险收益率变动对证券市场线影响示意图

2. 市场组合收益率变动的影响

当无风险收益率不变动而市场收益率变动时，$(R_m - R_f)$ 发生变动，导致整个证券市场线的斜率发生变动，证券市场线以截距为中心进行旋转，如图 3-17 所表示。

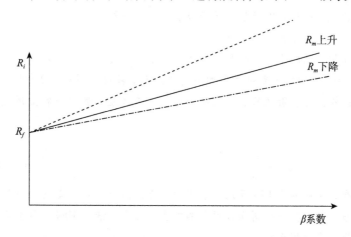

图 3-17　市场组合收益率变动对证券市场线影响示意图

在现实经济生活中，经济趋势变化、市场风险变化都可能导致市场组合收益率的变动。一般来说，当宏观经济趋向快速发展时，市场组合收益率会上升，反之则可能下降。

资本资产定价模型从理论上说是比较完美的，但在现实经济生活中它的运用还存在一些问题，比如：有许多资产都没有公开市场，因此无法发现其 β 系数；CAPM 假设无交易成本、可自由套利等，这些条件往往不具备；许多非系统风险对资产的收益影响很大，不能忽视它的存在，等等。

本章小结

在经济学理论中,我们常常把货币时间价值称为货币经过一段时间后所发生的价值增值。货币产生时间价值的原因是货币本身是一种资本形式,当它参与社会资本运转时,就会发生增值。在财务管理中,货币时间价值的计算一般采用复利方式。

在财务管理中,我们将现时持有一笔货币的现在价值称为现值,而将一笔货币在经过一段时间后未来的价值称为终值。根据货币资金的收支方式不同,终值和现值的计算包括一次性收支和年金收支的终值和现值的计算。

在财务管理中,风险是指企业在各项财务活动过程中,由于各种不确定性因素,导致企业实际的收益与预期收益发生背离,以致蒙受损失的可能性。由于人们的风险厌恶,资产的预期收益率与风险成正相关关系。按照资本资产定价模型,某资产的必要报酬率等于无收益率与风险收益率之和,而风险收益率则取决于资产的系统风险系数与市场平均风险收益的乘积。

参考文献

[1] 财政部注册会计师考试委员会办公室. 财务成本管理 [M]. 大连:东北财经大学出版社,2000.

[2] 财政部会计资格评价中心. 财务管理 [M]. 北京:中国财政经济出版社,2007.

[3] 王明虎. 财务管理原理 [M]. 北京:中国商业出版社,2006.

复习思考题

1. 为什么说货币时间价值的产生与社会资金运动有关?
2. 单利与复利计算的理论依据有什么不同?
3. 相同期数和收付款的先付年金和普通年金终值哪个更大?为什么?
4. 某企业在 2017 年度的经营中遇到如下问题:①借款利率下降;②市场需求降低;③公司发生火灾;④国际金融危机。试说明哪些是系统风险,哪些是行业风险,哪些是公司特有风险?

练习题

1. 某公司要在 5 年后筹集 190 万元用于增加投资,因此现在准备投入一笔资金进入信托投资公司。假设信托投资公司保证每年的投资收益率不低于 10%,问公司现在需要在信托投资公司投入多少资金?
2. 上例中,如果某公司不是投入一笔资金,而是每年末定期投入资金,那么,需要每年末投入多少资金(假设其他条件相同)?
3. 李先生准备投资某高速公路项目,政府允许其 3 年建设期完成后,每年收取过路费,共收取 10 年。李先生估计初始投资 1 000 万元,3 年后每年可能收到 200 万元。假设李先生需要的投资收益率为 8%,要求:
   (1) 计算每年收回过路费的现值总和。
   (2) 如果考虑到初始投资,这一项目是否可行?

4. 张先生2018年购买3项证券,其中短期国债100万元,投资收益率为5%,A公司股票100万元,B公司股票200万元,两公司股票的β系数分别为0.8和1.5,要求:
 (1) 计算组合投资的β系数。
 (2) 假设2018年市场投资组合收益率为8%,试估计张先生的投资组合预期收益率。
5. 李先生2017年投资甲、乙、丙三个公司股票,投资额各为100万元、100万元、300万元。三只股票的预期收益率、标准差和组合相关系数如表3-20所示。

表3-20 三只股票的预期收益率、标准差和组合相关系数

股票种类	预期报酬率	收益率标准差	股票组合	相关系数
甲公司	20%	8%	甲乙	0.6
乙公司	15%	5%	乙丙	0.7
丙公司	18%	7%	甲丙	0.3

要求:求整个投资组合的预期收益率和风险。

案例题

为迎接2022年冬奥会,小张决定加强锻炼,争取为奥运会多做服务工作,因此他决定锻炼身体。小张去了一个健身馆,健身馆的负责人告诉他,如果要成为健身馆的会员,可以在5年时间内免费享受各种锻炼设施,但需一次交纳会费15 000元。此外,小张也可以每年年初交纳4 000元,享受会员待遇。如果小张想在这5年内在健身馆锻炼,应该采用哪种方式更合适呢(假定小张的资金投资回报率为每年5%)?

第4章
证券投资原理

本章学习要点

证券投资基本概念

债权类证券估价方法

权益类证券估价方法

混合证券和其他证券估价方法

课前阅读材料

贵州茅台价值之争:超6成网友质疑"股王"神话

最近,A股市场处于弱势调整之际,市场上热点分散,投资者人心惶惶,但有一批平时不受重视、苦修内功的大消费概念股却突然崛起,整个A股市场在下跌中倒是出现了向价值回归的迹象。

其中,最为令股民们望尘莫及的一只股票,非贵州茅台莫属。在4月18日茅台股价突破400元大关后,4月26日更是盘中涨至428.68元的新高。

除了"股王"的头衔备受关注之外,这段时间,贵州茅台一直处于风口浪尖,外界质疑隐瞒利润、一天两道文件罚82家经销商、新的世界"酒王"跻身成功等一系列新闻频见报端。贵州茅台"股红是非多",在不断创下新高的同时,也引起了网友的激辩,东方财富网进行了网络调查。茅台的合理价位是多少?截至4月27日上午(下同),东方财富调查结果显示,有57.4%的网友认为茅台的合理价位在300元以下;有11.5%的网友认为合理价位在300~400元;还有5.8%的网友表示合理价位在400~500元;6.9%的网友认为合理价位在500~600元;还有18.4%的网友觉得茅台股价上升空间很大,合理价位在600元以上。许多股东认为股王茅台价格居高不下,可能和它的大额度分红有关,表4-1是近10年贵州茅台的股利情况。

表 4-1 近 10 年贵州茅台的股利情况

公告日期	分红年度	分红方案(每10股)		
		送股	转增	派息
2017-07-01	2016	—	—	67.87
2016-06-27	2015	—	—	61.71

(续)

公告日期	分红年度	分红方案（每10股）		
		送股	转增	派息
2015-07-10	2014	1	0	43.74
2014-06-18	2013	1	0	43.74
2013-06-03	2012	—	—	64.19
2012-06-27	2011	0	0	39.97
2011-06-27	2010	1	0	23.00
2010-06-29	2009	0	0	11.85
2009-06-25	2008	0	0	11.56
2008-06-10	2007	0	0	8.36

思考题

如何根据贵州茅台的股利数据，评估其股价是否合理？

4.1 证券估价基本概念

在企业财务管理实际工作中，经常有利用闲置资金短期投资证券或进行长期投资的活动。在进行这些财务决策时，财务管理人员需要对将要投资的证券进行正确估价，从而发现获利机会，本节我们将对证券估价中的一些基本概念进行介绍。

4.1.1 证券及其种类

所谓证券，是指用以证明或设定权利所做成的凭证，它表明证券持有人或第三者有权取得该证券所拥有的特定权益。证券在一般情况下采用书面形式，随着信息产业的发展，许多公开上市的证券采取了电子形式。

证券可以根据不同的特征进行分类，主要的分类如下。

（1）按照证券发行主体不同，可将证券分为政府证券、金融证券和公司证券。政府证券是中央政府或地方政府为筹集资金而发行的证券；金融证券是金融机构为筹集资金而发行的证券；公司证券是工商企业为筹集资金而发行的证券。不同的发行主体，其偿债能力不同，证券的风险不同。

（2）按照证券所体现的持有人与发行主体之间的关系不同，可将证券分为所有权证券、债权证券和混合证券。所有权证券又称权益性证券，是指证券持有人是证券发行人的所有者的证券，如股票；债权证券是指证券的持有人是证券发行人的债权人，如债券；混合证券是指证券持有人既可能是发行人的所有者也可能是债权人的证券，比如可转换债券。

（3）按照证券收益的稳定性不同，可将证券分为固定收益证券和变动收益证券。固定收益证券是指证券持有人可根据证券发行时的规定获得固定收益的证券，如债券；变动收益债券是指证券不明确规定向持有人支付收益，持有人的收益随发行企业的经营状况以及市场变动而变动的证券，如股票、期权等证券。

（4）按证券到期日的长短，可将证券分为短期证券和长期证券。短期证券一般指到期日在1年之内的证券，如短期国债和短期融资券；长期证券是指到期日在1年以上的证券，大部分公司债券和股票都属于长期证券。

(5) 按照证券收益的决定因素，可将证券分为基础证券和衍生证券。基础证券的收益大小主要取决于发行人的财务状况，如股票和债券；衍生证券包括期货合约和期权合约，其收益主要取决于其设定合约对象的基础证券收益。比如某股票期权价值主要取决于基础股票的价值。

阅读材料 4-1

地方政府另类融资：PE 信托两不像

土地财政低迷、平台贷严控，地方政府如何开源？安徽省淮南市潘集区正在探索"基建投资基金"。这一"创新金融产品"的全称是潘集区基础设施建设投资基金。根据当地官方的说法，该基金由潘集区政府、中国银行（601988.SH，03988.HK）全程参与运作。基金规模 4 亿元，一期 2 亿元，期限 2 年，预期收益率 8%。一份关于该基金的募集简介则显示，潘集区工会被明确为代持投资人。

值得关注的是，这一基金被官方明确为"政府支持、财政兜底的政府项目"。当地主要领导要求领导干部要带头募集、率先募集。

潘集教育信息网显示，当地教育部门早在 8 月份就已经下发基金募集通知，称这是一次福利性待遇，其对象限于区财政供给的行政、事业单位的工作人员。

年息 8%，每半年结息一次，时限 2 年。这样的福利来源于规划中的高收益。

上述通知中附带的基金简介显示，区政府联系人是一位李姓总经理，该人士称，基金将主要投资于潘集区一些规划的道路建设，"道路建成后周边土地必然会升值，政府将通过出让土地偿还本息。"

对于财政兜底，该人士解释称，这个基金是由潘集区政府常务会议和区长办公会议研究，然后经过潘集区委常委会、潘集区人大常委会的表决通过。"区人大要求列入当地财政预算，最终由财政兜底。"

(资料来源：刘冬，董云峰. 地方政府另类融资：PE 信托两不像 [N]. 第一财经日报，2012-11-21)

思考题

1. "基建投资基金"属于什么类型证券？
2. "基建投资基金"的投资风险与一般证券的风险有什么区别？

4.1.2 证券投资的目的

在不同的情况下，企业进行证券投资有不同的动机，主要的可能目的有以下两种。

1. 通过短期证券投资充分利用闲置资金

企业在经营过程中，有时由于季节性需要或短时期资金积累需要，可能会形成一部分短期的闲置资金，这些资金如果存放在银行，所获得的收益很小，因此企业可能会将短期内闲置的资金投放证券市场，以获取比较高的收益。

2. 通过长期股票投资获得被投资企业的控制权

企业为获得更高的收益，往往通过与关联企业结成一定形式的联盟，而这其中，收购被投资企业的股票并达到控股或重大影响的程度，就可以利用股东大会或董事会等形式对被投资企业进行控制或重大影响,从而获得控制权收益。

3. 进行多样化投资,分散投资风险

根据资产组合的风险理论,资产组合中种类越多,组合风险越小。因此很多企业为避免在某一个单一行业进行经营的风险,往往会收购其他企业的证券,以达到多元化投资,分散风险的目的。

阅读材料4-2　苏宁投资海外足球被央视点名　苏宁云商跌3.48%

因投资海外足球被央视点名,苏宁集团旗下苏宁云商(002024.SZ)19日低开低走,截至午间收盘报10.55元/股,跌3.48%。

消息面上,7月18日晚间播出的央视《新闻1+1》节目重点关注中企对外非理性投资。发改委发言人称,有关部门将继续关注房地产、酒店、影城、体育俱乐部非理性对外投资风险,建议有关企业审慎行事。

社科院金融研究所尹中立称,一些企业在国内没有实力和经验,在国外出现了困难和问题,还对我们国家产生了负面形象。"非理性"话中有话,这些行为并不是以增加生产为背景的,实质上是一种转移资产行为。

针对"内地企业接盘外国亏损足球队,以苏宁集团控股国外足球俱乐部,这样的收购怎样看"这一问题,尹中立认为,如果企业完全是自己的钱,干什么都可以,问题是钱不是自己的。"这些机构境内负债率很高,拿着从银行借来的钱在国外挥霍,购买资产,在境外投资一旦失误,这增加了境内银行的风险,增加了境内金融风险,给他自己贴金。这些海外投资有个共同特点,就是回收现金的能力不是特别强,不排除有洗钱嫌疑。"

据悉,2016年6月,苏宁集团旗下苏宁体育产业集团将通过认购新股和收购老股的方式,以约2.7亿欧元的总对价,获得国际米兰俱乐部约70%的股份。交易完成后,ISC仍持有约30%的股份。

(资料来源:刘敏娟. 苏宁投资海外足球被央视点名苏宁云商跌3.48% [OL]. [2017-07-19]. stock. jrj. com. cn/2017/07/19164822770966. shtml.)

思考题

1. 苏宁集团收购国际米兰俱乐部股权的目的是什么?
2. 为什么在被央视点名后,苏宁云商股票价格下跌?

4.1.3　证券投资中几种价值的概念

在证券投资中,经常会运用到多种价值概念,由于这些概念比较近似,需要进行明确界定,才能在证券估价中进行正确应用。

1. 账面价值

账面价值(book value)也称为面值,是指某证券首次发行时,发行人承诺到期支付的价值。比如,某公司发行债券,面值100元,则该债券到期时,发行公司要支付债券持有人100元。在西方一些国家,有些股票无面值,则称为无面值股票。除此以外,大部分证券都有面值。

2. 市场价值

市场价值（market value）也称为市价或市值，是指某证券在交易市场上交易的价格。证券的市场价值受市场供求关系、投机炒作以及发行公司的经济状况影响，大多数情况下与账面价值不同。

3. 内在价值

内在价值（intrinsic value）是指某证券理论上应该具有的价值。从理论上说，某证券应该具备的价值，应该是该证券给持有人提供的未来现金流量的现值。例如，某人购买一张债券，该债券2年到期，每年末支付利息10元，第2年年末支付本金100元，某人需要的投资收益率为5%，则该债券的内在价值应为 $[10/(1+5\%)] + [10/(1+5\%)^2] + [100/(1+5\%)^2] = 109.29$（元）。根据上述定义，设某证券第 i 年给持有人带来的现金流入量 CF_i，持有人需要的投资收益率为 r，则该证券的内在价值 IV 的计算如下：

$$IV = \sum_{i=1}^{n} \frac{CF_i}{(1+r)^i}$$

在完美市场状态下，每个投资者对证券未来的必要收益率相同、证券未来现金流入量确定，不存在流动性限制，因此证券的市场价值达到均衡，即证券市场价值等于理论价值。但在实际经济条件中，由于投机行为、信息不对称、投资者风险厌恶程度不同等情况存在，证券的市场价值往往不等于内在价值。

4.2 债权证券投资

债权证券主要是债券，包括国债、金融债券和公司债券等多个类型。在债券投资中，主要应考虑债券的内在价值和投资收益率。本节我们将重点讨论这两个问题。

4.2.1 债券内在价值的估计

所谓债券，是指约定票面价值、到期日以及票面利率，按期还本付息的证券。其中，票面价值（face value）是债券票面注明的价值，它是债券到期后发行人需要向持有人归还的本金。到期日是指债券约定的还本日期，一般来说普通债券的到期日大于1年。票面利率是指债券约定向债券持有人支付的利率。

除票面价值、到期日和票面利率外，还有一些影响债券内在价值的因素，具体如下。

第一，市场利率。所谓市场利率，是指由资金市场上供求关系决定的利率。市场利率因受到资金市场上的供求变化而经常变化。在市场机制发挥作用的情况下，由于自由竞争，信贷资金的供求会逐渐趋于平衡，经济学家将这种状态的市场利率称为"均衡利率"。与市场利率对应的是官定利率，所谓官定利率是指由货币当局规定的利率。货币当局可以是中央银行，也可以是具有实际金融管理职能的政府部门。

市场利率对债券价值的影响，主要在于市场利率影响债券持有人投资债券的必要收益率。一般来说，市场利率越高，债券持有人的必要收益率就越高，从而降低对债券的估价结果。

第二,利息支付方式。一般来说,债券都是每年定期支付利息,到期偿还本金的。但有些债券利息半年支付一次,由于复利次数增加,债券的价值也会增加。

第三,债券信用级别。为了明确债券的违约风险,债券发行人需要在发行证券时聘请专门的评估机构对债券进行信用评级。债券的信用评级越高,则表明债券的违约风险越小,从而债券投资人的必要收益率也越低,最终提升债券的价值。

> **阅读材料 4-3**
>
> ## 债券信用评级
>
> 债券信用评级是指专门从事信用评级的机构依据被广大投资者和筹资者共同认可的标准,独立对债券的信用等级进行评定的行为。进行债券信用评级最主要原因是方便投资者进行债券投资决策。投资者购买债券是要承担一定风险的。如果发行者到期不能偿还本息,投资者就会蒙受损失,这种风险称为信用风险。债券的信用风险依发行者偿还能力不同而有所差异。对广大投资者尤其是中小投资者来说,由于受到时间、知识和信息的限制,无法对众多债券进行分析和选择,因此需要专业机构对债券进行信用评级,以方便投资者决策。债券信用评级的另一个重要原因,是减少信誉高的发行人的筹资成本。一般来说,资信等级越高的债券,越容易得到投资者的信任,能够以较低的利率出售;而资信等级低的债券,风险较大,只能以较高的利率发行。一般会根据债券的投资价值和偿债能力等指标对债券进行信用评级,信用等级标准从高到低可划分为:AAA 级、AA 级、A 级、Baa 级、Ba 级、B 级、Caa 级、Ca 级和 C 级。前四个级别债券信誉高,违约风险小,是"投资级债券",第五级开始的债券信誉低,是"投机级债券"。评级机构最著名的两家是美国标准·普尔公司和穆迪投资服务公司,由于它们占有详尽的资料,采用先进科学的分析技术,又拥有丰富的实践经验和大量专门人才,因此它们所做出的信用评级具有很高的权威性。
>
> 我国《公司债券发行试点办法》第七条第三款明确规定,企业发行公司债券,必须经资信评级机构评级,债券信用级别良好;第十条规定,公司债券的信用评级,应当委托经中国证监会认定、具有从事证券服务业务资格的资信评级机构进行。公司与资信评级机构应当约定,在债券有效存续期间,资信评级机构每年至少公告一次跟踪评级报告。
>
> **思考题**
>
> 1. 为什么债券评级需要专门的信用评级机构进行?
> 2. 为什么我国《公司债券发行试点办法》要求在债券有效存续期间,资信评级机构每年至少公告一次跟踪评级报告?

在上述因素确定的情况下,债券投资人可以根据不同的债券种类进行具体的债券估价。我们分几种情况进行讨论。

1. 每年定期一次支付利息,到期还本的债券

这类债券是最常见的债券,它既符合大部分投资人的需求,也便于公司进行理财活动。这类债券对于持有人来说有两部分未来现金流入:第一部分是每年收到的利息,它是一个普通年金;第二部分是到期收到的本金,它是一次性收到的终值。因此,根据内在价值的计算公式,对于这类债券的估价公式如下:

$$V = MV \cdot i \cdot PVIFA(r,n) + MV \cdot PVIF(r,n)$$

式中　MV——债券票面价值；

i——票面利率；

$MV \cdot i$——根据票面利率和票面价值计算的债券投资人每年得到的利息收入；

r——债券投资人的必要收益率，它是计算债券价值的折现率。

[例4-1]　张先生和李先生各自拥有一笔闲置资金，想进行债券投资。2009年年初两位先生得知B公司公开发行债券，面值100元，每年年末定期支付利息，年利率5%。6年后归还本金100元。张先生要求的必要收益率为5%，李先生要求的必要收益率为6%，问该债券对张先生和李先生的价值各是多少？

解答：

张先生估计的债券价值为：$100 \times 5\% \times PVIFA(5\%,6) + 100 \times PVIF(5\%,6) = 25.38 + 74.62 = 100$（元）

李先生估计的债券价值为：$100 \times 5\% \times PVIFA(6\%,6) + 100 \times PVIF(6\%,6) = 24.59 + 70.50 = 95.09$（元）

虽然两位先生准备购买的债券相同，但他们的估价不同。造成这种不同的原因在于他们之间的必要收益率不同。

2. 到期一次还本付息的债券

一些债券发行人为了充分使用资金，将债券设置成到期一次还本付息。在这种情况下，债券持有人的未来现金流入只有到期一次，因此其债券估价的公式如下：

$$V = (MV \cdot i \cdot n + MV) \cdot PVIF(r,n)$$

接上例，假定B公司规定利息到期一次支付，则该债券对张先生的价值为（$100 \times 5\% \times 6 + 100) \times PVIF(6\%,6) = 130 \times 0.7462 = 97.01$（元）。

由于利息支付方式发生变化，即使张先生的必要收益率不变，债券的价值也发生变化，对投资人的吸引力下降。

3. 零息债券

所谓零息债券，是指债券不支付利息，而是要在到期后支付债券票面价值。这类债券一般会折价发行，购买人通过折价和面值之间的差异获取投资收益。由于零息债券不支付利息，债券持有人未来的现金流入只有到期的票面金额，因此其债券估价的公式如下：

$$V = MV \cdot PVIF(r,n)$$

接上例，假定B公司发行零息债券，则该债券对张先生的价值为$100 \times PVIF(5\%,6) = 74.62$（元）。

4. 每年定期多次支付利息，到期还本的债券

一些债券发行人为了增加债券对市场的吸引力，提高发行成功的概率，会增加债券利息支付的频率，这实际上造成了债券计息期的缩短，从而增加复利次数。这类债券价值的计算思路与每年定期一次支付利息，到期还本的债券相似，我们分析如下：

设某债券面值为MV，每年定期支付利息m次，名义年利率i，n年到期，则债券持有

人每年获利息 m 次,每次利息收入 $MV \cdot i/m$,债券持有期间收取利息 $m \cdot n$ 次。n 年后收回面值 MV。假定该债券持有人需要的年必要收益率为 r,在一年计息 m 次的条件下,每次计息期的必要收益率为 r/m。根据这一推论,债券价值的计算包括两个部分:一是利息价值的折现;二是到期值的折现。因此,这类债券的估价公式如下:

$$V = MV \cdot i/m \cdot PVIFA(r/m, mn) + MV \cdot PVIF(r/m, mn)$$

接上例,假定 B 公司每半年支付一次利息,其他条件同 [例 4-1],则该债券对李先生的价值为 $100 \times 5\%/2 \times PVIFA(6\%/2, 12) + 100 \times PVIF(6\%/2, 12) = 2.5 \times 9.9540 + 100 \times 0.7014 = 24.89 + 70.14 = 95.03$(元)。

阅读材料 4-4　为什么国债 0403 的交易价比国债 0404 的交易价低 5.8 元

国债 0403,是 2004 年 4 月发行的 5 年期记账式国债,每 12 月支付一次利息,票面利率为 4.42%,每百元面值国债每 12 月可获利息 4.42 元,于 2009 年 4 月 21 日到期。目前的交易价 101.50 元。国债 0404,是 2004 年 5 月发行的 7 年期记账式国债,票面利率为 4.89%,每年付息一次,每百元面值国债每年可获利息 4.89 元。目前的交易价 107.3 元。

(摘自新浪网爱问知识人栏目 2008-12-27)

思考题

为什么国债 0403 的交易价比国债 0404 的交易价低 5.8 元?

根据债券估计的价值,结合债券的市场价格,投资人可以做出是否投资的决策。如果债券对投资人的价值高于债券的市场价格,债券投资人可以购买该债券,以获取收益。否则,就不能购买该债券。在 [例 4-1] 中,如果 B 公司的债券发行价格为每份 98 元,则张先生可以购买该债券,而李先生不能购买。

4.2.2　债券收益率的计算

在第 3 章我们讨论到资产收益率,债券作为一种证券资产,也存在收益率的计算问题。所谓债券收益率,是指投资人通过债券投资获取收益的水平。从数学的角度说,债券收益率是一个折现利率,利用这个折现利率将债券持有人投资债券获取现金流入折算到投资期,使得折算现值等于投资本金的比率。设债券持有人期初用 P_0 的价格购买债券,该债券每年支付的利息为 I_t,到期值为 MV,持有期限为 n 年,则债券收益率 r_0 的计算就是求解下列等式中的未知数 r_0:

$$P_0 = \sum_{t=1}^{n} \frac{I_t}{(1+r_0)^t} + \frac{MV}{(1+r_0)^n}$$

根据债券投资人具体持有债券的计划不同,债券收益率的计算有不同情况,我们分几种情况讨论。

1. 持有到期

在持有到期的情况下,债券收益率就是求债券投资的内部收益率。我们可以根据上述债券收益率的计算公式进行计算。

[例4-2] A企业债券面值10 000元，票面利率为12%，每年年末定期支付利息，期限8年，陶先生以10 600元的价格购买该债券并持有该债券到期，试计算陶先生投资该债券的收益率。

解答：

根据上述债券收益率计算公式，我们得到以下等式：

$$10\,600 = 1\,200 \times PVIFA(r_0, 8) + 10\,000 \times PVIF(r_0, 8)$$

直接求解r_0比较困难，可以用试误法先估计r_0的可能范围，再运用插值法进行估计。

设$r_0 = 10\%$，将其代入上述等式右边，得到右边的和为11 067元，大于等式左边的10 600元，根据折现率越大，现值越小的现值计算公式，可知求解的r_0应大于10%。

再设$r_0 = 11\%$，将其代入上述等式右边，得到右边的和为10 515元，小于等式左边的10 600元。根据上述计算，可以确认求解的r_0应在10%~11%之间。

我们再运用插值法具体求解r_0，如图4-1所示。

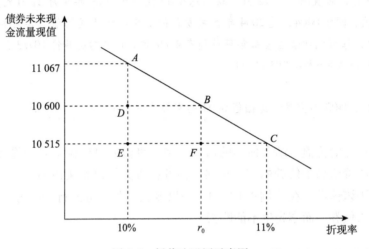

图4-1 插值法运用示意图

图4-1中直线ABC表示的是折现率与债券未来现金流量现值之间的线性关系（假定其为直线，但实际上是一个上凸曲线），折现率越高，现值越小。由于三角形AEC和ADB为相似三角形，我们可以先求出DB的长度，再利用它求出r_0的值。

根据相似三角形原理，我们得到：

$$AE/AD = CE/BD$$

由此我们可得：

$$(11\,067 - 10\,515)/(11\,067 - 10\,600) = (11\% - 10\%)/(r_0 - 10\%)$$

求解上述方程式，得：

$$552/467 = 1\%/(r_0 - 10\%)$$

$$(r_0 - 10\%) = 1\%/1.182 = 0.85\%, r_0 = 10.85\%$$

2. 在到期前出售

若债券持有人计划在到期前出售债券，则债券持有人可获得出售前的利息和售价收入，设债券持有人在第m年出售债券，售价为P_m，则债券收益率的计算变成求解下列等式中的

未知数 r_0：

$$P_0 = \sum_{t=1}^{m} \frac{I_t}{(1+r_0)^t} + \frac{P_m}{(1+r_0)^m}$$

[例4-3] A企业债券面值10 000元，票面利率为12%，每年年末定期支付利息，期限8年，陶先生以10 600元的价格购买该债券并持有该债券到第5年底出售，售价为10 100元，试计算陶先生投资该债券的收益率。

解答：

根据上述债券收益率计算公式，我们得到以下等式：

$$10\,600 = 1\,200 \times PVIFA(r_0, 5) + 10\,100 \times PVIF(r_0, 5)$$

设 $r_0 = 10\%$，将其代入上述等式右边，得到右边的和为10 820元，大于等式左边的10 600元；再设 $r_0 = 12\%$，将其代入上述等式右边，得到右边的和为10 056元，小于等式左边的10 600元。根据上述计算，可以确认求解的 r_0 应在10%~12%之间。

运用插值法，得

$(10\,820 - 10\,056)/(10\,820 - 10\,600) = (12\% - 10\%)/(r_0 - 10\%)$

$764/220 = 2\%/(r_0 - 10\%)$，$(r_0 - 10\%) = 2\% \times 220/764 = 0.58\%$，$r_0 = 10.58\%$

根据以上计算结果，陶先生应持有债券至到期，比在第5年出售获得更多的收益。

通过以上计算公式我们可初步得到以下结论：

（1）债券购买价格越高，债券收益率越低。

（2）债券票面利率越高，债券收益率越高。

债券投资收益的影响因素有很多，除了上述债券的购买价格、持有期间、债券票面利率等因素之外，还包括债券市场的投机程度、市场流动性以及国家金融政策等影响。

4.3 权益证券投资

权益证券主要是股票，包括普通股和优先股等。在股票投资中，主要也应考虑股票的内在价值和投资收益率。本节我们将重点讨论这两个问题。

4.3.1 优先股的估价和投资收益率计算

所谓优先股，是指西方国家一些公司在普通股之外发行的具有某些优惠条件的股票。优先股的优惠条件一般包括优先分得股利、优先分配剩余财产等。在1997年《中华人民共和国证券法》实施之前我国曾经有个别公司发行了优先股，如万科公司就发行过优先股。但因为我国《公司法》《证券法》不认可优先股的地位，这些优先股先后被赎回注销。2014年，中国证监会颁布《优先股试点管理办法》，一些企业陆续发行优先股。

投资者投资优先股，其主要原因在于优先股的股利比较稳定，避免普通股的高风险。此外，在特定时期优先股的投资具有一些特别意义。比如，美国政府在2009年1月9日曾购买美国银行100亿美元的优先股，用以救助金融危机的美国金融业。

1. 优先股的估价

与债券相比，优先股的相似之处在于一般优先股投资人每年可以获得固定的股利收入，两者的区别在于优先股股东除出售优先股外没有优先股的到期值收入。根据这一分析思路，优先股的估价有两种类型。

（1）准备长期持有的优先股。投资者如长期持有优先股，其未来现金流入只有优先股股利，假设优先股股利每年支付（一般情况下只要企业正常盈利都按约定股利率支付优先股），则优先股股利收入对投资人来说相当于一个永续年金。假定某优先股每份每年支付股利一次，金额为 D_p，优先股投资人的必要收益率为 r，则优先股的估价公式为

$$V = D_p / r$$

[例 4-4] 美国银行（Bank of America）董事会于 2008 年 12 月 17 日宣布，对 L 系列非累积可转换优先股每股支付 18.125 美元股利。假定该公司每年都向这一系列优先股支付这一固定数量优先股，而某投资者长期持有美国银行的优先股，其必要收益率为 10%，则这一系列股票对该投资者的价值是多少？

解答：根据公式，可得到

$$V = 18.125 \div 10\% = 181.25(美元)$$

（2）持有一段时期后出售。投资者如持有一段时期 n 后出售优先股，其未来现金收入包括持有期间股利 D_p 和到期出售收入 P_n，其中 D_p 近似于普通年金，而 P_n 为一次性收入终值。根据上述分析，假定优先股每份每年支付股利一次，金额为 D_p，优先股投资人的必要收益率为 r，这类优先股的估价公式如下：

$$V = \sum_{t=1}^{n} \frac{D_p}{(1+r)^t} + \frac{P_n}{(1+r)^n}$$

[例 4-5] 沃顿先生于 2015 年年初购买美国银行优先股，每股面值 100 美元，股利支付率为每年 18%。沃顿先生准备持有到 2018 年年底出售，预计售价为 200 美元。假定沃顿先生投资的必要收益率为 10%，则该股票对沃顿先生的价值是多少？

解答：

根据上述计算公式，可得：

$V = 100 \times 18\% \times PVIFA(10\%, 4) + 200 \times PVIF(10\%, 4) = 18 \times 3.1699 + 200 \times 0.6830$
  $= 193.66$（美元）

2. 优先股的投资收益率

与债券的收益率含义相似，优先股的收益率也是一个折现利率，利用这个折现利率将优先股持有人投资优先股获取现金流入折算到投资期，使得折算现值等于投资本金的比率。如果投资人期初用 P_0 的价格购买优先股，该优先股第 t 年（$t = 1, 2, \cdots, n$）支付的股利为 D_t，则优先股收益率 r_0 的计算就是求解下列等式中的未知数 r_0：

$$P_0 = \sum_{t=1}^{n} \frac{D_t}{(1+r_0)^t}$$

由于优先股投资人的投资处理方式不同，优先股收益率的计算有以下两种情况。

（1）准备长期持有的优先股。如果投资人长期持有优先股，则未来主要现金流入只有

股利,其收益率的计算如上述公式。考虑到优先股的股利大都固定不变,即 $D_1 = D_2 = \cdots = D_n$,当 n 逐渐增大时,优先股股利可近似看作永续年金,因此上式可简化为

$$P_0 = D_p/r_0$$

因此,$r_0 = D_p/P_0$

式中　D_p——优先股每年固定支付的股利。

[例4-6]　摩根大通银行(JPMorgan Chase & Co.)董事会于2008年9月17日公布,E系列累积优先股3.075美元,假定该公司每年都固定支付这一股利。斯科特先生2008年年初以50美元的价格购买该系列优先股,贾斯丁先生在2009年年初以40美元的价格投资该系列股票,则斯科特先生和贾斯丁的投资收益率各是多少?

斯科特先生的收益率为 3.075/50 = 6.15%

贾斯丁先生的收益率为 3.075/40 = 7.69%

由于贾斯丁先生的投资成本低,因此收益率更高。

(2)持有一段时期后出售。如投资者在持有优先股一段时间后出售,则未来现金流入包括股利和出售收入两个部分,应分别将这两部分现金流入折现,使得折现现值之和等于投资成本。假定投资者以 P_0 的价格购买优先股股票,股票每年支付股利 D_p,投资者 n 年后出售优先股,价格为 P_n,则优先股收益率 r_0 的计算就是求解下列等式中的未知数 r_0:

$$P_0 = \sum_{t=1}^{n} \frac{D_p}{(1+r_0)^t} + \frac{P_n}{(1+r_0)^n}$$

[例4-7]　接上例,假定斯科特先生准备在2010年年底按每股60美元的价格出售优先股,则斯科特先生的优先股投资收益率为

$$50 = 3.075 \times PVIFA(r_0, 3) + 60 \times PVIF(r_0, 3)$$

设 $r_0 = 12\%$,将其代入上述等式右边,得到右边的和为50.09美元,大于等式左边的50美元;再设 $r_0 = 14\%$,将其代入上述等式右边,得到右边的和为47.41美元,小于等式左边的50。根据上述计算,可以确认求解的 r_0 应在12%~14%之间。

利用插值法,得:

$$(50.09 - 50)/(50.09 - 47.41) = (r_0 - 12\%)/(14\% - 12\%)$$

$$r_0 = 12.01\%$$

阅读材料4-5

中建优1

中国建筑(601668)在2015年3月2日非公开发行优先股,其主要数据如表4-2所示。

表4-2　中国建筑在2015年3月2日非公开发行优先股的主要数据

优先股代码	360007
优先股简称	中建优1
发行人全称	中国建筑股份有限公司
发行人公司代码	601668
发行方式	非公开发行

（续）

发行价格（单位：元）	100
发行数量（单位：万股）	15 000
发行日期	2015 年 3 月 2 日
上市/挂牌日期	2015 年 3 月 20 日
每股面值（单位：元）	100
初始票面股息率	5.80%
股息类型	固定股息
股息说明	采用附单次跳息安排的固定股息率。第 1~5 个计息年度的票面股息率为 5.80%，并保持不变。自第 6 个计息年度起，如果发行人不行使全部赎回权，每股股息率在第 1~5 个计息年度股息率基础上增加 2 个百分点，第 6 个计息年度股息率调整之后保持不变。本次非公开发行优先股每一期发行时的票面股息率不高于该期优先股发行前公司最近两个会计年度的年均加权平均净资产收益率。跳息调整后的票面股息率将不高于调整前两个会计年度的年均加权平均净资产收益率；如调整时点的票面股息率已高于调整前两个会计年度的年均加权平均净资产收益率，则股息率将不予调整；如增加 2 个百分点后的票面股息率高于调整前两个会计年度的年均加权平均净资产收益率，则调整后的票面股息率为调整前两个会计年度的年均加权平均净资产收益率
每年股息支付次数	1 次
股东大会是否有权取消股息支付	是
股息是否可累积	否
是否可回售	否
回售条款	—
是否可赎回	是
赎回条款	发行人有权自计息起始日起期满 5 年之日起（即 2020 年 3 月 2 日起（含该日）），于每年的优先股股息支付日（即每年 3 月 2 日）全部或部分赎回注销该期优先股，如该日为法定节假日或休息日，则顺延至下一个工作日。发行人决定执行部分赎回时，应对所有优先股股东进行等比例赎回
是否有权参与剩余利润分配	否
是否可转换为普通股	否

思考题

根据上述资料，假定某公司在 2015 年 3 月 2 日按面值购买中建优 1 并持有至 2020 年 3 月 2 日，其投资回报率要求达到 5%，在股利所得税率为 20% 的情况下，该优先股价值是多少？

4.3.2 普通股的估价和投资收益率计算

普通股是股份制公司中最终享有剩余索取权，享有参与公司重大经营决策和选举权的股东所持有的公司股票。股东购买公司普通股，可以参与公司重大经营决策，享受公司业绩增长，获取股利，同时也承担公司的经营风险和财务风险。为了充分利用社会资金，增加公民投资机会，我国于 1989 年开始建立公开交易的股票市场。

1. 普通股的估价

与债券和优先股相比，普通股的估价难度大得多，这主要是因为普通股投资者未来能获得的现金流入不确定:普通股没有固定股利,也没有到期日,此外普通股的股票价格也经常发生变化。因此,对普通股的估价要根据不同的情况进行具体处理。在财务管理中,普通股的估价主要有采用股利折现模式和市盈率估价模式。

(1) 股利折现模式。这一模式主要适用于定期支付股利的股份公司股票,股东持有这类股票,未来股利收入可进行近似估计。股利折现模式的估价思想是将普通股各年股利按投资者要求的必要收益率进行折现,并将股票最终出售价格折算为现值,这些现值之和就是股票的内在价值。设某投资者持有一种股票,该股票每年支付的股利为 D_t ($t=1, 2, \cdots, n$),在第 n 年年末投资者按 P_n 的价格出售股票,投资者投资股票的必要收益率为 r,则股利折现模式的估价公式如下:

$$V = \sum_{t=1}^{n} \frac{D_t}{(1+r)^t} + \frac{P_n}{(1+r)^n}$$

由于各股份公司股利支付的具体情况不同,投资者投资股票的期限不同,股利折现模式有多种不同的运用,分别介绍如下:

1) 投资者长期持有股票的情况。如投资者长期持有股票,则未来投资者从股票中获得的收益主要是股利,股票出售收入由于是很长时间以后的收入,其折现系数 $(1+r)^{-n}$ 的值很小,因此其现值可忽略不计。在这一情况下,上述公式变成:

$$V = \sum_{t=1}^{n} \frac{D_t}{(1+r)^t}$$

由于股利不确定,我们还需要对股利的发放进行一些设定,以便更方便地计算股票价值。假设该股票每年的股利固定不变,即 $D_1 = D_2 = \cdots = D_n$,则投资者的股利收入形成一项永续年金,按照永续年金现值计算公式,上述公式变成 $V = D/r$。

[例4-8] 微软公司(Microsoft Corp.)董事会于 2007 年 12 月 19 日宣布,该公司支付季度股利 0.11 美元。假定该公司每年支付一次股利 0.44 美元,固定不变。某投资者购买微软公司股票,长期持有,其要求的必要收益率为 5%,则微软公司普通股股票价值对这个投资者来说是多少?

解答:

根据上述公式,可得 $V = 0.44/5\% = 8.8$(美元)。

也有一些公司股利不是固定不变的,而是按一个比例固定增长。比如,某公司第 1 年每股股利 1 元,第 2 年股利 (1+10%),第 3 年股利 $(1+10\%)^2$,第 4 年股利 $(1+10\%)^3$,就是股利按 10% 的比例增长。现假设某公司普通股最近一期股利为 D,以后每年按 g 的比例增长,则该公司普通股股票的估价公式变成:

$$V = \sum_{t=1}^{n} \frac{D(1+g)^t}{(1+r)^t}$$

将上式进行数学简化,得:

$$V = \frac{D(1+g)}{r-g}$$

[例4-9] 宝钢股份在 2004 年每股派发现金股利 0.32 元,2008 年每股派发现金 0.35

元,4 年平均每年股利增长 2.27%。假定公司普通股股利每股按 2.27% 固定增长,投资者 2009 年 1 月购买该股票,必要收益率为 5%,则公司股票对该投资者的价值是多少?

解答:

根据上述公式,得:

$$V = 0.35(1 + 2.27\%)/(5\% - 2.27\%) = 0.357\,945/2.73\% = 13.11(元)$$

2) 投资者持有一段时间后出售股票。一些投资者购买股票后,并不准备长期持有,而是期待未来价格上涨后出售获利。在这种情况下,出售价格就称为普通股持有人未来现金流量中重要的组成部分,需要在计算股票价值时予以考虑。

[例 4-10] 某投资者 2008 年 4 月购买宝钢公司股票,准备持有至 2010 年 4 月底,预计 2009~2010 年每年 4 月份支付股利,每股预计 0.35 元。估计 2010 年 4 月份宝钢股份股票价格每股 10 元。若该投资者投资股票的必要收益率为 8%,试为该投资者估计宝钢股份公司普通股股票的价值。

解答:

根据股利折现模式的基本公式,得:

$$V = 0.35/(1 + 8\%) + 0.35/(1 + 8\%)^2 + 10/(1 + 8\%)^2 = 0.32 + 0.30 + 8.57 = 9.19(元)$$

如果 2008 年 4 月份宝钢股份普通股股票价格为 8 元,则该投资者可以购买宝钢公司股票。

(2) 市盈率估价模式。市盈率估价模式主要应用于那些股利支付没有规则的公司股票估价,其基本原理是:市场投资者对某一行业或某一个特定企业持有一个比较稳定的市盈率定位。在这种情况下,公司股票价值主要取决于公司的每股盈余。其计算公式为

$$V = EPS \times (P/E)$$

式中 EPS——公司的每股盈余;

P/E——公司的市盈率。

[例 4-11] 某公司 2002~2008 年的每股盈余和股票市场平均价格数据如表 4-3 所示。

表 4-3 某公司 2002~2008 年的每股盈余和股票市场平均价格数据

年份	2002	2003	2004	2005	2006	2007	2008
EPS	2	1.5	0.8	1	1.2	1.5	0.9
P	20	14	8	9	10	13	9

假定某投资者预计 2009 年公司每股收益为 1.4 元,试运用市盈率估价模式预计该公司股票 2009 年的价格水平。

解答: 本题的主要难度在于估计 2009 年某公司的市盈率,我们可以先计算 2002~2008 年市盈率,并用 2002~2008 年市盈率的平均数近似估计 2009 年市盈率水平。而 2002~2008 年市盈率可以用每年的股票价格除以每股盈余来计算。

列表计算 2002~2008 年市盈率 (见表 4-4)。

表 4-4　2002~2008 年市盈率的计算

年份	2002	2003	2004	2005	2006	2007	2008
EPS	2	1.5	0.8	1	1.2	1.5	0.9
P	20	14	8	9	10	13	9
P/E	10	9.33	10	9	8.33	8.67	10

求 2002~2008 年每年市盈率的平均数，得到平均市盈率为 9.33。因此，预计 2009 年的股票价格为 9.33×1.4＝13.06（元）。

运用市盈率模式估计股票价值需要两个基本条件：一是公司股票上市，并有稳定的市盈率；二是投资者可以比较准确地预计公司未来的经营业绩。这两个条件有时难以实现，使得这一模式的运用受到一定的限制。

2. 普通股收益率的计算

普通股的收益率与债券的收益率含义相似，普通股的收益率也是一个折现利率，利用这个折现利率将普通股持有人投资普通股获取现金流入折算到投资期，使得折算现值等于投资本金的比率。如果普通股持有人按 P_0 的价格购买股票，持有 n 年，预计第 t 年（$t=1$，2，$\cdots$，n）普通股股利为 D_t，第 n 年按 P_n 的价格出售股票，则普通股收益率 r_0 的计算就是求解下列等式中的未知数 r_0：

$$P_0 = \sum_{t=1}^{n} \frac{D_t}{(1+r_0)^t} + \frac{P_n}{(1+r_0)^n}$$

[例 4-12]　宝钢股份公司 2002~2008 年度每年支付的每股股利（假定股利都在年末支付）的数据如表 4-5 所示。

表 4-5　宝钢股份公司 2002~2008 年度每年支付的每股股利

年份	2002	2003	2004	2005	2006	2007	2008
股利	0.2	0.25	0.32	0.29	0.35	0.35	0.3

某人在 2002 年年初以每股 5.2 元的价格购买宝钢股份，并在 2008 年年末以 5.6 元的价格出售股票，该投资者想指导投资宝钢股票的收益是否高于定期存款的水平（假定一年期存款利率为 4%），试帮助该投资者进行分析。

解答：

要判断投资股票和定期存款收益的大小，就是要比较股票投资收益率和 1 年期定期存款利率水平，因此要解决上述问题，首先要计算宝钢股份股票的投资收益率。

根据上述数据，投资者在宝钢股份投资中每股每年收入的现金如表 4-6 所示。

表 4-6　投资者在宝钢股份投资中每股每年收入的现金

年份	2002	2003	2004	2005	2006	2007	2008
现金收入	0.2	0.25	0.32	0.29	0.35	0.35	5.9

表 4-6 中 2008 年的 5.9 元是 2008 年股利和出售股票价格收入。根据收益率计算公式，利用试误法首先估计收益率的能范围。

首先，以6%作为折现率，对上述每年现金收入进行折现，计算其现值总和如表4-7所示。

表4-7 现值总和的计算（6%的折现率）

年份	2002	2003	2004	2005	2006	2007	2008
股利	0.2	0.25	0.32	0.29	0.35	0.35	5.9
折现年限	1	2	3	4	5	6	7
折现率	0.943 4	0.89	0.839 6	0.792 1	0.747 3	0.705	0.665 1
现值	0.19	0.22	0.27	0.23	0.26	0.25	3.92

将上述各年现金流入现值加总，得到总和为5.34元，大于初始投资的5.2元，说明实际收益率大于6%，再以7%作为折现率，对上述每年现金收入进行折现，计算其现值总和如表4-8所示。

表4-8 现值总和的计算（7%的折现率）

年份	2002	2003	2004	2005	2006	2007	2008
股利	0.2	0.25	0.32	0.29	0.35	0.35	5.9
折现年限	1	2	3	4	5	6	7
折现率	0.934 6	0.873 4	0.816 3	0.792 6	0.713	0.666 3	0.622 7
现值	0.19	0.22	0.26	0.23	0.25	0.23	3.67

将上述各年现金流入现值加总，得到总和为5.05元，小于初始投资的5.2元，说明实际收益率在6%~7%之间。使用插值法求解收益率，得到如下等式：

$$(5.34 - 5.20)/(5.34 - 5.05) = (r_0 - 6\%)/(7\% - 6\%)$$

求解上述等式，得 $r_0 = 6.48\%$

根据上述计算结果可看出，投资宝钢股份公司的股票，即使2008年我国股票市场处于熊市阶段，投资收益率也要大于1年期定期存款利率。

3. 普通股收益率的影响因素

普通股收益率受很多因素的影响，主要的影响因素如下。

（1）国家宏观经济形势。宏观经济形势对大部分公司的经营有重大影响，如果宏观经济处于快速发展阶段，大部分公司会有比较好的业绩，因此会支付比较多的股利；相反如果经济形势处于收缩阶段，许多公司出现经营亏损，就不可能有比较高的股票投资收益。我国股市在2007年的快速成长之后，2008年进入衰退，许多投资者都有亏损。曾有专门机构对2008年股民投资收益情况进行调查，截至2008年12月28日10时，全国25 110位投资者参加了2008年股民生存现状大调查。在接受调查的股民中，当年在股市中亏损幅度超过70%的，占比多达60%；亏幅在50%~70%的，占比也有22%；亏幅30%~50%的，占比为7%；亏幅30%以下的股民，占比5%；至今还有盈利的股民仅占6%。这种低收益水平虽然与我国股市的非流通股解禁压力有关，但更重要的是我国经济进入2008年后期的衰退压力严峻。

（2）市场投机气氛。股票的收益率固然受其业绩的影响，但市场投机气氛也在很大程度上改变单个股票的收益水平。在我国股票市场的发展还处于逐渐发展的时期,市场投机气氛比较重,这在很大程度上改变了不同股票的收益水平。

阅读材料 4-6　　　　　　　　**杭萧钢构事件**

2007年3月13日,杭萧钢构发布公告,称公司(卖方及承包方)与中基金(买方及发包方)签订了《安哥拉共和国—安哥拉安居家园建设工程—产品销售合同》、《安哥拉共和国—安哥拉安居家园建设工程施工合同》,产品销售合同总价计人民币248.26亿元,施工合同总价计人民币95.75亿元。

消息一出,便立刻有人提出质疑,称这家公司前年的主营业务收入为15.16亿元、2006年前三季度为12.15亿元,350亿元的合同大大超出了其目前的生产能力。

杭萧钢构公司在2007年3月15日发布提示性公告称,合同尚未有实质性的履行,如对方未支付相应款项,公司存在不持续执行的可能。此外上述建设工程项目合同签订后,公司近期内没有形成收益。项目的进度和收益均存在不确定性,对公司影响还需要一定时间和过程才能逐步体现。

然而这个提示性的公告似乎丝毫没有影响到杭萧钢构的表现,在市场上,杭萧钢构以令人震惊的姿态开始了"疯狂地"表演,2月12日,杭萧钢构早盘高开后,买盘异常踊跃,仅仅13分钟后就站住了涨停位,虽然曾短暂打开了涨停,但随后又被死死封在了涨停榜上。至此,杭萧钢构便开始了梦幻般的连续10个涨停表演,其股价也从2月9日的4.14元,飙升至3月16日的10.75元,涨幅高达159.66%。

在经过长达数月的审查之后,浙江省丽水市人民检察院12月3日下午依法分别以涉嫌泄露内幕信息罪对杭萧钢构股份有限公司证券办副主任、证券事务代表罗某和涉嫌内幕交易罪对公司原证券办主任陈某、专职股民王某提起公诉。

思考题

2007年2～4月杭萧钢构股票投资收益率异常波动的原因与公司的业绩是否有关?

---

(3) **市场利率水平**。市场利率水平反映了社会平均资本利润率高低以及资金供求关系,同时也影响着普通股股票投资收益率。一般来说,当市场利率上升时,社会资本投资于债券等债权性证券的积极性增加,投资于股票的资金量减少,从而带来股票价格下降,降低了股票收益率。另一方面市场利率水平降低可能表示市场投资机会减少,从而降低股份公司的收益,这在另一方面也可能降低了股票的投资收益。

阅读材料 4-7　　　　　**央行历次加息时间及对股市影响**

2007年8月22日上调金融机构人民币存贷款基准利率0.27个百分点。

2007年7月20日上调金融机构人民币存贷款基准利率0.27个百分点。7月23日周一两市大幅跳空高开,沪市开盘报4091.24点,上涨32.39点,深市开盘报13615.30点,上涨197.34点。两市大盘高开高走单边震荡上行,做多人气迅速聚集。截至收盘,两市共成交

2 351.1 亿元，成交量明显放大。

2007 年 3 月 18 日上调金融机构人民币存贷款基准利率 0.27 个百分点。低开后大幅度走高，开盘 2864 点，收盘 3014 点，突破 3000 点，全天大涨 2.87%，随后一路强劲上行至 3600 点。

2006 年 8 月 19 日一年期存、贷款基准利率均上调 0.27%。周一开盘后，沪指开盘低开至 1565.46 点，最低点 1558.10 点，随后迅速反弹收复失地，收盘至 1601 点，上涨 0.20%。

2006 年 4 月 28 日金融机构贷款利率上调 0.27%，提高到 5.85%。28 日，沪指低开 14 点，最高 1445 点，收盘 1440 点，涨 23 点，大涨 1.66%。

2005 年 3 月 17 日提高了住房贷款利率。沪综指当日下跌了 0.96%，次日再跌 1.29%。稍作反弹后，沪综指一路下跌，最低至 998.23 点。

2004 年 10 月 29 日 1 年期存、贷款利率均上调 0.27%。一路下跌中的沪综指继续大跌 1.58%，当天报收于 1320 点。

1993 年 7 月 11 日一年期定期存款利率 9.18% 上调到 10.98%。首个交易日沪指下跌 23.05 点。

1993 年 5 月 15 日各档次定期存款年利率平均提高 2.18%，各项贷款利率平均提高 0.82%。首个交易日沪指下跌 27.43 点。

(资料来源：李天宁. 央行历次加息时间及对股市影响 [OL]. 人民网经济频道，[2007-08-21]. http://finance.people.com.cn/GB/6680815.html)

思考题

为什么中央银行加息，上海证券交易市场综合指数有时上升，有时下降？

4.4 混合证券和其他证券投资

混合证券是指既有债权性质又有所有权性质的证券。这类证券既可能获得利息收入，也可能变成股票获得股利收入。混合证券的主要形式是可转换债券，本节我们将重点讨论。此外期权等衍生性证券也是我国近期发展比较快的证券投资形式，本节我们一并讨论。

4.4.1 可转换债券

可转换债券是一种特殊的证券，债券持有人在约定的时期内可以持有债券，获得约定的利息收入；也可以按约定的转换率将债券转换为一定数量的发行公司普通股股票。投资人购买可转换债券，既能确保获得一定比例的利息收入，也可以在发行公司股票价格比较高的时候将债券转换为一定数量的股票，从而获得更高的收益。

1. 可转换债券的估价

根据证券估价的基本原理，可转换债券的估价实际上是计算可转换债券持有人投资可转换债券获得的未来现金流量的现值，并求和。从理论上说，可转换债券的价值是以下两个价值中大的那个价值：一是不考虑转换时的价值，这个价值可按普通债券的估算公式进行计算；二是转换为普通股的价值，它的计算思路是估计将债券转换为普通股的价值，并将这一价值折算为投资可转换债券时的价值，在此基础上再将转换前获得的利息收入折算为现值，将利息现值和普通股价值现值求和，得到可转换债券价值。

[例 4-13] A 公司发行可转换债券，每张债券面值为 100 元，期限 5 年，债券可在发行 3 年后转换 A 公司普通股股票 10 股。票面利率为 3%，利息每年年末支付一次。冯先生先准备投资该债券，假定冯先生预计 3 年后 A 公司股票市场价格为每股 12 元，且冯先生投资的必要收益率为 5%，试估计 A 公司可转换债券对冯先生的价值。

解答：

如不考虑转换，则该债券的价值是：

$$V = 3 \times PVIFA(5\%, 5) + 100 \times PVIF(5\%, 5) = 12.99 + 78.35 = 91.34(元)$$

如考虑转换，则

$$V = 3 \times PVIFA(5\%, 3) + 120 \times PVIF(5\%, 3) = 8.17 + 103.66 = 111.83(元)$$

由于转换时债券的价值大于不转换价值，因此以转换价值 111.83 元作为债券的价值。

2. 可转换债券的收益率

与普通债券的收益率相似，可转换债券的收益率也是将债券持有人持有债券获得的现金流入折算为现值，使现值等于初始投资成本，这个折现率就是可转换债券的收益率。由于大多数情况下可转换债券投资者并不是将债券持有到期收回本金，而是在转换期内将债券转换为股票，因此可转换债券的收益率计算公式如下：

$$P_0 = \sum_{t=1}^{m} \frac{I}{(1+r_0)^t} + \frac{P_s}{(1+r_0)^m}$$

式中 P_0——可转换债券初始购买价格债券；

I——该债券每年支付的利息；

m——持有期限，m 年后投资者将债券转换为股票；

r_0——债券收益率；

P_s——债券转换股票的市场价格。

[例 4-14] 在 [例 4-12] 中，假定冯先生按每张 100 元的价格购买 A 公司可转换债券，则冯先生投资可转换债券的收益率计算如下：

$$100 = 3 \times PVIFA(r_0, 3) + 120 \times PVIF(r_0, 3)$$

根据上面的计算，已知当 $r_0 = 5\%$ 时，等式右边的值为 111.83 元，大于 100 元，说明债券收益率大于 5%，仍用试误法，令 $r_0 = 9\%$，代入等式右边，得到右边的值为 100.26 元，再令 $r_0 = 10\%$，代入等式右边，得到右边的值为 97.62 元。由此可知，r_0 在 9% ~ 10% 之间。

使用插值法，得到如下等式：

$$(100.26 - 100)/(100.26 - 97.62) = (r_0 - 9\%)/(10\% - 9\%)$$

求解上述等式，得 $r_0 = 9.09\%$。

4.4.2 认股权证

认股权证是一种衍生性证券，它赋予持有者按约定的价格购买发行公司的一定数量股票。投资者购买认股权证，可以以比较小的价格获取按比较低价格购买某公司股票的权利，在此基础上，投资者可以选择在发行公司股票价格高时按约定价格购买公司股票，并以市场价格出售，从而获得收益。

认股权证的价值主要受其目标股票价格的影响，从理论上说，认股权证的价值计算公式如下：

$$V = \text{Max}[0,(P_n - P_s)m]$$

式中 P_n——预计认股权证行使时的股票市场价格；

P_s——持有认股权证购买股票的价格；

m——一份认股权证购买普通股的份数。

如果认股权证行使的时间超出 1 年，就要考虑将未来认股权证的价值进行折现，上式变为

$$V = \text{Max}[0,(P_n - P_s)m]/(1+r)^s$$

式中 s——认股权证的行权时间。

[**例 4-14**] B 公司发行认股权证，该权证持有人可按 10 元/股的价格购买 B 公司的股票 2 张。洪女士想投资该权证，预计 1 年后认股权证可行权，行权时 B 公司股票市场价格预计为 12 元，如果洪女士需要的必要收益率为 6%，问该认股权证的价值是多少？

解答：

根据计算公式，该认股权证的价值为

$$2 \times (12-10)/(1+6\%) = 3.77(元)$$

认股权证的投资收益与债券的收益率计算类似，即求解一个折现率，使行使权证获得的收益折算的现值等于权证的购买成本。在[例 4-13]中，假定洪女士的认股权证购买价格为 2 元，则该权证的投资收益率为求解下列等式中的 r_0

$$2 = 2 \times (12-10)/(1+r_0)$$

解上述等式，得 $(1+r_0)=2$，$r_0=100\%$

本章小结

所谓证券，是指用以证明或设定权利所做成的凭证，它表明证券持有人或第三者有权取得该证券所拥有的特定权益。证券可以根据不同的特征进行分类，主要的分类有：

（1）按照证券发行主体不同，可将证券分为政府证券、金融证券和公司证券。

（2）按照证券所体现的持有人与发行主体之间的关系不同，可将证券分为所有权证券、债权证券和混合证券。

（3）按照证券收益的稳定性不同，可将证券分为固定收益证券和变动收益证券。

（4）按证券到期日的长短，可将证券分为短期证券和长期证券。

（5）按照证券收益的决定因素，可将证券分为基础证券和衍生证券。

债权证券主要是债券，包括国债、金融债券和公司债券等多个类型。在债券投资中，主要应考虑债券的内在价值和投资收益率。债券投资收益的影响因素有很多，除了债券的购买价格、持有期间、债券票面利率等因素外，还包括债券市场的投机程度、市场流动性以及国家金融政策等影响。

权益证券主要是股票，包括普通股和优先股等。优先股的估价方法主要是将优先股的股利按永续年金的方式折算为现值；普通股的估价方法有很多，投资者需要根据股利折现模型或市盈率估价模型进行估算。

混合证券是指既有债权性质又有所有权性质的证券。这类证券既可能获得利息收入，也可能变成股票获得股利收入。混合证券的主要形式是可转换债券，其价值估计思路主要是将利息收入和转换股票价值收入折算为现值。

参考文献

[1] 财政部注册会计师考试委员会办公室. 财务成本管理 [M]. 大连：东北财经大学出版社，2000.
[2] 财政部会计资格评价中心. 财务管理 [M]. 北京：中国财政经济出版社，2007.
[3] 陆正飞. 财务管理 [M]. 大连：东北财经大学出版社. 2001.
[4] 刘爱东. 公司理财 [M]. 上海：复旦大学出版社. 2006.

复习思考题

1. 企业进行证券投资的主要目的是什么？
2. 在现代经济生活中，哪些因素影响债券投资收益率？
3. 普通股的股票价值受哪些因素影响？
4. 影响可转换债券投资收益的主要因素有哪些？

练习题

1. 某公司 2016 年年初发行债券，票面利率 5%，期限 3 年，每年付利息一次，到期一次还本，票面价值 100 元。张先生以 99 元每份的价格购买该公司债券，张先生期望投资收益率为 6%，试回答以下问题：
   (1) 按张先生年收益率 6% 来估计，该债券的价值是多少？
   (2) 如果张先生按 99 元/份的价格购买，债券实际收益率是多少？
2. 某公司股票最近一次支付股利每股 0.2 元，未来预计该公司股票每股股利按 5% 比例增长。投资者李先生要求的投资收益率为 11%，并按每股 4 元的价格购买该公司股票。试回答如下问题：
   (1) 该公司股票按每年 11% 的预期收益率估计价值是多少？
   (2) 李先生按每股 4 元投资该股票的实际收益率是多少？
3. 某公司发行认股权证，每份权证可按 9.5 元/股的价格购买该公司股票 2 张。目前该公司股票市场价格为 10.8 元/股，试计算该公司认股权证的理论价值。
4. 李女士 3 年前购买 B 公司可转换债券 10 000 元，票面利率为每年 2.5%，还有 2 年到期，现在债券已经可以转换为 B 公司股票了。按照可转换债券发行条款，10 000 元可转换债券可以转换 B 公司股票 500 股，目前 B 公司股票每股市价约为 18 元，最近一年股利每股 1 元，估计以后每年股利大约都能保持 1 元。李女士十分犹豫，不知道是应该持有债券还是转换为股票。假定目前李女士投资必要报酬率为每年 5%，请你为李女士做出投资决策。

金融界网站 2008 年 11 月 17 日消息 据《香港大公报》报道 作为三九集团债务重组的一部分,华润集团旗下的新三九控股有限公司(以下简称"新三九")即将完成对三九医药股份有限公司(000999)的股权收购,新三九将取代三九集团和深圳三九药业股份有限公司的大股东之位,对上市公司三九医药持股 70.44%。

以下是公司简介(截至 2008 年年底),如表 4-9 所示。

表 4-9　三九药业股份有限公司简介

所属地区	中国	每股收益(元)	0.51
上市时间	2000-03-09	每股净资产(元)	3.27
总股本(亿)	9.79	净资产收益率(%)	15.63
流通 A 股(亿)	3.38	主营收入增长率(%)	0.00
最新分配预案 (2008 年度)	2008 年第三季度利润 不分配不转增	净利润增长率(%)	0.00
		每股未分配利润(元)	0.00
所属行业	医药、生物制品	标准行业市值排名 33 位,营业收入排名 10 位	
ICB 行业	医药与生物科技	ICB 行业市值排名 33 位,营业收入排名 10 位	

以下是和讯网 2009 年 3 月对三九医药股份有限公司进行的价值评估数据(见表 4-10)。

表 4-10　和讯网 2009 年 3 月对三九医药股份有限公司的价值评估

		得分	行业均值	市场均值		得分	行业均值	市场均值
三九医药 000999	市盈率	66.78	50.41	54.11	市现率	81.37	53.52	55.38
	市净率	27.07	40.75	47.35	PEG	84.50	67.74	75.68
	市售率	35.73	41.73	53.53				

试利用上述数据,按行业基本水平,估计华润集团收购三九股份的总价值。

第5章
财务分析原理

本章学习要点

财务分析概述

基本财务能力分析

综合财务能力分析

业绩评价基本理论

课前阅读材料

董明珠与银隆收购

2016年10月28日,格力股东大会对130亿元收购银隆给出了意外答案,收购方案通过,配套定增被否,130亿元收购银隆未能通过。在格力电器临时股东大会上,格力电器董事长兼总裁董明珠当场发飙,不仅直言"她进场没有人鼓掌",而且提高声调提醒投资者,"你看看上市公司有哪几个这样给你们分红的?我5年不给你们分红,你们又能把我怎么样?"

根据收购议案,格力电器拟以15.57元/股发行8.35亿股,作价130亿元收购银通投资集团等21名交易对方持有的珠海银隆100%股权。同时,拟以15.57元/股向8名特定对象非公开发行股份配套募资不超过97亿元,全部用于珠海银隆项目建设,其中公司控股股东格力集团拟认购41.88亿元,员工持股计划拟认购不超过23.8亿元。表5-1是珠海银隆2014年12月至2016年6月部分财务数据。

表5-1 珠海银隆2014年12月至2016年6月部分财务数据　　（单位：万元）

项目/年度	2016-06-30	2015-12-31	2014-12-31
资产总额	1 126 031.64	987 406.34	451 538.01
所有者权益合计	420 000.02	373 574.24	-16 729.88
营业收入	248 417.48	386 185.79	34 770.54
营业利润	41 579.99	47 071.71	-33 263.08
经营活动产生的现金流量净额	-13 541.02	-54 118.11	-55 526.24

然而董明珠并未轻易放弃收购银隆计划。12月15日,人民大会堂举行的中国制造高峰论坛放出消息,董明珠个人、大连万达集团股份有限公司、中集集团下属企业、北京燕赵汇金国际

投资有限责任公司、江苏京东邦能投资管理有限公司5家企业、个人与珠海银隆新能源有限公司（以下简称"珠海银隆"）已签署增资协议，共同增资30亿元，获得珠海银隆22.388%的股权。

思考题

（1）作为格力总裁，为什么董明珠对收购银隆格外重视？能否从银隆公司财务数据中找到支持收购的理由？

（2）作为格力股份的股东，为什么会在股东大会上否决收购银隆的配套定增方案？能否从银隆公司财务数据中找到支持否定收购的理由？

（3）针对同一家收购对象，为什么总裁和股东的看法高度不一致？能否从财务报告分析的不同目的角度找到思路？

5.1 财务分析概述

财务报表是企业竞争的财务历史，而历史的功用绝不只是过去事迹的记录。管理者可以在通晓历史的基础上，实现"究天人之际，通古今之变，成一家之言"。所谓"究天人之际"就是一个企业的财务绩效，受到外在大环境（天）及企业本身（人）互动的影响。所谓"通古今之变"就是一个企业要创造财务绩效，不能固守过去的成功模式，必须具备高度的应变能力。所谓"成一家之言"，就是企业经理人即使面对同样的信息，往往也会做出不同的判断，管理者必须进行独立的分析思考。所以财务分析是经济组织对其生产经营事项及财务状况进行分解剖析的行为。从本质上看，财务分析既是一项分析和解释的技术，又是一种判断过程。所谓财务分析，一般是指以企业会计信息系统所提供的核算和报表资料及其他相关资料为依据，采用一系列定性与定量分析技术和方法，对企业等经济组织过去、现在有关筹资活动、投资活动、经营活动的偿债能力、盈利能力和营运能力状况等进行分析与评价，为企业投资者、债权人、经营者及其他关心企业的组织或个人了解企业过去、评价企业现状、预测企业未来，做出正确决策提供准确信息或依据的一项活动。也有人认为，财务报表分析是通过对财务数据和相关信息的汇总、计算、对比和说明，借以揭示和评价公司的财务状况、经营成果、现金流量和公司风险，为报表使用者进行投资、筹资和经营决策提供财务信息。

5.1.1 财务分析的目的

人们进行财务分析，一般都是为了评价分析对象以往经营的业绩、衡量当前的财务状况，以便为预测其未来发展趋势提供依据。在具体的财务实践中，不同的会计信息使用者有着不同的分析目的和侧重点。

1. 基于出资者视角的财务分析目的

从出资者的角度来看，他们最关心投资回报，因此，他们要通过财务分析，考评、评价报告期企业投资回报、所有者收益分配和资本安全等财务责任目标的实现情况，肯定成绩、发现问题，为做出企业持续经营重大决策、所有者权力组织、董事会成员的物质奖罚提供依据。

2. 基于经营者视角的财务分析目的

经营者的任务是要履行受托经济责任,因此也需要进行财务分析,以便了解企业生产经营的全过程,及时发现问题,查偏纠错。为此,我们把经营者财务分析目的概括为考评报告期企业经营业绩和经营安全财务责任目标的实现情况,为经营者日常经营决策和业绩管理提供依据。

3. 基于作业者视角的财务分析目的

作业者工作在企业生产经营的第一线,其业绩好坏与作业者的经济利益密切相关。他们进行财务分析的目的在于,考评报告期作业者相关生产经营作业财务指标的完成情况,肯定成绩,发现问题,使得"千斤重担众人挑,人人身上有指标"能够落到实处,让每位作业者运用相关作业财务指标的完成情况,实现自我约束和激励。

5.1.2 财务分析的方法

为达成财务分析的目的,人们必须采取一定的途径、步骤、手段等,这就是财务分析方法。在财务分析工作中,最重要的并不是会计报表及其他相关信息载体所提供的各项具体数据,而是各项数据之间的联系及其变动趋势。这些联系、结构及其变动趋势,不是简单或汇总就能看见,而是要进行细致的分析,才能有所发现。在长期的实践中,人们已经探索形成了一整套科学的技术方法用以揭示这些数据的联系及变动趋势,如比较分析法、比率分析法、趋势分析法和因素分析法。

1. 比较分析法

比较分析法是将某项财务指标与性质相同的指标标准进行对比,来揭示财务指标的数量关系和数量差异的一种方法。通过财务指标对比,计算出变动值的大小。比较后的差异反映差异大小、差异方向和差异性质。比较分析法的重要作用在于揭示财务指标客观存在的差距以及形成这种差距的原因,帮助人们发现问题,挖掘潜力,改进工作。根据分析内容的不同,比较法可以单独使用,也可以与其他分析方法结合使用。

在实际工作中,采用比较分析法进行财务分析,必须选择适当的评价指标和标准,同时还应注意财务指标与标准的可比性,也就是说,实际财务指标与标准指标的计算口径必须一致,即实际财务指标和标准指标在内容、范围、时间跨度、计算方法等方面必须一致。

关于财务评价标准,一般有以下不同的分类。

(1) 经验标准。经验标准是依据大量且长期的实践经验而形成的财务比率值。西方国家20世纪70年代的财务实践就形成了流动比率的经验标准为2∶1,速动比率的经验标准为1∶1等。必须注意的是西方的经验标准主要是就制造业企业的平均状况而言的,不是适用于一切领域和一切情况的绝对标准。在具体应用经验标准进行财务分析时,我们还必须结合一些更为具体的信息。

(2) 行业标准。行业标准是以企业所在行业的特定指标作为财务分析对比的标准。在实际工作中,具体的使用方式有很多种。行业标准可以是同行业公认的标准,也可以是同行业先进水平,或者行业财务状况的平均水平。通过与行业标准相比较,可以说明企业在行业中所处的地位和水平,有利于揭示本企业与同行业其他企业的差距,也可用于判断企业的发展趋势。实务中需要注意的是同"行业"内的两个公司并不一定是十分可比的；多元化经营带来的困难；同行业企业也可能存在会计差异。还必须注意不同的经济发展时期，对行业标准的影响。比如在经济萧条时期，企业的利润率从15%下降为9%，而同期该企业所在行业的平均利润率由12%下降为3%，那么该企业的盈利状况还是相当好的。

（3）预算标准。预算标准主要是指实行预算管理的企业所制定的预算指标，如果企业的实际财务数据与目标相比有差距，应尽快查明原因，采取措施改进，以便不断改善企业的财务管理工作。这个标准的优点是符合战略及目标管理的要求；对于新建企业和垄断性企业尤其适用。但也存在一定不足，比如外部分析者通常无法收集预算数据以及预算的主观性问题。

（4）历史标准。历史标准是企业过去某一时期（如上年或上年同期）该指标的实际值。历史标准具体运用时有多种方法：可以选择本企业历史最好水平作为标准，也可以选择企业正常经营条件下的业绩水平，或取以往连续多年的平均水平作为标准。在财务分析实践中，还经常与上年实际业绩做比较。通过这种比较，可以确定不同时期有关指标的变动情况，了解企业生产经营活动的发展趋势和管理工作的改进情况。比如，经常采用的会计报表比较，就是将连续数期的会计报表金额并列起来，比较其相同指标的增减变动金额和幅度，据以判断企业财务状况和经营成果发展变化的一种方法。再比如，会计报表项目构成比较，是将会计报表中的某个总体指标作为100%，再将该项目各个组成部分与总体相比较得出百分比，从而比较各个项目百分比的增减变动，以此来判断有关财务活动的变化趋势。

2. 比率分析法

比率分析法是将同一期内的彼此存在关联的项目比较，得出它们的比率，以说明财务报表所列各有关项目的相互关系，分析评价企业财务状况和经营水平的一种方法。一般认为，比率分析法与比较分析法相比更具有科学性、可比性，揭示了数据之间的内在联系，同时也克服了绝对值给人们带来的误区，适用于不同经营规模企业之间的对比。财务比率主要有结构比率、效率比率和相关比率三种类型。

结构比率主要用于计算部分占总体的比重。这类比率揭示了部分与整体的关系，如资本结构、盈利结构。通过结构比率指标，可以考察总体中某个部分的形成和安排是否合理，从而协调各项财务活动。

效率比率用于计算某项经济活动中所费与所得的比例，反映投入与产出的关系，如成本费用利润率、总资产报酬率、净资产收益率等。利用效率比率指标，可以进行得失比较，从而考察经营成果，评价经济效益。

相关比率主要是用以计算在部分与整体关系、所费与所得关系之外具有相关关系的两项指标的比率，反映有关经济活动之间的联系。这一类比率包括：反映偿债能力的比率，如流动比率、资产负债率等；反映营运能力的比率，如应收账款周转率、存货周转率等；反映盈利能力的比率，如净资产收益率；反映成长能力的比率，如销售增长率、资产增长率等。利用相关比率指标，可以考察有关联的相关业务安排是否合理，以保障企业生产经营活动能够顺利进行。

3. 趋势分析法

趋势分析法是通过对比两期或连续数期财务报告中的相同指标,确定其增减变动的方向、数额和幅度来说明企业财务状况和经营成果的变动趋势的一种方法。采用该种方法可以分析企业的财务状况和经营成果发展变化的原因和变动性质,并由此预测企业未来的发展前景。运用趋势分析法主要进行以下三类比较:比较财务指标和财务比率分析;比较会计报表分析;比较结构百分比分析。

4. 因素分析法

因素分析法是指在分析某一因素变化时,假定其他因素不变分别测定各个因素变化对分析指标的影响程度的计算方法,主要用来分析引起变化的原因、变动的性质,以便预测企业未来发展前景。具体可以划分为:①差额分析法(如固定资产净值增加的原因分析,分解为原值增加和折旧增加两部分);②指标分解法(如资产利润率,可分解为资产周转率和销售利润率的乘积);③连环替代法(依次用分析值替代标准值,测定各因素对财务指标的影响,例如影响成本降低的因素分析);④定基替代法(分别用分析值替代标准值,测定各因素对财务指标的影响如标准成本的差异分析)等。

企业的活动是一个有机整体,每个指标的高低,都会受到若干因素的影响。从数量上测定各因素的影响程度,可以帮助人们抓住主要矛盾,或更有说服力地评价经营状况。

在实际的分析中,各种方法通常是结合使用的。分析的核心问题在于解释原因,并不断深化,寻找最根本、最直接的原因。财务报表分析是个研究过程,分析得越具体、越深入,则越有价值。如果仅仅是计算出财务比率,不进行分析和解释,什么问题也说明不了。

5.1.3 财务分析的步骤

为了使财务分析与评价工作顺利进行,有效实现预定目标,财务分析与评价的主体必须事前对分析的全过程妥善组织和规划,并认真按照计划开展工作。分析主体的目的、分析形式和分析方法等均不同,财务分析程序没有一个固定模式。分析的具体步骤和程序,是根据分析目的、一般分析方法和特定分析对象,由分析人员个别设计的。

财务分析的一般步骤包括:

(1) 明确分析目的。财务分析的目的不同,会影响到所要收集的信息详细性差异,所以每次进行财务分析之前,一般都要明确财务分析的目的。

(2) 收集有关信息。根据财务分析的目的,确定收集分析信息的财务报表,以及业务数据的详细程度,以更好地体现财务与业务一体化思想。

(3) 根据分析目的把整体的各个部分割开来,予以适当安排,使之符合需要。一般可以采用不同的分析方法,进行分析揭示。

(4) 深入研究各部分的特殊本质。财务分析人员可以根据财务信息来自业务执行结果的逻辑关系,分析业务运营影响财务信息的特殊本质。

(5) 进一步研究各个部分的联系。分析时,我们可以将各自独立的分析构造整体分析体系(比如杜邦分析体系、哈佛分析框架),建立相互之间的指标分析框架,为形成整体分析结论奠定基础。

(6) 揭示结果，提供对决策有帮助的信息。

5.1.4 财务分析的基础

财务分析主要以财务报告为基础，日常核算资料只能作为财务分析的一种补充资料。所谓财务报告是指企业对外提供的反映企业某一特定日期的财务状况和某一会计期间的经营成果、现金流量等会计信息的文件。财务报告包括会计报表及其附注和其他应当在财务会计报告中披露的相关信息和资料。会计报表至少应当包括资产负债表、利润表、现金流量表等报表。这些报表集中、概括地反映了企业的财务状况、经营成果和现金流量状况等财务信息，对其进行分析，可以更加系统地揭示财务状况。

1. 资产负债表：企业的健康证明

资产负债表是反映企业某一特定日期财务状况的会计报表，是一种静态财务状况表（见表5-2）。它以"资产＝负债＋所有者权益"这一会计等式为根据，按照一定的分类标准和次序反映企业在某一时点上的资产、负债及所有者权益的基本状况。

表5-2 资产负债表

编制单位： 　年　月　日　　　　　　　　　　　　　　　会企01表
　　　　　　　　　　　　　　　　　　　　　　　　　　　　单位：元

资产	行次	期末余额	年初余额	负债和所有者权益（或股东权益）	行次	期末余额	年初余额
流动资产				流动负债			
货币资金				短期借款			
交易性金融资产				交易性金融负债			
应收票据				应付票据			
应收账款				应付账款			
预付账款				预收账款			
应收利息				应付职工薪酬			
应收股利				应交税费			
其他应收款				应付利息			
存货				应付股利			
一年内到期的非流动资产				其他应付款			
其他流动资产				一年内到期的非流动负债			
流动资产合计				其他流动负债			
非流动资产				流动负债合计			
可供出售金融资产				非流动负债			
持有至到期投资				长期借款			
长期应收款				应付债券			
长期股权投资				长期应付款			
投资性房地产				专项应付款			
固定资产				预计负债			
在建工程				递延所得税负债			
工程物资				其他非流动负债			
固定资产清理				非流动负债合计			

(续)

资　产	行次	期末余额	年初余额	负债和所有者权益（或股东权益）	行次	期末余额	年初余额
生产性生物资产				负债合计			
油气资产				所有者权益（或股东权益）			
无形资产				实收资本（或股本）			
开发支出				资本公积			
商誉				减：库存股			
长期待摊费用				盈余公积			
递延所得税资产				未分配利润			
其他非流动资产				所有者权益（或股东权益）合计			
非流动资产合计							
资产总计				负债和所有者权益（或股东权益）合计			

资产负债表提供了企业财务状况（企业的经济资源，以及债务负担和自身实力）、资产的质量与流动性、偿债能力（信贷风险）、管理水平、潜在的财务危机等财务信息，我们从资产负债表中可以看出企业财务结构、财务实力、偿债能力、营运能力等信息。通过浏览资产负债表，我们可以对企业的资产、负债及股东权益的总额及其内部各项目的构成和增减变化有一个初步的认识。由于企业总资产在一定程度上反映了企业的经营规模，而它的增减变化与企业负债和股东权益的变化有极大的关系，当企业股东权益的增长幅度高于资产总额的增长时，说明企业的资金实力有了相对的提高；反之，则说明企业规模扩大的主要原因是来自于负债的大规模上升，进而说明企业的资金实力在相对降低，偿还债务的安全性也在下降。对资产负债表的一些重要项目，尤其是期末与期初数据变化很大，或出现大额红字的项目进行进一步分析，可以深入了解企业的偿债能力、资金营运情况等财务状况，为债权人、投资者以及企业管理者提供决策依据。

2. 利润表：真金不怕火炼

利润表也称损益表，是反映企业在一定期间内生产经营成果的财务报表（见表5-3）。利润表是以"利润＝收入－费用"这一会计等式为依据编制而成的，综合反映了企业在一定时期内的主营业务收入、主营业务成本、主营业务利润、投资收益、利润总额及净利润等经营成果，帮助报表使用者了解公司的经营业绩。

由于利润表能够说明过去一定时间的经营成果、主营业务是否突出、毛利率[⊖]的高低、利润结构是否合理、费用开支所折射出管理水平和经营风格、所得税等实质财务信息。因而，我们可以从利润表中看出企业的经营实力、经营成长性、盈利能力、偿债能力以及经营结构。通过浏览利润表，可以从总体上观察企业全年所得的利润大小及其组成是否合理；通过分析利润表，可以评价一个企业的经营效率和经营成果方面的信息，考评企业利润计划完成情况，分析企业获利能力以及利润增减变化的原因，预测企业利润的发展趋势，为投资者及企业管理者等各方面提供有关企业经营成果的财务信息。

⊖ 毛利率＝（主营业务收入－营业成本）÷主营业务收入×100%＝毛利润÷主营业务收入×100%

表 5-3　利润表

编制单位：　　　　　　　　　　　　　年　　　　　单位：元　　　　会企 02 表

项　目	行　次	本期金额	上期金额
一、营业收入			
减：营业成本			
税金及附加			
销售费用			
管理费用			
财务费用			
资产减值损失			
加：公允价值变动收益（净损失以"－"号填列）			
投资收益（净损失以"－"号填列）			
其中：对联营企业和合营企业的投资收益			
二、营业利润（亏损以"－"号填列）			
加：营业外收入			
减：营业外支出			
其中：非流动资产处置净损失（净收益以"－"号填列）			
三、利润总额（亏损总额以"－"号填列）			
减：所得税费用			
四、净利润（净亏损以"－"号填列）			
五、每股收益：			
（一）基本每股收益			
（二）稀释每股收益			
六、其他综合收益			
七、综合收益总额			

3. 现金流量表：一表人财

现金流量表是以现金及现金等价物为基础编制的财务状况变动表，是企业对外报送的一张重要会计报表，它为会计报表使用者提供企业在一定会计期间内现金和现金等价物收支变动及其原因的信息（见表 5-4）。其中，现金是指库存现金及可以随时用于支付的存款和现金等价物。库存现金主要是可以随时用于支付的存款，一般为资产负债表上"货币资金"项目的内容。准确地说，还应剔除那些不能随时动用的存款，如保证金专项存款等。现金等价物主要是在资产负债表中符合以下条件的投资：持有的期限短、流动性强、易于转换为已知金额的现金、价值变动风险很小。在我国，现金等价物通常是指从购入日至到期日在 3 个月或 3 个月以内能转换为已知现金金额的债券投资。例如，公司在编制 2017 年中期现金流量表时，对于 2017 年 6 月 1 日购入 2014 年 8 月 1 日发行的期限为 3 年的国债，因购买时还有两个月到期，可视为现金等价物。

由于现金流量表可以反映主营业务的实际经营情况（经营活动特别关键收入、费用和利润真实情况）、真实的税负状况、实际投资规模及投资的实际效果、筹资的实际进展情况、债务清偿的具体情况、实际的股利支付情况等实质财务信息，因而，我们可以透过现金流量表看到企业现金流量结构、财务适应能力、真实收益能力、企业管理效率、企业成长能力。正是因为现金流量表提供了企业资金来源与运用的信息，便于分析企业资金来源与运用的合理性，判断企业的营运情况和效果，评价企业的经营业绩；还提供了企业现金增减变动原因的信息，可分析企业现金增减变动的具体原因，明确企业当期现金增减的合理性，更可为改善企业资金管理指明方向。同时，由于现金流量表提供资产负债表和利润表分析所需要的信息，将资产负债表与利润表衔接起来，可说明利润形成与分配和资金来源与运用的关系，对于分析研究企业总体经营与财务状况具有重要意义。

表5-4 现金流量表

会企03表

编制单位：　　　　　　　　　　　　　　　　　　　　　　　　　单位：元

项　　目	行　次	本年金额	上年金额
一、经营活动产生的现金流量：	1		
销售商品、提供劳务收到的现金	2		
收到的税费返还	3		
收到其他与经营活动有关的现金	4		
经营活动现金流入小计	5		
购买商品、接受劳务支付的现金	6		
支付给职工以及为职工支付的现金	7		
支付的各项税费	8		
支付其他与经营活动有关的现金	9		
经营活动现金流出小计	10		
经营活动产生的现金流量净额	11		
二、投资活动产生的现金流量：	12		
收回投资收到的现金	13		
取得投资收益收到的现金	14		
处置固定资产、无形资产和其他长期资产收回的现金净额	15		
处置子公司及其他营业单位收到的现金净额	16		
收到其他与投资活动有关的现金	17		
投资活动现金流入小计	18		
购建固定资产、无形资产和其他长期资产支付的现金	19		
投资支付的现金	20		
取得子公司及其他营业单位支付的现金净额	21		
支付其他与投资活动有关的现金	22		
投资活动现金流出小计	23		
投资活动产生的现金流量净额	24		
三、筹资活动产生的现金流量：	25		
吸收投资收到的现金	26		
取得借款收到的现金	27		
收到其他与筹资活动有关的现金	28		
筹资活动现金流入小计	29		
偿还债务支付的现金	30		
分配股利、利润或偿付利息支付的现金	31		
支付其他与筹资活动有关的现金	32		

(续)

项目	行次	本年金额	上年金额
筹资活动现金流出小计	33		
筹资活动产生的现金流量净额	34		
四、汇率变动对现金的影响	35		
五、现金及现金等价物净增加额	36		
加：期初现金及现金等价物余额	37		
六、期末现金及现金等价物余额	38		

目前，我国财务管理理论在继承和完善国内传统财务管理理论与实践的基础上，正在经历一个不断大力引进、借鉴西方现代财务理论与实践的最新成果并加以发展和创新的过程。财务理论研究的视野已逐步拓展到与整个社会经济运行过程密切相关的资金运动及其规律方面。就财务分析这一现代企业财务管理不可或缺的环节来看，为适应新形势的需要，从内容、方法、指标体系等方面都进行了大幅度改革，但在将财务分析延伸到对市场调查分析和技术、产品开发决策论证分析上，在将财务分析用于生产经营中的人流、物流和信息流的使用及利用状况方面仍显不足。具体到财务分析中的财务指标体系来看，基本上是针对单一财务主体来设计相关指标，而没有很好地考虑到多元化财务管理主体对相关财务分析信息的现实需求和潜在需求。其中一个非常明显的现象是，在委托—代理关系普遍存在的现代企业中，一般出资者和债权人主要靠定期公布的"中报""年报"或临时财务报告来获得财务信息，而经营者则可以获得大量的、经常性的财务分析信息（其中有相当一部分不为之所用），信息浪费和不对称状况客观存在。因此，我们认为，在当前财务与业务一体化进程加快，计算机及其网络技术为财务分析模式的建立和数据的深度挖掘提供极大便利的条件下，财务分析多元化发展势在必行。

5.2 基本财务能力分析

报表使用者进行财务分析，就是要通过分析了解分析对象的财务能力，以便为其所进行的财务决策提供依据，那么，采用什么样的分析方法才能帮助分析者了解分析对象的财务能力呢？在长期的财务实践中，人们创造了财务分析指标体系，并上升到财务分析理论来指导财务分析工作。具体来讲，企业基本财务能力的分析是通过以下指标的计算与分析来判断的。

5.2.1 偿债能力分析

偿债能力是指企业对债务清偿的承受能力或保证程度。其中，债务包括各种长短期借款、应付债券、长期应付款、各种短期结算债务等一般性债务及依法履行的应纳税款，债务中构成偿付压力的仅是其中的到期债务；清偿是指偿还所有到期的债务；承受能力或保证程度是指企业是否有足够的现金流入量来偿付各项到期债务。按照债务偿付期限的不同，企业的偿债能力可分为短期偿债能力和长期偿债能力。

1. 短期偿债能力分析

短期偿债能力是指企业以流动资产支付流动负债的能力。短期偿债能力对于一个企业来说相当重要，一个企业一旦缺乏短期偿债能力，不仅无法获得有利的机会，而且还会因无力支付其短期债务，被迫出售股票、债券，或拍卖固定资产，甚至导致企业破产。因此，企业财务管理当局必须重视短期偿债能力。

衡量和评价企业短期偿债能力的比率主要包括：流动比率、速动比率、现金比率和现金流量比率。通过分析流动性比率，可以看出企业现有的现金支付能力和应付逆境的能力。

（1）流动比率。流动比率是衡量短期偿债能力最简单和最常用的一项比率，它是企业流动资产总额与流动负债总额之比，其计算公式为

$$流动比率 = 流动资产 \div 流动负债$$

流动比率表明了企业在一年内每元流动负债，有多少一年内可变现的流动资产做保障。因此，这个比率越高，说明企业可以变现的资产数额越大，企业的短期偿债能力越强，流动负债获得清偿的机会越大，债权人的风险也越小。但是，流动比率也不是越高越好。因为该比率过高，可能是企业过多的资金滞留在流动资产上，未能有效地加以利用，从而使资金周转速度减慢进而影响其获利能力。如果一个企业长期的获利能力低下，就必然反过来影响企业的长期偿债能力。

需要注意的是，流动比率高，并不说明其债务一定能够偿还，因为该比率没有进一步考虑流动资产各项目的构成情况及各项流动资产的实际变现能力。若在企业流动资产总额中，过期的应收账款和滞销的存货占的比例很大，则企业的偿债能力就很差。而且，即使流动比率相同，其偿债能力也不一定相同。一般来讲，在流动资产总额中，现金和应收账款比例较大的企业较存货比例较大的企业具有更强的偿债能力，因为，应收账款比存货转换成现金的能力强。虽然流动比率的理想状态是2，即1元流动负债要有2元流动资产抵偿。但是不同的行业应有不同的标准，它不是完全统一的。一般来说，工业加工制造业由于生产周期较长，因此存货变现的时间也较长，流动比率要适当地高一些；而商业、服务业存货的变现速度较快，因此流动比率通常可以低一些。因此，在利用流动比率来分析企业的短期偿债能力时，一定要结合所在行业的平均标准，要注意人为因素对流动比率的影响，如期末还债，下期初再举债，调低期末流动负债，从而提高流动比率。例如，期末流动资产为40万元，流动负债为20万元，流动比率为2∶1，期末用10万元银行存款偿还10万元短期借款，则流动资产变为30万元，流动负债为10万元，流动比率为3。此外，企业还可以采用在期末采用增加长期负债或募集资本等方式来增加当期的流动资产，而不会影响当期的流动负债水平；企业在期末推迟进货或大量赊销来减少当期的存货金额，从而使流动比率保持在适当水平，造成一种虚假的合理现象。

（2）速动比率。为了弥补流动比率没有揭示流动资产的分布和构成的缺陷，人们提出了速动比率，也称为酸性测试比率，是速动资产与流动负债的比值。与流动比率相比较，速动比率更加直接、明确地测验企业短期偿债能力。一般通过以下公式计算：

$$速动比率 = 速动资产 \div 流动负债 = （流动资产 - 存货）\div 流动负债$$

一般认为，速动比率应为1∶1较为适宜。理论上看，速动比率为1∶1，即速动资产额等于流动负债额时，偿还流动负债的能力应该是较强的。但是，速动比率也不是绝对的，

不同行业也有所差别,所以要参照同行业的资料和本企业的历史情况进行判断。商业零售业、服务业的速动比率可以低一些,因为这些行业的业务大多数是现金交易,应收账款不多,速动比率相对较低,而且这些行业的存货变现速度通常比工业制造业的存货变现速度要快。影响速动比率可信度的重要因素是应收账款的变现能力。账面上的应收账款不一定都能变成现金,如果企业的应收账款中,有较大部分不易收回,可能会成为坏账,速动比率就不能真实地反映企业的偿债能力;此外,季节性的变化,可能使财务报表的应收账款不反映平均水平,进而影响速动比率的可信度。

需要说明的是,速动资产应该包括哪几项流动资产,目前尚有不同观点。有人认为不仅要扣除存货,还应扣除预付账款等其他流动性能较差的项目。

(3) 现金比率。现金比率是企业的现金类资产与流动负债的比率,反映流动资产中有多少现金能用于偿债。现金类资产包括企业的库存现金、随时可以用于支付的存款和现金等价物,即现金流量表中所反映的现金。其计算公式为

$$现金比率 = (现金 + 现金等价物) \div 流动负债$$

现金比率是对流动比率和速动比率的进一步分析,与流动比率和速动比率相比较而言则更为严格,因为现金流量是企业偿还债务的最终手段。如果企业现金缺乏,就可能发生支付困难,将面临财务危机,因而现金比率高,说明企业有较好的支付能力,对短期债权人的保障程度高。但是,如果这个比率过高,可能是由于企业拥有大量不能盈利的现金和银行存款所致,企业的资产未得到有效的运用,会影响企业流动资产的盈利能力。

一般来说,现金比率在0.20以上比较好。需注意的是采用现金比率评价企业的偿债能力时,应与流动比率和速动比率的分析相结合。

(4) 现金流量比率。现金流量比率是企业经营活动现金净流量与流动负债的比率,它反映的是企业在本期经营活动所产生的现金流量偿还短期负债的能力。其计算公式为

$$现金流量比率 = 经营活动现金净流量 \div 流动负债$$

与流动比率和速动比率相比,该指标不受那些不易变现的或容易引起沉淀的存货和应收款项的影响,因而更能准确地反映企业的短期偿债能力。该比率数值越大越能体现企业较强的现金或现金流量对应偿还短期债务的保障能力。一般来讲,债权人希望该指标高一些,因为只有该比率大于等于1时,债权人的全部流动负债才有现金保障。但有些季节性销售的企业有时会出现小于1的情况,在使用该指标时,要综合企业各方面的具体情况进行分析。

必须注意的是,经营活动所产生的现金流量是过去一个会计年度的经营结果,而流动负债则是未来一个会计年度需要偿还的债务,二者计算所依据的会计期间不同。因此,这个指标是建立在以过去一年的现金流量来估计未来一年现金流量的假设基础之上的,使用这一财务比率时,需要考虑未来一个会计年度影响经营活动的现金流量变动的因素。

[例5-1] 表5-5是格力电器股份有限公司2012~2016年部分财务报表数据,试根据上述数据对公司短期偿债能力进行分析。

表 5-5　格力电器 2012～2016 年度部分财务报表数据　　　　（单位：亿元）

会计期间	存货净额	流动资产合计	资产总计	流动负债合计	负债合计	营业收入	营业成本	营业利润	利润总额	净利润
2012 年	172.35	850.88	1 075.67	788.30	799.87	993.16	732.03	80.26	87.63	74.46
2013 年	131.23	1 037.33	1 337.02	964.91	982.35	1 134.52	835.23	67.95	68.46	59.87
2014 年	85.99	1 201.43	1 562.31	1 101.88	1 110.99	1 377.50	880.22	160.89	167.52	142.53
2015 年	94.74	1 209.49	1 616.98	1 196.25	1 131.31	977.45	660.17	135.16	149.09	126.24
2016 年	90.25	1 429.11	1 823.70	1 371.20	1 274.46	1 083.03	728.86	174.56	185.31	155.25

数据来源：CSMAR 数据库。

解：根据表 5-5，该公司各年度流动比率、速动比率计算如下（见表 5-6）。

表 5-6　格力公司各年度流动比率和速动比率

会 计 期 间	流动比率 = 流动资产 ÷ 流动负债	速动比率（流动资产 − 存货）÷ 流动负债
2012 年	1.08	0.86
2013 年	1.08	0.94
2014 年	1.09	1.01
2015 年	1.01	0.93
2016 年	1.04	0.98

从上述数据看，流动比率低于 2，但速度比率接近 1，说明企业存货控制比较严格，也可能是存货以外的其他流动资产占用较多。

2. 长期偿债能力分析

长期偿债能力是指企业偿还长期负债的能力，或者指在企业长期债务到期时，以企业盈利或资产偿还长期负债的能力。对企业长期偿债能力进行分析，需要结合长期负债的特点，在明确影响长期偿债能力因素的基础上，从企业盈利能力和资产规模两方面对企业偿还长期负债的能力进行计算与分析，说明企业长期偿债能力的基本状况及其变动原因，为企业进行正确的负债经营指明方向。一般来说，长期偿债能力不同于短期偿债能力分析，前者更加重视资本结构和盈利能力。反映长期偿债能力的主要财务指标有资产负债率、权益负债率、利息保障倍数和现金总负债比率。

（1）资产负债率。资产负债率是企业负债总额与资产总额的比率，也称为负债比率或举债经营率，反映的是债权人为企业提供的资金占企业总资产比重和企业负债经营的程度，它是衡量企业全部偿债能力的主要和常用的指标。其计算公式为

$$资产负债率 = （负债总额 ÷ 资产总额）\times 100\%$$

作为表明每单位资产总额中负债所占的比例的财务指标，资产负债率反映了企业长期偿债能力的强弱，通过这个指标的分析可以衡量企业总资产中权益所有者与债权人所投资金是否合理，但是，不同的报表使用者对该比指标有不同的理解。

从债权人的角度来看，资产负债率是长期债权人依赖企业资产提供的安全边际，可以说明企业信用的物质保障程度，衡量企业举债经营的风险程度。资产负债率越低，债权资金的安全边际越高，企业信用的物质保障程度越高，风险越小。因此，对债权人来说，此比率越低越好。

对从股东的角度来看，负债比率则是一把"双刃剑"。由于企业通过举债筹措的资金与股东提供的资金在经营中发挥同样的作用。所以，股东关心的是全部资本利润率是否超过借入款项的利率，即借入资本的代价。若总资产收益率高于借款利率，股东就可以利用举债经营获得更多的投资收益。此时，股东希望此比率越高越好；若相反，运用全部资本所得的利润率低于借款利率，则对股东不利，因为借入资本多余的利息要用股东所得的利润份额来弥补，股东希望此比率越低越好。

从经营者的立场来看，他们既要考虑企业的盈利，又要顾及企业所承担的财务风险。资产负债率作为财务杠杆不仅反映企业的资本结构状况，也反映了企业管理层的进取精神。如果企业不利用举债经营或负债比率过小，则说明企业比较保守，对前途没有信心，利用债权人资本进行经营活动的能力较差。但是，负债必须有一定限度，超出债权人心理承受程度，企业就会举债失败。而且负债比率过高，由于财务杠杆效应，企业的财务风险将增大，一旦资产负债率超过1，则说明企业资不抵债，有濒临倒闭的危险。

(2) 产权比率。产权比率是负债总额与所有者权益总额的比率，又称为负债权益比率，反映了债权人所提供的资金与所有者提供的资金之间的比例及企业投资者承担风险的大小。其计算公式为

$$产权比率 = （负债总额 \div 所有者权益总额）\times 100\%$$

该项指标反映了企业基本财务结构是否稳定。一般来说，股东资本大于借入资本较好，但也不能一概而论。从股东立场来看，在通货膨胀加剧时期，企业多借债可以把损失和风险转嫁给债权人；在经济繁荣时期，多借债可以获得额外的利润；在经济萎缩时期，少借债可以减少利息负担和财务风险。产权比率高，是高风险、高报酬的财务结构；产权比率低，是低风险、低报酬的财务结构。此外，企业性质不同，获得现金流量不同，产权比率也有所区别。一般来说，现金流量比较稳定的企业产权比率相对较大；同类企业负债权益比率相比，往往可以反映出企业的信誉和财务风险，该指标越大，则财务风险越大。

此外，产权比率也表明债权人投入的资本受到股东权益保障的程度，或者说是企业清算时对债权人利益的保障程度。它与资产负债率具有共同的经济意义，两个指标可以相互补充。由于权益比率与负债比率之和为100%，因此，在实际应用时，只要求其中之一即可。

(3) 利息保障倍数。利息保障倍数也称利息支付倍数，是指企业一定时期内所获得的息税前利润与当期支付利息费用的比率，常用以测定企业以所获取利润来承担支付利息的能力。其计算公式为

$$利息支付倍数 = 息税前利润 \div 利息费用 = （税前利润 + 利息费用）\div 利息费用$$

利息保障倍数反映了企业偿还负债利息的能力。利息保障倍数越大，说明企业支付利息的能力越强，风险越小；反之，企业偿债能力就越差。该指标表面上是从企业偿债资金来源的角度去揭示企业偿债利息的支付能力，实际上也有助于揭示企业偿还全部负债的能力。一般而言，该指标越高，说明企业的长期偿债能力越强；该指标越低，说明企业偿债能力越差。

那么，如何合理地确定企业利息保障倍数的标准呢？一般需要将该企业的这一指标和同行业其他企业进行对比，同时从稳健性的角度出发，最好比较本企业连续几年的该项指

标,并选择最低指标年度的数据,作为标准。这是由于企业不仅在经营好的年份要偿债,在经营不好的年份同样需要偿还等额的债务。某个会计年度利润较高常常会导致利息保障倍数指标也高,但不会年年如此。采用指标最低年度的数据作为标准,可以保障企业最低的偿债能力。一般情况下,均应采用这一原则,但也需注意具体情况具体分析。

应当看到,利息实际上并不是由息税前利润支付的,而是由现金支付的,企业还必须用现金支付债务本金。因此,利息保障倍数只是对企业付息能力的一个大致评估。而且,由于我国现行利润表中"利息费用"没有单列,而是混在"财务费用"之中,外部报表使用者常用利润表中的利润总额加财务费用来加以分析。

(4) 现金总负债比率。现金总负债比率是企业经营活动现金净流量与负债总额的比率,它反映的是企业经营活动产生的现金净额偿还全部债务的能力。其计算公式为

$$现金总负债比率 = 经营活动产生的现金流量净额 \div 负债总额$$

该指标表明经营现金流量对全部流动债务偿还的满足程度。该指标越大,经营活动产生的现金流对负债清偿的保证越强,企业偿还全部债务的能力越大。

[例5-2] 根据表5-5,请分析格力电器股份公司2012～2016年度长期偿债能力。

解:根据财务数据,计算公司各年度资产负债率如下(见表5-7)。

表5-7 格力公司2012～2016年度资产负债率

会 计 期 间	资产负债率 =(负债合计÷资产总计)×100%
2012 年	74.36%
2013 年	73.47%
2014 年	71.11%
2015 年	69.96%
2016 年	69.88%

从计算结果来看,格力电器股份2012～2016年度资产负债率都超过50%,说明公司负债水平高,有一定的偿债压力,从趋势来看,负债比例有逐年下降趋势,说明公司偿债能力有改善的潜力。

5.2.2 营运能力分析

企业拥有负债和所有者权益是为了形成足够的营运能力。营运能力是指企业对其现有经济资源的配置和利用能力,从价值的角度来看,就是企业资金的利用效果。它主要表现为资产管理即资产利用的效率,反映了企业资金周转状况。对此进行分析,可以了解企业的营运状况及经营管理水平。通常来说,资金周转得越快,说明资金利用效率越高,企业的管理水平也越好;反之,说明资金的利用效率低,需要改进。企业营运能力分析的内容主要包括对流动资产营运能力、固定资产营运能力和总资产营运能力的分析。

1. 流动资产营运能力分析

流动资产营运能力是决定企业总资产营运能力的高低的重要因素,固定资产在营运中能否从根本上发挥出应有的营运能力,主要取决于对流动资产营运能力作用程度以及流动资产本身营运能力的高低。因此,分析和评价流动资产的营运能力,有助于更好地了解企

业整体营运能力的变动状况。流动资产营运能力的评价指标有：流动资产周转率、存货周转率、应收账款周转率。

（1）流动资产周转率。流动资产周转率是销售收入与流动资产平均余额的比率，反映的是流动资产周转速度和营运能力。其计算公式为

$$流动资产周转率 = 销售收入净额 \div 流动资产平均余额$$

$$流动资产平均余额 = （流动资产期初余额 + 流动资产期末余额）\div 2$$

流动资产周转率越高，说明企业流动资产周转速度就越快，单位流动资产为企业带来的利益越多，资源利用效率越好，会相对节约流动资金，等于相对扩大资产投入，增强企业的盈利能力，流动资产营运能力就越好，流动资产的管理效率高；反之，企业流动资产周转速度越慢，需要补充流动资产参加周转，造成资金浪费，降低企业盈利能力。为查明流动资产周转率加速或延缓的原因，还可进一步分析流动资产平均余额构成项目变动的影响以及流动资金周转额构成因素的影响。

（2）存货周转率。存货周转率是销售成本与平均存货的比率，反映了企业存货经过销售环节转换为现金或应收账款的速度快慢，即企业存货转为产品销售出去的速度的快慢。其计算公式为

$$存货周转率 = 销货成本 \div 存货平均余额$$

$$存货平均余额 = （期初存货余额 + 期末存货余额）\div 2$$

存货周转率说明了一定时期内企业存货周转的次数，可以用来测定企业存货的变现速度，衡量企业的销售能力及存货的适量程度。一般来讲，存货周转次数越多，反映存货变现速度越快，说明企业销售能力越强，资产的流动性越强，营运资金积压在存货量越小，企业存货管理的效率就越高；反之，营运资金沉淀在存货量大，存货积压或滞销。

但是，存货周转率过高，也可能是企业管理方面存在一些问题造成的。例如，存货水平过低或库存经常不足带来的，这样可能导致出现缺货损失；或者采购次数过多，批量太小，相应增加了订货成本等。这两种情况下的相关成本都可能会高于加大存货投资进而维持较低存货周转率时的成本。因此，对存货周转率的评价应注意存货的结构，看看是否有积压、滞销的存货；此外，还要注意存货的计价方法对该指标的影响。

存货周转状况也可以用存货周转天数来表示。其计算公式为

$$存货周转天数 = 360 \div 存货周转率 = （平均存货 \times 360）\div 销货成本$$

存货周转天数表示存货周转一次所需要的时间，存货周转天数越短，表示存货周转速度越快，利用效率越好。

需注意的是存货周转速度的快慢，与企业经营性质有关，不同行业没有可比性。因此，不能将不同行业企业的存货周转速度进行比较。

（3）应收账款周转率。应收账款周转率是企业一定时期内赊销收入净额与应收账款平均余额的比率，是反映企业应收账款的流动程度的指标，计算公式为

$$应收账款周转率 = 赊销收入净额 \div 应收账款平均余额$$

$$应收账款平均余额 = （期初应收账款 + 期末应收账款）\div 2$$

公式中赊销收入净额是指销售收入扣除了销售退回、销售折扣及折让后的赊销净额。这个比率如果在企业内部分析时，分子采用赊销总额比较合适，因为只有赊销才会引起应

收账款的产生，现销则不会。但是，在与其他企业进行比较时，一般公式的分子采用销售收入净额比较合适。因为其他企业对外公布的财务报表较少标明赊销的数据。此外，应收账款不仅包括资产负债表上的扣除坏账准备后的应收账款净额，还包括应收票据。

应收账款周转率是衡量企业应收账款变现能力及管理效率的重要指标。一般来讲，应收账款周转率越高，说明企业组织收回货款速度越快，造成坏账损失的可能性越小，流动资产的流动性好，短期偿债能力强，管理效率高。但也不能绝对地看待这个问题。因为应收账款周转速度的高低，不仅取决于销售收入的多少和应收账款占用数额的合理与否，而且间接地取决于应收账款的账龄分布、企业的信用政策和客户的信用状况。从商业信用的角度来看，企业之所以愿意赊销，其主要目的在于争取客户，扩大销售。企业应收账款占用数额大小，可能是企业所采纳的一种信用政策策略。这个需要在分析过程中，仔细研究企业管理的相关层面，如战略、环境与行业影响等。

实务中，人们还经常使用平均收账期来反映应收账款的周转状况。平均收账期所反映的是应收账款存续的平均天数，或者说是应收账款转换成现金所需要的平均天数。平均收账期越短，说明企业的应收账款周转速度越快。其计算公式为

$$应收账款平均收账期 = 360 \div 应收账款周转率$$
$$= (应收账款平均余额 \times 360) \div 赊销收入净额$$

应收账款平均收账期和应收账款周转率成反比例变化，并且与应收账款周转率有着相同的作用，对该指标进行分析是制定企业信用政策的一个重要依据。影响该指标正确计算的因素有：①季节性经营性企业使用这个指标时不能反映实际情况；②大量使用分期付款的结算方式；③大量地使用现金结算的销售；④年末大量销售或年末销售大幅度下降。这些因素都会对该指标计算结果产生较大的影响。此外，还要注意财务报表的坏账准备核算方法的影响，一般而言，采用直接转销法比备抵法的应收账款净额要小，从而其应收账款周转率快。

2. 固定资产营运能力分析

衡量固定资产营运能力的指标有固定资产周转率、固定资产净值率和固定资产增长率。其中，固定资产周转率是主要指标。

固定资产周转率是指销售收入净额与固定资产平均净值的比率，它是反映企业固定资产周转情况，从而衡量固定资产利用效率的一项指标。其计算公式为

$$固定资产周转率 = 销售净额 \div 固定资产平均净值$$
$$固定资产平均净值 = (期初固定资产净值 + 期末固定资产净值) \div 2$$

一般地，固定资产周转率高，表明企业固定资产利用充分，同时也表明企业固定资产投资得当，固定资产结构合理，能够充分发挥效率；反之，如果固定资产周转率不高，则表明固定资产使用效率不高，提供的生产成果不多，企业的营运能力不强。但需注意的是，固定资产周转率是由固定资产的特点所决定的，不宜简单地追求所谓周转速度。进行固定资产周转率分析时，需要考虑固定资产净值因计提折旧而逐年减少，因更新重置而突然增加的影响；在不同企业间进行分析、比较时，还要考虑采用不同折旧方法对固定资产净值的影响。这一指标在大量使用固定资产的重工业方面经常使用。

3. 总资产营运能力分析

总资产营运能力主要是衡量投入或占用全部资产取得产出的能力。反映全部资产营运能力的指标主要是总资产周转率。

总资产周转率是销售收入与资产平均总额的比率，反映了企业销售收入与资产占用之间的关系，可用来分析企业全部资产的使用效率，是反映企业经营者工作绩效的重要指标。其计算公式为

$$总资产周转率 = 销售收入 \div 资产平均余额$$
$$资产平均余额 = （期初资产总额 + 期末资产总额）\div 2$$

总资产周转率从一般意义上反映了企业全部资产的周转速度，从理论上讲，总资产周转率越高，总资产周转速度越快，反映企业全部资产营运能力越强，营运效率越高，全部资产的利用效率越高。反之，如果这个比率较低，说明企业利用其资产经营的效率较差，会影响企业的获利能力，企业应该采取措施提高销售收入或处置资产，以提高总资产利用率。

总资产周转率是从资产投入的总体及主要形态来分析评价资产利用效率的，其高低取决于各项经营资产的周转率，包括应收账款周转率、存货周转率，固定资产的生产能力利用率或销售收入对固定资产净额的比率。由此可见，它是多种原因决定的，不能简单地以周转速度论成败。

此外，总资产周转率指标衡量的是企业管理层经营企业资产赚取销售额效率的高低，企业可以通过薄利多销的办法来提高总资产周转率。如果 A 企业能从 1 元资产中赚取 3 元的销售额，而 B 企业仅能赚取 2 元的销售额，则可以认为 A 企业营运资产赚取销售收入的能力高于 B 企业。

[例5-3] 根据表 5-5，请分析格力公司 2012~2016 年度营运能力。

解：根据表 5-5 的财务数据，计算各种营运能力分析指标如下（见表5-8）

表5-8　格力公司2012~2016年度营运能力　　　　　　（单位：亿元）

年份	存货平均余额	流动资产平均余额	总资产平均余额	存货周转率 = 营业成本/存货平均余额	流动资产周转率 = 营业收入/流动资产平均余额	总资产周转率 = 营业收入/总资产平均余额
2012年						
2013年	151.79	944.10	1206.35	5.50	1.20	0.94
2014年	108.61	1119.38	1449.67	8.10	1.23	0.95
2015年	90.37	1205.46	1589.64	7.31	0.81	0.61
2016年	92.49	1319.30	1720.34	7.88	0.82	0.63

从表 5-8 中的各项指标值来看，存货周转率有上升的趋势，其主要原因是存货水平的下降；流动资产周转速度下降，主要原因是流动资产占用比较多；总资产周转速度也呈现下降趋势，其主要原因也是总资产占用逐年增加造成的。

5.2.3 盈利能力分析

盈利能力是指企业获取利润的能力，其大小是一个相对的概念，即利润是相对于一定资源投入、一定的收入而言的。利润率越高，盈利能力越强；利润率越低，盈利能力越差。因此，企业的盈利能力反映着企业的财务状况和经营绩效，是企业偿债能力和营运能力的综合体现。企业在资源的配置上是否高效，直接从资产结构的状况、资产运用效率、资产周转速度以及偿债能力等各个方面表现出来，从而决定着企业的盈利水平。

值得注意的是，对企业盈利能力的分析一般只分析正常的经营活动的获利能力，不涉及非正常营业活动。这是因为非正常的、特殊的营业活动，虽然也会给企业带来收益或损失，但通常只是特殊情况下的个别结果，不能说明企业的正常盈利能力。评价企业盈利能力可以从资产盈利能力、经营活动流转额的盈利能力和股权资本的盈利能力等方面进行。

1. 资产盈利能力分析

资产是指企业过去的交易或者事项形成的、由企业拥有或者控制的、预期会给企业带来经济利益的资源。资产盈利能力就是企业运用资产获取利润的能力。

（1）总资产报酬率。总资产报酬率是企业一定时期的利润总额与资产总额的比率，反映了企业运用资本总额（借入资本和自有资本）获得的报酬率，体现出企业全部资产获得经营效益的能力。其计算公式为

$$总资产报酬率 = (利润总额 \div 资产平均总额) \times 100\%$$

总资产报酬率表明企业资产总额利用的综合效果。该指标越高，表明资产的利用效果越好，说明企业在增加收益和节约资金等方面取得了良好的效果，否则相反。

企业的资产由投资者投入或企业举债而来，利润的多少与企业资产的规模、资产的结构、资产经营水平等有着密切的关系。因此，总资产报酬率是一个综合性指标，可以运用该项指标与本企业前期、与计划、与本行业平均水平和本行业内先进企业进行比较，分析形成差异的原因，正确评价企业的盈利能力经济效益的高低、挖掘提高利润水平的潜力。

（2）总资产净利率。总资产净利率，也称资产报酬率、资产利润率或投资报酬率，是企业一定时期内的净利润与资产平均总额的比率。反映了企业一定时期平均资产余额创造净利润的能力。其计算公式为

$$总资产净利率 = (净利润 \div 资产平均总额) \times 100\%$$

总资产净利率主要用来衡量企业利用资产获取净利润的能力，它反映了企业资产的利用效率。该指标越高，表明企业的获利能力越强，资产的利用效率越高，说明企业在节约资金、增加收入等方面取得了良好的效果，否则相反。在实际应用时，将该比率与总资产报酬率结合起来，可以反映财务杠杆及所得税对企业最终的资产获利水平的影响。

总资产净利率表达了企业资产利用的综合效果，取决于销售净利率和总资产周转率。企业资产净利率的提高要么是由于总资产周转率的提高，要么是由于销售净利率的提高，或者是由于两者同时提高。销售净利率和资产周转率都不同的两个企业也许具有相同的盈利能力。

（3）净资产收益率。净资产收益率，也称权益净利率或净值报酬率、股东权益报酬率，是企业一定时期内的净利润（如果有的话，扣除优先股股利）与平均净资产之比，反映了

投资者投入资本的获利能力与企业资本运营水平的综合效益。其计算公式为

$$净资产收益率 = (净利润 - 优先股股利) \div 净资产平均总额 \times 100\%$$

净资产收益率反映了企业自有资本的获利能力，是反映企业盈利能力的核心指标。因为企业的根本目标是所有者权益或股东财富最大化，而净资产收益率既可以直接反映资本的增值能力，又影响着企业股东财富的大小。该指标越高，说明资本带来的利润越多，盈利能力越好，资本利用效果越好。此外，净资产收益率还是企业决定是否举债的一个标准，只有当净资产收益率高于银行利率时，适当举债可以提高净资产收益率，对投资者才是有利的；反之，低于银行利率，则过多负债会影响投资者收益，企业不应当举债。

净资产收益率说明了股东账面投资额的盈利能力，并在同行业两个或两个以上企业比较时经常使用。高的权益报酬率通常反映出企业接受了好的投资机会，并且对费用进行了有效的管理。但是，如果企业选择使用较行业标准较高的债务水平，则此时高的净资产收益率可能就是过高财务风险的结果。

需要说明的是，对于股份制企业而言，该公式的分母可以采用"年末净资产"。这主要是基于股份制企业的特殊性：在增加股份时，新股东要超面值缴入资本并获得同股同权的地位，期末的股东对本年利润与原股东拥有同等权利。

(4) 成本费用利润率。成本费用利润率是企业一定期间的利润总额与成本费用总额的比率。该指标反映企业生产经营中发生的各种耗费与获得利润之间的关系，表明每付出1元成本费用可获得多少利润，体现了经营耗费所带来的经营成果。该项指标越高，反映企业的经济效益越好。一般计算公式为

$$成本费用利润率 = 利润总额 \div 成本费用总额 \times 100\%$$

其中利润总额和成本费用总额来自企业的利润表。成本费用一般指主营业务成本和三项期间费用。

2. 经营活动现金流转额的盈利能力分析

(1) 销售毛利率。销售毛利率是企业一定时期毛利与销售收入净额的比值，反映了企业实现商品增值的获利水平。其计算公式为

$$销售毛利率 = 销售毛利 \div 销售收入净额 \times 100\%$$
$$= (销售收入净额 - 销售成本) \div 销售收入净额 \times 100\%$$

销售毛利率表示每1元销售净收入扣除销售成本后，还有多少剩余可以用于各项期间费用和形成盈利，反映了销售收入扣除制造成本后的获利水平，它不仅是企业经营效率的集中体现，也揭示了企业的定价政策。销售毛利率是企业销售净利率的最初基础，没有足够高的毛利率便不能盈利。毛利是利润形成的基础，一般企业能否实现利润，首先要看销售毛利的实现情况。销售毛利率高，说明销售收入中制造成本所占的比重小，毛利额大，实现价值的盈利水平越高。

此外，该指标还有助于找出经营中存在的具体问题。例如，销售毛利率下降，则表明销售成本的比重加大，可能是销售价格下降，也可能是制造成本上升造成的。

(2) 销售净利率。销售净利率是企业一定时期净利润与销售收入净额的比值，反映了企业的销售收入在扣除所有费用及所得税后实现净利润的水平。其计算公式为

$$销售净利率 = (净利润 \div 销售收入净额) \times 100\%$$

销售净利率表示每1元销售净收入可带来的净利润。一般来说，销售净利率越高，说明企业单位收入实现净利润越多，企业获取净利润的能力越强。在利用销售净利率分析时，通过和销售毛利率结合起来考虑，便能够对企业的经营情况有相当程度的理解。在没有非正常经营业务或其所占比例很小，或非正常业务总额基本不变的情况下，若企业连续几年销售毛利率基本没有变化，而销售净利率却在不断下降，那我们就可以判断"要么在于期间费用相对于销售收入上扬，要么在于所得税税率的提高"。若是销售毛利率下降，则可能相对于销售收入来说，销售成本提高了。其具体原因，可能是由于降低了价格，也可能是由于相对于产量，经营效率下降了。通过对销售净利率的变动分析，可以促使企业在扩大销售的同时，注意改进经营管理，提高盈利水平。

需要说明的是，分析企业销售收入的收益水平，一般使用销售净利率，但在企业投资收益或营业外收支较大时，也可使用营业利润率，若企业其他业务利润较大时，可使用主营业务利润率，以便对盈利能力分析得到的结果更为客观。

3. 股权资本盈利能力分析

（1）每股收益。每股收益，也称每股净利润、每股盈余，是指普通股每股可分配的净利润额，是衡量上市公司盈利能力最常用的财务指标，它反映普通股的获利水平。其计算公式为

$$每股收益 = (净利润 - 优先股股利) \div 发行在外的普通股加权平均数$$

$$发行在外的普通股加权平均数 = \sum (发行在外的普通股股数 \times 发行在外的月份数) \div 12$$

其中，"发行在外月份数"是指发行已满1个月的月份数，例如3月发行，按9个月计算。或者说，发行当月不计入"发行在外月份数"。

每股收益是普通股股东最为关心的指标，被认为是管理效率、盈利能力和股利分配来源的显示器，是衡量企业经营业绩的重要依据。每股收益越高，每股可得的利润越多，说明企业的盈利能力越强，股东的投资效益越好。在分析时，可以进行公司间的比较，评价该公司相对的盈利能力；可以进行不同时期的比较，了解该公司盈利能力的变化趋势；可以进行实际经营业绩和盈利预测的比较，掌握该公司的管理能力。

在使用每股收益分析盈利性时要注意以下问题：

（1）每股收益并不反映股票所含有的风险。对于每股收益相同的两个公司来说，投资者当然更愿意选择经营业务风险小的公司进行投资。但是，每股收益在计算时由于它的综合性较强，依据它是不能分析出一个公司经营业务风险的。同样对于一家公司的不同时期来说，它的经营业务可能发生变化，经营风险也在随之发生变化，但是它的每股收益却能保持不变，甚至有所提高。例如，假设A公司原来经营日用品的产销，最近转向房地产投资，公司的经营风险增大了许多，但每股收益可能不变或提高，并没有反映风险增加的不利变化。

（2）股票是一个"份额"概念，不同股票的每股在经济上不等量，它们所含有的净资产和市价不同即换取每股收益的投入量不同，不同公司的每股收益不一定具有可比性。

（3）每股收益与其他财务比率一样，也是由各种财务数据综合而成的，计算时含有一些主观估计和假定因素，而且每股收益股利、股票价格不存在必然的联系，这会减弱每股

收益信息的有用性。同时，不排除公司管理层有粉饰每股收益的行为。此外，还需注意具有潜在盈利的有价证券的情况。

（2）市盈率。市盈率又称价格与收益比率，是指普通股每股市价与每股收益的比率，反映了股份企业获利情况。其计算公式为

$$市盈率 = 普通股每股市价 \div 普通股每股收益$$

市盈率是人们普遍关注的指标，有关证券刊物几乎每天都在报道各类股票的市盈率。该比率是利率、股票成长预期以及投资者风险态度等许多因素的综合反映，反映投资者对每一元净利润所愿支付的价格，可以用来估计股票的投资报酬率和风险。它是市场对公司的共同期望指标，市盈率越高，表明市场对公司的未来越看好，由未来收益（而非当前收益）所决定的股票价值越大。在市价确定的情况下，每股收益越高，市盈率越低，投资风险越小；反之亦然。仅从市盈率高低的横向比较来看，高市盈率说明公司得到社会信赖，具有良好的前景。

这个比率经常被投资者用来判断股票市场价格是否具有吸引力。当把许多企业的市盈率进行比较，并结合对其所属行业的经营前景的了解，就可以作为选择投资项目的参考。市盈率一般在10～30，过高的市盈率，说明该股票市价过高，风险较大；过低的市盈率，说明股东对该企业缺乏信心。由于股市的市场价格是波动的，因此市盈率也是经常变动的。

使用市盈率指标时应注意以下问题：该指标不能用于不同行业公司的比较，充满扩张机会的新兴行业市盈率普通较高，而成熟工业的市盈率普遍较低，这并不说明后者的股票没有投资价值；在每股收益很小或亏损时，市价不会降至零，很高的市盈率往往不能说明问题；市盈率高低受净利润的影响，而净利润受可选择的会计政策的影响，从而使得公司之间的比较受到限制。此外，市盈率高低还受市价的影响，市价变动的影响因素很多，包括投机炒作等，因此观察市盈率的长期趋势很重要。通常，投资者要结合其他有关信息，才能运用市盈率指标判断股票的价值。

（3）每股股利。每股股利是指支付给普通股的现金股利总额与期末普通股股份总数之比，反映的是每股普通股获取的现金股利的多少，其计算公式为

$$每股股利 = 支付给普通股的现金股利总额 \div 年末普通股股份总数$$

该指标越大，股东所持有的每股普通股所分得的现金股利越多，它比每股收益更直接地体现了股东所得到的当前利益。股东得到的每股股利的多少，不但受企业获利能力高低的影响，而还受企业股利发放政策的影响。当有较高收益的投资项目时，企业将把利润进行项目投资，就会采取低股利政策，减少或停止股利的发放；如果企业找不到收益较高的投资项目，就会采用高股利政策，将利润用于发放股利。另外，从资本成本的角度出发，如果企业一方面大量发放股利，另一方面又用较高的成本筹集资金，就不如采用以留用利润方式筹资，因而减少股利的发放。

（4）每股净资产。每股净资产，是期末净资产（即股东权益）与年度末普通股份总数的比值，也称为每股账面价值、每股净值或每股权益。该指标反映发行在外的每股普通股所代表的净资产的历史成本。其计算公式为

$$每股净资产 = 年度末股东权益 \div 年度末普通股股数$$

其中，"年度末股东权益"是指扣除优先股权益后的余额。每股净资产指标反映每股股

票在企业有多大资产获得权。该值越大,股票越有保障。因此,投资者首先关注这一指标。这个指标有时又是新股发行的基础。因为老股东投在企业发挥效用的资产值不应被新股东的投资所稀释,因此,每股净值就是最低新股发行价。

这个指标是用历史成本计量的,既不反映净资产的变现价值,也不反映净资产的产出能力。因此在投资分析时,只能有限地使用。每股净资产,在理论上提供了股票的最低价值。如果公司的股票价格低于净资产的成本,成本又接近变现价值,说明公司已无存在的价值,清算是股东最好的选择。

把每股净资产和每股市价联系起来,可以说明市场对公司资产质量的评价。反映每股市价和每股净资产关系的比率,称为市净率。其计算公式为

$$市净率 = 每股市价 \div 每股净资产$$

市净率是依据公司账面资产确定其增长期权价值的相对指标。预期增长越大,价值越多,该比率就越高。国外现有企业的市净率从 0.5~8.0 不等,如果比率值只有 0.5,说明企业的获利能力远未达到资本市场的预期,属于收获时期的企业。如果比率值很高,说明企业的获利能力相当高,该企业具有行业吸引力和(或)具备竞争优势。

市净率可用于投资分析。每股净资产是股票的账面价值,它是用成本计量的;每股市价是这些资产的现在价值,它是证券市场上交易的结果。当每股市价高于每股账面价值时,说明企业资产的质量好,有发展潜力;反之,则资产质量差,没有发展前景。优质股票的市价都超出净资产许多。一般来说,市净率达到3,可以树立较好的公司形象。但是,市价低于每股净资产的股票也不是没有购买价值,如果该公司今后经营有转机的可能,或者被其他公司购入后经过资产重组能提高获利能力,则该股票仍然可以投资。

[例5-4] 根据表 5-5,请分析格力公司 2012~2016 年度盈利能力。

解:根据表 5-5 的财务数据,计算盈利能力分析指标如下(见表5-9)。

表 5-9 格力公司 2012~2016 年度盈利能力

年份	总资产报酬率=利润总额÷资产平均总额×100%	净资产收益率=(净利润−优先股股利)÷净资产平均总额×100%	销售净利率=净利润÷销售收入净额×100%
2012 年	8.15%	27.00%	7.50%
2013 年	5.12%	16.88%	5.28%
2014 年	10.72%	31.58%	10.35%
2015 年	9.22%	25.99%	12.91%
2016 年	10.16%	28.27%	14.33%

根据计算结果,格力电器 2012~2016 年度,总资产报酬率在9%左右,净资产收益率平均达到25%,超出大部分上市公司盈利水平;销售净利率有逐步上涨趋势,总体水平也比较高。

5.2.4 发展能力分析

发展能力是指企业通过自身的生产经营活动,通过企业内部资金积累而形成的发展潜能。企业未来的获利能力和资本实力是衡量和评价企业持续发展的根据。通过企业发展能

力的分析，经营者能够更好地了解企业的经济实力和经济能力持续发展的趋势。

1. 营业增长率

营业增长率是指企业一定时期营业收入增长额与前期营业收入的比率。它表明企业营业收入的增减变动情况，是评价企业发展能力的重要指标，其计算公式为

$$营业增长率 = \frac{本期营业收入增长额}{前期营业收入} \times 100$$

该指标越高，表明企业的产品适销对路，价格合理，产品质量和性能得到了社会的认可，企业未来有较好的发展前景。反之，该指标降低，则说明企业未来的发展令人担忧。

2. 总资产增长率

总资产增长率是指企业一定时期总资产增长额与期初资产总额的比率。该指标用资产规模来衡量企业的发展能力，表明企业规模增长水平对企业发展的影响，其计算公式为

$$总资产增长率 = \frac{本期总资产增长额}{期初资产总额} \times 100\%$$

该指标越高，表明企业一定经营周期内的资产规模的扩张速度越快。如果企业能在一个较长时期内持续稳定地保持总资产的增长，则有助于企业增强竞争实力。

3. 可持续增长率

可持续增长率是指企业在保持目前经营策略和财务策略的情况下能够实现的增长速度。它与企业的融资和股利政策密切相关。其计算公式为

$$可持续增长率 = 净资产收益率 \times (1 - 股利支付率)$$

可持续增长率越高，表明企业收益的未来增长速度越快；反之，则表明企业收益的未来增长速度越慢。

阅读材料 5-1

格力集团发展前景如何

"格力做汽车不是想找新的增长点，而是要进军不同领域。"2016 年 8 月 23 日，刚公布收购珠海银隆具体方案的格力电器董事长董明珠首次对外详细剖析此起收购背后的逻辑。事实上，随着国内空调市场逐步进入成熟饱和阶段，格力近年正迫切寻求转型，希望可以及时切入既具有增长潜力，又与自身核心竞争能力匹配的领域。从 2012 年开始，格力已先后进入模具、智能装备以及手机领域，此次进军新能源汽车领域有望进一步打开格力的多元化版图。

多元化发展是一些核心产业受到限制的企业发展时的战略抉择，从格力电器情况来看，虽然在空调行业企业仍处于市场领导地位，但由于市场容量限制等原因，寻求发展突破点是必然选择，从这一点来看，"格力做汽车不是想找新的增长点"应该是从反面反映了战略抉择的主要动机。表 5-10 是格力电器近年各产业发展的主要数据。

表 5-10 近年格力电器营业收入构成表 （单位：亿元）

	2016 年		2015 年		同比增减（%）
	金额	占销售收入比重（%）	金额	占销售收入比重（%）	
营业收入合计	1 083		977		

(续)

	2016 年		2015 年		同比增减（%）
	金额	占销售收入比重（%）	金额	占销售收入比重（%）	
分行业					
家电制造	931	86.04	879	89.96	5.98
其他业务	151	13.96	98	10.04	50.41
分产品					
空调	880	81.33	837	85.65	5.22
生活电器	17	1.59	15	1.56	12.81
其他主营业务	33	3.13	26	2.75	25.80
其他业务	15	13.96	98	10.04	54.01

资料来源：格力电器 2016 年度财务报告。

思考题

结合案例所给资料，运用本章格力电器有关财务数据，评价格力电器发展前景。

5.2.5 关于基本财务能力评价的注意事项

公司持续发展的关键在于营运能力、偿债能力、盈利能力的协调程度。若片面追求偿债能力的提高，增大易变现性资产的占用，势必会使资产的收益水平下降，影响公司的营运能力和盈利能力；若只追求提高资产的营运能力，就可能片面地重视公司在一定时期内获取的销售收入规模，相应增大应收账款上的资金占用，而忽略公司资产的流动性和创利水平；若仅单纯地追求公司的盈利能力，又可能增大不易变现资产的占用而忽略资产的流动性，对公司的偿债能力构成不利影响。

财务比率的计算只考虑了数量的因素，未顾及管理层素质等质量因素，对公司的评价，缺乏质量因素的考虑是不完全的；管理层的财务报告策略可能会轻易地改变这些比率，如通过报表日前突击偿付负债，达到提高"流动比率"的目的；会计政策选择上的差距会使不同公司财务比率的比较具有误导性；不同分析者对财务比率理解不同，导致对财务比率的理解产生歧义；在通货膨胀时期，按历史成本原则，那些收益对资本或资产的比率会扭曲性上升；孤立的单一的比率几乎毫无意义，符合行业特点、管理策略和总体经济状态的比率才是合适的；依据公开财务报表计算出的比率只反映过去，对未来感觉的分析人员不会轻信过去的数据反映了未来的经济状况。

5.3 综合财务能力分析

基本财务能力分析是从企业经营状况和财务状况的某一个方面独立进行的财务分析与评价，还难以全面系统地对企业的财务状况和经营成果以及现金流量状况做出评价。财务分析的一个重要目的就是要全方位地分析企业经营理财状况，进而对企业的经济效益做出正确合理的判断，为企业资金的筹集、投放、运用、分配等一系列财务活动的决策提供有力的支持。因此，必须进行多种指标的相关分析或者采用适当的标准对企业状况进行综合分析，才能从整体角度对企业的财务状况和经营成果进行客观评价。财务综合能力分析的方法主要有杜邦分析法、沃尔比重评分法等。

5.3.1 杜邦分析法

杜邦分析法是利用各种财务比率指标之间的内在联系，对公司财务状况和经济效益进行综合分析与评价的一种系统分析方法。该方法是由美国杜邦公司的经理创造出来的，故又称为杜邦系统，是财务综合能力分析的重要方法之一。杜邦分析法的基本原理为将净资产收益率分解为多项财务比率乘积，有助于深入分析及比较企业的经营业绩。例如，净资产收益率可变换如下：

$$\begin{aligned}净资产收益率 &= 净利润 \div 平均净资产 \\ &= (净利润 \div 平均总资产) \times (平均总资产 \div 平均净资产) \\ &= 总资产净利润率 \times 权益乘数\end{aligned} \quad (5\text{-}1)$$

总资产净利润率又可表达为

$$\begin{aligned}总资产净利润率 &= (净利润 \div 销售收入) \times (销售收入 \div 平均总资产) \\ &= 销售净利润率 \times 总资产周转率\end{aligned} \quad (5\text{-}2)$$

综合式（5-1）和（5-2），可以得出企业净资产收益率的杜邦等式：

$$\begin{aligned}净资产收益率 &= (净收益 \div 销售收入) \times (销售收入 \div 平均总资产) \\ &\quad \times (平均总资产 \div 平均净资产) \\ &= 销售净利润率 \times 总资产周转率 \times 权益乘数\end{aligned}$$

其中，权益乘数是平均资产与平均所有者权益的比率，表示企业的负债程度。权益乘数越大，说明企业有较高的负债程度，给企业带来了较多的杠杆利益，同时也给企业带来了较多的风险。企业既要充分有效地利用全部资产，提高资产利用效率，又要妥善安排资金结构。其计算公式为

$$权益乘数 = 平均资产 \div 平均所有者权益 = 1 \div (1 - 资产负债率)$$

应注意的是，此处的资产负债率是指全年平均资产负债率，它是企业全年平均负债总额与全年平均资产总额的百分比。

杜邦分析法的基本原理分析评价体系的基本原理可以用"杜邦分析图"来表示，见图5-1。图5-1的左边部分，主要分析公司的营运能力和盈利能力，并展示出公司的营运能力和盈利能力两者之间的内在联系；图5-1的右边部分，主要分析公司的偿债能力、财务结构、资本结构和资产结构，也展示出其内在的关系。其共同作用的结果是导致公司净资产收益率的变动。因此，净资产收益率是杜邦财务分析体系的核心，是一个综合性最强的指标，反映着公司财务管理目标的实现情况。利用杜邦等式和图5-1，可以帮助管理层更加清晰地看到净资产收益率的决定因素，以及销售净利润率与总资产周转率、债务比率之间的相互关联，给管理层提供了一张考察企业资产管理效率是否最大化股东投资回报的路线图。如果某企业的管理层想提高企业的权益资本收益率，从图5-1中可以发现提高权益资本收益率的四种途径：

（1）使销售收入增长幅度高于成本和费用的增加幅度。

(2) 减少公式的销货成本或经营费用（如图 5-1 左部所示）。
(3) 提高总资产周转率。在现有资产基础上，增加销售收入；或者减少企业资产。
(4) 在不危及企业财务安全的前提下，增加债务规模，提高负债比率。

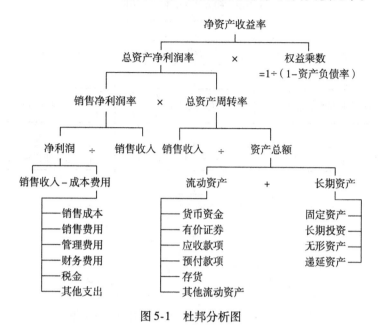

图 5-1 杜邦分析图

可见，杜邦分析是一个以净资产收益率为核心的财务分析框架（见图 5-2），这个分析框架又是一个以净资产收益率为核心的财务分析路径（见图 5-3）。

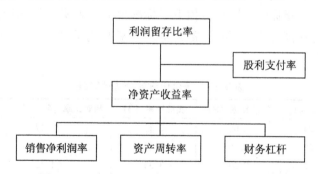

图 5-2 以净资产收益率为核心的财务分析框架

5.3.2 沃尔比重评分法

沃尔比重评分法是亚历山大·沃尔在 20 世纪初创立的一种分析方法。在《信用晴雨表研究》和《财务报表比率分析》中，亚历山大·沃尔提出了信用能力指数的概念，把若干个有代表性的财务比率用线性结合起来，以评价企业的信用水平。他选择了 7 个财务比率，即流动比率、产权比率、固定资产比率、存货周转率、应收账款周转率、固定资产周转率和自有资金周转率，分别给定各指标的比重，总和为 100 分；然后确定标准比率（以行业平均数为基础），并将实际比率与标准比率相比，评出每项指标的得分，最后求出总评分。

因而，沃尔比重评分法的基本原理是将选定的具有代表性的财务指标与行业平均值

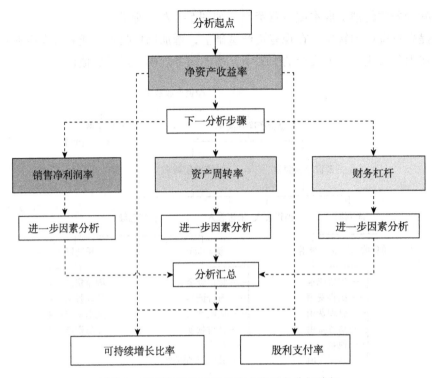

图 5-3 以净资产收益率为核心的财务分析路径

（或标准值）进行比较，以确定公司各项指标占标准值的比重，并结合标准分值来确定公司实际得分值。其评价标准是公司某项财务指标的实际得分值高于标准分值，表明该指标较好；反之，若某项财务指标的实际得分值低于标准分值，表明该指标较差；公司的总得分值表示公司财务状况在同行业中所处位置。表 5-11 就是用沃尔比重评分法，给 M 公司的财务状况总评分的结果。

表 5-11 沃尔比重评分法计算表

财务比率	比重 (1)	标准比率 (2)	实际比率 (3)	相对比率 (4)=(3)÷(2)	评分 (1)×(4)
流动比率	25	2.00	2.33	1.17	29.25
净资产/负债	25	1.50	0.88	0.59	14.75
资产/固定资产	15	2.50	3.33	1.33	19.95
销售成本/存货	10	8	12	1.50	15.00
销售额/应收账款	10	6	10	1.70	17.00
销售额/固定资产	10	4	2.66	0.67	6.70
销售额/净资产	5	3	1.63	0.54	2.70
合　　计	100				105.35

这种综合分析分法解决了在分析公司各项财务指标时如何评价其指标的优、良、差，以及公司整体财务状况在同行业中的地位等问题。但原始意义上的沃尔比重评分法有两个缺陷：一是选择这 7 个比率及给定的比重，在理论上难以证明，缺乏说服力；二是从技术上讲，由于评分是相对比率与比重相"乘"计算出来的，当某一个指标严重异常（过高或过低，甚至是负数）时，会对总评分产生不合逻辑的重大影响。因而，在采用此方法进行

财务状况综合分析和评价时,应注意以下几个方面的问题:①同行业的标准值必须准确无误;②标准分值的规定应根据指标的重要程度合理确定;③分析指标应尽可能全面,采用指标越多,分析的结果越接近现实。尽管沃尔比重评分法在理论上还有待证明,但它在实践中被应用。

根据财政部 1995 年公布的企业经济效益评价指标体系,利用沃尔比重评分法,可对我国企业经济效益进行综合评分。这套体系包括:销售利润率、总资产报酬率、资本收益率、资本保值增值率、资产负债率、流动比率(或速动比率)、应收账款周转率、存货周转率、社会贡献率和社会积累率 10 个指标来对企业的财务状况进行综合评分。这里的关键技术是"标准评分法"和"标准比率"的建立。只有长期连续实践、不断修正,才能取得较好效果。标准比率应以本行业平均数为基础,适当进行理论修正。在给每个指标评分时,应规定上限(最高评分)和下限(最低评分),以减少个别指标异常对总分造成不合理的影响。上限可定为正常评分值的 1.5 倍,下限定为正常评分值的 1/2。此外,给分时不采用"乘"的关系,而采用"加"或"减"的关系来处理,以克服沃尔比重评分法的缺点。

在实际分析时,是使用前面四个问题的分析方法还是使用杜邦分析法或沃尔比重评分法,在很大程度上是个人偏好问题。两种方法都有助于我们理解决定企业盈利能力的因素。需要指出的是,这两种方法都有局限性,这是财务比率分析自身的局限性所造成的。这些局限主要表现在:

第一,当企业业务多元化时,往往很难确定企业应当属于哪个行业范畴。因此,常常需要分析者自己进行行业归类并制定行业比较标准。

第二,现有公布的行业平均值只是一个大概数字,仅仅给使用者提供了一般性指导,而且所选择的样本企业中,不一定包括了行业内有代表性的企业。

第三,企业之间的会计方法可能差异很大,从而导致比率计算上的差异。例如,在价格上涨期间,采用后进先出法进行存货计价的企业的存货价值会低于采用先进先出法的企业,而存货周转率则会相对较高。此外,不同企业还可能选择不同的固定资产折旧方法。

第四,行业平均值可能并没有提供一个合适的目标比率或标准。此时,可以把自己选出的一组企业作为比较对象,甚至只与构成竞争对手关系的企业进行比较。

第五,许多企业的经营具有季节性,因此,资产负债表以及相关的比率会因制表时间的不同而产生差异。为避免这种问题,应当选择反映企业经营季节特征的期限(如几个月或几个季度)计算财务比率并进行比较,而不是机械地以年为计算和比较期限。例如,当一家企业的销售季节性很强时,其存货投资相应也有很强的季节性,此时,最好采用平均月末存货余额来计算存货周转率。

尽管财务比率有以上种种内在的局限性,但到目前为止,财务比率仍然是评价企业经营状况和财务地位的主要工具。当然,分析者在应用财务比率分析时也要注意到它们潜在的一些缺陷。值得一提的是,国内有学者把财务比率评价指标统一到一个分析框架(见图 5-4),以供参考。

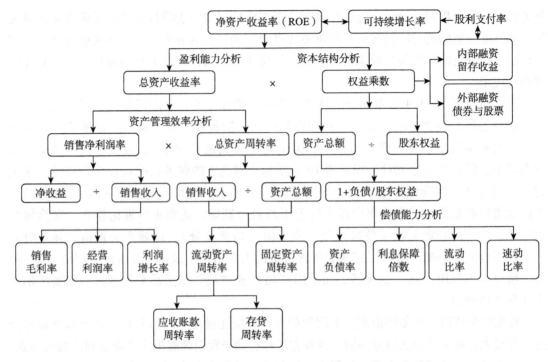

图 5-4 财务比率评价指标框架

(资料来源：谷祺，刘淑莲. 财务管理 [M]. 大连：东北财经大学出版社，2007.)

5.4 业绩评价基本理论

客观地评价企业经营业绩，不仅可以为出资人行使选择经营者的权力提供重要依据，而且可以有效地加强对企业经营者的监管和约束，为有效激励企业经营者提供信息支持和可靠依据。针对传统的财务评价指标存在的缺陷，学术界和实业界从 20 世纪 80 年代起逐步开发了一批以股东价值为中心的业绩评价指标。那么，什么是业绩评价呢？所谓业绩评价是指通过建立综合评价指标体系，对照相应的评价标准，定量分析与定性分析相结合，对企业一定经营期间的盈利能力、资产质量、债务风险以及经营增长等经营业绩和努力程度等各方面进行的综合评判。业绩评价指标体系是业绩评价系统的核心部分，一般包括评价指标、评价标准和评价方法。通常，指标体系的构建是由评价目标和评价对象决定的，企业管理者业绩评价的指标体系应该能体现管理者的自身能力和工作的努力程度。

5.4.1 标杆瞄准和业绩标准矩阵

标杆瞄准是一种业绩评价标准的创新，它需要企业找出某些活动或工作中表现最佳的同行业竞争者或其他行业的领先者，然后以本公司的业绩与之相比。在非财务评价标准的设定中，运用标杆瞄准能更好地促使企业发现差异，判断自身竞争优势与劣势。标杆瞄准的基本程序是：了解掌握本企业经营管理中需要解决和改进的问题，制订工作措施和步骤，建立业绩度量指标；调查行业中的领先企业或竞争企业的业绩水平，掌握它们的优势所在；调查这些领先企业的最佳实践，即了解掌握领先企业获得优秀业绩的原因，进而树立目标，综合最好的,努力仿效最佳的并超过它们。

业绩标准矩阵是同时以两种或两种以上的标准来确定业绩评价标准并对业绩进行评价。比如可以同时以预算标准和竞争对手标准为标准。同时以绝对标准和相对标准来进行业绩评价,可以取长补短,更准确地评价企业管理者的业绩。绝对标准反映企业经营成果的绝对水平,但是企业的经营成果是受宏观经济形势等不可控因素的影响的,而相对标准恰好可以过滤这些不可控的因素。以两种标准的结合来确立管理者业绩评价的评价标准能够更准确地反映剔除不可控因素后的企业管理者对企业业绩所做的贡献。

5.4.2 企业价值创造与 EVA 指标

经济增加值(economic value added,EVA)是美国斯特恩·斯图尔特管理咨询公司提出的一种业绩评价思想。据 EVA 的创立者解释,EVA 是指企业资本收益与资本成本之间的差额。具体地说,EVA 是指企业税后营业净利润与全部投入资本(借入资本和自有资本之和)成本之间的差额。若是差额为正数,就说明企业创造了价值(财富);差额为负数,表明企业发生价值损失;差额为零,说明企业的利润仅能满足债权人和投资者预期获得的收益。

EVA 的一般计算公式为

$$EVA = 息前税后营业利润 - 资金总成本$$
$$= 息前税后营业利润 - (全部资本 - 当前债务) \times 加权平均资本成本率$$

其中,息前税后营业利润是以会计净利润为基础进行调整得到的,调整的项目主要有:商誉(摊销)、研发费用、递延所得税、先进先出存货利得、折旧、资产租赁等。之所以要进行调整,目的在于要消除会计上的稳健主义对业绩的影响,在一定程度上减少管理层进行盈余管理的机会,减少会计计量误差影响。

EVA 实质上是一种"经济利润",它是对真正"经济"利润的评价,EVA 指标体现了股东收益最大化的思想,要求资本获得的收益至少要能补偿投资者承担的风险,因而具有以下特点:

(1)从股东角度定义企业利润和公司价值。EVA 不仅衡量了包括股权资本成本在内的全部资本成本,能全面、正确地反映经营者的业绩,而且以股权投资的机会成本为出发点,有利于在公司决策中增强股东对经营者的监督能力,规范经营者的行为,从而采取维护股东正当权益的决策与行为。

(2)注重企业可持续发展。相对而言,EVA 指标的设计着眼于企业的长期发展,而不是像净利润一样仅仅是一种短视指标,因此应用该指标能够鼓励经营者进行能给企业带来长远利益的投资决策,如新产品(新技术)的研发、人力资源的开发与培养等,从而在一定程度上杜绝企业经营者短期行为的发生。

(3)极大地影响管理者的决策理念,引导经营者努力方向。EVA 不仅能体现公司的持续获利能力,衡量决策是否为公司带来了长期的创值能力,而且应用 EVA 能够建立有效的激励报酬系统,这种系统通过将经营者的报酬与从增加股东财富的角度衡量企业经营业绩的 EVA 指标相挂钩,正确引导经营者的努力方向,促使经营者充分关注企业的资本增值和长期经济效益。

因为 EVA 能够更全面和准确地反映企业的盈利能力，因此利用 EVA 指标值不但可以正确评价一个企业的经营业绩，而且可以有效考评企业资本的保值增值能力。

阅读材料 5-2　　用 EVA 指标重新为上市公司把脉

你相信实现净利润近 39 亿元的公司，用另一种指标衡量，收益却亏损了 20 亿元吗？这个指标就是经济增加值（EVA）。EVA 是一个已被业内人士熟知，但大多数投资者尚不知是何物的业绩考评方法。值得一提的是，由于更能够反映企业真实的盈利水平，EVA 自 1991 年提出后，引发了一场以股东价值为中心的业绩评价革命。近几年来，国外公司越来越认可 EVA 指标，国内也有少数公司开始采用。

EVA 与传统的净利润考评办法相比能产生多大差异呢？根据 Value Tool 财务估值模型统计，截至昨日已披露年报的公司中，各用这两个指标排名（降序）的前 15 家公司，彼此有 7 家企业不重叠，就是说净利润额排在前 15 名的公司中，有 7 个公司从 EVA 的前 15 名排名榜上名落孙山。相反，万科、中国船舶、江西铜业和贵州茅台，虽然在净利润额排名榜上相对偏后，却因为资本的回报率高得到了 EVA 体系的承认。

让我们跌破眼镜的还有某航空公司的 EVA 排名。虽然该公司创造的 39 亿元净利润额在 600 多家披露年报的上市公司中高居前 20 多名，但是根据 EVA 衡量，却以 -20.45 亿元排名毁损价值榜之首。当然，这也与该航空公司的投资资本额庞大有关，如果再做一个单位资本回报率由高到低的排行榜，则该公司就从倒数第一之位退下来了，但也在资本使用效率最低的前 15 位之列。

有意思的是，中小板企业的资本使用效率普遍很高。在单位资本回报率由高到低的前 20 家上市公司中，中小板企业占了 8 家之多，金风科技、方圆支承等都荣列其中。这与中小板企业多以民营资本为主，对股东资本的使用效率较为看重有关。与此同时，某些国有企业在单位资本上的回报率却并不突出，这也说明，这些国企今后的确应该在提高国有资本使用效率上下功夫。

国外实证分析的结果显示，从长期来看，企业未来创造的 EVA 水平与股票的资本市场表现 MVA（市场增加值）有着紧密的相关性，创造最多价值的公司将有最好的市场表现，反之亦然，但这种关系在短期内并不一定存在。

（资料来源：魏玮. 用 EVA 指标重新为上市公司把脉［N］. 中国证券报，2008-03-28）

思考题

为什么说企业未来创造的 EVA 水平与股票的资本市场表现 MVA（市场增加值）有着紧密的相关性？

5.4.3　平衡计分卡

平衡计分卡（The Balanced Scorecard，BSC）最早是由卡普兰和诺顿（1992 年）提出的，现已成为战略业绩评价的重要工具之一。它是以公司战略为中心，把企业及其内部各部门的任务和决策转化为多样的、相互联系的目标，然后再把目标分解成多项指标的多元业绩评价系统。平衡计分卡强调非财务指标的重要性，通过对财务、顾客、内部作业、学习与增长四个各有侧重又相互影响方面的业绩评价来沟通目标、战略和企业经营活动的关系，实现短期利益与长期利益、局部利益与整体利益的均衡。从平衡计分卡四个维度（见图5-5）的内在联系来看，学习与成长是企业可持续发展的核心，内部业务流程是企业可持续发展的基础，赢得顾客是企业可持续发展的关键，财务是最终的经营目标，企业只有不断地学习与成长，才能不断创新，持续改进业务流程，更好地服务于顾客，从而实现最终的财务目标。

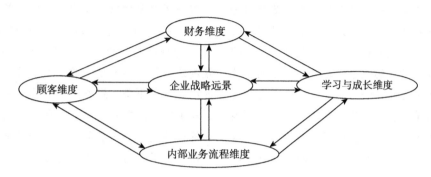

图5-5　平衡计分卡的维度框架

比较而言，EVA是单一的、滞后的、带有短期性质的财务指标，难以衡量经营者在研究和开发等方面为企业长远利益所做的贡献，难以适应知识经济时代无形资产在研发支出和创造价值方面的比重越来越大的要求。EVA过于看重财务业绩的可直接计价因素，而忽视了市场占有率、创新、质量和服务、雇员培训等非财务因素，在一定程度上也是不利于企业的长期可持续发展。

BSC则成功地解决了传统业绩评价体系与企业的长期战略相脱节的问题，将企业的长期战略和短期行动紧密联系起来，平衡兼顾了战略与战术的衡量、长期目标与短期目标的衡量、财务指标与非财务指标的衡量、滞后指标与先行指标的衡量以及外部与内部的衡量等诸多方面，多角度地为企业提供综合信息。但BSC的指标过于分散，一个维度一般有4～7个单独的指标。虽然这些指标和企业的长期战略目标有很强的关联性，但是如果企业过于注重这些单独的指标，这些指标就变得互不相干，企业也就很难通过BSC的指标系统来评价企业的业绩、反映企业的战略。

总的来说，平衡计分卡是一个全方位的架构，是一种强调财务指标与非财务指标平衡的绩效评价与管理工具。在我国，企业绩效评价中运用平衡计分卡的管理思想，对于促使我国企业全面、综合、健康、协调地发展有着重要的意义。

本章小结

财务报表是企业竞争的财务历史，财务分析是经济组织对其生产经营事项及财务状况进行分解剖析的行为。从本质上看，财务分析既是一项分析和解释的技术，又是一种判断过程。人们进行财务分析，是为了评价分析对象以往经营的业绩、衡量当前的财务状况，以便为预测其未来发展趋势提供依据。在长期的实践中，人们已经探索形成了一整套科学的技术方法用以揭示这些数据的联系及变动趋势，如比较分析法、比率分析法、趋势分析法和因素分析法。财务分析主要以财务报告为基础，日常核算资料只能作为财务分析的一种补充资料。财务报告是指企业对外提供的反映企业某一特定日期的财务状况和某一会计期间的经营成果、现金流量等会计信息的文件。财务报告包括会计报表及其附注和其他应当在财务会计报告中披露的相关信息和资料。会计报表至少应当包括资产负债表、利润表、现金流量表等报表。这些报表集中、概括地反映了企业的财务状况、经营成果和现金流量状况等财务信息，对其进行分析，可以更加系统地揭示财务状况。

报表使用者进行财务分析，就是要通过分析了解分析对象的财务能力，以便为其所进行的财务决策提供依据。在长期的财务实践中，人们创造了财务分析的指标体系，如偿债能力分析、营运能力分析、盈利能力分析、发展能力分析，并上升到财务分析理论来指导财务分析工作。企业持续发展的关键在于营运能力、偿债能力、盈利能力的协调程度。若片面追求偿债能力的提高，增大易变现性资产的占用，势必会使资产的收益水平下降，影响企业的营运能力和盈利能力；若只追求提高资产的营运能力，就可能片面地重视企业在一定时期内获取的销售收入规模，相应增大应收账款上的资金占用，而忽略企业资产的流动性和获利水平；若仅单纯地追求企业的盈利能力，又可能增大不易变现资产的占用而忽略资产的流动性，对企业的偿债能力构成不利影响。

基本财务能力分析是从企业经营状况和财务状况的某一个方面独立进行的财务分析与评价，难以全面系统地对企业的财务状况和经营成果以及现金流量状况做出评价。财务分析的一个重要目的就是要全方位地分析企业经营理财状况，进而对企业的经济效益做出正确合理的判断，为企业资金的筹集、投放、运用、分配等一系列财务活动的决策提供有力的支持。因此，必须进行多种指标的相关分析或者采用适当的标准对企业状况进行综合分析，才能从整体角度对企业的财务状况和经营成果进行客观评价。财务综合分析的方法主要有杜邦分析法、沃尔比重评分法等。

杜邦分析法是利用各种财务比率指标之间的内在联系，对企业财务状况和经济效益进行综合分析与评价的一种系统分析方法。杜邦分析法的基本原理为将净资产收益率分解为多项财务比率乘积，有助于深入分析及比较企业的经营业绩。净资产收益率是杜邦财务分析体系的核心，是一个综合性最强的指标，反映企业财务管理目标的实现情况。沃尔比重评分法的基本原理是将选定的具有代表性的财务指标与行业平均值（或标准值）进行比较，以确定企业各项指标占标准值的比重，并结合标准分值来确定企业实际得分值。其评价标准是企业某项财务指标的实际得分值高于标准分值，表明该指标较好；反之，若某项财务指标的实际得分值低于标准分值，表明该指标较差；企业的总得分值表示公司财务状况在同行业中所处位置。

业绩评价是指通过建立综合评价指标体系，对照相应的评价标准，定量分析与定性分析相结合，对企业一定经营期间的盈利能力、资产质量、债务风险以及经营增长等经营业绩和努力程度等各方面进行的综合评判。业绩评价方法有标杆瞄准和业绩标准矩阵、EVA 指标、平衡计分卡等。

参考文献

[1] 詹姆斯 C 范霍恩. 财务管理与政策（原书第 11 版）[M]. 刘志远，译. 大连：东北财经大学出版社，2000.

[2] 王建华. MBA 现代财务管理精华读本 [M]. 合肥：安徽人民出版社，2002.

[3] Arthur J Keown, 等. 现代财务管理基础（原书第 7 版）[M]. 朱武祥，译. 北京：

清华大学出版社，1997.

[4] 陆正飞. 财务管理 [M]. 大连：东北财经大学出版社，2001.

[5] 朱开悉. 财务管理学 [M]. 长沙：中南大学出版社，2004.

[6] 荆新，王化成，刘俊彦. 财务管理学 [M]. 北京：中国人民大学出版社，2002.

[7] 王玉春. 财务管理 [M]. 南京：南京大学出版社，2008.

[8] 谷祺，刘淑莲. 财务管理 [M]. 大连：东北财经大学出版社，2007.

[9] 杨雄胜. 财务管理原理 [M]. 北京：北京师范大学出版社，2007.

[10] 王明虎. 财务管理原理 [M]. 北京：中国商业出版社，2006.

[11] 中国注册会计师协会. 财务成本管理 [M]. 北京：中国财政经济出版社，2009.

复习思考题

1. 为什么在多项财务指标的不用"全部现金流量"而用"经营活动产生的现金流量"？
2. 财务报告、财务报表和会计报表有无区别？
3. 请分别从股东、总经理、债权人视角谈谈如何运用杜邦分析体系进行财务分析？
4. 平衡计分卡平衡了什么？EVA 的本质是什么？
5. 如果所有人都用标准财务分析指标进行财务分析，那么财务分析还有效吗？
6. 财务分析指标是否必须是固定的，管理者能否自创财务分析指标用于管理分析？

练习题

1. 华天公司 2017 年有关资料如下：速动比率为 2，长期负债是短期投资的 4 倍；应收账款 4 000 元，是速动资产的 50%，流动资产的 25%，同固定资产净值相等。股东权益总额等于营运资金，实收资本是未分配利润 2 倍。要求：编制 2017 年年末资产负债表（见表 5-12）。

表 5-12　华天公司 2017 年年末资产负债表

资　　产	金　　额	负债与所有者权益	金　　额
货币资金		应付账款	
短期投资		长期负债	
应收账款			
存货		实收资本	
固定资产净值		未分配利润	
合计		合计	

2. 某公司的流动资产为 2 000 000 元，流动负债为 500 000 元。该公司的流动比率是多少？若其他条件不变，分别讨论下列各种情况下公司的流动比率将如何变化：用现金 100 000 元来购置设备；购买存货 1 200 000 元，款项未付；用现金偿付购货款 50 000 元；收回应收账款 75 000 元；增加长期负债 200 000 元，其中 100 000 元用来购买存货，另 100 000 元用来归还短期借款。

3. 某公司的年销售收入（全部赊销）为 400 000 元，销售毛利为 15%。资产负债表中流动资产 80 000 元，流动负债 60 000 元，存货 30 000 元，现金 10 000 元。

要求：

(1) 若管理部门要求的存货周转率为3，则公司的平均存货应为多少？（假定全年的天数为360天）

(2) 若应收账款平均余额为50 000元，则应收账款周转速度为多少，平均收账期为多少天？（假定全年的天数为360天）

4. 新安公司近三年的主要财务数据和财务比率如表5-13所示。假设该公司没有营业外收支和投资收益，各年所得税税率不变，其中权益净利率＝资产利润率×权益乘数＝销售净利率×资产周转率×权益乘数。

表5-13　新安公司近三年的主要财务数据和财务比率

财务指标	2015年	2016年	2017年
销售额（万元）	4 000	4 300	3 800
资产（万元）	1 430	1 560	1 695
普通股（万股）	100	100	100
留存收益（万元）	500	550	550
股东权益（万元）	600	650	650
权益乘数		2.39	2.5
流动比率	1.19	1.25	1.2
平均收现期（天）	18	22	27
存货周转率	8.0	7.5	5.5
长期债务/股东权益	0.5	0.46	0.46
销售毛利率	20.0%	16.3%	13.2%
销售净利率	7.5%	4.7%	2.6%

要求：分析说明该公司资产、负债和所有者权益的变化及其原因。假如你是该公司的财务经理，在2018年应从哪方面改善公司的财务状况和经营业绩。

5. 某公司2003年资产负债表及利润表有关项目资料如下（见表5-14和表5-15）。

表5-14　某公司2003年资产负债表

2003年12月31日　　　　　　　　　　　　　　　　　　　　　　　　金额单位：万元

资产	金额	负债及所有者权益	金额
流动资产		流动负债	
货币资金	41	短期借款	25
应收账款	25	应付账款	65
应收票据	5.4	未交税金	21
存货	128	长期负债	
待摊费用	4	长期借款	60
长期投资	12.5	所有者权益	
固定资产	71.5	实收资本	100
无形资产	8.6	资本公积	10
		未分配利润	15
资产总计	296	负债与所有者权益合计	296

表 5-15　某公司 2003 年利润表

2003 年 12 月 31 日　　　　　　　　　　　　　　　　　　　　　　　　单位金额：万元

项　目	金　额	项　目	金　额
一、主营业务收入	625	三、营业利润	140
减：主营业务成本	375	加：投资收益	25
主营业务税金及附加	25	补贴收入	—
二、主营业务利润	225	营业外收入	15
加：其他业务利润	—	减：营业外支出	12.5
减：营业费用	10	四、利润总额	167.5
管理费用	55	减：所得税	55
财务费用	20	五、净利润	112.5

要求：根据表 5-14 和表 5-15 提供的内容计算下列各项财务指标：

（1）流动比率；（2）速动比率；（3）现金比率；（4）资产负债率；（5）产权比率（负债所有者权益比）；（6）总资产报酬率；（7）净资产收益率；（8）存货周转率；（9）流动资产周转率。

案例分析

云辉电子是一家主要生产小型及微处理电子器件的上市公司，市场定位主要服务于小规模企业及个人用户。由于公司产品质量优良，价格合理，深受市场欢迎。假设该公司正在做 2017 年的财务状况分析，财务总监必须向董事会汇报 2017 年公司经营成果及其相关财务状况。恰好你被分配到该公司工作，财务总监指派你对公司 2017 年度有关的经营成果的资料进行整理和分析，写出书面的财务情况说明书，制作幻灯片，以便于向董事会汇报，为此提供给你以下资料（见表 5-16）。

表 5-16　云辉电子 2017 年度利润表

编制单位：云辉电子　　　　　　　　　2017 年度　　　　　　　　　　　单位：万元

项　目	2017 年	2016 年
一、营业收入	6 000	5 000
减：营业成本	3 400	2 800
营业税金及附加	360	300
销售费用	540	400
管理费用	660	500
财务费用（收益以"-"填列）	160	200
资产减值损失	20	10
加：公允价值变动净收益（净损失以"-"号填列）		
投资净收益（净损失以"-"号填列）	140	110
二、营业利润（亏损以"-"号填列）	1 000	900
加：营业外收入	160	50
减：营业外支出	60	50
其中：非流动资产处置净损失（净收益以"-"号填列）		

（续）

项　　目	2017 年	2016 年
三、利润总额（亏损以"－"号填列）	1 100	900
减：所得税费用	275	225
四、净利润（净亏损以"－"号填列）	825	675
五、每股收益：		
（一）基本每股收益		
（二）稀释每股收益		

要求：请运用案例中提供的信息，做好公司 2017 年度的利润完成情况的综合分析评价并制作成 PPT 演示文档。

第6章 项目投资原理

本章学习要点

项目投资决策概述

项目投资决策基本评价方法

项目投资决策组合分析方法

课前阅读材料

现在开发还是推迟开发

2017年10月,国内重晶石粉价格上涨,河北省灵寿县一家矿山公司发现附近有这种矿山,公司生产技术部门估计矿石储备1 000万吨,4年采完,每年开采支出成本100万元,但需要现在支付采矿权2亿元。从目前情况看,该矿山矿石品位比较高,每吨市场价格约200元。但考虑未来这类矿石需求量增加,4年后每吨约400元,如果4年以后购买开采,市场销售收入更高,但支付的采矿权也需要达到近3亿元。针对这一情况,公司内部有两种不同的意见:一种意见是应该现在把矿山买下来,开采矿石对外销售,4年后结束项目;另一种意见是应该等4年后矿石价格上涨后再买,可以赚更多的钱。总经理对这两种意见一时不知该采纳哪一种意见,就决定征求财务部门的意见。

思考题

如果你是企业财务部门负责人,应如何帮助总经理分析这一问题,提出政策建议?

6.1 项目投资决策概述

在企业管理实践中,决策充斥着整个管理过程的每一个环节,在诺贝尔经济学奖得主赫伯特·亚历山大·西蒙(Herbert Alexander Simon)看来,管理就是决策。西蒙认为,组织就是作为决策的个人所组成的系统。决策贯彻于管理的全过程,管理就是决策,组织的任何一个成员第一个决策是参加或不参加这个组织。本章着重就企业财务决策中的重大事项——项目投资决策的基本原理进行概括表述,并通过实例让初学者了解和掌握项目投资决策的方法。

6.1.1 决策与投资决策

实际工作中,管理者所面对的问题可以说是方方面面的,这些问题的化解需要管理者做出不同的抉择,这将可能导致不同的结果,其中,有很多结果是当时做抉择时无法预知的,所以在管理过程中,管理者需要根据环境的变化不断选择不断做出新的决定,在这个意义上,我们说,决策就是对需要处理的事情做出策略上的决定。从学术意义上看,决策是人们为实现预期的目标,运用一定的科学理论、方法和手段,通过一定的程序,对若干个可行性的行动方案进行研究论证,从中选出最满意的方案的过程。必须认识到,决策是行动的基础,没有正确的决策就没有合理的行动。

投资是投资主体为获得未来的、不确定收益而支付即期价值(成本)的行为。从其特征上看,第一,投资是完全或至少部分是不可逆的,也就是说已投入的资金是沉没成本;第二,来自投资的未来回报是不确定的,也就是说在投资决策中,只能做到评估代表较高或较低收益结果的概率;第三,在投资时机上有一定的回旋余地,也就是决策者可以选择是否要推迟行动以获得更多的信息。

综合来看,投资决策是指投资者为了实现其预期的投资目标,运用一定的科学理论、方法和手段,通过一定的程序,对若干个可行性的投资方案进行研究论证,从中选出最满意的投资方案的过程。一项好的投资决策应当是一个能提高目前公司权益的市场价值,因而能为公司的股东创造价值的决策。也就是说,投资决策必须考虑到财务目标,偏离财务目标或者不能为股东创造价值的投资决策一定要尽量避免。当然,在这个问题上,需要投资者敏锐的思考和全面的分析,有时需要做出战略性投资决策[⊖]。从这个意义上来看,对于企业来说,创造性投资非常重要,以至于不能仅留给财务专家来完成,而应该是组织内部所有经理人员日渐重要的职责。

6.1.2 项目投资决策的概念与要素

项目投资决策的前提是要有相应的投资项目可供选择。所谓投资项目是指在规定期限内完成某项开发目标(或一组目标)而规划的投资、政策以及机构方面等其他活动的综合体。只有有了相应的投资项目,才能进行是否进行项目投资的决策。那么,什么是项目投资决策呢?项目投资决策是指在项目投资活动中,为实现投资主体(投资者)预期的投资目标,在占有大量信息的基础上,运用一定的科学理论、方法和手段,通过一定的程序,对若干个可行性的投资项目的投资方案进行研究论证,从中选出最满意的投资方案的过程。

项目投资决策的根本目的是为了扩大生产经营能力,主要表现为固定资产投资。一般来讲,固定资产投资不经常发生、投资金额大、投资回收期长、影响时间长远、投资风险大、对企业收益影响大,所以必须引起决策者的高度重视,在对一项固定资产投资项目进

⊖ 这是投资决策的一种类型,是指对企业未来发展前途影响较大的投资决策。一般地,按投资决策与企业未来经营活动的关系可以划分为维持性投资与扩大生产能力投资;按投资决策的对象可以划分为固定资产投资、无形资产投资和递延资产投资;按投资决策对企业前途的影响可以划分为战术性投资和战略性投资;按投资决策的相互关系可以划分为相关性投资和非相关性投资;按投资决策对增加利润途径的影响可以划分为扩大收入投资和降低成本投资;按投资决策时的决策角度可以划分为采纳与否投资和互斥选择投资。

行决策时，必须对其必要性和可行性进行技术经济论证，对不同的项目投资方案进行比较选择，并做出判断和决定。

从构成要素上看，项目投资决策应当包括以下四个基本要素。

（1）决策者。投资项目的决策者也是项目投资的主体，是具有资金或财源和投资决策权的法人。

（2）决策目标。项目投资决策的目标就是要求在项目开发经营过程中，在投资风险尽可能小的前提下以最少的投入得到最大的产出。

（3）决策变量。决策变量是指决策者可能采取的各种行动方案，各种方案可以由决策者自己决定，这种变量是可以人为地进行调控的因素。

（4）状态变量。状态变量是指项目决策者所面临的各种自然状态。许多状态包含着各种不确定性因素，项目投资者必须对项目开发过程中可能出现的不确定性因素加深了解，并利用科学的分析方法，分析不确定因素变化对项目投资的可能性。

为此，我们必须强调，正确的项目投资决策取决于决策者个人的素质、知识、能力、经验以及审时度势和多谋善断的能力，同时又与认识和掌握投资决策的理论知识、基本内容和类型，以及与应用科学决策的理论方法有着密切的关系。决策者在进行投资决策时，必须考虑一些因素，如有明确的项目投资决策目标；有两个或两个以上可供选择和比较的决策方案；有评价方案优劣的标准；有真实反映客观实际的数据资料。

> **阅读材料 6-1**
>
> ### 摩托罗拉集团的"铱星计划"
>
> 1987年，摩托罗拉公司的一些工程师考虑使用一个全球卫星系统来建立世界范围的电话通信网络，以保证全球任何一个区域范围内都能够进行电话通信，保证通信信号的覆盖范围，获得清晰的通话信号，基本解决方案是：由66颗近地卫星组成的星群，让用户从世界上的任何地方都可以打电话。在一次与摩托罗拉高层的见面中提出了项目建议，当时摩托罗拉的高层领导是罗伯特·高而文（Robert Galvin）、约翰·米切尔（John Mitchell）和威廉姆·韦茨（William Weisz）。在持续大约两小时的谈话后，这一计划得到了时任摩托罗拉公司的首席执行官罗伯特·高而文的青睐，他说，"没有任何犹豫，我们三个人在第一次会谈时就批准了这个项目。"他们认为，铱星计划是摩托罗拉技术高超的显示，具有巨大潜力，令人振奋，决不可放弃，因而"他们没有要求进行现金流预测"，在"没有折现，没有净现值，没有内部收益率，甚至没有项目回收期分析"的情况下就给予了支持——他们用主观的判断代替了严格的财务投资分析。
>
> 1991年，这一项目正式启动，摩托罗拉投资4亿美元建立"铱星世界通讯公司"（Iridium World Communications Co. Ltd）。摩托罗拉拥有该公司25%的股份和董事会上28席中的6席。另外，摩托罗拉还做出了7.5亿美元的贷款承诺，并给予"铱星"要求再增加3.5亿美元的期权。就"铱星"来说，它最终与摩托罗拉签订了66亿美元的合约，其中34亿美元用于卫星的开发，29亿美元用于维持公司正常运行，"铱星"则要为摩托罗拉建立卫星通信系统提供技术。1998年11月1日，在进行了耗资1.8亿美元的广告宣传之后铱星公司展开了它的通信卫星电话服务。开幕式上，美国副总统阿尔·戈尔用"铱星"打了第一通电话——电话机的价格是每部3 000美元，每分钟话费3~8美元。到1999年4月，公司还只有1万名

用户（设定的目标客户是 60 万户，仅在中国的发展目标就定了 10 万户），面对着微乎其微的收入和每月 4 000 万美元的贷款利息，公司陷入巨大的压力之中。6 月，铱星解雇了 15% 的员工，8 月，它的用户只上升到 2 万名，离贷款合同要求的 52 000 名相去甚远。1999 年 8 月 13 日星期五，在拖欠了 15 亿美元贷款的两天之后，铱星提出了破产保护的申请。

（资料来源：根据"铱星计划：摩托罗拉的美妙幻想"（作者：俞利军）和《行为公司金融——创造价值的决策》（作者：赫什·舍夫林，中国人民大学出版社，2007 年 9 月）等资料改写。）

思考题

从财务角度来看，"铱星计划"决策中存在什么问题？

6.1.3 项目投资决策的基本原则

对于企业而言，对于一个特定项目的投资，不仅影响深远，而且极有可能导致企业在未来期间的盛衰，为此，在决策过程中必须慎重对待每一个投资项目的决策。从总体上看，项目投资决策应当把握以下原则。

1. 注重项目的投入产出，把握投资项目的价值增值原则

企业存在的价值是通过为社会提供人们所需要的产品或服务，从而获取自身经济利益，所以必须重视投资项目的投入产出，尽量做到在投入较少的前提下取得较大的产出效益，实现价值增值的财务目标。

2. 考虑项目的长远利益，企业效益与社会效益双赢原则

企业的投资行为需要以维护投资者的长远利益和企业整体发展战略为出发点，因而在考虑投资项目时，需要正确处理当前利益和长远利益之间的关系，对于即使能够导致企业短期取得较好效益、影响企业长远利益的投资项目应坚决予以否决。对于能够影响企业长期可持续发展、实现企业效益与社会效益良性循环的投资项目，即使短期内难以见效，也应当千方百计地组织人力、物力和财力，进行投资，以获取企业效益与社会效益的双赢。当然，当企业面对的投资项目出现企业效益和社会效益的冲突时，还需要在考虑企业伦理的基础上，恰当评估投资项目给社会带来的影响程度，并尽量将负面影响降低到最低程度。如果对人类环境或社会发展带来较大的负面影响，而又无法回避或降低这种影响的，只能选择放弃对该项目的投资。也就是说，在这个问题上，企业需要破除单纯的经济利益或利润的观点，不能为了挣钱而挣钱，否则，很容易做出错误的决策，形成决策前处处是"馅饼"，决策后时时是"陷阱"的尴尬局面。

3. 重视项目的风险评估，搞好投资项目的风险控制原则

由于环境的不确定性，项目投资都存在风险，这种风险可能来自市场需求、技术更新、国家行业政策、企业内部人员变动等多个方面。企业在进行投资决策前，必须充分评估这些可能变动带来的风险，制订相应的预案以控制风险，确保项目目标得以实现；如果项目投资风险过大，企业难以控制，则企业需要均衡项目投资风险和收益之间的关系做出相应决策，不宜为获取收益而使企业承担不可承受的风险。

6.1.4 项目投资决策的一般程序

科学的决策，必须从客观实际情况出发，遵循科学的决策程序。科学的项目投资决策也必须履行一定的投资决策程序，一方面是为了明确决策责任，提高决策效率，克服决策者凭个人主观想象轻率拍板的顽疾；另一方面也是为了确保项目决策的科学性，降低项目投资决策的风险。从财务角度来看，项目投资决策一般应遵循下列程序。

1. 估算投资方案的预期现金流量

项目投资是为了获取未来经济利益，这种经济利益一般表现为预期现金流量。在投资决策过程中，必须对项目投资所导致的现金流量的影响给予定量的估算，这是投资项目决策的前提。

2. 估计预期现金流量的风险

考虑到预期现金流量是基于当下对未来的预计，必然包含有不同程度的风险因素，为此，必须对这种风险程度给出较为客观的估计，以便为资本成本的选择确定奠定基础。

3. 确定资本成本的一般水平，也就是要确定相应的贴现率（折现率）

按照财务管理的货币时间价值原理，处于不同时点的货币（资金）无法进行比较，但可以以一定的贴现率（折现率）将不同时点的货币（资金）换算到同一时点进行比较。为此，对于项目投资决策而言，估算的未来现金流量需要按资本成本进行换算，也就是要确定一个相应的贴现率（折现率），一般可以以同期银行存款或国债利率为基础，在考虑风险大小的基础进行确定。

4. 确定投资方案的现金流量现值

运用贴现（折现）的方法将未来现金流量折算为当前现金流量，从而得到该项目的不同投资方案所带来现金流量的现值，奠定决策的基础。

5. 通过现金流量现值与所需资本支出的比较，决定选择或拒绝投资方案

比较项目未来现金流量现值与所需资本支出大小，如果项目现金净流量现值小于所需资本支出，则项目可行；否则，不可行。

6.2 项目投资决策基本评价方法

投资是要讲求效益的，任何投资都不能例外。企业进行项目投资的根本目的是为了实现企业的价值增长，促进财务管理目标的实现。企业能否实现这一目标，关键在于其能否在变化迅速的市场环境下，抓住有利时机，做出合理的投资决策，而合理的投资决策又必须以科学的项目投资决策评价为依据，本节将从财务角度介绍项目投资决策定量评价方法。

6.2.1 现金流量：项目投资决策评价基础的确定

1. 为何选择现金流量而不是利润作为决策评价的基础

要进行项目投资决策定量评价，必须确定其评价的基础。从财务角度来看，可以是会计上的利润指标，也可以是现金流量指标。应该说，利润和现金流量并不是一个层面的问题，利润是企业经营的目的和结果，而现金流量则是经营的过程和条件。

柯林斯在《基业长青》中写道，企业利润就像人体需要的氧气、食物和水一样，没有它们就没有生命，但是这些不是生命的目的和意义。企业与人一样，人体靠血液输送养分与氧气，才能维持生命与活力，如果人体动脉硬化、血管阻塞便有休克性死亡的危险，现金流量便是人体的血液。也就是说，对于企业而言，利润固然很重要，但并不是经营企业的目的和意义。对于现代管理者来说，知道利润是怎么产生的更加重要，没有现金流量，企业必然出现危机或死亡，在这一点上，现代管理学之父德鲁克讲得好，那些仅仅把眼光盯在利润上的企业总会有一天会没有利润可赚的。

从财务角度来讲，利润只是一个结果，企业真正要控制的是实现利润过程中的其他财务指标，如果过程失控，利润就不能持久。财务学家莫迪尼安利认为，利润不是一个有价值的概念，你应该做的是使公司的价值最大化，那是 MM 理论⊖最重要的贡献，即指出了经营管理的核心是什么：不应是基于这毫无意义的利润最大化的观念，而是更有意义的观念，即努力使股东所拥有的公司的价值最大。当然，要表达股东所拥有的公司的价值最大，最好采用现金流量指标，一方面，利润是按权责发生制计算的，把未收到的现金的收入作为收益，风险太大；另一方面利润指标的计算易受会计政策的影响，而现金流量更为客观一些。就项目投资而言，现金流量指标不仅涵盖了投资项目的寿命周期，现金流量的时间域，还表现出发生在各个时间点上的现金流量。为此，财务管理学在进行项目投资决策评价基础的抉择时将现金流量（这里的现金主要指货币资金）作为计算与投资决策相关的其他相关指标的基础。

综合来看，投资决策中重视现金流量，而把利润放在次要地位，主要考虑以下原因：

（1）在投资项目的整个投资有效年限内，利润总计与现金净流量总计是相等的，从而使得以现金净流量取代利润作为评价净收益指标不仅是可能的而且也是现实的。

（2）按权责发生制计算出来的利润因受折旧方法等会计政策选择因素的影响，存在一定程度的主观性，相对而言，采用现金流量指标可以更加有效地保证评价结果的客观性。

（3）在项目投资的分析过程中，项目的现金流动状况比盈利状况更加重要。可以说，有利润的年份不一定能产生多余现金用来进行其他项目的再投资，而一个投资项目能否维持下去，并不取决于一定期间是否有盈利，更多地却取决于能否产生现金，从而用于各种支付。

2. 现金流量的构成与计算

一般地，可以按动态的变化状况将现金流量划分为现金流入量、现金流出量和现金净流量。其中现金流出量主要表现为投资项目所引起的货币资金减少额，如购置生产线的价款、垫支的流动资金等。现金流入量主要表现为投资项目所引起的货币资金增加额，如营业收入（补贴收入）、回收固定资产残值收入、收回垫支的流动资金等。现金净流量则表现为一定时期与固定资产投资有联系的货币资金增加与减少的差额。通常意义上的现金流量，

⊖ 美国财务专家米勒（Miller）和莫迪尼安利（Modigliani）于1961年发表"股利政策、增长和股票价值"一文，认为在完全资本市场中，股份公司的股利政策与公司普通股每股市价无关，公司派发股利的高低不会对股东的财富产生实质性的影响，公司决策者不必考虑公司的股利分配方式，公司的股利政策将随公司投资、融资方案的制定而确定。后来，人们将该理论简称为"MM 理论"。

指的就是现金净流量（一般用 NCF 表示），也可以按项目投资过程将现金流量划分为初始现金流量、营业现金流量、终结现金流量。

营业现金流量 ＝ 收现收入(或经营收入) － 付现成本(或经营成本) － 所得税费用
　　　　　　　＝ 营业收入 －（营运成本 － 折旧 － 摊销）－ 所得税费用
　　　　　　　＝ 净利润 ＋ 折旧 ＋ 摊销

[例 6-1]　西敏公司准备购入一套机械设备，现有甲、乙两个方案可供选择。甲方案需投资 20 万元，使用寿命 5 年，采用直线法计提折旧，5 年后设备无残值。5 年中每年销售收入 8 万元，每年付现成本为 3 万元。乙方案需投资 24 万元，采用直线法计提折旧，使用寿命 5 年，5 年后有残值收入 4 万元，5 年中每年的销售收入为 10 万元，付现成本每年为 4 万元，以后逐年增加日常修理费 2 000 元，另需垫支营运资金 3 万元，假设两方案所得税率为 25%。要求：计算两方案的现金流量。

解：
方法之一：公式计算法
(1) 甲方案
每年提取折旧额 ＝ 20 ÷ 5 ＝ 4（万元）
净利润 ＝（8 － 3 － 4）×（1 － 25%）＝ 0.75（万元）
第 1 年年初现金流量 ＝ － 20 万元
第 1 ~ 5 年年末每年现金流量 ＝ 4 ＋ 0.75 ＝ 4.75（万元）
(2) 乙方案
每年提取折旧额 ＝（24 － 4）÷ 5 ＝ 4（万元）
第 1 年年初现金流出流量 ＝ －（24 ＋ 3）＝ － 27（万元）
第 1 年年末现金流入流量 ＝（10 － 4 － 4）×（1 － 25%）＋ 4 ＝ 5.5（万元）
第 2 年年末现金流入流量 ＝（10 － 4 － 4 － 0.2）×（1 － 25%）＋ 4 ＝ 5.35（万元）
第 3 年年末现金流入流量 ＝（10 － 4 － 4 － 0.4）×（1 － 25%）＋ 4 ＝ 5.2（万元）
第 4 年年末现金流入流量 ＝（10 － 4 － 4 － 0.6）×（1 － 25%）＋ 4 ＝ 5.05（万元）
第 5 年年末现金流入流量 ＝（10 － 4 － 4 － 0.8）×（1 － 25%）＋ 4 ＋ 4 ＋ 3 ＝ 11.9（万元）
方法之二：表格计算法
(1) 甲方案营业现金流量计算表（见表 6-1）。

表 6-1　甲方案营业现金流量计算表

	项　目	0	1	2	3	4	5
	固定资产投资	－20					
营业现金流量	销售收入 (1)		8	8	8	8	8
	付现成本 (2)		3	3	3	3	3
	折旧 (3)		4	4	4	4	4
	税前利润 (4) = (1) - (2) - (3)		1	1	1	1	1
	所得税费用 (5) = (4) ×25%		0.25	0.25	0.25	0.25	0.25
	税后净利 (6) = (4) - (5)		0.75	0.75	0.75	0.75	0.75
	现金流量 (7) = (3) + (6)		4.75	4.75	4.75	4.75	4.75
	现金流量合计	－20	4.75	4.75	4.75	4.75	4.75

(2) 乙方案营业现金流量计算表（见表6-2）。

表6-2 乙方案营业现金流量计算表

项目		0	1	2	3	4	5
固定资产投资		−24					
营运资金垫支		−3					
营业现金流量	销售收入（1）		10	10	10	10	10
	付现成本（2）		4	4.2	4.4	4.6	4.8
	折旧（3）		4	4	4	4	4
	税前利润（4）=（1）−（2）−（3）		2	1.8	1.6	1.4	1.2
	所得税费用（5）=（4）×25%		0.5	0.45	0.4	0.35	0.3
	税后净利（6）=（4）−（5）		1.5	1.35	1.2	1.05	0.9
	现金流量（7）=（3）+（6）		5.5	5.35	5.2	5.05	4.9
固定资产残值							4
营运资金回收							3
现金流量合计		−27	5.5	5.35	5.2	5.05	11.9

6.2.2 项目投资决策基本评价的非贴现现金流量方法

项目投资决策基本评价的非贴现现金流量方法，是比较传统的项目投资决策的评价方法，其基本特征是在进行项目投资决策的指标计算中不考虑投资项目未来现金流量的时间价值，主要决策方法包括投资回收期法和会计收益率法。

1. 投资回收期法

投资回收期是指从项目的投建之日起，用项目所得的净收益偿还原始投资所需要的年限，即由投资项目引起的现金流入累计与投资额相等时所需要的时间期。一般情况下以年为计量单位。该方法比较简便易懂，在项目投资决策中应用较早，运用也较普遍。在发展的过程中，人们逐渐认识到投资回收期法存在诸多缺陷，比如没有全面地考虑投资方案整个计算期内的现金流量；无法准确衡量方案在整个计算期内的经济效果；忽略货币时间价值等。因为该方法忽略了回收期后的收益，容易造成严重的退缩不前。毕竟，资本投资的全部目的在于创造利润，而不只是为了保本。同时，若是决策者以回收期做参数，往往会导致企业优先考虑急功近利的项目，导致放弃长期成功的方案。为此，在现代财务管理中，一般将该方法作为一种辅助决策的方法。其基本计算公式为

$$投资回收期 = (n-1) + \frac{|第n-1年尚未收回的投资额|}{第n年的现金净流量}$$

式中 n——累计现金净流量开始出现正数的年份。

[例6-2] 假设香泉股份有限公司面临一项固定资产投资决策，项目初始投资100万元，项目建设期2年，经营期为4年，第3~6年所产生的现金流量分别为30万元、40万元、50万元和20万元，则该投资项目所能产生的累计现金流量（NCF）如图6-1所示。

投资回收期 =（5−1）+｜−30｜÷50 = 4.6（年）

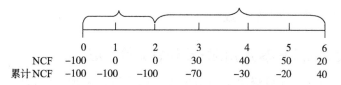

图 6-1 该投资项目所能产生的累计现金流量

当投资项目每年获取的现金流量相等时，可以采用下面公式计算：

$$投资回收期 = \frac{原始投资额}{年现金净流量}$$

可见，投资回收期指标计算简便，容易理解；项目投资回收期在一定程度上显示了资本的周转速度。资本周转速度越快，回收期越短，风险越小，盈利越多。这对于那些技术上更新迅速的项目、资金相当短缺的项目或未来的情况很难预测而投资者又特别关心资金补偿的项目，运用投资回收期法进行分析是特别有用的。

为了进一步丰富和发展该决策方法，人们又将投资回收期进一步划分为静态投资回收期和动态投资回收期。

静态投资回收期是在不考虑资金时间价值的条件下，以项目的净收益回收其全部投资所需要的时间。投资回收期可以自项目建设开始年算起，也可以自项目投产年开始算起，但必须给予说明。

动态投资回收期是把投资项目各年的净现金流量按基准收益率折算成现值之后，再推算投资回收期，这也是它与静态投资回收期的根本区别。动态投资回收期就是净现金流量累计现值等于零时的年份。

求出的动态投资回收期也要与行业标准动态投资回收期或行业平均动态投资回收期进行比较，低于相应的标准认为项目可行。投资者一般都十分关心投资的回收速度，为了减少投资风险，都希望越早收回投资越好。动态投资回收期是一个常用的经济评价指标。动态投资回收期弥补了静态投资回收期没有考虑资金的时间价值这一缺点，使其更符合实际情况。

2. 会计收益率法

会计收益率（也称"投资收益率"）是投资项目经济寿命期内的平均每年获得的税后利润（会计收益）与初始投资额的之比[⊖]，这是一项反映投资获利能力的相对数指标。在计算时使用会计报表上的数据，以及普通会计的收益和成本观念。基本计算公式为

$$会计收益率 = 年平均收益 \div 初始投资额$$

该方法的基本决策规则为会计收益率越高，投资收益越高，投资方案越有利；反之，会计收益率越低，投资收益越低，投资方案越不利。企业在进行投资决策时，首先需要确定一个企业要求达到的会计收益率的最低标准，然后将有关投资项目所能达到的会计收益率与该标准比较，若超出该标准，则该投资项目是可取的；若是达不到该标准，则应该放弃该投资项目。在有多个投资项目的互斥选择中，则选择会计收益率最高的项目。

也有人将会计收益率法称为投资回报率法，并把投资回报率定义为由投资项目所引起

⊖ 也有使用投资现金流量，来计算投资收益率（会计收益率）的。我们主张，无论是采用税后利润还是采用投资现金流量，都应当本着一致性和可比性原则进行实践操作。

的平均现金净流量与原始投资额形成的比率。

6.2.3 项目投资决策基本评价的贴现现金流量方法

贴现现金流量方法是在投资决策中考虑投资项目所带来现金流量的时间价值，通过计算相应指标进行财务决策的方法。最常用的有净现值法、现值指数法和内含报酬率法。

1. 净现值法

净现值法是运用投资项目的净现值进行投资评估的基本方法。一般把投资项目投入使用后的净现金流量，按资本成本或企业要求达到的报酬率折算为现值，减去初始投资以后的余额，称为净现值（net present value，NPV）。也有人认为，净现值是从投资开始至项目寿命终结时所有一切现金流量（包括现金流入和现金流出）的现值之和。

净现值的一般计算公式为

$$NPV = \sum_{t=1}^{n} \frac{CI_t - CO_t}{(1+i)^t} - C_0 = \sum_{t=1}^{n} \frac{NCF_t}{(1+i)^t} - C_0$$

式中 CI_t——投资项目在第 t 期所产生的现金流入量；

CO_t——投资项目在第 t 期所产生的现金流出量；

C_0——投资项目的初始投资额；

i——资本成本或企业要求达到的报酬率；

n——投资项目终结期；

t——投资项目的期数；

NCF_t——投资项目在第 t 期所产生的现金净流量。

$$NPV = \sum_{t=1}^{n} \frac{CI_t - CO_t}{(1+i)^t} - C_0$$

$$\Rightarrow \begin{cases} NPV > 0 \Leftrightarrow \sum_{t=1}^{n} \dfrac{CI_t - CO_t}{(1+i)^t} > C_0 \\ NPV = 0 \Leftrightarrow \sum_{t=1}^{n} \dfrac{CI_t - CO_t}{(1+i)^t} = C_0 \\ NPV < 0 \Leftrightarrow \sum_{t=1}^{n} \dfrac{CI_t - CO_t}{(1+i)^t} < C_0 \end{cases}$$

运用该方法时，一般需要经过以下几个步骤：

第一步，估算投资项目每年的营业净现金流量。必须注意的是，估计某一投资方案的现金流量涉及很多因素（变量），需要销售、技术、生产等各部门共同参与，财务人员需要做的则是为他们的预测建立共同的假设条件（如物价水平、贴现率）。只有增量的现金流量才是与投资项目相关的现金流量。所谓增量的现金流量，是指接受或拒绝某个投资方案后，企业的现金流量会因此而发生变动的现金流量，也就是说，只有那些因采纳某个投资项目引起的现金支出增加额，才是该投资项目的现金流出；只有那些因采纳某个投资项目引起的现金流入增加额，才是该投资项目的现金流入。

第二步，按资本成本或企业要求达到的报酬率计算投资项目未来现金流量的总现值。

若投资项目每年所产生的现金流量相等，可以采用计算现金现值的方法计算；若不等，则采用复利现值的方法，分别对每年产生的现金流量折现后，再计算出合计数。

第三步，按上述公式计算投资项目的净现值。

净现值法的决策规则是：当只有一个决策方案时，一般采纳净现值为正的投资方案；存在多个方案选择时，一般取净现值为正，而且最大的方案。

[例6-3] 继续沿用例 [6-1] 的资料，假设两个方案的资本成本为8%，分别计算甲、乙方案的净现值。

解：

甲方案的净现值 $= \sum_{t=1}^{5} \frac{4.75}{(1+8\%)^t} - 20$

$= 4.75 \times PVIFA_{8\%,5} - 20 = 4.75 \times 3.99271 - 20 = -1.0346（万元）$

乙方案的净现值 $= \frac{5.5}{(1+8\%)^1} + \frac{5.35}{(1+8\%)^2} + \frac{5.2}{(1+8\%)^3} + \frac{5.05}{(1+8\%)^4} + \frac{11.9}{(1+8\%)^5} - 27$

$= 5.5 \times PVIF_{8\%,1} + 5.35 \times PVIF_{8\%,2} + 5.2 \times PVIF_{8\%,3} + 5.05 \times PVIF_{8\%,4} + 11.9 \times PVIF_{8\%,5} - 27$

$= 5.5 \times 0.92593 + 5.35 \times 0.85734 + 5.2 \times 0.79383 + 5.05 \times 0.73503 + 11.9 \times 0.68058 - 27$

$= -1.3819（万元）$

需要注意的是，财务管理中的计算，目的是为财务决策提供依据，不是算出一个数据之后就完成了，而是要依据该计算结果进行财务决策。由上述计算结果可知，甲方案的净现值为 -1.0346（万元），小于零，从财务角度来看，应该拒绝该方案。乙方案的净现值为 -1.3819（万元），小于零，从财务角度来看，也应该拒绝该方案。若是二者必选其一，从财务角度来看，选择甲方案，损失较小一些。

由此可见，在固定资产投资决策中，净现值法不仅可以告诉人们是否接受某一个项目（这里既考虑了货币时间价值，又兼顾到了项目的投资风险），而且可以告诉人们，该投资项目对股东财富的经济贡献，与企业财务目标密切相关。

值得一提的是，在实际工作中，人们一般是在Excel电子表格中完成投资项目净现值的计算。若是投资项目各年的折现率相同，可在Excel电子表格中直接利用函数NPV( )来完成，其基本表达式为

=NPV(rate,value1,value2,…)

其中，rate 表示折现率，value1，value2，…表示1到29笔支出及收入的参数值，value1，value2，…，时间均匀分布并出现在每期期末。

不过，Excel 中的函数符号与财务教材通用的符号所代表的含义不完全相同。NPV 在财务中表示净现值，在 Excel 中表示的却是现值（意味着在 Excel 中，"NPV( )" 函数假定投资现金流量发生在第1期期末，而在我们的分析中，通常假设投资发生在第0期），为此在 Excel 中计算净现值时，应将项目未来现金流量用 "NPV( )" 函数求出的现值再减去该项目的初始投资的现值。

2. 现值指数法

现值指数法是通过计算比较现值指数指标判断决策方案好坏的方法。这里的现值指数（profitability index，PI）是指未来收益（现金流量）的现值总额和初始投资现值总额之比，也有人称之为现值比率或获利指数。

$$PI = \frac{\sum_{t=1}^{n} \frac{NCF_t}{(1+i)^t}}{C_0}$$

式中 PI——现值指数；

C_0——投资项目的初始投资额；

i——资本成本或企业要求达到的报酬率；

n——投资项目终结期；

t——投资项目的期数；

NCF_t——投资项目在第 t 期所产生的现金净流量。

[例6-4] 继续沿用例[6-1]的资料，假设两个方案的资本成本为8%，分别计算甲、乙方案的现值指数。

解：

$$甲方案的现值指数 = \frac{\sum_{t=1}^{5} \frac{4.75}{(1+8\%)^t}}{20}$$

$$= 4.75 \times PVIFA_{8\%,5} \div 20$$
$$= 4.75 \times 3.99271 \div 20$$
$$= 0.9483$$

乙方案的现值指数

$$= \frac{\frac{5.5}{(1+8\%)^1} + \frac{5.35}{(1+8\%)^2} + \frac{5.2}{(1+8\%)^3} + \frac{5.05}{(1+8\%)^4} + \frac{11.9}{(1+8\%)^5}}{27}$$

$$= (5.5 \times PVIF_{8\%,1} + 5.35 \times PVIF_{8\%,2} + 5.2 \times PVIF_{8\%,3} + 5.05 \times PVIF_{8\%,4} + 11.9 \times PVIF_{8\%,5}) \div 27$$

$$= (5.5 \times 0.92593 + 5.35 \times 0.85734 + 5.2 \times 0.79383 + 5.05 \times 0.73503 + 11.9 \times 0.68058) \div 27$$

$$= 0.9488$$

从财务学含义来看，现值指数实质上表达的是每1元初始投资所能获取的未来收益（现金流量）的现值额。若现值指数小于1，说明贴现后现金流入小于贴现后现金流出，该投资项目的报酬率小于预定的贴现率，项目是不可行的；若现值指数大于1，说明贴现后现金流入大于贴现后现金流出，该投资项目的报酬率大于预定的贴现率，项目是可行的。从例题的计算结果来看，可以得到和NPV同样的决策结论，放弃甲方案，放弃乙方案。可见，由于NPV与PI使用相同的信息，进行投资项目的评价，得出的结论常常是一致的，但在投资规模不同的互斥项目的选择中，则有可能得出不同的结论。

但是与NPV指标所不同的是，现值指数指标的计算结果是一个相对数，NPV指标是一个绝对数。但现值指数指标计算仍然无法确定各投资方案本身能达到多大的报酬率，从而使决策者不能明确肯定地指出各个方案的投资利润率可达到多少,以便选取以最小的投资能获得最大的投资报酬的方案。

3. 内部报酬率法

内部报酬率又称内含报酬率(internal rate of return,IRR),是指一个投资项目的逐期现金净流量换算为现值之和正好等于原始投资金额时的利率,实质上就是使投资项目的净现值等于零的贴现率。内部报酬率实际上反映了投资项目的真实报酬率,已经有越来越多的企业使用该项指标对投资项目进行评价。

$$NPV = \frac{\sum_{t=0}^{n} NCF_t}{(1+IRR)^t} - C_0 = \sum_{t=0}^{n} NCF_t (1+IRR)^{-t} - C_0 = 0$$

式中 IRR——内部报酬率,其他符号的含义与前面相同。

该方法的决策规则是,当 IRR 大于或等于企业所要求的最低报酬率(即净现值中的贴现率),接受该项目;IRR 小于企业所要求的最低报酬率,放弃该项目。由于 IRR 本身不受资本市场利率的影响,完全取决于项目的现金流量,因此 IRR 反映了项目内在的或者说真实的报酬率。也就是说,内部收益率指标可直接根据投资项目本身的参数(现金流量)计算其投资收益率,在一般情况下,能够正确反映项目本身的获利能力。但在互斥项目的选择中,利用这一标准有时会得出与净现值不同的结论。

IRR 的计算比较复杂,一般分成以下两种情况。

第一种情况:当投资项目各期现金流量相等时,即 $NCF_1 = NCF_2 = \cdots = NCF_n = NCF$,则公式可以写为:$NCF \times PVIFA_{IRR,n} - C_0 = 0$;则有:$PVIFA_{IRR,n} = C_0 \div NCF$

这里的 C_0、NCF 和 n 都是已知的,根据 $C_0 \div NCF$ 的计算结果,查年金现值系数表,确定 IRR 的值。若年金现值系数表上查询不了时,使用插值法计算 IRR。

第二种情况:当投资项目各期现金流量不相等时,内部报酬率的计算,通常需要运用"逐步测试法"(也称试错法)计算确定 IRR 的值。该方法的基本步骤是,首先估计一个折现率,用它来计算方案的净现值;如果净现值为正数,说明方案本身的报酬率超过估计的折现率,应提高折现率后进一步测试;如果净现值为负数,说明方案本身的报酬率低于估计的折现率,应降低折现率后进一步测试。经过多次测试,寻找出使净现值接近于零的折现率,即为方案本身的内部报酬率。一般地,插值法的基本计算公式如下:

$$\frac{IRR - i_1}{(i_2 - i_1)} = \frac{NPV_1}{NPV_1 + |NPV_2|}$$

$$IRR = i_1 + \frac{NPV_1}{NPV_1 + |NPV_2|} \times (i_2 - i_1)$$

式中,i_1 和 i_2 分别为估计的折现率,NPV_1 和 NPV_2 分别为 i_1 和 i_2 所对应的净现值,其中一个为正数,一个是负数。

该公式可以通过图 6-2 给予说明,同时也易于记忆。

[例 6-5] 继续沿用 [例 6-1] 的资料,

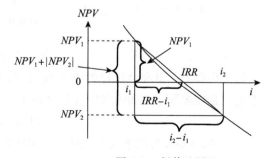

图 6-2 插值法图示

分别计算甲、乙方案的内部报酬率。

解：

（1）甲方案的各期现金流量相等，即 $NCF_1 = NCF_2 = NCF_3 = NCF_4 = NCF_5 = 4.75$（万元）

代入公式 $NCF \times PVIFA_{IRR,n} - C_0 = 0$，则有：$PVIFA_{IRR,5} = 20 \div 4.75 = 4.21053$

即有：$PVIFA_{IRR,5} = 4.2105$，查年金现值系数表，在相同年数5年那一栏，找出与上述年金现值系数相邻近的两个折现率，即6%和7%，其年金现值系数分别为4.21236和4.10020。依据这两个相邻的折现率及其对应的现值系数，采用插值法可以计算出甲方案的内部报酬率。

```
折现率        净现值
 6%          4.21236
  i          4.21053
 7%          4.10020
```

$$\text{甲方案的内部报酬率} = 6\% + \frac{7\% - 6\%}{4.10020 - 4.21236} \times (4.21053 - 4.21236) = 6.016\%$$

（2）乙方案的各期现金流量不等，需要采用逐步测试法来确定内部报酬率。要想估计一个折现率使净现值为零，是非常困难的，只有在不断调整中逐渐使之逼近零。为此我们使用表6-3表达测算过程。

表6-3　逐步测算过程计算表

年数	现金净流量	12% 现值系数	12% 净现值	10% 现值系数	10% 净现值	8% 现值系数	8% 净现值
0	-23	1	-23	1	-23	1	-23
1	5.5	0.89286	4.91073	0.90909	4.999995	0.92593	5.092615
2	5.35	0.79719	4.264967	0.82645	4.421508	0.85734	4.586769
3	5.2	0.71178	3.701256	0.75131	3.906812	0.79383	4.127916
4	5.05	0.63552	3.209376	0.68301	3.449201	0.73503	3.711902
5	11.9	0.56743	6.752417	0.62092	7.388948	0.68058	8.098902
净现值	—	—	-0.16125	—	1.166463	—	2.618104

从表6-3的测试值来看，假设折现率为12%时，净现值为-0.16125，小于零；假设折现率为10%或8%时，折现率大于零，选更接近于零的净现值1.166463，相应的折现率为10%，乙方案的折现率应当在10%~12%，代入上述公式进行计算，即

$$\text{乙方案的内部报酬率} = 10\% + \frac{1.166463}{1.166463 + 0.16125} \times (12\% - 10\%) = 11.757\%$$

实务中，人们经常用Excel中的函数IRR()来计算折现率，函数IRR()的功能是返回由数值代表的一组现金流量的内部收益率，这些现金流量不一定必须是均衡的或相等的，但它们必须按固定的间隔发生（按月或年），该函数的一般表达式为

$$= \text{IRR}(values, guess)$$

式中，value为数组或单元格，包含用来计算内部收益率的数字。value必须包含至少一个正值和一个负值。函数IRR()根据数值的顺序来解释现金流量的顺序，因此应确定按需

要的顺序输入数值。guess 是对函数 IRR( ) 计算结果的估计值。

需要注意的是，投资项目的内部收益率与资本成本是不同的，IRR 用来衡量项目的获利能力，它是根据项目本身的现金流量计算的；资本成本是投资者进行项目投资要求的最低收益率。IRR 的计算与资本成本无关，但与项目决策相关。

6.2.4　项目投资决策基本评价方法的选择与评价

通常，对于独立投资项目的评估，运用任何一个指标都能够做出一致的取舍决策。但对于互斥项目，按不同的标准，有时会得出不同甚至是完全相反的结论。为此，学习了投资项目评价的五项指标，一个必须解决的问题是，必须了解这些评价指标的联系和区别，以便选择合适的评价指标。一个好的投资项目评价指标，一般应符合三个条件，即必须考虑项目周期内的全部现金流量；必须考虑资本成本或投资者要求的收益率，以便将不同时点上的现金流量调整为同一时点进行比较；必须与公司的目标相一致，即进行互斥项目的选择时，能选出使公司价值最大的项目。按照这样的标准，实际投资决策中基本上可以排除投资回收期和会计收益率指标。

下面我们着重分析净现值（NPV）、获利指数（PI）和内部报酬率（IRR）指标。

1. 净现值与内含报酬率的比较

对于一个投资项目，人们可以根据项目净现值与折现率之间的关系，绘制一条净现值曲线，如图 6-3 所示。

净现值曲线与横轴的交点就是内部报酬率（IRR = 20%），如果资本成本小于 20%，则净现值大于零，无论是按 IRR 还是按 NPV 标准判断，均应接受该投资项目。如果资本成本大于 20%，则净现值小于零，按两种标准判断，均应放弃该投资项目。

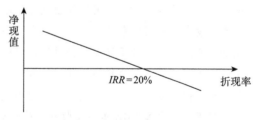

图 6-3　净现值曲线图

在图 6-3 中，IRR 点左边的 NPV 均为正数，IRR 点右边的 NPV 均为负数。这说明要是 NPV 大于零，IRR 必然大于资本成本；要是 NPV 小于零，IRR 必然小于资本成本。由此可见，当净现值标准得到满足，内部报酬率标准也必然得到满足，反之亦然。不论采取哪种判断标准，其结论是一致的。

在以下两种情况下，运用 NPV 与 IRR 指标决策，可能存在差异：一是初始投资不一致，一个项目的初始投资大于另一项目的初始投资；二是现金流入的时间不一致，一个在最初几年流入较多，另一个在最后几年流入较多。究其原因，主要是两种方法都假定用中期产生的现金流入再投资时，会产生不同的报酬率。净现值法假定产生的现金流入量重新投资会产生相当于企业资本成本的利润率。内部报酬率法却假定现金流入量重新投资产生的利润率与此项目的特定内部报酬率相同。

2. NPV 与 PI 比较

一般情况下，采用 NPV 和 PI 评价投资项目，得出的结论常常是一致的，因为 NPV > 0，则 PI > 1；NPV = 0，则 PI = 1；NPV < 0，则 PI < 1。但在投资规模不同的互斥项目的选择

中，则有可能得出相反的结论。

3. 项目投资评价指标的选择

从理论上说，在项目投资决策中，NPV 指标要优于 IRR 或 PI，但投资实践中，决策者对 IRR 或 PI 却有着强烈的偏好，一方面因为 IRR 标准无须事先确定资本成本，实务操作较为方便；另一方面 IRR 和 PI 是相对数指标，进行不同投资规模的比较和评价更为直观。实际上，IRR 和 PI 最大的投资项目不一定是最优的项目。NPV 虽然是一个绝对数，但在分析时已考虑到投资的机会成本，只要净现值大于零，就可以为公司创造更多的价值。

总之，若项目相互独立，NPV、IRR、PI 可做出完全一致的接受或舍弃的决策，但在评估互斥项目时，则应以 NPV 标准为基准。

阅读材料 6-2　　不同项目投资的必要报酬率是否相同

企业在发展到一定阶段，当主要业务出现发展限制时，需要拓展其他业务。在第 5 章案例材料中，格力电器为拓展发展路径，提出了投资银隆的项目，但这一项目的融资计划被否决，一些参加格力公司 2016 年 8 月股东大会的股东代表认为，在目前的技术和市场条件下，投资银隆风险太大，这是许多股东代表投反对票的主要理由。

在本章的讨论中，我们假设不同投资项目的必要报酬率相同，因此在计算不同项目的 NPV 时，采用的折现率相同。在实际生活中，不同项目投资的风险差异会导致项目必要回报率差异吗？根据资本资产定价模型（第 3 章），证券投资的必要回报率受其 β 值的影响，β 值越大，投资必要报酬率越高，这就体现了不同风险投资对象的风险差异对投资者必要投资回报的影响。这对项目投资也同样适用。以格力电器投资银隆计划为例，考虑到新能源汽车的市场需求不确定性、银隆公司开发锂电池的技术风险等因素，如果格力投资银隆，其风险必然要大于投资于空调、小家电甚至格力手机的风险。

根据格力电器 2016 年公布收购银隆计划公告数据，格力以 130 亿元发行股票价格收购银隆，根据格力电器 2015 年净资产收益率达到 27% 的必要报酬率来看，投资银隆每年至少要实现 35.1 亿元投资收益，才有可能勉强达到投资格力电器同类项目的股东满意收益水平。而根据银隆 2015 年的年度报告数据，公司 ROA 仅为 3.69%。也就是说，除非银隆能在格力入主后将 ROA 提高近 10 倍，才能勉强达到格力电器股东要求的投资回报水平，显然，这是一个非常有风险的投资项目。

思考题

根据上述案例和理论，你能否提出一个平衡不同投资项目风险和必要报酬率水平之间的方案？

本章小结

投资是投资主体为获得未来的、不确定收益而支付即期价值（成本）的行为。项目投资决策的前提是要有相应的投资项目可供选择。投资项目是指在规定期限内完成某项开发目标（或一组目标）而规划的投资、政策以及机构方面等其他活动的综合体。项目投资决策是指在项目投资活动中，为实现投资主体（投资者）预期的投资目标，在占有大量信息的基础上，运用一定的科学理论、方法和手段，通过一定的程序，对若干个可行性的投资项目的投资方案进行研究论证，从中选出最满意的投资方案的过程。项目投资决策的根本目的是为了扩大生产经营能力，主要表现为固定资产投资。

项目投资决策应当把握的基本原则有：注重项目的投入产出，把握投资项目的价值增值原则；考虑项目的长远利益，企业效益与社会效益双赢原则；重视项目的风险评估，搞好投资项目的风险控制原则。项目投资决策的一般程序包括估算投资方案的预期现金流量，估计预期现金流量的风险，确定相应的贴现率（折现率），确定投资方案的现金流量现值，通过现金流量现值与所需资本支出的比较，决定选择或拒绝投资方案。

企业项目投资的根本目的是为了实现企业的价值增长，促进财务管理目标的实现。关键在于其能否在变化迅速的市场环境下，抓住有利时机，做出合理的投资决策。要进行项目投资决策定量评价，必须以现金流量作为其评价的基础。一般地，可以按动态的变化状况将现金流量划分为现金流入量、现金流出量和现金净流量，也可以按项目投资过程将现金流量划分为初始现金流量、营业现金流量、终结现金流量。

项目投资决策基本评价方法，有非贴现现金流量方法和贴现现金流量方法的区分。项目投资决策基本评价的非贴现现金流量方法，是比较传统的项目投资决策的评价方法，其基本特征是在进行项目投资决策的指标计算中不考虑投资项目未来现金流量的时间价值，主要决策方法包括投资回收期法和会计收益率法。贴现现金流量方法是在投资决策中考虑投资项目所带来现金流量的时间价值，通过计算相应指标进行财务决策的方法。最常用的有净现值法、现值指数法和内部报酬率法。

净现值（NPV）是投资项目投入使用后的净现金流量，按资本成本或企业要求达到的报酬率折算为净现值，减去初始投资以后的余额。净现值法的决策规则是：当只有一个决策方案时，一般采纳净现值为正的投资方案；存在多个方案选择时，一般取净现值为正而且最大的方案。现值指数（PI）是指未来收益（现金流量）的现值总额和初始投资现值总额之比。现值指数实质上表达的是每1元初始投资所能获取的未来收益（现金流量）的现值额。若现值指数小于1，说明贴现后现金流入小于贴现后现金流出，该投资项目的报酬率小于预定的贴现率，项目是不可行的；若现值指数大于1，说明贴现后现金流入大于贴现后现金流出，该投资项目的报酬率大于预定的贴现率，项目是可行的。内部报酬率（IRR），是指一个投资项目的逐期现金净流量换算为现值之和正好等于原始投资金额时的利率，实质上就是使投资项目的净现值等于零的贴现率。内部报酬率反映了投资项目的真实报酬率，已经有越来越多的企业使用该项指标对投资项目进行评价。运用内部报酬率的决策规则是，当 IRR 大于或等于企业所要求的最低报酬率（即净现值中的贴现率），接受该项目；IRR 小于企业所要求的最低报酬率，放弃该项目。

若项目相互独立，NPV、IRR、PI 可做出完全一致的接受或舍弃的决策，但在评估互斥项目时，则应以 NPV 标准为基准。

现实生活中，企业的资产选择并不是一个非此即彼的简单决策过程。即使只有两种资产，人们也不会简单地选取一种而完全排斥另一种，而是往往以项目投资组合的形式表现，投资组合是指在一定市场条件下，由不同类型和种类，并以一定比例搭配的若干种证券所构成的一项资产。

参考文献

[1] 王玉春. 财务管理 [M]. 南京：南京大学出版社，2008.
[2] 谷祺，刘淑莲. 财务管理 [M]. 大连：东北财经大学出版社，2007.
[3] 杨雄胜. 财务管理原理 [M]. 北京：北京师范大学出版社，2007.
[4] 王锴. 行为财务：理论演进与中国证据 [M]. 合肥：合肥工业大学出版社，2008.
[5] 斯蒂芬 A 罗斯，杰弗利 F 杰富. 公司理财 [M]. 吴世农，沈艺峰，等译. 北京：机械工业出版社，2000.
[6] 弗兰克 K 赖利，基思 C 布朗. 投资分析与组合管理 [M]. 陈跃，彭作刚，王静宏，译. 北京：中信出版社，2004.
[7] 王明虎. 财务管理原理 [M]. 北京：中国商业出版社，2006.
[8] 中国注册会计师协会. 财务成本管理 [M]. 北京：中国财政经济出版社，2009.

复习思考题

1. 为什么投资决策中现金流量比利润更重要？
2. 如何深刻理解资本资产定价模型的理论完美性与现实应用性之间的矛盾？
3. 项目投资的各种评价方法有何特点？投资决策时如何选择相应的评价方法？
4. 如何在实际工作中把握投资决策的基本原则？
5. 当不同项目之间投资额不同时，如何比较项目之间的优劣？

练习题

1. 甲公司打算投资20万元建设一个项目，预计投产后年均收入96 000元，付现成本26 000元，预计有效期10年，按直线法计提折旧，无残值，所得税税率是25%，请计算该项目的年现金流量。

2. 皖南股份有限公司拟用自有资金购置设备一台，财务部经理李军经过咨询和测算得知，该设备需一次性支付1 200万元，只能用5年（假设税法也允许按5年计提折旧）；设备投入运营后每年可新增利润50万元。假定该设备按直线法计提折旧，预计净残值率为5%（假设不考虑设备的建设安装期和公司所得税）。要求：
   (1) 计算使用期内各年净现金流量。
   (2) 如果资金成本为10%，请计算净现值，并判断该设备是否应该购置。

3. 时代公司是一家专业生产矿泉水的公司，近年市场销路良好，限于生产能力不足，导致市场营销人员颇有怨言。为此，经董事会研究决定，为适应市场需求，准备再购入一条矿泉水生产线用以扩充生产能力。根据市场调研信息，该生产线需投资100万元，使用寿命期5年，无残值。经预测，5年中每年可创造销售收入为60万元，相应的每年付现成本为20万元。由于公司资金紧张，于是董事会决定通过发行长期债券的方式筹集购入生产线的资金。后经过国家有关部门批准，债券按面值发行，票面利率为12%，筹资费率为1%，假设企业所得税率34%，请问该公司投资矿泉水生产线的方案是否可行？（提示：要求根据计算结果回答。计算过程中所用系数如表6-4所示）。

表 6-4 年金现值系数表

	5%	6%	7%	8%	9%
年金现值系数（5年）	4.329	4.212	4.100	3.993	3.890

4年某投资者准备从证券市场购买A、B、C、D四种股票组成投资组合。已知A、B、C、D四种股票的β系数分别为0.7、1.2、1.6、2.1。现行国库券的收益率为8%，市场平均股票的必要收益率为15%。要求：

(1) 采用资本资产定价模型分别计算这四种股票的预期收益率。

(2) 假设该投资者准备投资并长期持有A股票。A股票上年的每股股利为4元，预计年股利增长率为6%，现在每股市价为58元。问是否可以购买？

(3) 若该投资者按5∶2∶3的比例分别购买了A、B、C三种股票，计算该投资组合的β系数和必要收益率。

(4) 若该投资者按3∶2∶5的比例分别购买了B、C、D三种股票，计算该投资组合的β系数和必要收益率。

(5) 根据上述 (3) 和 (4) 的计算，如果该投资者想降低风险，应选择哪种投资组合？

5. 西夏公司研制成功一台新产品，现在需要决定是否大规模投产，有关资料如下：

(1) 公司的销售部门预计，如果每台定价3万元，销售量每年可达10 000台；销售量不会逐年上升，但价格可以每年提高2%；生产部门预计，变动制造成本每台2.1万元，且每年增加2%；不含折旧费的固定制造成本每年4 000万元，且每年增加1%，新业务将在2007年1月1日开始，假设经营现金流发生在每年年底。

(2) 为生产该产品，需要添置一台生产设备，预计其购置成本为4 000万元。该设备可以在2006年年底以前安装完毕，并在2006年年底支付设备购置款。该设备按税法规定折旧年限为5年，预计净残值率为5%；经济寿命为4年，4年后即2010年年底该项设备的市场价值预计为500万元。如果决定投产该产品，公司将可以连续经营4年，预计不会出现提前中止的情况。

(3) 生产该产品所需的厂房可以用8 000万元购买，在2006年年底付款并交付使用。该厂房按税法规定折旧年限为20年，预计净残值率5%。4年后该厂房的市场价值预计为7 000万元。

(4) 生产该产品需要的净营运资本随销售额而变化，预计为销售额的10%。假设这些净营运资本在年初投入，项目结束时收回。

(5) 假设公司的所得税率为40%。

(6) 该项目的成功概率很大，风险水平与企业平均风险相同，可以使用公司的加权平均资本成本10%作为折现率。新项目的销售额与公司当前的销售额相比只占较小份额，并且公司每年有若干新项目投入生产，因此该项目万一失败不会危及整个公司的生存。

要求：

(1) 计算项目的初始投资总额，包括与项目有关的固定资产购置支出以及净营运资本增加额。

(2) 分别计算厂房和设备的年折旧额以及第4年年末的账面价值（提示：折旧按年提取，投入使用当年提取全年折旧）。

(3) 分别计算第4年年末处置厂房和设备引起的税后净现金流量。

(4) 计算各年项目现金净流量以及项目的净现值和回收期（计算时折现系数保留小数点后 4 位）。

6. 2016 年 8 月，格力电器除了准备收购银隆公司以外，还准备投资其他项目。假设公司管理层通过浏览各种产权交易中心公布的投资项目信息，发现有一个生产无人机项目非常有吸引力，其具体情况如表 6-5 所示。

表 6-5 预投资项目具体情况 （单位：万元）

年份	投资（年初）	营业收入（年末）	付现成本（年末）	收回投资（年末）
2017	10 000			
2018		5 000	3 000	
2019		7 000	4 000	
2020		9 000	5 000	
2021		11 000	6 000	10 000

假定格力电器股份有限公司要求的投资必要报酬率为 15%。

要求：
(1) 计算项目投资的净现值和内部报酬率。
(2) 为格力电器评估该投资项目的可行性。

案例题

盛唐葡萄酒厂是一家专门生产葡萄酒的中型企业，该厂已有 36 年的历史，生产的葡萄酒酒香纯正，价格合理，长期以来供不应求。为了扩大生产能力，盛唐葡萄酒厂准备新建一条生产线。

徐明是某大学的高才生，去年刚进该厂财务部门工作，主要负责筹资和投资方面的业务。这天，财务主管王庆要求徐明搜集建设新生产线的有关资料，并对投资项目进行财务评价，以供厂领导决策参考。

徐明接受任务后，经过了十几天的调查研究，得到以下有关资料：

(1) 投资建设新的生产线需要一次性投入 1 000 万元，建设期 1 年，预计生产线可使用 10 年，报废时没有残值收入；按税法规定，该生产线的折旧年限为 8 年，使用直线法折旧，残值率为 10%。

(2) 由于资金需要投放更有用的业务，购置该生产线设备所需的资金拟通过银行借款筹措，经与银行协商，借款期限为 4 年，每年年末支付利息 100 万元，第 4 年年末起用税后利润偿付本金。

(3) 该生产线投入使用后，预计可使该厂第 1~5 年的销售收入每年增长 1 000 万元，第 6~10 年的销售收入每年增长 800 万元，耗用的人工和原材料等成本为收入的 60%。

(4) 生产线建设期满后，工厂还需垫支流动资金 200 万元。

(5) 所得税税率为 25%。

(6) 银行借款的资金成本为 10%。

假如你就是徐明，请利用所学知识，完成以下工作：

(1) 预测新的生产线投入使用后，该工厂未来 10 年增加的净利润。
(2) 预测该项目各年的现金净流量。
(3) 计算该项目的净现值，以评价项目是否可行。

第 7 章 筹资原理

本章学习要点

基本筹资方式
加权资本成本
财务杠杆原理
最佳资本结构

课前阅读材料

太子奶　李途纯

借力财务投资者、走上市融资之路是太子奶多年的梦想，全球亦先后有30多家投行与李途纯有过接触，但发生实质性的转折是在2006年下半年。这一年，李途纯遇上了曾帮助蒙牛上市的英联，而英联也正在中国寻找"下一个蒙牛"，双方一拍即合。

2006年11月，太子奶引进英联、高盛、摩根三大投行共同注册中国太子奶（开曼）控股有限公司，三大投行联手注资7 300万美元（英联4 000万美元、摩根1 800万美元、高盛1 500万美元），根据协议，新公司股权比例大致为：李途纯61.7%，太子奶研发人员7%，三大投行31.3%。同时，李途纯与这三家投行签下"对赌"协议：在收到三家投行7 300万美元注资后的前3年，如果太子奶业绩增长超过50%，就可调整（降低）对方股权；如完不成30%的业绩增长，李途纯将失去控股权。在三大投行的推动下，2007年9月，太子奶又获得以花旗银行为首的国际六大财团5亿元的无抵押无担保的低息贷款，李途纯以个人名义对此笔贷款承担无限责任。这两起里程碑式的融资事件——前者是国际三大顶级投行在中国"联手"投资的首家企业，后者是中国全面向外资银行开放人民币业务后，外资银行在中西部地区安排的最大一笔贷款，李途纯俨然成为中国民营企业资本运作的一位旗手。

然而太子奶集团2008年陷入资金链断裂危机，株洲市政府派出的工作组调研之后，认为"太子奶必须救、可以救、能够救"，随后组建国资背景的高科奶业有限公司，2009年1月20日与李途纯和英联、摩根、高盛三大投行签署租赁协议，托管太子奶集团的运营。

（资料来源：张京利，袁建伟. 成功企业家的失败融资案例［OL］.［2009-12-09］. http://bbs.hsw.cn/read-htm-tid-1202811-page-e.html）

讨论题

太子奶投融资决策存在哪些问题？

7.1 基本筹资方式

筹资管理是指企业根据其生产经营、对外投资及调整资本结构的需要，对比分析所拟定的不同筹资方案的资金成本高低与财务风险大小，选择最佳筹资方案，通过金融机构和金融市场筹措企业所需资金的一种财务决策活动。整个筹资决策的过程实质上是进行一系列决策，制定一系列筹资政策，要求企业统筹考虑各种影响因素，估测权衡资金成本与财务风险，进行最佳筹资决策。

筹资方式是指企业筹集资金时所采取的具体形式，体现着资金的属性。如果说筹资渠道属于客观存在，筹资方式则属于企业主观能动行为。企业筹资管理的重要内容之一，就是如何针对客观存在的筹资渠道，选择合理的筹资方式，并有效地进行筹资组合，降低筹资成本，提高筹资效益。

目前，我国企业可以利用的筹资方式主要有以下七种。

7.1.1 吸收直接投资

吸收直接投资是指企业以协议（如共同投资、共同经营、共担风险、共享利润）等形式吸收国家、其他法人单位、个人和外商直接投入的资金，形成企业资本金的一种筹资方式。这种筹资方式不以股票为媒介，主要适用于非股份制企业，是非股份制企业取得权益资本的基本方式。

7.1.2 发行股票

股票是股份制企业为筹措股本而发行的有价证券，是持有人拥有公司股份的凭证。这种筹资方式是股份有限公司筹措股权资本的主要方式。

7.1.3 发行债券

债券是企业为筹集债务资本而发行的、约定在一定期限内向债权人还本付息的有价证券。这种筹资方式是企业负债经营时筹集借入资金的重要方式。目前，我国企业可发行的债券包括公司债券、企业债、中小企业集合债券、中期票据等不同种类。

7.1.4 银行或非银行金融机构借款

银行或非银行金融机构借款是指企业向银行或非银行金融机构借入的、按规定期限还本付息的款项。这种筹资方式也是企业负债经营时常采用的筹资方式之一。

7.1.5 融资租赁

融资租赁是出租人按照承租企业的要求筹资购买资产，并以收取租金为条件，在契约或合同规定的期限内，将资产租借给承租人使用的一种经济行为。融资租赁直接涉及的是物而不是钱，但它在实质上具有借贷属性，是承租企业筹借长期资金的一种特殊方式。

7.1.6 商业信用

商业信用是指商品交易中的延期付款或预收货款所形成的借贷关系，是企业之间的一种直接信用关系。它是商品交易中钱与货在时间上的分离而产生的，因为商业信用与商品买卖同时进行，属于一种自然性融资，无须做非常正规的安排，因而筹资较为便利，是企业筹措短期资金的重要方式。

7.1.7 可转换债券

可转换债券又简称可转债，是指由公司发行并规定债券持有人在一定期限内按约定的条件可将其转换为发行公司普通股的债券。从筹资企业的角度来看，可转换债券具有债务与权益筹资的双重属性，是一种混合性的筹资方式。可转换债券是企业筹措长期资本的一种特殊的筹资方式。

图 7-1 反映了各种筹资渠道与筹资方式之间的关系。

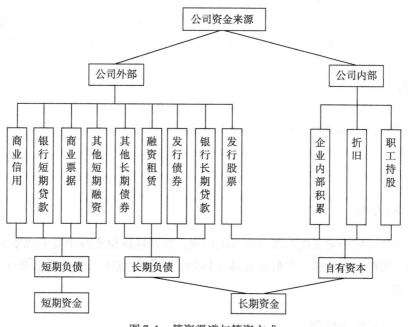

图 7-1 筹资渠道与筹资方式

阅读材料 7-1   **对赌协议：新的融资方式**

1999 年 1 月，牛根生创立了"蒙牛乳业有限公司"，公司注册资本 100 万元，后更名为"内蒙古蒙牛乳业股份有限公司"（以下简称"蒙牛乳业"）。2001 年年底，摩根士丹利等机构与其接触的时候，蒙牛乳业公司成立尚不足三年，是一个比较典型的创业型企业。

2002 年 6 月，摩根士丹利等机构投资者在开曼群岛注册了开曼公司。2002 年 9 月，蒙牛乳业的发起人在英属维尔京群岛注册成立了金牛公司。同日，蒙牛乳业的投资人、业务联系人和雇员注册成立了银牛公司。金牛和银牛各以 1 美元的价格收购了开曼群岛公司 50% 的股权,其后设立了开曼公司的全资子公司——毛里求斯公司。同年 10 月,摩根士丹利等三家国际投资机构以认股方式向开曼公司注入约 2 597 万美元(折合人民币约 2.1 亿元),取得该公司 90.6% 的股权和 49% 的投票权,所投资金经毛里求斯最终换取了大陆蒙牛乳业 66.7% 的股权,蒙牛乳业也变更为合资企业。

2003 年,摩根士丹利等投资机构与蒙牛乳业签署了类似于国内证券市场可转债的"可换股文据",未来换股价格仅为 0.74 港元/股。通过"可换股文据"向蒙牛乳业注资 3 523 万美元,折合人民币 2.9 亿元。"可换股文据"实际上是股票的看涨期权。不过,这种期权价值的高低最终取决于蒙牛乳业未来的业绩。如果蒙牛乳业未来业绩好,"可换股文据"的高期权价值就可以兑现;反之,则成为废纸一张。

为了使预期增值的目标能够兑现,摩根士丹利等投资者与蒙牛管理层签署了基于业绩增长的对赌协议。双方约定,从 2003~2006 年,蒙牛乳业的复合年增长率不低于 50%。若达不到,公司管理层将输给摩根士丹利约 6000 万~7000 万股的上市公司股份;如果业绩增长达到目标,摩根士丹利等机构就要拿出自己的相应股份奖励给蒙牛管理层。

2004 年 6 月,蒙牛业绩增长达到预期目标。摩根士丹利等机构"可换股文据"的期权价值得以兑现,换股时蒙牛乳业股票价格达到 6 港元以上;给予蒙牛乳业管理层的股份奖励也都得以兑现。摩根士丹利等机构投资者投资于蒙牛乳业的业绩对赌,让各方都成为赢家。

(摘自百度百科)

思考题

1. 蒙牛对赌协议融资的渠道来自于股权还是债务融资?
2. 对赌协议对对赌双方的权利和义务是什么?这种对赌对企业融资的资本成本有哪些影响?

7.2 资本成本

在财务理论研究中资金成本是一个基础概念,在企业理财实践中资金成本是企业筹资、投资决策的主要依据。显然,在财务管理中科学认识资金成本的性质并正确计算资金成本是相当重要的。

7.2.1 资金成本的概念

资金成本是指资本的价格,它是企业为取得和使用资本而支付的各种费用,又称资本成本。这一概念可以从两个角度进行解释。从融资角度来看,资金成本是指企业筹措资金所需支付的最低价格,亦即资本提供者(股东与债权人)所预期获得的报酬(率);从投资角度来看,资金成本是指企业投资所要求的最低可接受报酬(率),实践中多取决于投资本项目(或本企业)的机会成本。资金成本是一个重要的经济范畴,它是在商品经济条件下,由于资本所有权和资本使用权相分离而形成的一种财务概念。

资金成本是资本使用者向资本所有者和中介人支付的占用费和筹资费。在商品经济条件下,企业作为资本使用者通过各种方式从资本所有者那里集资。资本作为一种特殊的商品也有其使用价值，即能保证生产经营活动顺利进行，能与其他生产要素相结合而使自己增值。企业筹集资本以后，暂时地取得了这些资本的使用价值，就要为资本所有者暂时丧失使用价值而付出代价，因而要承担资金成本。所以，资金成本概念是商品经济条件下资本所有权和使用权分离的必然结果。

资金成本既具有一般产品成本的基本属性，又有不同于产品成本的某些特性。产品成本是资金耗费，又是补偿价值。资金成本也是企业的耗费，企业是要为此付出代价、支出费用的，而这种代价最终也要作为企业收益的扣除额来得到补偿。但是资金成本又不同于账面成本，资金成本（率）只是一个估计的预测值，而不是精确的计算值。因为据以测定资金成本的各项因素都不是按过去实现的数字确定的，而是根据现在和未来的情况确定的，今后可能发生变动。其中一部分计入产品成本，另一部分则仅作为利润的分配额而不直接表现为生产性耗费。

资金成本与资金的时间价值既有联系又有区别。资金成本的基础是资金的时间价值，但两者在数量上是不一致的。资金成本既包括资金的时间价值，又包括投资的风险价值。资金时间价值，除用以确定资金成本以外，还广泛用于其他方面。

资金成本有多种计量形式。在选择资金来源、比较各种筹资方式时，使用个别资金成本，如普通股成本、债券成本、长期借款成本、留存利润成本等；在进行资本结构决策时，使用加权平均资金成本；在进行追加筹资决策时，使用边际资金成本。

7.2.2 估测资金成本的一般公式

为便于定量分析研究资金成本，有必要将发生的资金成本按其特点区分为用资费用（D）和筹资费用（F）两类。用资费用是企业在生产经营、投资过程中因使用资本而付出的费用，如向股东支付的股利、向债权人支付的利息等，这是资金成本的主要内容。长期资本的用资费用随资本使用数量的多少和时期的长短而变动，是资本运用过程中的一项经常性开支，而在资本筹集到位之前一般不会发生。筹资费用则是指企业在筹措资本过程中为获取资本而付出的费用，如向银行支付的借款手续费，因发行股票、债券而支付的发行费等均属于筹资费用。筹资费用与用资费用不同，它通常是在筹措资本时一次性支付的，以后在用资过程不再发生，因此，可视为筹资数额（P）的一项扣除。为估测筹资费用一般需引入筹资费用率（f）指标。筹资费用率是筹资费用与筹资数额的比率，通常可依据经验数据与筹资方案具体情况估定。

资金成本可以用绝对数来表示，也可用相对数来表示，但在财务管理中一般用其相对数资金成本率（K）来表示，即表示为用资费用与实际筹得资本的百分比。资金成本率的通用计算公式为

$$资金成本率(K) = \frac{每年的用资费用}{筹资数额(1-筹资费用率)} \times 100\%$$
$$= D/[P \times (1-f)] \times 100\%$$
$$或 = D/(P-F) \times 100\%$$

将上述公式稍作变换可得：

$$P \times (1-f) = D/K$$

即实际筹得资本（现值）是未来各期固定用资费用（永续年金）的资本化价值。这表明资金成本是基于贴现法（考虑资本的时间价值）下的财务估价模型而确定的。显然，融资期限越长，根据上式计算的资金成本率就越准确；反之，融资期限越短，据以计算的资金成本率的准确性就越低。由于权益资本的融资期限远较债务资本为长，因此由上式决定的权益资金成本率（优先股成本、普通股成本、留存利润成本）较企业债务资金成本率（长期借款成本、债券成本）更为准确。这一结论是我们在利用资金成本率进行投融资决策中需要加以注意的。

从上述计算公式出发，可分门别类推演出各单项（个别）资金成本率的计算公式，因此，这一公式是计算资金成本的一般公式。不过也有部分学者曾对该计算公式提出质疑，比如有人认为资金成本率应按下式计算：

$$资金成本率 = \frac{（年均筹资费用 + 年占用费用）}{（筹资数额 - 筹资费用）} \times 100\%$$

笔者认为，这一计算式未区分两类性质截然不同的筹资成本，未遵从贴现法下的财务估价模型计算资金成本，因而并非科学的计算方法，应予以摒弃。

7.2.3 资金成本的作用

资金成本是企业投融资决策的主要依据，也是衡量企业经营业绩的基准。

1. 资金成本在企业筹资决策中的作用

企业的资金有多种来源和筹集方式，不同来源资金的数量及其成本的大小会影响企业总的资金成本，进而影响企业的价值。因此，企业进行资金筹集必须正确估算各种资金成本的高低，并加以合理配置。资金成本对企业筹资决策的影响主要有以下几个方面：

（1）个别资金成本是选择资金来源、比较各种筹资方式优劣的一个依据。首先，企业的资金可以从不同的途径取得。就长期借款来说，可以向银行借款，也可向保险公司或其他金融机构借款，企业究竟选用哪种来源，首先要考虑的因素就是资金成本的高低。其次，企业筹集长期资金有多种方式可供选择，如长期借款、发行债券、发行股票等，它们的成本是不同的，资金成本的高低可作为比较各种筹资方式优劣的一个尺度，成为企业选用筹资方式时必须考虑的一个经济标准。当然，资金成本并不是选择筹资方式的唯一依据。

（2）综合资金成本是进行资本结构决策的基本依据。企业的全部长期资金可采用多种方式筹资组合构成，不同的资本结构，会给企业带来不同的风险和成本，从而引起股票价格的变动。综合资金成本的高低是比较各个筹资组合方案，做出资本结构决策的基本依据。

（3）边际资金成本是选择追加筹资方案、影响企业筹资总额的重要因素。当企业因增加经营所需资产、扩大生产经营规模或增加对外投资需要追加筹集资金时，为了保持企业理想的资本结构，边际资金成本成为选择最佳追加筹资方案的重要依据。另外，随着企业资金的增加，资金成本不断变化，当企业筹资数量很大、资金的边际成本超过企业承受能力时，企业便不能增加筹资数额。因此，边际资金成本是限制企业筹资数量的一个重要因素。

2. 资金成本是评价投资项目、比较投资方案和追加投资方案的主要经济标准

投资项目的取舍取决于项目的投资收益率是否大于资金成本。如果企业项目投资所赚取的收益率小于资金成本，那么企业价值将减少；如果企业项目投资所赚取的收益率等于资金成本,企业价值将维持不变;如果企业项目投资所赚取的收益率高于资金成本,则超出的收益会增加企业价值。因此,在企业的长期投资决策中,常以资金成本率作为折现率,计算各投资方案的净现值,从而比较各投资方案的优劣。

3. 资金成本可作为衡量整个企业经营业绩的基准

企业经营获取的利润应高于其使用资金所付出的代价,即利润率应高于资金成本率,而且利润率越是高于资金成本率,表明企业的经营业绩越好。反之,如果利润率低于资金成本率,则表明企业经营业绩不佳,需要改善经营管理,提高利润率和降低资金成本。

阅读材料 7-2　　　如果企业不支付股利,权益资金有成本吗

根据定义,资金成本是资本使用者向资本所有者和中介人支付的占用费和筹资费。在股份制公司中,股东向企业投入资本,但企业并不一定向股东支付股利。细心的读者可能会想到一个问题:如果公司不向股东支付股利,而股东向企业投资时企业没有支付筹资费用,这种情况下是否意味着股东投资的这部分权益资金的成本为零呢?

现实生活中,对于这种公司没有向股东支付股利的情况要分两种不同的类型进行讨论。一种情况是,公司盈利,但因为未来发展需要资金,因此没有向股东支付股利。但公司盈利会导致股票价格上涨,隐含在股票价格上涨中的未支付股利部分构成股票的资金成本。另一种情况是公司亏损,不能支付股利,但在这种情况下公司股票价格通常会下跌,下跌部分的股价构成资金成本,由股东代公司承担。股东承担了这部分资金成本,也会通过改组董事会、解聘经理等方法激励企业高管层努力工作,为以后股票价值增值创造条件。

考虑到这两种情况,股票的资金成本一直是存在的,只不过表现为不同形式而已。

思考题

根据上述观点,企业的留存收益作为一种资金,是否也有资金成本?如果有资金成本,其表现形式是什么?

7.2.4　影响企业资金成本的因素

1. 总体经济状况

总体经济环境决定了整个经济中资本的供给和需求,以及预期通货膨胀的水平,它们对资金成本的影响反映在无风险收益率上。如果,整个社会经济中的资金需求和供给发生变动,或者通货膨胀水平发生变化,投资者也会相应改变其所要求的收益率。具体来讲,如果货币需求增加,而供给没有相应增加,投资者便会提高其投资收益率,企业的资金成本就会上升;反之,则会降低其要求的投资收益率,使资金成本下降。如果预期通货膨胀水平上升,货币购买力下降,投资者也会要求提高其收益率以补偿预期的投资损失,导致企业资金成本上升。反之,预期通货膨胀水平下降,货币购买力上升,投资者则会降低其收益率,导致企业资金成本下降。

2. 证券市场条件

证券市场条件包括证券的市场流动性大小和价格波动程度,其影响证券投资的风险。如果证券市场的流动性差或价格波动大,投资者的风险大,要求的收益率就高,企业资金成本就会上升；反之，投资者的风险小，要求的收益率低，企业的资金成本就会下降。

3. 企业经营决策和筹资决策

企业经营决策和筹资决策会影响经营风险和财务风险的大小。经营风险是企业投资决策的结果，表现在资产收益率的变动上；财务风险是企业筹资决策的结果，表现在普通股收益率的变动上。如果企业的经营风险和财务风险大，投资者便会要求较高的收益率，企业资金成本上升；反之，投资者要求的收益率低，企业资金成本下降。

4. 筹资规模

不同的筹资规模，其资金成本不同。随着企业筹资规模的扩大，债务偿还的保证程度下降，投资者承受的风险上升，同时各项筹资和用资费用也会上升，从而提高企业的资金成本。

7.2.5 运用资金成本进行财务决策应注意的两个问题

1. 关于筹资决策

加权平均资金成本通常是以各种资本占全部资本的比重为权数，对个别资金成本进行加权平均确定的综合资金成本。目前，不少财务管理教学材料在讲述如何利用加权平均资金成本进行筹资决策时，将预测资本投资收益率与加权平均资金成本（率）进行比较，从而评价筹资方案的财务可行性。如认真分析会发现这一决策方法至少存在以下两个问题：其一，计算资本投资收益率指标时，投资收益额的口径不明确；其二，资本投资收益率指标与加权平均资金成本（率）指标并不具有可比性。笔者以为，为剔除不同筹资方案利息支出不同与所得税因素的影响，反映权益资本所有者的获利水平，遵从国际惯例，计算资本投资收益率指标时，投资收益额的口径应确定为息税前利润（EBIT）。因投资收益指息税前利润，则资本投资收益率指标没有考虑所得税因素，但是，对于应纳税所得额为正的企业，加权平均资金成本率是考虑了所得税因素的一个指标，故而筹资决策中不能简单地将资本投资收益率与加权平均资金成本率进行比较，据以评价筹资方案的财务可行性。正确的决策方法应该是，先计算权益资本可获得的加权平均收益率，然后计算权益资本的加权平均资金成本率，最后将权益资本的加权平均收益率与其加权平均资金成本率两相比较，若前者大于后者，则可相应做出该筹资方案财务上具备可行性的决策结论。

2. 关于投资决策

在利用净现值指标进行投资项目决策时，常以资金成本作为贴现率；在利用内部收益率指标进行投资项目决策时，一般以资金成本作为基准率。但是，资金成本有多种表现形式，如个别资金成本、全部资本（权益资本与债务资本之和）、加权平均资金成本，还有上文提到的"权益资本加权平均资金成本"。现在的问题是，这里作为贴现率或基准率的资金成本到底是指哪一种形式？显然，个别资金成本可剔除在外，因为资本来源多元化，投资项目所需资本很少依赖单一的资本来源与筹资方式。那么，能否以全部资本的加权平均资金成本率作为贴现率或基准率进行投资项目决策选优的标准呢？这需要做认真分析。

在长期投资决策中通常以现金流入作为项目的收入，以现金流出作为项目的支出，以净现金流量作为项目的净收益，即以按收付实现制计算的现金流量作为评价投资项目经济效益的基础。由于在现金流量计算中，利息和所得税付现均作为现金流出项目，因此投资项目的净收益是税后净收益。与税后净收益指标相对应,贴现率或基准率亦应确定为税后口径。虽然全部资本的加权平均资金成本率是税后指标,但这一指标是负债与权益资本的综合资金成本,显然这一量的规定性与应仅归属于权益资本的税后净收益指标计算口径不相吻合。故而不宜选用全部资本的加权平均资金成本率作为贴现率或基准率。通过上述分析,笔者以为,应以权益资本(普通股、留存利润)的加权平均资金成本率作为贴现率或基准率进行投资项目决策选优。

简而言之,由于权益资金成本率通常高于债务资金成本率,因而权益资本的加权平均资金成本率大于全部资本的加权平均资金成本率。在利用净现值指标进行决策时,以权益资本而不以全部资本的加权平均资金成本率作为贴现率测算的净现值偏低,投资决策较为稳健;在利用内部收益率指标进行决策时,以权益资本而不以全部资本的加权平均资金成本率作为基准率,可保证内部收益率较高的投资方案入选,利于降低投资风险,增加股东财富。由此可见,以权益资本的加权平均资金成本率作为贴现率或基准率进行投资项目决策选优,符合股东财富最大化(所有者权益报酬率最大化)的理财目标。

7.2.6 个别资金成本

个别资金成本是指各种筹资方式的成本。其中主要包括银行借款成本、债券成本、优先股成本、普通股成本和留存收益成本。前两者可统称为负债资金成本,后三者统称为权益资金成本。其估算方法分别说明如下:

1. 长期借款成本

长期借款成本包括借款利息和筹资费用。借款利息可在企业所得税前列支,减少应交企业所得税额,从现金流量角度来看,这一节税效应降低了企业的用资费用,故长期借款成本计算公式为

$$K_l = I_l(1-T)/[L(1-F_l)]$$

式中 K_l——长期借款成本;
I_l——长期借款年利息;
T——企业所得税税率;
L——长期借款总额;
F_l——长期借款筹资费用率。

阅读材料 7-3 **如何估计我国上市公司银行借款资本成本**

马钢股份 2016 年度部分财务报告数据如表 7-1 所示。

表 7-1 马钢股份 2016 年度部分财务报告数据 (单位:亿元)

年 份	短期借款	长期借款	应付债券	财务费用
2015	67	66	40	8
2016	69	51	40	8

由于从财务报告中不能准确区分财务费用的具体构成,因此首先将 2016 年度 8 亿元财务费用中属于应由应付债券承担的部分利息(利率 5.07%)2.028 亿元扣除,余下部分为长短

期借款利息 5.972 亿元。计算长短期借款平均余额为 $(27+66+69+51)/2=106.5$ 亿元，银行借款年度资本成本为 $(5.972/106.5)\times(1-25\%)\approx4.21\%$。稍低于 1 年期贷款利率（2016 年度央行 1 年期贷款基准利率为 4.75%）。

在这个计算过程中，我们要把短期借款本金和利息分别计入公式中，因为在我国大多数企业的长期债务资本是通过短期银行借款方式来实现的，这与国外有一些区别。

思考题

上述估计上市公司银行借款资金成本的方法可能存在哪些问题？

2. 债券成本

债券成本包括债券利息和筹资费用。债券利息也可在企业所得税前列支，所以债券成本中利息处理与长期借款利息的处理相同，即依据税后债务成本计算。债券筹资费用主要包括申请发行债券的手续费、债券注册费、印刷费、上市费及推销费用等，该类费用一般较高，不可忽略不计。

$$K_b = \frac{I_b(1-T)}{B(1-F_b)} \times 100\%$$

式中　K_b——债券成本；

I_b——债券年利息；

B——债券发行总额；

T——所得税税率；

F_b——债券筹资费用率。

债券的发行可按面值、溢价、折价三种价格发行，计算债券成本时应以实际发行价格作为债券的筹资总额。

3. 优先股成本

优先股股息通常固定，且没有固定到期日，可按永续年金现值计算优先股价格：

$$P_p = \frac{D_p}{K_p}$$

式中　P_p——优先股股票价格，即优先股筹资额；

D_p——优先股年股利；

K_p——优先股股东要求的收益率，即优先股成本。

优先股成本计算不同于债券成本。由于优先股股利是税后支付，K_p 属于税后成本。优先股筹资时需支付筹资费用，按上述计算公式，优先股成本可计算如下：

$$K_p = \frac{D_p}{P_p(1-F_p)} \times 100\%$$

式中　F_p 为优先股筹资费用率。

4. 普通股成本

与优先股相比，普通股股东的收益随企业的经营状况而改变，一般不固定。普通股股东承担的企业风险比债权人和优先股股东的要大，因此，普通股股东要求的收益率也较高。

通常可用三种方法估算，然后相互验证，取一合理数值。

（1）股利增长模型法（折现现金流量法）。根据普通股股票估值公式，普通股股票每股当前市场价格等于预期每股股利现金流量的现值之和，即

$$P_c = \sum_{t=1}^{\infty} \frac{D_t}{(1+K_c)^t}$$

式中　P_c——普通股价格，即普通股筹资额；

D_t——第 t 年普通股股利；

K_c——普通股成本。

公司预期股利如按一固定比率 G 增长，则

$$P_c = D_0 \sum_{t=1}^{\infty} \frac{(1+G)^t}{(1+K_c)^t}$$

普通股价格的计算公式经推导可简化如下：

$$P_c = \frac{D_1}{K_c - G}$$

式中　D_1——普通股第 1 年的预期股利。

则普通股成本计算公式为

$$K_c = \frac{D_1}{P_c} \times 100\% + G$$

此法的困难在于股利增长率 G 的合理确定，而 G 对 K_c 的影响又很大，故此法对 K_c 的计算也只是估算。

对于新发行的普通股，需调整发行时的筹资费用对资金成本的影响，其计算公式为

$$K_c = \frac{D_1}{P_c(1-F_c)} \times 100\% + G$$

式中　F_c——普通股筹资费率。

（2）资本资产定价模型法（CAPM 法）。按照资本资产定价模型，普通股股东对某种股票期望收益率，即 K_c 为

$$K_c = R_F + \beta(K_m - R_F)$$

式中　R_F——无风险收益率；

β——股票的贝塔系数（即系统风险）；

K_m——证券市场预期收益率。

此方法关键是在市场预期的基础上，估测无风险收益率、市场预期收益率和公司股票的 β 值，但要获得有关投资者预期的信息是比较困难的。实务中可采用国库券利率作为 R_F，K_m 和 β 可采用历史数据分析。

（3）风险溢价法。对股票未上市或非股份制企业，以上两种方法都不适用于计算普通股资金成本，这时可采用债务成本加风险报酬率的方法。若公司发行债券，债务成本为债券收益率，若无公司债券，则可用企业的平均负债成本。根据风险与收益匹配的原理，普通股股东对企业的投资风险大于债券投资者，因而会在债券投资者要求的收益率上再加上一定的风险溢价。依据这一原理，普通股成本表述如下：

$$K_c = K_b + RP_c$$

式中 RP_c——股东比债权人承担更大风险所要求追加的风险溢价。

[例 7-1] 某企业股票市场价格为 24 元,第 1 年预期股利为 2 元,以后每年增长 4%。市场平均股票收益率为 12%,政府 3 年期国库券的利率为 4%,企业股票的 β 值为 0.9。企业债券收益率为 8%,普通股风险溢价为 4%。试估算企业普通股资金成本。

解:
按股利增长模型法:
$$K_c = \frac{2}{24} + 4\% = 12.33\%$$

按资本资产定价模型法:
$$K_c = 4\% + 0.9 \times (12\% - 4\%) = 11.2\%$$

按风险溢价法:
$$K_c = 8\% + 4\% = 12\%$$

三种方法的计算结果,该企业普通股成本在 11% ~ 13%,通常可取其算术平均值:
$$K_c = \frac{12.33\% + 11.20\% + 12\%}{3} = 11.84\%$$

5. 留存收益成本

留存收益又称保留盈余或留用利润,属于企业内部股权资本,是企业资金的一种重要来源。留存收益等于股东对企业进行追加投资,股东对这部分投资要求与普通股等价的报酬。这是一种机会成本。

留存收益成本的计算与普通股基本相同,但不用考虑筹资费用。以股利增长模型法为例,计算公式如下:

$$K_r = \frac{D}{P_c} \times 100\% + G$$

式中 K_r——留存收益成本。

7.2.7 综合资金成本

企业可以通过多种渠道、使用多种方式筹集资金,但是各种渠道与方式筹措资金的成本是不同的。为了正确进行筹资和投资决策,就必须计算企业的综合资金成本。综合资金成本是以各种资金所占的比重为权数,对个别资金成本进行加权平均计算出来的,故也称为加权平均资金成本。其计算公式为

$$K_w = \sum_{j=1}^{n} K_j W_j$$

式中 K_w——综合资金成本,即加权平均资金成本;
　　　K_j——第 j 种个别资金成本;
　　　W_j——第 j 种个别资金成本占全部资金的比重。

[例 7-2] 某企业共有资本 1 000 万元,其中银行借款 100 万元,资金成本为 6.73%;债券 300 万元,资金成本为 7.42%;优先股 100 万元,资金成本为 10.42%;普通股 400 万

元，资金成本为 14.57%；留存收益 100 万元，资金成本为 14%。试列表计算该企业加权平均的资金成本。

表 7-2   加权平均资金成本计算表 （单位：万元）

筹资方式	资金成本（%）	资本数额（万元）	所占比重（%）	加权平均资金成本（%）
银行借款	6.73	100	10	0.674
债券	7.42	300	30	2.226
优先股	10.42	100	10	1.042
普通股	14.57	400	40	5.828
留存收益	14	100	10	1.4
合计	—	1 000	100	11.169

7.2.8　边际资金成本

边际资金成本是指增加 1 单位筹资，资金成本的增加数额。它是企业追加筹措资本的成本，即企业追加筹资时所使用的加权平均资金成本。边际资金成本是财务管理中的重要概念，是企业投资、筹资过程中必须加以考虑的问题。

对于任何一个企业来说，都不可能以一固定的资金成本筹措无限的资金，当其筹措的资金超过一定限度时，资金成本就会增加，而且随着时间的推移或筹资条件的变化，个别资金成本也会随之变化。随着新资本的扩大，企业经营规模增大，经营风险增加，若企业债务继续增加，新债权人考虑到财务风险，则会要求更高的利率，从而使债务成本提高；如增加发行普通股，投资者风险增加，要求更高的风险补偿，导致权益资金成本提高。可见，新资本增加会引起边际资金成本上升。因此，企业在追加筹资时，就需要考虑新筹资的资金成本，需要知道筹资额在什么数额上会引起资金成本发生怎样的变化。

边际资金成本规划步骤如下：

1. 确定公司最优资本结构

企业在追加筹资时有两种情况：一是改变现行的资本结构，如增加举债或增加股本，企业按新的目标资本结构进行筹资；二是不改变资本结构，即认为现行资本结构为理想资本结构，仍按此资本结构追加筹资。

2. 确定个别资金成本

一般情况下，随着公司筹资规模的不断增加，各种筹资成本也会增加。

3. 计算筹资总额分界点

一定的资金成本率只能筹集到一定限度的资金，超过这一限度再增加筹资，将引起原资金成本率的变化。我们把在现有资本结构下保持某资金成本率不变可以筹集到的资本总限度称为筹资总额分界点，也称为筹资突破点。在筹资总额分界点范围内筹资，某资金原来的资金成本率不会改变，一旦筹资额突破分界点，即使维持现有的资本结构，其资金成本率也会上升。

根据目标资本结构和筹资方式资金成本变化的分界点，计算筹资总额分界点，其具体

公式为

$$融资总额分界点 = \frac{第j种融资方式的成本分界点}{目标资本结构中第j种融资方式所占的比例}$$

4. 计算边际资金成本

根据计算的分界点，可得出新的筹资范围，对筹资范围计算加权平均资金成本，便可得到各种筹资范围资金的边际成本。

[例7-3] 某公司拥有长期资金400万元，其中长期借款100万元，普通股300万元。该资本结构为公司理想的目标结构。公司拟筹集新的资金200万元，并维持目前的资本结构。随筹资额增加，各种资金成本的变化如表7-3所示。

表7-3 某公司融资范围和资金成本一览表

资金种类	新筹资额	资金成本
长期借款	40万元及以下	4%
	40万元以上	8%
普通股	75万元及以下	10%
	75万元以上	12%

要求计算各筹资总额分界点及相应各筹资范围的边际资金成本。

解：

筹资突破点（1）= 40/25% = 160（万元）

筹资突破点（2）= 75/75% = 100（万元）

边际资金成本（0~100万元）= 25%×4% + 75%×10% = 8.5%

边际资金成本（100~160万元）= 25%×4% + 75%×12% = 10%

边际资金成本（160万元以上）= 25%×8% + 75%×12% = 11%

7.3 杠杆原理

自然科学中的杠杆原理，是指通过杠杆的使用，只用一个较小力量便可以产生更大的效果。财务管理中的杠杆原理，则是指由于生产经营或财务方面固定成本（费用）的存在，当业务量发生较小的变化时，利润会产生更大的变化。

由于成本按习性的分类是研究杠杆问题的基础，所以，这里有必要首先介绍成本习性问题，然后，顺次阐明经营杠杆、财务杠杆和复合杠杆的原理。

7.3.1 成本按习性的分类

成本习性，是指成本与业务量之间的依存关系，也称成本性态。

业务量是指企业在一定的生产经营期内投入或完成的经营工作量的统称。它可以使用绝对量和相对量加以衡量。绝对量可细分为实物量、价值量和时间量三种形式，相对量可以用百分比或比率形式反映。在最简单的条件下，业务量通常是指生产量或销售量。

按成本习性可将成本划分为固定成本、变动成本和混合成本三类。

1. 固定成本

固定成本是指成本总额在一定时期和一定业务量范围内，不受业务量增减变动影响而能保持不变的成本。其特点可概括为：①固定成本总额的不变性；②单位固定成本的反比例变动性。比如，制造费用中不随产量变动的办公费、差旅费、折旧费，销售费用中不受销量影响的广告费，等等。

2. 变动成本

变动成本是指在一定时期和一定业务量范围内，其总额随业务量成正比例变化的那部分成本。其特点可概括为：①变动成本总额的正比例变动性；②单位变动成本的不变性。比如，直接用于产品制造的、与产量成正比的原材料、燃料及动力，外部加工费，外购半成品，按产量法计提的折旧费，生产工人计件工资等。

3. 混合成本

混合成本是指介于固定成本和变动成本之间，既随业务量变动又不成正比例的那部分成本，如检验人员工资、企业电话费等。混合成本可以按一定方法分解为变动成本和固定成本。

企业总成本习性模型可用下式表示：

$$y = a + bx$$

式中　y——总成本；

　　　a——固定成本；

　　　b——单位变动成本；

　　　x——产量。

可通过一定的方法计算出 a 和 b 的值，并利用该直线方程进行成本预策、决策和其他短期决策。

成本按习性分类后，又引出一个新概念——边际贡献。边际贡献是指销售收入减去变动成本以后的差额，计算公式为

$$M = S - v = (P - v) \times Q = m \times Q$$

式中　M——边际贡献总额；

　　　S——销售收入总额；

　　　V——变动成本总额；

　　　P——销售单价；

　　　v——单位变动成本；

　　　Q——产销数量；

　　　m——单位边际贡献。

研究杠杆问题所涉及的利润一般指息税前利润，即支付利息和交纳企业所得税之前的利润。成本按习性分类后，息税前利润可用下列公式计算：

$$EBIT = S - V - a = (P - V) \times Q - a = M - a$$

式中　$EBIT$——息税前利润，其他符号含义同上。

7.3.2 经营杠杆

在相关范围内,产销量增加一般不会改变固定成本总额,但会降低单位固定成本,从而提高单位利润,使息税前利润增长率大于产销量的增长率。反之,产销量减少会提高单位固定成本,降低单位利润,使息税前利润下降率也大于产销量下降率。假设不存在固定成本,所有成本都是变动成本,那么边际贡献就是息税前利润,则息税前利润变动率就同产销量变动率完全一致。这种由于存在固定成本而造成的息税前利润变动率大于产销量变动率的现象,称为经营杠杆或营业杠杆(operating leverage)。

只要企业存在固定成本,就存在经营杠杆的作用。但不同的企业,经营杠杆作用的程度是不同的,为此,需要对经营杠杆进行计量,以确定企业经营杠杆作用程度大小。对经营杠杆进行度量的指标是经营杠杆系数或经营杠杆度。所谓经营杠杆系数,是指息税前利润变动率相当于产销量变动率的倍数。其计算公式为

$$DOL = \frac{\Delta EBIT/EBIT}{\Delta Q/Q}$$

式中 DOL——经营杠杆系数;
$EBIT$——变动前息税前利润;
Q——变动前的产销量;
$\Delta EBIT$——息税前利润变动额;
ΔQ——产销量的变动额。

经推导,经营杠杆系数简化计算公式为

$$DOL = \frac{M}{M - a}$$

式中 M——边际贡献总额;
a——固定成本总额。

[例 7-4] 某企业固定成本总额为 80 万元,变动成本率为 60%,销售额为 400 万元。计算经营杠杆系数。

解:边际贡献总额 = 400 × (1 - 60%) = 160(万元)

$$DOL = \frac{160}{160 - 80} = 2$$

经营杠杆系数等于 2 的意义是:当企业销售额增长 10% 时,息税前利润将增长 20%;反之,当企业销售额下降 10% 时,息税前利润将下降 20%。

因此,经营杠杆扩大了市场和生产等不确定因素对利润变动的影响。经营杠杆系数越大,经营利润变动越剧烈,企业的经营风险就越高。企业经营风险的大小和经营杠杆有着重要关系。

(1)在固定成本不变的情况下,经营杠杆系数反映了业务量变动所引起息税前利润变动的幅度。

(2)经营杠杆度反映了企业所面临的经营风险。在固定成本不变的情况下,销售额越小,经营杠杆系数越大,经营利润对业务量的变动越敏感,经营风险越大;反之,销售额

越大，经营杠杆系数越小，经营风险越小。

（3）当销售额处于盈亏临界点的前阶段，经营杠杆系数随销售额的增加而递增；当销售额处于盈亏临界点的后阶段，经营杠杆系数随销售额的增加而递减；当销售额达到盈亏临界点时，经营杠杆系数趋近于无穷大，此时企业在保本的状态下经营，利润对销售量的变动极为敏感，销售量的微小变动，便会使企业出现盈利或亏损，经营风险极高。

（4）在同等营业额条件下，固定成本比重越高的企业，其经营杠杆度越高，经营风险越大；反之，固定成本比重较低的企业，其经受经营杠杆的作用也较低，经营风险较小。

企业一般可以通过增加业务量、降低产品单位变动成本、降低固定成本比重等措施使经营杠杆度下降，从而降低经营风险。

7.3.3 财务杠杆

在资本结构一定的条件下，企业支付的债务利息和优先股股利等资金成本通常是相对固定的，并不随企业经营利润的变化而变化。当息税前利润增长时，每1元利润所负担的固定资金成本就相应减少，普通股的收益就会较大幅度增长；反之，当息税前利润减少时，每1元利润所负担的固定资金成本就相应增加，普通股的收益就会随之以更大幅度减少。我们把这种由于筹集资金的成本固定引起的普通股每股收益的变动幅度大于息税前利润变动幅度的现象，称为财务杠杆（financial leverage）。

财务杠杆既有利益的一面，也有风险的一面。财务风险（financial risk）也称融资风险或筹资风险，是指企业为取得财务杠杆利益而利用债务资本时，增加了破产机会或普通股盈余大幅度变动的机会所带来的风险。企业为取得财务杠杆利益，就要增加负债，一旦企业息税前利润下降，不足以补偿固定利息支出，企业的每股收益下降得更快，甚至会引起企业破产。影响财务风险的因素主要有：①资本供求的变化；②利率水平的变动；③获利能力的变化；④资本结构的变化。资本结构的变化即财务杠杆的利用程度。企业负债比率的变化，或者说财务杠杆利用程度变化，会引起投资者收益的变动。财务杠杆水平越高，股东收益及公司破产的风险越大；反之，随着负债比率的降低，财务杠杆的作用减弱，企业的财务风险随之降低。在财务风险的影响因素中，财务杠杆对财务风险的影响最为综合。企业股东欲获得财务杠杆利益，需要承担由此引起的财务风险，因此，必须在财务杠杆利益与财务风险与之间做出合理的权衡。

由上述分析可知，只要企业的融资方式中有固定财务支出的债务和优先股，就存在财务杠杆的作用。但不同的企业财务杠杆的作用程度是不一样的，为此，需要对财务杠杆进行计量。对财务杠杆的衡量常用的指标是财务杠杆系数。所谓财务杠杆系数，是普通股每股收益的变动率相当于息税前利润变动率的倍数，又称财务杠杆度。其计算公式为

$$DFL = \frac{\Delta EPS/EPS}{\Delta EBIT/EBIT}$$

式中　DFL——财务杠杆系数；
　　　ΔEPS——普通股每股收益变动额；
　　　EPS——普通股每股收益。

经推导，财务杠杆系数的简化计算公式为

$$DFL = \frac{EBIT}{EBIT - I}$$

在有优先股的情况下，上列公式应改为

$$DFL = \frac{EBIT}{EBIT - I - D/(1-T)}$$

式中　I——债务利息；
　　　D——优先股股利；
　　　T——企业所得税税率。

财务杠杆作用的强弱取决于企业的资本结构。在资本结构中负债资本所占比例越大，财务杠杆作用越强，财务风险越大。

[例7-5]　假设某公司年度固定债务利息为300万元，优先股股利支出为140万元，公司所得税税率为30%，当营业利润为1 500万元时，计算公司的财务杠杆系数。

$$DFL = \frac{1\,500}{1\,500 - 300 - \dfrac{140}{1 - 30\%}} = 1.5$$

在公司息税前利润较大，经营风险较小时，适当地利用负债，发挥财务杠杆的作用，可以增加股东每股收益，使股票价格上涨，提高公司价值。

财务杠杆系数是在负债经营条件下，定量描述了股东收益率与经营收益率之间的关系。在企业筹资决策中，要通过财务杠杆作用使普通股股东收益得到提高。

由财务杠杆的原理可知，当企业息税前利润增加时，股东的每股收益将以 DFL 倍的幅度增加；而当企业息税前利润减少时，股东的每股收益将以 DFL 倍的幅度减少。因此可见，财务杠杆扩大了经营利润和举债等不确定因素对股东收益变动的影响。而且，企业举债越多，财务杠杆系数越高，每股收益变动越剧烈，企业的财务风险就越大。企业财务风险的大小和财务杠杆有着重要关系。

（1）财务杠杆系数说明息税前利润变动所引起每股收益变动的幅度。

（2）财务杠杆度反映了企业所面临的财务风险。在资本总额、息税前利润相同的情况下，负债比率越高，财务杠杆系数越高，企业的财务风险越大，但预期每股收益也越大；反之，在资本总额、息税前利润相同的情况下，负债比率越低，财务杠杆系数越低，企业的财务风险越小，但预期每股收益也越小。

阅读材料7-4　为什么产能过剩企业要"去杠杆"

据新华社电　国务院总理李克强2017年8月23日主持召开国务院常务会议，部署推进央企深化改革降低杠杆工作，促进企业提质增效；听取股权期权和分红等激励政策落实与科研项目及经费管理制度改革进展情况汇报，推动增强创新发展动力。

"三去一降一补"是习近平总书记根据供给侧结构性改革提出的。2015年12月18日至21日，中央经济工作会议在京举行。会议提出，2016年经济社会发展主要是抓好去产能、去库存、去杠杆、降成本、补短板五大任务。其中，"去杠杆"是指对产能过剩企业要减轻债务，减少利息负担，从而提升企业活力，改善经济效益。

据社科院测算，截至2015年年底，我国金融部门、居民部门、包含地方融资平台的政府部门以及非金融企业部门的杠杆率分别为 21%、40%、57% 和 156%。其中，国企负债占非金融企业负债比例约 70%。2015 年、2016 年我国非金融国企负债率在不断攀升。财政部数据显示，从 2015 年 9 月份开始，国有企业总负债增速从 8 月底的 11% 跳升到 19%，总负债增速持续高于总资产增速。总负债增速超总资产的趋势，直到 2017 年 5 月份才结束，5 月份这两项指标增速持平；6 月份，总负债增速还略低于总资产增速。在降杠杆方面，国资委做了不少工作，比如，推动企业优化资本结构，鼓励企业通过 IPO、配股等方式从资本市场融资，改善资本结构，支持企业开展资产证券化业务，推动企业通过存量的盘活，来筹集发展资金，尽量减少对负债的依赖。

思考题

1. "去杠杆"与"财务杠杆效应"之间是否存在矛盾？
2. 除资料中所提到的措施外，你认为还有哪些途径可以"去杠杆"？

7.3.4 复合杠杆

如上所述，由于固定成本的存在，产生经营杠杆的作用，从而使息税前利润的变动率大于业务量的变动率；同时，在负债经营情况下，由于固定性债务成本的存在，产生财务杠杆的作用，从而使普通股每股收益的变动率大于息税前利润的变动率。由这两个杠杆可知，经营杠杆是通过扩大销售影响息税前利润，而财务杠杆则是通过扩大息税前利润影响每股收益，两者最终都影响到普通股的收益。如果两种杠杆共同起作用，那么销售额较小的变动就会使每股收益产生更大的变动。通常把经营杠杆与财务杠杆的联合效应称为复合杠杆（combined leverage），也称为总杠杆。

因此，只要企业同时存在固定的生产经营成本和固定的利息费用等资金成本，就会存在复合杠杆的作用。但不同企业，复合杠杆作用程度是不同的。为此，需对复合杠杆作用程度大小进行计量，通常用复合杠杆系数来衡量复合杠杆的作用程度。所谓复合杠杆系数，是指普通股每股收益变动率相当于业务量变动率的倍数，计算公式如下：

$$DCL = \frac{\Delta EPS/EPS}{\Delta Q/Q}$$

式中 DCL——复合杠杆系数。

上式可作以下变换：

$$DCL = \frac{\Delta EPS/EPS}{\Delta Q/Q} \times \frac{\Delta EBIT/EBIT}{\Delta EBIT/EBIT} = DOL \times DFL$$

经推导，复合杠杆系数的简化计算公式是

$$DCL = \frac{M}{EBIT - I - D/(1-T)}$$

[例 7-6] 某公司长期资金总额为 200 万元，其中长期负债为 50%，利率为 10%，公司销售额为 50 万元，固定成本总额为 5 万元，变动成本率为 60%。计算该公司复合杠杆系数。

解：

$$DCL = \frac{50 \times (1-60\%)}{50 \times (1-60\%) - 5 - 200 \times 50\% \times 10\%} = 4$$

计算结果显示,该公司复合杠杆系数为4,其含义是:企业的业务量每变动1%,EPS将变动4%。

请按上题资料计算该公司经营杠杆系数、财务杠杆系数,并验证二者与复合杠杆系数的关系式。

由复合杠杆的原理可知,在复合杠杆的作用下,当企业经济效益良好时,每股收益会大幅度上升;反之,当企业经济效益差时,每股收益会大幅度下降。企业复合杠杆系数越大,每股收益的波动幅度越大。由复合杠杆作用使每股收益大幅度波动而造成的风险,称为联合风险,它是经营风险和财务风险共同作用的结果。

(1) 复合杠杆系数说明了业务量变动所引起每股收益变动的幅度。

(2) 复合杠杆系数反映了企业所面临的联合风险。在负债经营情况下,企业同时承受经营风险和财务风险。在复合杠杆作用下,销售量的变动会引起每股收益大幅度的变动。企业复合杠杆系数越大,每股收益随业务量波动而波动的幅度越大,企业所承担的联合风险越大。

(3) 复合杠杆系数揭示了经营杠杆与财务杠杆的相互关系。一个企业如果具有较高经营风险,则应在较低的程度上使用财务杠杆;反之,如果企业具有较低的经营风险,可以使用较高的财务杠杆来增加每股收益。

7.4 资本结构

阅读材料7-5　从五粮液的财务保守行为看企业的资本结构选择

自1998年上市以来,五粮液的净资产收益率始终保持在10%以上,符合证监会有关发行和配股的规定。但在其快速发展的近20年间,五粮液仅在2001年配股2 400万股,共募集资金6亿元,而且基本不向银行借款,近几年的长期借款一直为零。

从表7-4可以看出,从2011年的36.47%到2016年12月31日的22.47%,中间虽有小幅度波动,但总体上五粮液的资产负债率呈逐年下降态势,而且企业负债中绝大部分是短期负债,长期负债占总资产的比例较低。

表7-4　五粮液2011~2016年度负债水平一览表

日期	2016-12-31	2015-12-31	2014-12-31	2013-12-31	2012-12-31	2011-12-31
资产负债率(%)	22.47	15.61	13.09	16.11	30.34	36.47
流动负债/总负债(%)	97.99	97.15	97.52	99.05	99.57	99.63
长期负债/总资产(%)	0.45	0.44	0.33	0.15	0.13	0.13

五粮液的流动比率不断上升(见表7-5),短期偿债能力较强;货币资金占总资产的比例在近5年也有较大幅度的提高。可见五粮液属于"现金充足型"企业,内部融资能力较强。

表7-5　五粮液的流动比率和货币资金

日期	2016-12-31	2015-12-31	2014-12-31	2013-12-31	2012-12-31	2011-12-31
流动比率	4	5.6	6.5	5.25	2.77	2.22
货币资金/总资产(%)	55.76	50.19	48.23	58.38	61.54	58.39

> 流动比率反映企业经营方面的财务能力，资产负债率则反映资本运作方面的财务能力。从表7-6我国白酒行业几家主要公司的资产负债率来看：五粮液的资产负债率呈逐年下降的趋势，而且五粮液的资产负债率明显低于古井贡酒和贵州茅台，与行业平均资产负债率相比更低。由此可见，五粮液的财务偏向于保守。
>
> 表7-6　五粮液与其他公司和行业的资产负债率　　　　（单位:%）
>
> | 日期 | 2016-12-31 | 2015-12-31 | 2014-12-31 | 2013-12-31 | 2012-12-31 | 2011-12-31 |
> | --- | --- | --- | --- | --- | --- | --- |
> | 五粮液 | 22.47 | 15.61 | 13.09 | 16.11 | 30.34 | 36.47 |
> | 古井贡酒 | 31.99 | 32.71 | 34.81 | 35.66 | 36.41 | 34.91 |
> | 贵州茅台 | 32.79 | 23.25 | 16.03 | 20.42 | 21.21 | 27.21 |
> | 行业平均 | 40.35 | 39.03 | 40.07 | 42.33 | 43 | 45.6 |
>
> **思考题**
> 1. 收集相关资料，分析五粮液财务保守行为的原因？
> 2. 联系资本结构理论，讨论保守的财务政策的利与弊？

7.4.1　资本结构的基本含义

在我国，资本结构主要是指企业全部资本来源中权益资本与负债资本的比例关系。在西方，资本结构一般是指长期资本中权益资本与负债资本的比例关系。该比例的高低，通过综合资本成本的变化，直接影响企业价值高低。因此，优化资本结构，以最低的综合资本成本，实现企业价值最大化，是资本结构理论研究的核心问题。

资本结构理论是西方财务管理理论体系中的三大核心理论之一，在西方已有相当广泛的研究，并形成了各种各样的理论流派，主要包括MM理论、权衡理论、不对称信息理论等。根据这些资本结构理论以及财务管理的实践，人们认识到：在现代市场环境中，运用负债经营有利于企业价值提高，但因为财务风险的客观存在，运用负债的度必须谨慎掌握。

7.4.2　资本结构中负债的意义

1. 合理安排债务资本比例有利于降低企业的资金成本

由于债务资本需定期支付利息和按时还本，且企业清算时，债权人的受偿权优先于股东，所以，债权人的投资风险一般小于股东，企业因此支付给债权人的报酬通常会低于股东。另外，债务利息在税前支付，企业使用债务资本可以获得利息减税的利益，从而使得债务资本的成本低于权益资本的成本。因此，企业在一定限度内合理提高债务资本的比例，可以降低企业综合的资金成本。

2. 合理安排债务资本比例有利于发挥财务杠杆作用

由于债务利息是固定不变的，当息税前利润增加时，每1元经营利润所负担的固定利息费用就会随之降低，从而使股东获得的收益提高，这就是财务杠杆作用所带来的利益。因此，在一定限度内合理地利用债务资本，特别是在公司经营利润预计有较大幅度增长时，适当增加负债，有利于发挥财务杠杆作用，获取财务杠杆利益。

3. 合理安排债务资本比例有利于提高企业价值

企业价值是其权益资本市场价值与债务资本市场价值之和。企业价值的计量与资本结构相关联，因为资本结构的安排会直接影响到权益资本和债务资本的市场价值，进而影响公司总价值。因此，合理安排资本结构有利于公司价值的提高。

7.4.3 最佳资本结构决策

根据现代资本结构理论分析，企业最佳资本结构是存在的。在资本结构最佳点上，企业价值达到最大，同时加权平均资金成本达到最小。

资本结构理论为企业融资决策提供了有价值的参考。但在现实中，由于融资活动及融资环境的复杂性，难以找到最佳的资本结构，而只能通过一定的方法判断、选择相对较为合理的资本结构。通常运用的方法有比较资金成本法、每股收益无差别点分析法、比较公司价值法等，进行资本结构决策选优。

1. 比较资金成本法

根据资本结构理论，当资本结构处于最佳点时，企业综合资金成本最低。比较资金成本法，就是通过计算及比较各种资本结构的加权平均资金成本，以判别并选择理想的资本结构。这种方法是实务中的常用方法，其优点是通俗易懂，缺点是容易遗漏最优方案。

2. 每股收益无差别点分析法

每股收益无差别点，是指每股收益不受融资方式影响的息税前利润水平。

负债融资是通过它的杠杆作用来增加股东财富的，即每股收益的高低会受到资本结构的影响；而偿债能力是建立在未来盈利能力基础之上的，资本结构的安排必须充分考虑企业的盈利水平。将以上两个方面联系起来，分析资本结构与每股收益之间的关系，进而确定合理的资本结构的方法，即为每股收益无差别点分析法。

每股收益无差别点可以通过计算得出。

每股收益的计算为

$$EPS = \frac{(EBIT - I)(1 - T) - D}{N}$$

式中　　EPS——每股收益；

$EBIT$——息税前利润；

I——债务利息；

T——所得税税率；

D——优先股股利；

N——流通在外的普通股股数。

在每股收益无差别点上，无论是采用何种方式融资：债务融资还是权益融资，每股收益都是相等的。若以 EPS_1 代表权益融资，EPS_2 代表负债融资；$\overline{EBIT}$ 代表每股收益无差别点上的息税前利润；I_1、I_2 分别代表两种融资方式下的年利息；D_1、D_2 分别代表两种融资方式下的优先股股利；N_1、N_2 分别代表两种融资方式下的流通在外的普通股股数，则有

$$EPS_1 = EPS_2$$

$$\frac{(\overline{EBIT} - I_1)(1-T) - D_1}{N_1} = \frac{(\overline{EBIT} - I_2)(1-T) - D_2}{N_2}$$

[例7-8] 某公司需筹集资本 2 000 万元，现有如下两个方案供选择。

方案Ⅰ：全部发行普通股，按面额发行，每股面值 20 元，共发行 100 万股。

方案Ⅱ：按面值 20 元发行普通股 50 万股；另筹借长期债务 1 000 万元，年利率为 12%。

假设公司所得税税率为 40%，试求每股收益无差别点。

$$\frac{\overline{EBIT}(1-40\%)}{100} = \frac{(\overline{EBIT} - 1\,000 \times 12\%)(1-40\%)}{50}$$

$$\overline{EBIT} = 240(万元)$$

此时每股收益为

$$\frac{240 \times (1-40\%)}{100} = 1.44(元)$$

上述每股收益无差别点分析，可描绘如图 7-2 所示。

由此可见，如果息税前利润低于每股收益无差别点 240 万元时，运用权益融资可获得较高的每股收益，这就是权益融资的优势；反之，如果息税前利润高于每股收益无差别点 240 万元时，运用债务融资可获得较高的每股收益，这就是负债融资的优势。

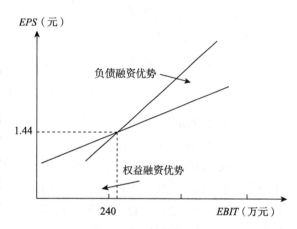

图 7-2 每股收益无差别点分析示意图

每股收益无差别点分析法较好地考虑了财务杠杆利益，可以判断在何种息税前利润水平下采用何种资本结构。但这种方法只考虑了资本结构对每股收益的影响，并假定每股收益最大，股票价格也就最高，并未考虑资本结构对风险的影响，忽略了债务融资的隐性成本。事实上，投资者不仅关注企业的预期收益，同时也关注其风险，随着负债的增加，投资者的风险加大，股票价格和企业价值也会有下降的趋势。所以，每股收益无差别点分析法，有时会做出错误的决策。

3. 比较公司价值法

以上比较资金成本法和每股收益分析法，虽然集中考虑了资金成本和财务杠杆利益，但没有明确反映财务风险的影响，未直接考虑公司价值最大化的财务管理目标。但是融资决策中不考虑财务风险会造成错误的决策。

根据现代资本结构理论，最佳资本结构应当是可使公司价值最高，同时公司的资金成本最低的资本结构。比较公司价值法，是在反映财务风险的条件下，以公司价值的大小为标准，测算判断公司最佳的资本结构。

公司的市场总价值等于其权益资本的市场价值加上债务资本的市场价值，即

$$V = B + S$$

式中　V——公司总价值；
　　　B——债务资本的市场价值；
　　　S——权益资本的市场价值。

债务资本的市场价值假设等于其面值。

权益资本的市场价值计算如下：

$$S = \frac{(EBIT - I)(1 - T)}{K_S}$$

式中　K_S——权益资金成本。

权益资金成本可采用资本资产定价模型计算：

$$K_S = R_F + \beta(R_m - R_F)$$

式中　R_F——市场无风险报酬率；
　　　β——股票的贝塔系数；
　　　R_m——市场平均报酬率。

公司加权平均资金成本可按以下公式计算：

$$K = K_B(1 - T)\frac{B}{V} + K_S\frac{S}{V}$$

式中　K——公司加权平均资金成本；
　　　K_B——税前的债务资金成本。

企业确定最优资本结构除了使用上述定量分析方法外，还要结合以下因素进行定性分析：①企业成长与销售稳定性；②企业风险状况；③企业的获利能力；④企业的资产结构；⑤企业的融资灵活性；⑥企业管理者的态度；⑦企业的控制权；⑧企业的信用等级与债权人的态度；⑨政府的税收政策，等等。

需要指出的是，资本结构决策是企业筹资决策中一项比较复杂的工作，虽然在理论上存在一种最佳资本结构，但在实践中很难找到它。

本章小结

筹资管理是指企业根据其生产经营、对外投资及调整资本结构的需要，对比分析所拟定的不同筹资方案的资金成本高低与财务风险大小，选择最佳筹资方案，通过金融机构和金融市场筹措企业所需资金的一种财务决策活动。筹资方式是指企业筹集资金时所采取的具体形式，体现着资金的属性。企业筹资管理的重要内容之一，就是如何针对客观存在的筹资渠道，选择合理的筹资方式，并有效地进行筹资组合，降低筹资成本，提高筹资效益。基本筹资方式主要有吸收直接投资、发行股票、发行债券、银行或非银行金融机构借款、融资租赁、商业信用、可转换债券七种方式。

资本成本是企业财务决策的重要依据，是财务管理的一项重要内容。从投资角度来看，资本成本是指投资者投资所要求的收益率；从融资角度来看，资本成本是指融资者筹措和使用资金所需支付的代价。资本成本的高低受总体经济环境、证券市场条件、企业经营和融资决策以及融资规模等诸多因素的影响。企业应根据各因素的影响，合理确定企业价值最大同时加权平均资本成本最低的资本结构。资本成本有多种形式，在比较不同融资方式时，采用个别资本成本,包括长期借款成本、长期债券成本、普通股成本、优先股成本、留存收益成本;在进行资本结构决策时,应使用加权平均资本成本;在进行追加融资决策时,则常使用边际资本成本。不同形式的资本成本其计算方法各有区别。

经营杠杆是指当企业的成本结构中存在固定生产经营成本时,业务量变动会导致息税前利润发生更大幅度的变动。经营杠杆的衡量是用经营杠杆系数,即息税前利润变动率相当于产销量变动率的倍数,表明业务量变动所引起息税前利润变动的幅度。经营杠杆系数反映了企业所面临的经营风险,经营杠杆系数越大,经营杠杆作用越大,企业的经营风险就越大;反之亦然。

财务杠杆是指当企业的资本结构中存在固定支付的资本时,息税前利润的变动会导致普通股每股收益更大幅度的变动。财务杠杆的衡量是用财务杠杆系数,即普通股每股收益的变动率相当于息税前利润变动率的倍数。企业使用的固定支付的债务等资本越多,财务杠杆及效应就越大,企业的财务风险也就越大,反之,亦然。

经营杠杆与财务杠杆的联合效应就是复合杠杆,它反映了企业每股收益对业务量的敏感性。复合杠杆的衡量是用复合杠杆系数,即普通股每股收益的变动率相当于业务量变动率的倍数,它是经营杠杆系数与财务杠杆系数的乘积。复合杠杆系数反映了企业所面临的联合风险,复合杠杆作用越大,企业的风险就越大;反之,亦然。复合杠杆度有助于企业合理地安排经营杠杆与财务杠杆。杠杆分析是确定企业风险程度的主要方法之一。

资本结构是指企业各种资本的构成及其比例关系,通常是指公司长期债务资本和权益资本的比例关系。资本结构决策的意义在于合理安排债务资本比例,降低企业的资本成本,充分发挥财务杠杆作用。资本结构决策的基本方法有:比较资本成本法、每股收益分析法、比较公司价值法等。比较资本成本法,是通过计算及比较各种资本结构的加权平均资本成本,以判别并选择最佳的资本结构,此方法的局限性在于可能漏掉最优方案。每股收益分析法是通过确定每股收益无差别点来选择最佳资本结构,此方法只考虑了资本结构对每股收益的影响,而未考虑资本结构对风险的影响。比较公司价值法是在反映财务风险的条件下,以公司价值的大小为标准,测算判断公司最佳的资本结构。此方法的局限性在于公司价值计算有着诸多不确定因素。

参考文献

[1] 荆新,王化成,刘俊彦. 财务管理学 [M]. 北京:中国人民大学出版社,2002.
[2] 杨淑娥,胡元木. 财务管理研究 [M]. 北京:经济科学出版社,2002.
[3] 张鸣,王蔚松,陈文浩. 财务管理学 [M]. 上海:上海财经大学出版社,2002.
[4] 赵德武. 财务管理 [M]. 北京:高等教育出版社,2002.
[5] 斯蒂芬 A 罗斯. 公司理财(原书第9版)[M]. 吴世农,等译. 北京:机械工业出版社,2012.
[6] 王玉春. 财务管理 [M]. 南京:南京大学出版社,2008.
[7] 王明虎. 财务管理原理 [M]. 北京:中国商业出版社,2006.

复习思考题

1. 企业基本筹资方式有哪些?评价各自优缺点。
2. 如何理解资金成本的内涵?如何计算?为什么资金成本计算中不考虑短期资本因素?

3. 请阐述经营风险与财务风险的关系，并分析企业一味追求获取财务杠杆利益的可能后果。
4. 如何确定最佳资本结构？
5. 为什么资本公积是有成本的？
6. 为什么企业财务决策要依据加权平均资本成本而非单项资本成本？

练习题

1. 某公司年销售额为2 800万元，固定成本为320万元，变动成本为1 680万元；全部资本2 000万元，负债比率50%，负债利率10%，优先股股息70万元，公司所得税税率为25%。要求计算该公司的：息税前利润（EBIT）；固定性的债权资本成本；财务杠杆系数（DFL）。

2. 某企业拟筹资2 500万元，其中发行债券1 000万元，筹资费率2%，债券年利率为10%，所得税率为25%；优先股500万元，年股息率12%，筹资费率3%；普通股1 000万元，筹资费率4%，第一年预期股利率为10%，以后每年增长4%。要求计算：债券资本成本；优先股资本成本；普通股资本成本；各种筹资方式筹资额占总资本的比重；该筹资方案的综合资本成本。

3. 南方公司的资产总额为150万元，负债比率45%，负债利率12%。2008年的销售额为2 000万元，变动成本率为60%，息税前利润率为20%。计算该企业的经营杠杆、财务杠杆与复合杠杆系数。

4. 某企业目前拥有资本1 000万元，其结构为：债务资本20%（年利息为20万元），普通股80%（发行普通股10万股，每股面值80元）。现准备追加筹资400万元，有两种筹资方案可供选择：
(1) 全部发行普通股：增发5万股，每股面值80元。
(2) 全部筹措长期债务，利率为10%，利息为40万元。企业追加筹资后，EBIT预计为160万元，所得税率为25%。

要求：计算每股收益无差别点及无差别点的每股收益，并做简要说明选择哪种筹资方案。

5. 某企业由于扩大经营规模的需要，拟筹集新资金，有关资料见表7-7。

表7-7 某企业筹集新资金的相关信息

资金种类	目标资本结构	新融资额	资本成本
长期借款	15%	45 000元以内 45 000元以上	3% 5%
长期债券	25%	200 000元以内 200 000元以上	10% 11%
普通股	60%	300 000元以内 300 000元以上	13% 14%

要求：(1) 计算融资总额分界点。
(2) 计算边际资本成本。

6. 已知某企业在某年年初长期资本1 600万元，中长期债券800万元，年利率10%；普通股 800 万元（80 万股，每股面值 1 元，发行价 10 元/股，目前价格也为 10 元/股）。预期股利为 1 元/股，预计以后每年增加股利 5%。该企业所得税税率为 25%，假设发行各种证券均无融资费。

该企业现拟增资 400 万元，以扩大生产经营规模，现有如下 3 个方案可供选择。

方案 I：增加发行 400 万元的债券，因负债增加，投资人风险加大，债券利率增至 12% 才能发行，预计普通股股利不变，但由于风险加大，普通股市价降至 8 元/股。

方案 II：发行债券 200 万元，年利率 10%，发行股票 20 万股，每股发行价 10 元，预计普通股股利不变。

方案 III：发行股票 36.36 万股，普通股市价增至 11 元/股。

要求：从资本成本的角度，通过计算说明哪种融资方式最优。

 案例题

恒大淘宝俱乐部的融资和经营问题

2010 赛季，恒大集团于 3 月 1 日以 1 亿元买断广州足球俱乐部全部股权，广汽集团则以 2 500 万元取得 1 年的冠名权，球队名称为广州恒大广汽队。2014 赛季，6 月 5 日，阿里巴巴作为恒大俱乐部战略投资者注资 12 亿元，并入股恒大俱乐部 50% 的股权；7 月 4 日广州恒大足球俱乐部有限公司正式更名为广州恒大淘宝足球俱乐部有限公司。2015 年 11 月 6 日，恒大淘宝登陆新三板挂牌交易，股票代码为 834338，交易方式为协议交易。截至 2017 年，广州恒大淘宝足球俱乐部已连续六次获得中超联赛冠军，也是中国联赛历史中夺冠次数第二多的球队；并获得三次中国足球超级杯冠军和两次中国足协杯冠军；两次亚冠联赛冠军。

然而公司在足球场上的成功并不代表其商业运作的成功，表 7-8 是该公司 2016 年度财务报告部分财务数据。

表 7-8　恒大淘宝俱乐部 2016 年度财务报告部分财务数据

项　目	2015 年	2016 年
营业收入（亿元）	3.8	5.6
毛利率	−232.66%	−169.67%
总资产（亿元）	20.9	12.7
资产负债率	73.87%	52.30%
销售商品提供劳务收到的现金（亿元）	4.4	5.6
支付给员工以及为员工支付的现金（亿元）	8	10.9
吸收投资收到的现金（亿元）	4	8.9
取得借款及发行债券收到的现金（亿元）	0	0

根据上述材料回答以下问题：

(1) 试分析恒大淘宝的盈利能力，以及影响该公司盈利能力的主要因素？

(2) 恒大淘宝的主要融资方式是股权融资，试分析该公司为什么不扩大负债融资？

第8章
营运资本管理原理

本章学习要点

营运资本管理原则与政策
现金管理模型
信用政策控制变量
基本经济批量模型
自然融资与协议融资

课前阅读材料

格力电器的营运资金管理问题

表 8-1 是摘自格力电器 2012~2016 年度财务报告的部分数据。

表 8-1 格力电力 2012~2016 年度部分财务报告数据　　　　　（单位：亿元）

年份	营业收入	营业成本	货币资金	应收账款净额	存货净额	流动资产合计	短期借款	应付账款	流动负债合计	应收账款周转率	存货周转率
2012	993.2	732.0	289.4	14.7	172.4	850.9	35.2	226.7	788.3	67.3	4.2
2013	1 134.5	835.2	385.4	18.5	131.2	1 037.3	33.2	274.3	964.9	61.3	6.4
2014	1 377.5	880.2	545.5	26.6	86.0	1 201.4	35.8	267.8	1 083.9	51.8	10.2
2015	977.5	660.2	888.2	28.8	94.7	1 209.5	62.8	247.9	1 126.3	33.9	7.0
2016	1 083.0	728.9	956.1	29.6	90.2	1 429.1	107.0	295.4	1 268.8	36.6	8.1

仔细阅读上述数据，细心的读者会发现一些问题：2012~2016 年，格力电器的营业收入虽然在 2014 年有大幅度增加，但到 2016 年又基本回到原点。与此相对应的是应收账款大幅度增加，存货余额的逐步减少，这应该如何解释呢？不论应收账款增加，还是存货余额减少，都应该带来销售增加，但销售收入增加幅度并不明显。从流动负债构成来看，应付账款和短期借款都有大幅度增加，但与此同时，企业货币资金也从 2012 年的 289 亿元上升到 2016 年的 956 亿元，一方面闲置货币资金，另一方面大量借款和应付账款并存，如果用货币资金偿付银行借款或供应商货款，岂不能降低财务费用和采购费用？针对这些问题，如果仅仅从片面的财务角度分析，很难给出合理的解释。只有把上述问题整合成营运资本管理的整体，结合企业市场经营

情况，才能给出令人满意的解答。

思考题

结合上述资料，收集格力电器 2012～2016 年度市场经营数据，对上述疑惑给出合理的解释。

8.1 营运资本管理概述

8.1.1 营运资本及其周转

营运资本是指在企业正常生产经营活动中占用在流动资产上的资金，是一个企业对全部流动资产的投资，它有两个主要概念：净营运资本和总营运资本。净营运资本指全部流动资产减去全部流动负债的差额，它一般用来衡量企业避免发生流动性问题的程度。当会计人员提到营运资本的时候，他们通常指的是净营运资本。然而，财务管理人员关注的却是总营运资本管理，即企业所有流动资产与流动负债的管理问题。本章主要研究的是包括流动资产、流动负债及二者匹配的管理在内的总营运资本管理。

1. 营运资本分类

（1）流动资产的分类。在财务会计层面，流动资产一般按组成要素分类，包括现金、有价证券、应收账款、预付账款和存货等；在财务管理层面，为了进行流动资产与流动负债的匹配管理，流动资产一般按时间分类，包括永久性流动资产和临时性流动资产。在这里，永久性流动资产是指满足企业长期最低需要的那部分流动资产；临时性流动资产是指随季节性需求而变化的那部分流动资产。

（2）流动负债的分类。在财务会计层面，与流动资产相对应的流动负债一般是按其存在形式分类，具体包括短期借款、应付短期债券、应付票据、应付账款、预收账款、其他应付款以及应计费用等；在财务管理层面，流动负债一般是按其是否具有自然属性进行分类，包括自然性融资和协议性融资两个部分。其中，应付票据、应付账款、预收账款、其他应付款以及应计费用等属于自然性融资范畴，因为它们是企业在日常交易中自然发生的，无须做正规的融资安排，且大部分均不存在名义上的融资成本；相反，短期借款、应付短期债券则属于协议性融资范畴，因为它们均需要签订正式的融资协议，也存在一定的融资成本。

2. 营运资本周转

营运资本从货币资本形态出发，经过若干阶段又回复到货币资本形态的运动过程，叫作营运资本循环。周而复始、往复不止的营运资本循环，叫作营运资本周转。营运资本的循环与周转体现着资本运动的形态变化。

（1）营运资本周转的基本模式。由于各个行业的生产经营特点不同，其营运资本周转的具体模式也存在较大差异。以制造企业为例，其营运资本周转的完整模式可表述如下：①取得现金资源（投资者投入、长短期借款等方式）→②形成应付账款（外购材料、劳务）、应计费用（工资结算）、固定资产（购买劳动手段）→③形成产品存货→④形成应收账款→⑤回笼现金→⑥以现金资源分红、还本付息。

（2）营运资本周转的主要特征。①运动性。营运资本周转首先体现为一种依托于实物流动的价值运动。营运资本一旦出现呆滞，企业的生产经营过程就会停止，存在于实物资产上的价值就会逐渐消失。②物质性。营运资本周转实际上体现为一种资产的消失和另一种资产的生成。无论具体运动形式如何，物质内容总是显而易见的。③补偿性。营运资本周转是一个资本不断被消耗而后又不断地予以补偿的过程。在这一过程中，资本的价值不会丧失，而应有与不断被取代的资本占用形式相对应的物质内容来补偿这一已消耗价值。④增值性。营运资本周转绝不仅仅是一种形态向另一种形态的简单过渡。在营运资本的运动过程中，劳动者创造的剩余价值不断被吸收，使营运资本每经过一个循环都出现一个价值增值额，即利润。营运资本周转的过程应当是资本不断增值的过程。增值性是营运资本存在和延续的动力源。

（3）营运资本周转的内在要求。从营运资本周转的基本模式和主要特征中，我们不难看出，营运资本周转要协调和持久地进行下去，就必然要求营运资本各项目在空间上合理并存、时间上依次继起并实现消耗的足额补偿。①空间上合理并存，要求企业营运资本的各项目同时存在，合理配置，以便使营运资本结构处于一种良好状态。②时间上依次继起，要求企业营运资本各项目之间的转换应顺畅、迅速，以加速营运资本周转。③消耗的足额补偿，不仅要求货币形式的补偿，更应保证实物形态的补偿和生产能力的补偿，在物价频繁变动的时期更应如此。

8.1.2　营运资本管理的重要意义

1. 流动资产占企业总资产的比例必须适度

一般企业的流动资产通常占总资产的 25%~80%。这说明企业中的很大一部分资本被流动资产所占用，同时也说明各企业流动资产的投资多少差异很大。过高的流动资产比重会降低企业的投资报酬率，过低的流动资产比重又会影响企业经营稳定性，甚至出现财务支付危机。一个企业应能基于自身生产经营的实际情况，合理科学地测度流动资产占企业总资产的比例，借以控制企业流动资产占用水平。

2. 流动负债是企业外部融资的重要来源

企业资本结构中的流动负债比重也不低，特别是很多小企业，流动负债更是其外部融资的主要来源。这些小企业除了以不动产为抵押取得短期借款以外，基本上不能利用较长期的资本市场。即便是增长迅速而规模较大的企业也要利用成本较低且十分便利的流动负债来进行融资。

3. 流动资产与流动负债的匹配是企业资产负债管理的重要组成部分

虽然流动资产与流动负债比例的大小，会因各个企业所处行业特性的不同而不同，但是，净营运资本的绝对金额和流动资产与流动负债的相对比率（即流动比率），是衡量企业偿债能力、营运能力和企业整个资产负债管理好坏的两个重要指标。

4. 营运资本周转是整个企业资本周转的依托，是企业生存与发展的基础

只有营运资本能够正常周转，企业供、产、销各个环节才能得以相继，进而通过实现销售收入来补偿生产经营中的耗费，并赚取一定的利润用于企业未来发展。

5. 营运资本管理水平决定着财务报表所披露的企业形象

例如，现金管理水平直接影响着现金流量表；应收账款、存货管理水平直接影响着销售收入、销售成本，进而影响利润表；流动资产、流动负债管理水平直接影响着资产负债表等。提高营运资本管理水平成为改善财务报表所披露企业形象的必然要求。

8.1.3 营运资本管理原则

1. 认真分析生产经营状况，合理确定营运资本的需要数量

企业生产经营活动的周期性、季节性特征决定着营运资本的需要量。当企业产销两旺时，流动资产与流动负债均会相应增加；进入经营淡季，营运资本的需要量则明显减少。因此，企业财务管理者应认真分析生产经营状况，采用特定方法预测营运资本的需要量，以便合理运筹营运资本。

2. 在保证生产经营需要的前提下，节约使用资金

营运资本管理，必须首先保证企业完成生产经营任务的合理资金需要。凡是企业供应、生产、销售各职能部门的合理需要，应该千方百计保证予以满足，促进生产经营的发展。要在保证生产经营需要的前提下，遵守勤俭节约的原则，挖掘资金潜力，精打细算地使用资金，以充分发挥营运资本管理促进生产经营的作用。

3. 加速营运资本周转，提高资本利用效果

加速营运资本周转要求缩短营运资本周转期。营运资本周转期是指企业从购买材料支付现金到销售商品收回现金所经历的时间，也称现金周转期。因营运资本周转期＝存货周转期＋应收账款周转期－应付账款周转期，故欲缩短营运资本周转期，可统筹考虑采取以下两种基本途径：①缩短存货或应收账款周转期；②延长应付账款周转期。

4. 全面估量营运资本的流动性、获利能力与财务风险，合理安排流动资产与流动负债的规模及其比例关系

营运资本的获利能力与财务风险呈同向变动关系，与流动性呈反向变动关系，流动性与财务风险呈反向变动关系。不同的流动资产与流动负债的规模及其比例关系会给企业带来完全不同的收益、风险与资本流动性。财务管理者需全面估量营运资本的流动性、获利能力与财务风险，合理安排流动资产与流动负债的规模，正确进行营运资本的结构性管理，以确保实现本企业的理财目标。

8.1.4 营运资本管理政策

1. 营运资本投放政策

营运资本投放政策研究如何确定流动资产投资的数量水平，即解决在既定的总资产水平下，流动资产与固定资产、无形资产等长期资产之间的比例关系问题。这一比例关系可由流动资产占总资产的百分比来表示。在决定流动资产投资的最佳数量水平时，可以根据企业管理层的管理风格和风险承受能力，分别采用宽松型、紧缩型与适中型的营运资本投放政策。

（1）宽松型营运资本投放政策。企业流动资产占总资产的比例相对较高，流动资产投资额较大，包括正常需要量、基本保险储备量和一定的额外储备量。

（2）紧缩型营运资本投放政策。企业流动资产占总资产的比例相对较低，流动资产投资额较小，一般仅安排正常需要量。

（3）适中型营运资本投放政策。企业流动资产占总资产的比例比较适中，流动资产投资额不过高也不过低，通常安排正常需要量和基本保险储备量。

不同类型的营运资本投放政策的风险和收益水平有着明显的不同。在宽松型政策下，由于收益率较低的流动资产所占比例较高，导致企业获利能力降低，但较高流动资产持有率将使企业备具足够的流动资产用于偿付到期债务，企业资产流动性较强，财务风险较低。相反，在紧缩型政策下，企业获利能力较强，流动性较差，财务风险较高。在适中型政策下，由于流动资产比例处在宽松型政策和紧缩型政策之间，因此其风险与收益水平也介于二者之间。上述结论，可简单表示如下，见表8-2。

表8-2　不同类型的营运资本投放政策的收益水平与风险水平

不同类型的营运资本投放政策	收 益 水 平	风 险 水 平
宽松型政策	低	低
紧缩型政策	高	高
适中型政策	一般	一般

2. 营运资本筹集政策

营运资本筹集政策是营运资本政策的研究重点。研究营运资本筹集政策，首先需要认识企业资金需求周期性变化的规律性。

某一时点企业资金需求量等于该时点企业正常经营所必须投资的资产量。一般企业的资金需求量具有明显的季节波动性。

在销售高峰期（在我国通常为春节之前，在西方国家通常为圣诞节之前）之前，企业加速生产，生产量大于销售量，成品存货量上升。由于存货投资的逐渐上升，导致资金需求的相应增加。

销售高峰期间，企业继续生产，但销售量大于生产量，成品存货迅速下降。由于一般企业采取赊销政策，因此，成品存货下降引起应收账款上升，资金需求高峰并未下降。

过了一段时间，货款逐渐回笼，应收账款下降，现金持有量上升，企业资金需求量逐渐进入低谷。

再过一段时间，企业现金持有量已超过上限，多余现金构成闲置现金，可用以偿还到期债务或做短期有价证券投资，此时企业资金需求达最低点。

几个星期或几个月之后，企业再次加速生产，成品存货投资再次上升，企业资金需求又逐渐增加，企业重新进入新一轮资金循环。

图8-1描述了企业资金需求随时间的变动状况。

从图8-1可看出，企业资金需求不仅随经营规模扩大有上升趋势，而且还伴随着季节周期波动。

上述资金需求季节波动的产生是由于企业流动资产形态的周期转换。从图8-1中我们

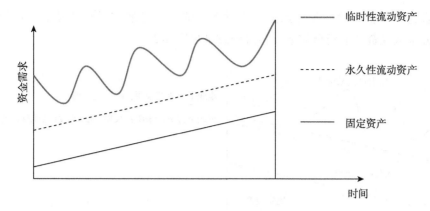

图 8-1 企业资金需求的周期变化

还可以看到,即使在资金需求的最低点,企业仍需保持一定水平的流动资产,我们称这部分的流动资产为永久性流动资产。永久性流动资产是用于满足企业长期稳定经营需要的流动资产,其投资量与企业生产经营活动的季节周期变化无关。固定资产的投资与企业生产经营活动的季节波动无关,当然是永久性资产。因此企业总永久性资产等于固定资产与永久性流动资产之和。除去永久性流动资产,企业流动资产的另一部分的投资量随企业生产经营活动的周期波动而波动,当企业资金需求达顶峰时,其投资量达最大值,而当企业资金需求达低谷时,其投资量为零(最小值),我们称该部分的流动资产为临时性流动资产,如季节性存货、销售和经营旺季(如零售业的销售旺季在春节期间等)的应收账款。

与上述流动资产按用途划分相对应,流动负债也可以分为临时性负债和自发性负债。临时性负债是指为了满足临时性流动资产投资需要所发生的负债,如商业零售企业春节前为满足节日销售需要,超量购入货物而举借的债务;食品制造企业为赶制季节性食品,大量购入某种原料而发生的借款等。自发性负债是指直接产生于企业持续经营中的负债,如商业信用筹资和日常运营中产生的其他应付款,以及应付工资、应付利息、应付税金等。

营运资本筹集政策,主要是就如何安排临时性流动资产和永久性流动资产的资金来源而言的,一般可以区分为稳健型、激进型和配合型三种筹资政策。

(1) 稳健型筹资政策。其特点是,临时性负债只融通部分临时性流动资产的资金需要,另一部分临时性流动资产和永久性资产,则由长期负债、自发性负债和权益资本作为资金来源,见图 8-2。

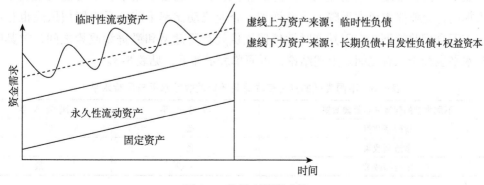

图 8-2 稳健型筹资政策

（2）激进型筹资政策。其特点是，临时性负债不但融通临时性流动资产的资金需要，还解决部分永久性资产的资金需要。该筹资政策见图8-3。

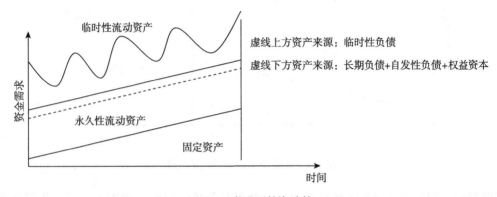

图8-3　激进型筹资政策

（3）配合型筹资政策。其特点是，临时性流动资产运用临时性负债解决其资金来源，永久性资产运用长期负债、自发性负债和权益资本作为资金来源，即筹资来源的到期日与资本占用的期限长短相匹配。该筹资政策见图8-4。

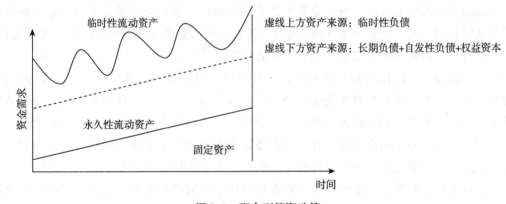

图8-4　配合型筹资政策

不同筹资政策下的收益与风险水平有着明显的差异。在稳健型政策下，临时性流动负债处于较低水平，企业流动比率较高，从而偿债风险相应降低，但较高的长期筹资比重引起资本成本上升，最终导致企业收益下降。相反，在激进型政策下，临时性流动负债的比例大大提高，企业资本成本下降，收益增加；企业流动比率下降，无力偿债风险也相应增加。而在配合型政策下，由于其临时性负债比例处在稳健型和激进型政策之间，故其收益与风险水平也介于二者之间。上述结论，可简单表示如下，见表8-3。

表8-3　不同类型的营运资本筹集政策的收益水平与风险水平

不同类型的营运资本筹集政策	收益水平	风险水平
稳健型政策	低	低
激进型政策	高	高
配合型政策	一般	一般

在营运政策的指导下，具体的营运资本管理实务主要表现为对营运资本主要项目的管理。就流动资产而言，主要是现金、应收账款、存货的管理；就流动负债而言，主要是一些短期资本来源，即商业信用、短期借款等的管理。这些项目的管理是一个相互交错、相互影响的统一整体，实务中主要是通过现金预算有机地结合起来。

8.2 现金管理

阅读材料8-1　贵州茅台和五粮液现金管理政策比较

2008年1月贵州茅台又上调了茅台酒的出厂价格，平均上调幅度高达20%。由于产品的稀缺特征极为明显，虽然已是多次调价，但茅台酒却依然保持着供不应求的销售局面。凭借良好的品牌及销售支撑，贵州茅台的现金流也非常充裕。作为贵州茅台在白酒行业的主要竞争对手，五粮液为提高自身的盈利能力，采取了与贵州茅台截然不同的战略。拥有多个白酒品牌的五粮液，在高、中、低三个市场上同时出击，使得其在白酒市场上的总体份额较大。表8-4显示了贵州茅台与五粮液2010~2016年各年的现金资产占总资产百分比。

表8-4　贵州茅台与五粮液2010~2016年的现金资产和总资产比较分析表

（单位：万元）

		2010年	2011年	2012年	2013年	2014年	2015年	2016年
贵州茅台	货币资金	12 888.39	18 254.69	22 062.00	25 185.01	27 710.72	36 800.75	66 854.96
	总资产	25 587.58	34 900.87	44 998.21	55 454.15	65 873.17	86 301.46	112 934.54
	货币资金/总资产	50.37%	52.30%	49.03%	45.42%	42.07%	42.64%	59.20%
五粮液	货币资金	14 134.46	21 550.86	27 845.51	25 763.50	22 382.11	26 374.19	34 665.92
	总资产	28 673.50	36 905.84	45 247.64	44 129.50	46 408.87	52 546.63	62 174.41
	货币资金/总资产	49.29%	58.39%	61.54%	58.38%	48.23%	50.19%	55.76%

思考题

1. 上网收集相关资料，分析贵州茅台现金资产充裕的原因及其利润提升空间。
2. 结合两家企业实施的战略，分析贵州茅台和五粮液持有现金占总资产比例差异的原因。

对现金的定义有广义和狭义之分。狭义的现金只包括库存现金，而广义的现金则包括库存现金、在途现金、业务周转金、支票和汇票、各种银行存款等所有可以即时使用的支付手段。本书所指的是广义的现金概念。

企业置存现金，主要是满足交易性需求、预防性需求和投机性需求。

交易性需求是指满足企业日常业务活动的现金支付需求。企业经常得到收入，也经常发生支出，二者往往难以同步同量。企业必须维持适当的现金余额，才能使业务活动正常进行下去。

预防性需求是指置存现金以防发生意外支付。企业有时会出现意想不到的开支，现金流量的不确定性越大，预防性现金的数额也就应越大；反之，企业现金流量的可预测性强，预防性现金的数额则可小一些。此外，借款能力越强，预防性现金的数额可以越小。

投机性需求是指置存现金以抓住可能存在的获利机会。例如，遇有廉价原材料或其他资产供应的机会，便可用手头持有的现金大量购入；再比如在适当时机购入价格有利的有价证券。

现金是企业中流动性最强的资产，但是，一般说来，流动性强的资产，其盈利能力较低，因此持有过量现金会降低企业的获利能力，同时现金的安全性受到挑战。但如置存现金不足，又会削弱企业资产流动性甚至引发财务危机。这样，企业便面临现金过量和现金不足两方面的威胁。企业现金管理的目标，就是要在资产的流动性和盈利能力之间做出抉择，以获取最大的长期利润。

8.2.1 现金管理模型

现金管理模型的作用在于确定最佳的现金持有额度，从而指导财务管理实践。常用的现金管理模型主要有现金周转模型、成本分析模型、米勒—奥尔模型等。

1. 现金周转模型

现金周转模型是通过预计年现金需求总量和确定现金周转的目标次数来确定企业的最佳现金持有量。该模型操作比较简单，但需具备以下几个前提条件：①企业的生产经营稳定，现金支出稳定，未来年度的现金总需求可以根据产销计划比较准确地预计；②根据历史资料可以较为准确测算目标现金周转次数。

现金周转模型的计算公式为

$$最佳现金持有量 = 预计现金年总需求量 / 现金周转次数$$

其中：现金周转次数 = 360/现金循环天数

现金循环天数 = 营运资本周转期 = 存货周转期 + 应收账款周转期 − 应付账款周转期

存货周转期是指从以现金支付购买材料款开始直到销售产品为止所需要的时间，应收账款周转期是指从应收账款形成到收回现金所需要的时间，应付账款周转期是指从购买材料形成应付账款开始直到以现金偿还应付账款为止所需要的时间。

[例8-1] 某公司计划年度预计存货周转期为90天，应收账款周转期为40天，应付账款周转期为30天，计划年度现金需求总额为720万元，则最佳现金持有量可计算如下：

现金循环天数 = 90 + 40 − 30 = 100（天）

现金周转次数 = 360/100 = 3.6（次）

最佳现金持有量 = 720/3.6 = 200（万元）

也就是说，如果年初企业持有200万元现金，它将有足够的现金满足各种支出的需要。

2. 成本分析模型

成本分析模型是通过分析持有现金的有关成本，进而求得使总成本为最低的现金持有量。该模型比较简单，易于操作，但要求能够比较准确地确定相关成本或有关的函数关系。

企业持有现金，将会有三种成本：①机会成本。它是企业因持有一定数量的现金而丧失的再投资收益。它与现金持有量成正比，即现金持有量越大，机会成本越高，反之就越小，故属变动成本。表达机会成本一般可考虑采用资金成本率、资本收益率、预期报酬率、证券投资收益率等有关指标。假定某企业的资本成本为10%，每年平均持有100万元的现金，则该企业每年持有现金的机会成本为 10 万元（100×10%）。②管理成本。企业持有现金将会发生有关管理费用，如管理人员工资、福利和安全措施费等。这些费用是现金的管理成本。管理成本是一种固定成本，在相关范围内，与现金持有量之间并无明显的比例关系。③短缺成本。它是因现金持有量不足又无法及时通过有价证券变现等方式加以补充而给企业造成的直接损失与间接损失。短缺成本与现金持有量成反比，即现金持有量越大，短缺成本越低。短缺成本一般可根据估计损失额确认。

上述三项成本之和最小的现金持有量，就是最佳现金持有量。如果我们能够比较准确地确定各相关成本的大小，就可以首先分别计算出各种现金持有方案下的机会成本、管理成本、短缺成本及总成本，进而选出总成本最低时对应的现金量，即最佳的现金持有量。如果我们能够找出各种成本、总成本与现金持有量之间的函数关系，也可以用坐标图的方法来求解最佳的现金持有量。此时，总成本是一条下凹的曲线，曲线的最低点处，总成本最低，相应的现金持有量就是最佳现金持有量。

成本分析模型如图 8-5 所示。

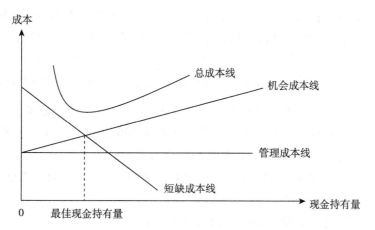

图 8-5　各种现金成本与现金持有量的关系

3. 米勒－奥尔模型

米勒（M. H. Miller）和奥尔（D. Orr）创建的确定最佳现金持有量的模型，也称随机模型，它能较好地描述未来现金流量变动的不确定性。其应用的前提条件包括：①每天现金流入和现金流出的变化是随机的和不稳定的；②现金净流量，即现金余额的变化接近于正态分布；③最佳的现金持有量就处于正态分布中间。

米勒－奥尔模型由三条控制线组成：上限线 U，目标线 T 和下限线 L，见图 8-6。

将现金余额视为随机变量，一旦现金余额高达 U（上限线），立即用现金（$U-T$）购买短期有价证券，使现金余额回落至目标水平，如图 8-6 中 A 点；假如现金余额下降至 L（下限线），立即出售短期

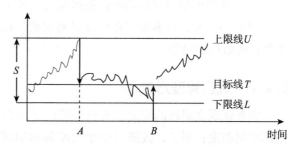

图 8-6　米勒－奥尔模型的控制线

有价证券，产生现金（$T-L$），使现金余额上升至目标水平，如图8-6中B点。应用米勒－奥尔模型，可使企业现金余额控制在上限线和下限线之间的幅度$S(=U-L)$的范围内。

有三个因素决定上、下线之间的幅度S，即现金余额方差σ^2、证券交易固定成本F和现金投资收益率r。若σ^2或F越大，则S也越大；反之，若r增大，则S将缩小。S与σ^2，F和r之间关系的计算公式如下：

$$S = 3 \times (3 \times F \times \sigma^2/4r)^{1/3}$$

目标水平T并非人们想象的位于上限U和下限L正中间，而是偏近于L，TL之间距离仅为TU之间距离的1/2，目标水平T值可用下列公式计算：

$$T = L + S/3 = L + (3 \times F \times \sigma^2/4r)^{1/3}$$

目标水平偏近于下限，将增加证券出售次数，从而导致高的交易成本，但相对于正中间，可减少现金持有，从而减少了现金持有的机会成本。理论上可证明，按上述公式计算的现金持有目标水平T将使总成本（交易成本和机会成本之和）达到最小。下面我们举例说明米勒－奥尔模型的应用。

首先必须设置现金持有下限L，L可以为零，但考虑到安全现金持有量和银行所要求的补偿性余额，L通常大于零。其次，估计净现金流量的方差σ^2，可利用时间序列数据，如采用过去的100天净现金流量数据，估计企业日现金流量的方差。然后，估计现金持有的机会成本率（可取市场利率）r和证券交易费用F。最后，计算上限U和目标水平T。

[例8-2] 假设某公司有价证券的年利率为9%，每次转换有价证券的固定成本为0.2万元，公司认为任何时候其最低现金持有量不能低于100万元，根据以往经验测算出日净现金流量的标准差为25元。据此可计算S、U、T如下：

上、下限之间的幅度 $S = 3[3 \times 0.2 \times 25^2/(4 \times 0.000\,25)]^{1/3} = 216$（万元）

上限 $U = L + S = 100 + 216 = 316$（万元）

目标水平 $T = L + S/3 = 100 + 216/3 = 172$（万元）

如果现金余额上升至316万元，则可将多余现金144万元（$=316-172$）投资短期有价证券；如果现金余额下降至100万元，则可出售短期有价证券，使现金余额增加72万元（$=172-100$）。每次的证券交易都使现金余额回复到目标水平T（172万元）。

在应用上述现金管理模型时应注意以下几点：
（1）企业的实际情况与各模型要求的前提条件是否相符。
（2）各模型应用时所需要的数据资料在企业中是否易于取得。
（3）利用模型预测的结果应根据现实经济生活加以适当的调整。
（4）必要时，可多采用几种模型测定最佳持有量，以相互比较和验证，也可与平时经验估计的数据相对照。

8.2.2 现金管理方法

为保证现金周转的安全，必须采取以下现金管理方法：第一，建立和健全现金收支的内部控制制度；第二，按照《中华人民共和国现金管理暂行条例》《中国人民银行结算办法》和《中华人民共和国票据法》等，组织现金收支。为提高现金周转的效率，又必须采取以下现金管理方法：①加速收款；②控制付款；③力争现金流入和现金流出同步。

1. 建立和健全现金收支的内部控制制度

现金收支首先要保证其安全完整，不出差错，为此，必须建立严格的内部控制制度，其要点有：

（1）明确现金收支的职责分工及内部牵制制度。所谓内部牵制制度，就是将同一项业务活动交由两个或两个以上的工作人员办理，利用彼此之间的相互牵制关系避免差错与舞弊的出现。就现金管理而言，应做到：①现金的保管与记账职责分离，业务执行应由不同职责的人员共同完成；②现金收支业务审批人与当事人分离，必须经审核验证后由经办人在有关原始凭证上签字盖章；③在可能的范围内，定期变动或轮换工作岗位，在人员变更时，要履行严格的交接手续。

（2）明确现金支出的批准权限。企业应建立明确的现金支出授权批准制度，划分总经理、部门经理等管理人员的批准权限。任何现金支出，必须经有关主管人员批准和授权方可使用。

（3）做好收支凭证的管理及账目的核对。例如，建立和完善收据、发票、支票、有关凭证等的保管、领用及登记制度，现金收支应日清月结，定期盘点现金，定期与银行存款对账单核对并编制调节表，等等。

2. 遵守现金收支的结算纪律

国家颁布的有关现金收支的结算纪律主要有《现金管理暂行条例》《中国人民银行结算办法》和《票据法》等，企业应严格加以遵守和执行，避免因违规而受到国家和银行的惩处。同时，这样做也有利于保证现金收支的安全，维护正常的社会经济秩序。具体要求包括：①遵守国家规定的库存现金的使用范围；②核定库存现金限额；③不得坐支现金，即企业不得从本单位的现金收入中直接支付交易款；④不能用不符合财务制度的凭证顶替库存现金，不能保存账外公款，不能只收现金而拒收转账结算凭证等；⑤不得出租、出借或转让银行账户给其他单位或个人使用；⑥不得签发空头的支款凭证及远期的支款凭证，不得套取银行信用；⑦企业应严格按照中国人民银行规定的有关转账结算方式办理银行存款的转账结算，可以选用的结算方式包括银行汇票、商业汇票、支票、汇兑、委托收款、托收承付、银行本票、信用证、信用卡等。

3. 加速收款

收款流程包括从企业产品或劳务的售出直到客户的款项被收回成为企业可用资金的各个步骤。以下以规范的支票收款流程分析为例，具体阐述如何加速企业现金回收。

（1）发票寄送流程。加速现金回收的一个很明显也最容易被忽视的方法，就是尽快将发票寄送给客户。客户可能有不同的支付习惯。有的客户喜欢在折扣日或最后到期日付款，也有些客户在收到发票时就立即付款。由于较早收到发票会导致客户更快付款，因此，可以将发票附于所发出的商品中，也可以用传真机传送发票复印件或者在购货方提货时即出具发票等。

（2）支票邮寄流程。支票邮寄流程是指客户邮寄支票的时间。企业加速支票邮寄流程的有效办法除要求客户尽快出具支票外，还应尽可能要求客户采用较快捷的邮寄方式，如航空挂号、特快专递以及专人送达等。如金额大，企业也可派专人到客户处收取。

（3）业务处理流程。业务处理流程是指企业收到客户支票后的业务处理时间。企业加速业务处理流程的一个重要方法就是简化所收取支票的业务处理环节，提高业务处理速度和业务处理效率，尽量做到当天收到的支票当天进行。为此，可以先简单地进行日记账或备查账处理后即送存银行，待送存银行后再做相应的会计处理。

（4）款项到账流程。款项到账流程是指通过银行结算系统清算支票的时间。企业加速款项到账流程的有效办法：一是要求客户尽量开具制度规范且结算效率较高的商业银行支票；二是尽量避免跨地区、跨银行结算。

上述（2）、（3）、（4）三项收款流程合起来称为收款浮账期间，即从客户寄出支票到它变为企业可用现金之间的总时间。

西方企业常用的加速收款的方法有：①银行业务集中法，即企业在总部所在地外各销售业务比较集中的地区也设立多个收款中心来办理收款业务，从而缩短收款时间，加速现金周转。②锁箱法，即企业在各地租用专门的邮政信箱，然后通知客户将支票直接寄送当地的邮政信箱，并委托当地银行代理收款。③电子付款方式，该方式大大简化了收账系统和资金集中系统的设计，通过电子清算系统及互联网络进行转账结算正日益占据重要地位。

4. 控制付款

（1）控制支付时间，延缓应付款的支付。企业各项债务应该在恰好到期时偿付，一般不宜提早或推迟，以最大限度地利用现金而又不丧失可能的现金折扣。例如，企业采购材料的信用条件为（2/10，n/30），即开票后10天内偿付，可享受现金折扣2%，30天内则按发票金额付款。企业应安排在开票后第10天付款，这样既可最大限度地利用现金，又可享受现金折扣。倘若企业急需现金而放弃折扣优惠，当然应该安排在信用条件规定的最后一天支付款项。

（2）浮存的利用。浮存（float），也称为不抵用存款，其数值等于企业账上的银行存款余额与银行账上该企业实际余额之差。产生浮存的原因是，企业开出支票后，持票人（如供应商）将企业付与的支票存入他开户的银行，然后通过票据交换从企业的银行存款户中真正转出兑现，这一过程需要几天才能完成。因此，浮存实际上就是银企双方出入账的时间差所造成的，如果能事先正确预计这一差额，就可利用这种浮存现金投资于盈利项目。企业的财务经理应设法加速收入支票的交换兑现过程，延缓开出支票实际从银行账上支出的时间，从而利用十分可观的浮存现金。当一个企业在同一国内有多个银行存款账户时，则可选用一个能使支票流通在外时间最长的银行来支付货款，以扩大浮存量。不过，利用浮存以节约现金有可能破坏企业和供应商之间的正常信用关系，这一因素应加以考虑。

5. 力争现金流入与现金流出同步

企业应合理安排进货和其他现金支出，有效组织销售和其他现金流入，并尽量使它的现金流入与现金流出发生的时间趋于一致。现金流量的同步协调可以使企业所持有的交易性现金余额降到最低水平。为保持现金流量的同步协调，可先通过销售商品或提供劳务而收到现金或某种专门的融资方式从而取得大量的现金流入，然后再逐渐发生各种各样的现金流出；现金余额很小时再同样重复。当然，合理编制现金预算，并按照现金预算来筹划现金流入和安排现金流出，是现金流量同步协调的重要保障。

8.3 应收账款管理

阅读材料 8-2   **格力电器应收账款管理**

随着空调市场的激烈竞争，赊销也称为市场竞争的重要手段，赊销期的延长成为获得客户的重要手段。表 8-5 是格力电器和美的集团两大空调生产企业的应收账款主要数据。

表 8-5 格力电器和美的集团应收账款周转计算分析表

年份	美的集团			格力电器		
	应收账款（亿元）	营业收入（亿元）	应收账款周转率（%）	应收账款（亿元）	营业收入（亿元）	应收账款周转率（%）
2012	98.6	1 026.0	10.4	14.7	993.2	67.3
2013	79.3	1 209.8	15.3	18.5	1 134.5	61.3
2014	93.6	1 416.7	15.1	26.6	1 377.5	51.8
2015	103.7	1 384.4	13.3	28.8	977.5	33.9
2016	134.5	1 590.4	11.8	29.6	1 083	36.6

从上述表格数据看，美的集团周转率基本保持在 10%~15%，而格力电器呈现出明显下降趋势，这与两家公司的营销策略和市场销售状况有很大的关系。

思考题

1. 格力电器的应收账款周转率大大高于美的集团，这样做有什么好处？
2. 格力电器应收账款周转速度呈现下降趋势，其中的可能原因是什么？

应收账款是指企业因对外销售产品、材料、供应劳务及其他原因，应向购货单位或接受劳务的单位及其他单位收取的款项，包括应收销售款、其他应收款、应收票据等。

企业持有应收账款的原因主要有以下两个方面：①扩大销售，提高市场竞争能力。赊销实际上相当于在向客户提供商品或劳务的同时，也向客户提供了一笔无息贷款，从而有利于吸引客户，扩大企业市场份额。②降低存货占用，加速资本周转。赊销变持有产成品存货为持有应收账款，可以降低存货的仓储费用、保险费用和管理费用等，加速产品销售的实现。存货的减少还将增大企业的速动资产，提高企业的短期偿债能力，修饰企业的财务指标。

向客户提供赊销，可能带来以下几种成本：①管理成本，即企业从应收账款发生到收回期间，为维持应收账款管理系统正常运行所发生的费用，如调查客户信用情况的费用、应收账款账簿记录费用、收账及其他费用等。②坏账成本，即由于客户破产、解散、财务状况恶化、拖欠时间较长等原因，企业持有应收账款会发生欠款无法收回的损失。③机会成本，即企业由于持有应收账款而放弃的可能投资于其他项目所获取的收益。应收账款机会成本的大小通常与企业维持赊销业务所需要的资金数量、资金成本率或有价证券利率有关。其数额可按以下步骤计算：

① 计算应收账款周转率。

$$应收账款周转率 = 日历天数 / 应收账款周转期$$

② 计算应收账款平均余额。

$$应收账款平均余额 = 赊销收入净额 / 应收账款周转率$$

③ 计算维持赊销业务所需要的资金。

$$维持赊销业务所需要的资金 = 应收账款平均余额 \times 变动成本率$$

④ 计算应收账款的机会成本。

$$应收账款的机会成本 = 维持赊销业务所需要的资金 \times 资金成本率$$

上式中，资金成本率一般可按有价证券利率计算。

[例 8-3] 某公司年度赊销收入净额为 450 万元，应收账款平均收账期为 40 天，销售的变动成本率为 70%，资金成本率为 12%，则应收账款占用资金的机会成本为：

$$应收账款占用资金的机会成本 = (450 \times 40/360) \times 70\% \times 12\% = 4.2(万元)$$

8.3.1 信用政策控制变量

宏观经济状况、企业产品质量、价格水平等因素均会影响应收账款持有水平，显然这些因素都不是企业财务经理所能控制的，然而，财务经理可通过若干权衡风险与收益水平的控制变量，显著影响企业持有应收账款的数量和"质量"。我们将这些控制变量的设置称为信用政策，其主要变量包括信用标准、信用条件、收账政策、综合信用政策等。

1. 信用标准

信用标准是企业用来衡量客户获得应收账款商业信用所应具备的基本条件（通常是指财务实力和信用等级）。如果客户达不到信用标准，将被拒绝赊销。信用标准的高低对企业利润影响很大。企业信用标准高，说明企业只向信誉好的客户提供赊销，从而应收账款的坏账成本、机会成本等较低，但同时也丧失一部分信用较差的客户，从而丧失这部分的销售收入和利润；反之，结论则相反。

信用标准通常以预期的坏账损失率作为判别标准，进而划分信用等级。坏账损失率越高，信用等级越低，要求的信用标准就越高；坏账损失率越低，信用等级越高，要求的信用标准就越低。企业可以在综合考虑边际利润率等有关因素的基础上，通过成本效益分析，制定信用标准。针对具体客户的坏账损失率的确认，企业需要通过对客户进行信用评估来解决。

2. 信用条件

信用条件是指企业要求客户支付赊销款项的条件，一般包括信用期限、折扣期限和折扣率。

（1）信用期限。它是指企业对外提供商品或劳务时允许顾客延迟付款的时间界限。信用期限的确定，主要是分析改变现行信用期限对收入和成本的影响。通常延长信用期限，可以在一定程度上扩大销售从而增加毛利，但不适当地延长信用期限，会给企业带来不良后果：一是平均收账期延长，应收账款资金占用增加，导致机会成本增加；二是导致管理成本及坏账成本的增加。因此，企业是否延长信用期限，应视延期后边际收入是否大于边际成本而定。

（2）折扣期限和折扣率。企业为及早收回货款，缩短平均收款期，往往向那些在信用期限内提前付款的客户提供一定的现金折扣。现金折扣包括两个方面的内容：一是折扣期限，即客户能够享受某一现金折扣的优惠期限；二是折扣率，即现金折扣的优惠比例，一般以销售收入的百分比表示。

信用期限与折扣期限、折扣率结合起来构成信用条件，其一般表述形式是"2/10，n/30"，含义是，如客户在 10 天的折扣期限内付款，可享受货款 2% 的折扣优惠；若超过 10 天，但在 30 天的信用期限内付款，须全额付款，不享受任何现金折扣；若在 30 天以后付款，则当属客户违约，需承担相应民事责任。

3. 收账政策

收账政策，是指当客户违反信用条件、拖欠甚至拒付账款时，企业所采取的收账策略与措施。一般来说，为保证催收效果，制定的收账政策应宽严适度。收账政策过宽，很难保证催收效果，可能会促使逾期付款的客户拖欠更长的时间，应收账款机会成本与坏账成本将会提高；收账政策过严，虽然可降低应收账款机会成本与坏账成本，但收账费用也会相应提高，而且可能得罪无意拖欠的客户，影响企业未来业务的开展。为此，制定收账政策就是要在增加收账费用与减少应收账款机会成本与坏账成本之间进行权衡，若前者小于后二者之和，则说明制定的收账方案是可取的。

4. 综合信用政策

综合信用政策是信用标准、信用条件及收账政策的结合。企业必须同时考虑这些因素，把它们作为一个整体来进行评估和测算，以制定最优的综合信用政策。一般来说，应该根据客户不同的信用标准，给以不同的信用条件，并相应设计不同的收账政策（见表8-6）。

表 8-6　综合信用政策

信用标准	信用条件	收账政策
好	宽松	消极（宽松）
一般	一般	一般
差	严格	积极影响（严格）
极差	不提供信用	—

此外，在制定综合信用政策时，企业还必须充分考虑自身的生产经营能力、外部经济环境的变化、以往信用政策的施行情况等有关因素。

[例 8-4]　表 8-7 是某企业的综合信用政策。

表 8-7　某企业的综合信用政策

信用标准（预计坏账损失率）	信用条件	收账政策
$0 \sim 0.5\%$ $0.5\% \sim 1\%$	n/60	拖欠 20 天不催收
$1\% \sim 2\%$ $2\% \sim 5\%$	n/45	拖欠 10 天不催收

(续)

信用标准（预计坏账损失率）	信用条件	收账政策
$\begin{cases} 5\%\sim10\% \\ 10\%\sim20\% \end{cases}$	n/30	拖欠立即催收
>20%	不予赊销	—

从表 8-7 来看，该企业针对不同类型客户，给出了不同信用政策，其中坏账损失比较低的客户给出了 60 天的赊销期限，而坏账损失可能达到 20% 以上的客户则不予赊销，在收账政策方面也体现了差异性。

8.3.2 应收账款的日常管理

信用政策建立以后，企业还应做好如下应收账款的日常控制工作。

1. 信用调查

信用调查就是对有关客户信用方面的资料进行收集、整理的过程，其目的是为信用评估提供真实、可靠的基础材料。客户信用资料的来源渠道主要有财务报表（最好经审计）、有关评信机构的信用评级报告、银行、商业交往信息等。企业财务部门和销售部门只有及时掌握这些信用资料，才能对信用政策的执行、客户信用状况及其变化等进行卓有成效的分析，并就存在问题提出对策。

2. 信用评估

通过信用调查掌握相关资料后，可对客户的信用状况进行评估。这里介绍两种常见的信用评估方法。

（1）"5C"分析法。所谓"5C"分析法，是指重点分析影响信用的五个方面的一种方法。①品质（character）。品质指的是客户忠于承诺、履行如期偿还货款义务的内在品质。虽然很难评估一个客户的偿债品质，但信用部门还是可以根据历史上偿还债务的信誉程度，估计客户如期偿还赊销货款主观上的可能性。②能力（capacity）。能力指的是客户如期偿还短期债务的能力。客户当前的流动比率和未来现金流量预测值是评估客户短期偿债能力的主要依据。③资本（capital）。即客户所拥有的资本，数值上等于企业净资产。资本度量了客户长期的财务实力，表明了客户可以偿还债务的背景。该指标可从企业财务报表中获取，同时还应分析资产的盈利能力。④抵押（collateral）。抵押是指客户提供作为授信安全保证的资产。这对于不知底细或信用状况有争议的客户尤为重要，可大大降低债权人的坏账风险。客户提供的抵押品越充足，信用安全保障程度就越高。当然，抵押品存在变现的难易、数额的大小等问题。⑤环境（condition）。环境是指未来宏观经济状况和企业所属行业发展态势的预期。显然，经济与金融形势恶化，将导致债务人偿债困难。但是，不同行业以及不同企业抵御经济环境变动的能力是有差异的，为此，信用部门应了解客户以往在困境时期的付款表现，必须对客户进行灵敏度分析，以确定客户对经济环境波动的敏感程度。

（2）信用评分法。信用评分法是先对一系列财务比率和信用情况指标进行评分，然后进行加权平均，从而得到客户的综合信用分数，并以此进行信用评估的一种方法。进行信用评分的基本公式是：
$$Y = A_1X_1 + A_2X_2 + A_3X_3 + \cdots + A_iX_i + \cdots + A_nX_n$$
式中 Y——对某客户的综合信用评分；

A_i——加权权数；

X_i——对第 i 种财务比率或信用品质的评分。

在采用信用评分法进行信用评估时，分数在 80 分以上者，说明企业信用状况良好；分数在 60~80 分者，说明信用状况一般；分数在 60 分以下者，则说明信用状况较差。

3. 信用额度

信用额度又称信用限额，包括总体上的信用额度和针对具体客户的信用额度两种。总体信用额度是指根据自身情况及外部环境而制定的赊销总规模，用于指导和控制日常的赊销决策。具体信用额度，是指企业规定的客户在一定时期可以赊购商品的最大限额。信用额度代表企业对客户承担的可容忍的赊销和坏账风险。信用额度过低将影响企业的销售规模，增加交易频率及交易费用；信用额度过高又将会加大企业的收账费用和坏账风险。

为客户确定信用额度的方法很多，一般应根据客户的信用等级，选择使用下列方法：

（1）根据收益与风险对等的原则确定。它是指根据某一客户的预计全年购货量和该产品的边际贡献率测算企业从该客户处可获得的收益额，以该收益额作为每次该客户的赊购限额，前账不清，后账不赊。

（2）根据客户营运资本净额的一定比例确定。营运资本净额可以看作是新兴债务的偿付来源，企业可以根据客户的营运资本规模，考虑客户从本企业购货的比重，确定以客户营运资本净额的一定比例作为本企业对该客户的信用额度。

（3）根据客户清算价值的一定比例确定。清算价值是客户因无力偿债或其他原因而进行破产清算时的资产变现价值，体现了客户偿债的最后屏障。如果客户的清算价值减去现有负债后还有余额，企业即可向该客户提供信用，其额度可以按清算价值的一定比例确定。

（4）根据经验估计，将总体信用额度在各客户之间进行具体分配。确定信用额度后，企业就有了与客户信用往来的依据。在额度范围内的赊购，可由具体经办人员按规定正常办理；超出规定的信用额度时，则应由有关负责人批准后方能办理。信用额度还可以根据市场环境、客户信用等级等情况的变化进行适当的调整和修改。

4. 应收账款监控

企业的应收账款需不间断地进行监控，以掌握企业信用政策的现状与有效性，同时也能识别应收账款管理中存在的问题以及获取改进的信息。评价应收账款管理效果的指标有多种，主要有平均收账期、应收账款账龄分布百分率、未收账款百分率等。

5. 收账实务

收账实务是指企业在其收账政策的指导之下，对逾期尚未支付欠款的客户所采取的一系列收账程序与收账方法的总称。

收账的一般程序包括：①信函通知，发送过期通知书；②电话催收；③上门催收；④将应收账款转为应收票据；⑤将应收账款移交专门的收账机构；⑥诉讼解决。收账方法在催收实践中起着十分重要的作用，合理的收账方法有助于催收目的的顺利实现。常见的收账方法如恻隐术法、疲劳战法、激将法、软硬兼施法、讨价还价法等。

收账实务中还应特别注意以下两点：①针对不同信用风险的客户，采取不同的收账程序和方法；②挑选合适的收账人员，收账人员应具有丰富全面的知识结构、较高的工作能力、适宜的气质与性格、良好的道德品质和高度的责任心等。

8.4 存货管理

> **阅读材料 8-3　　格力电器与美的集团存货管理的差异比较**
>
> 企业存货管理既要注意按市场需求安排生产，也要根据生产成本控制要求稳定产量。在市场竞争日趋激烈的情况下，格力和美的两大空调生产企业都力争拓展市场销售，降低库存，降低存货的相关储存成本，然而两大企业在历年的存货周转率上存在一定的差异。美的集团存货周转率相对稳定，而格力电器则随着年份变化有比较大的差异，具体存货周转情况见表 8-8。
>
> 表 8-8　格力电器与美的集团存货管理主要指标对比分析
>
> | 年份 | 美的集团 | | | 格力电器 | | |
> |---|---|---|---|---|---|---|
> | | 存货（亿元） | 营业成本（亿元） | 存货周转率（%） | 存货（亿元） | 营业成本（亿元） | 存货周转率（%） |
> | 2012 | 133.5 | 794.5 | 6.0 | 172.4 | 732 | 4.2 |
> | 2013 | 152.0 | 928.2 | 6.1 | 131.2 | 835.2 | 6.4 |
> | 2014 | 150.2 | 1 056.7 | 7.0 | 86 | 880.2 | 10.2 |
> | 2015 | 104.5 | 1 026.6 | 9.8 | 94.7 | 660.2 | 7 |
> | 2016 | 156.3 | 1 156.2 | 7.4 | 90.2 | 728.9 | 8.1 |
>
> **思考题**
>
> 1. 如果美的集团每年的存货周转率都能达到 9.8%，每年可以降低多少存货资金占用？相应减少多少利息费用？
>
> 2. 保持稳定的存货周转率有什么好处？需要具备哪些条件？

存货是指企业在生产经营过程中为销售或生产耗用而储备的物资，其在流动资产中所占比例相当可观，但变现能力却很差，因此，企业对存货的投资和管理应给予高度重视。

企业存货可分为三种类型，即原材料存货、在制品（半成品）存货和成品存货。

存货除了提供缓冲作用，使企业供、产、销过程平稳进行外，还能减少因意外事件引起的损失。但是存货的投资将招致企业存货成本。存货成本可分为三类，即储存成本、订货成本和缺货成本。

储存成本是指为保持存货所必须支付的成本，通常可分为经营成本和财务成本。经营成本包括占据的库存位置费用、库存保险、商品过时贬值、因商品腐烂变质引起的损失、库存会计和其他库存管理费用。财务成本主要指存货投资的融资成本。显然，储存成本随存货数量的增加而增加。加速存货的周转，降低存货数量，可使储存成本下降。

订货成本主要是指编制和处理订货单以及运输费用。通常订货成本是固定成本，与订货数量无关。因此，每年的订货成本与全年订货的次数有关，小批量的频繁订货，必定招致订货成本上升，但大批量的订货，虽然能降低订货成本，但是必须增加存货量，招致储存成本上升。

缺货成本是指由于企业存货投资不足、停工待料或市场脱销所造成的损失。存货投资越多，缺货可能性越小，所以企业除需持有工作存货量外，尚需保持一定数量的安全存货，这样缺货成本将大大下降，但储存成本将上升。

储存成本、订货成本和缺货成本之和为存货总成本。存货管理的目标是，在考虑供、产、销连续平稳进行和意外事件发生风险的前提下，寻求最佳存货水平，使得存货总成本达到最小。

经济批量控制是最基本的存货定量控制方法，其目的在于决定进货时间和进货批量，以使存货的总成本最低。在这一决策过程中，经济批量模型（又叫经济订货量模型）及其扩展模型有着广泛的应用。

8.4.1 基本经济批量模型

基本经济批量模型的主要假设条件是：①不考虑预防意外事件持有的安全存货量，仅仅考虑使企业供、产、销连续平稳进行的工作存货；②不考虑缺货成本，假定存货总成本仅由储存成本和订货成本两项组成；③不考虑现金折扣和数量折扣，企业对存货的日消耗量或市场对商品日需求量不变；④所需存货市场供应充足；⑤存货不是陆续入库，而是一次集中到货。

频繁地订货，将导致订货成本的上升，但可减少存货的持有量，所以能降低储存成本；反之，减少订购次数，每次都大量进货，虽然订货成本会降低，但储存成本将增加。存货管理目标是确定最佳存货数量（即订货数量），使存货总成本达到最小。

设 Q 为每次订货量，S 为存货年消耗总量或市场对商品年需求总量，C 为单位存货额的年储存成本，P 为存货单价，O 为每次订货成本

于是，

$$年储存成本 = (Q/2) \cdot P \cdot C$$
$$年订货成本 = (S/Q) \cdot O$$
$$年存货总成本，TC = (Q/2) \cdot P \cdot C + (S/Q) \cdot O$$

使存货总成本达到最小的订货量 Q^*，即为下列方程的 Q 解：

$$\mathrm{d}(TC)/\mathrm{d}Q = (P \cdot C)/2 - (S \cdot O)/Q^2 = 0$$
$$Q^* = [2S \cdot O/(P \cdot C)]^{1/2}$$

当 $Q^* = [2S \cdot O/(P \cdot C)]^{1/2}$ 时，储存成本和订货成本分别为

$$储存成本 = (Q^*/2) \cdot P \cdot C = [(S \cdot O \cdot P \cdot C)/2]^{1/2}$$
$$订货成本 = (S/Q^*) \cdot O = [(S \cdot O \cdot P \cdot C)/2]^{1/2}$$
$$存货总成本 = 储存成本 + 订货成本 = (2S \cdot O \cdot P \cdot C)^{1/2}$$

即经济订货量模型的最佳订货量 Q^* 恰好是使得储存成本和订货成本相等时的订货量。图 8-7 显示了储存成本、订货成本和存货总成本随订货量变化的状况。

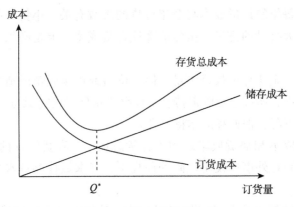

图8-7 经济订货量的确定

[例8-4] 某企业每年耗用某种材料3 600千克,该材料单位价格为10元,单位存货额的年储存成本为0.2元,一次订货成本为25元。则:

经济订货量 $Q^* = [2S \cdot O/(P \cdot C)]^{1/2} = [2 \times 3\,600 \times 25/(10 \times 0.2)]^{1/2} = 300$(千克)

全年经济订货次数 $N^* = S/Q^* = 3\,600/300 = 12$(次)

经济订货量下全年存货总成本 $TC(Q^*) = (2S \cdot O \cdot P \cdot C)^{1/2}$
$= (2 \times 3\,600 \times 25 \times 10 \times 0.2)^{1/2} = 600$(元)

经济订货周期 $T^* = 1/N^* = 12/12 = 1$(个月)

经济订货量占用资金 $I^* = (Q^*/2) \cdot U = (300/2) \times 10 = 1\,500$(元)

8.4.2 订货点的确定

在以上讨论中,我们均假定订货(如原材料)到达之日恰好是存货耗尽之时。然而,一般情况下企业的订货不能做到随用随时补充,原因是订货单的处理、货物的运输、结算均需花费一定的时间。因此企业发出订单的时间必须提前若干天,方能避免缺货引起的停工待料。我们将企业发出订货单时需保有的存货量称为订货点。订货点与货物的日消耗量和订货耗费的时间有关。

设 R 为订货点,L 为交货时间(从发出订货单至货物抵达所需时间),d 为平均每日需用量(货物日消耗量),则:

$$订货点\ R = L \cdot d$$

在提前订货条件下,当库存量达到订货点 R 时,就应组织再次订货了。此时,有关存货的经济订货批量、订货次数、订货周期等并无变化,与基本模型相同。图8-8给出了企业存货的锯齿形变动情况以及订货点的确定。

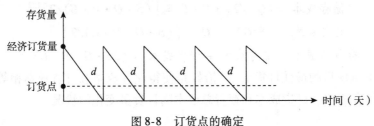

图8-8 订货点的确定

8.4.3 存货的陆续供应和使用

在基本模型中,我们假设存货系集中到货,故存货增加时存量变化为一条垂直的直线。事实上,各批存货可能是陆续入库,存货陆续增加。尤其是产成品入库和在产品转移,几乎总是陆续供应和陆续耗用的。在这种情况下,需要对经济订货量基本模型做一些修改。

设每批订货量为 Q,每日送货量为 p,则送货期为 Q/p,送货期内的耗用量为 $(Q/p) \cdot d$。由于存货边送边用,故每批送完时,最高库存量为 $Q - (Q/p) \cdot d$,平均库存量为 $[Q - (Q/p) \cdot d]/2 = (Q/2) \cdot (1 - d/p)$。显然,$d < p$。

这样,与批量有关的总成本为

$$TC(Q) = (Q/2) \cdot (1 - d/p) \cdot P \cdot C + (S/Q) \cdot O$$

经推导,存货陆续供应和使用的经济订货量公式为

$$Q^* = \{2S \cdot O/[P \cdot C \cdot (1 - d/p)]\}^{1/2}$$

存货陆续供应和使用的经济订货量总成本公式为

$$TC(Q^*) = [2S \cdot O \cdot P \cdot C \cdot (1 - d/p)]^{1/2}$$

此时的存货流转过程如图 8-9 所示。

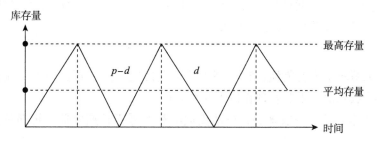

图 8-9 存货陆续供应和使用下的流转过程

其他存货控制方法包括定额控制、归口分级控制、ABC 控制法和挂签控制等。

8.5 短期融资

阅读材料 8-4 格力电器的短期融资结构

不同的资金来源,其资金的可获得性和资金成本有比较大的差异。从企业价值最大化角度来说,企业应尽量选择资金成本低、偿债风险小的资金来源。在实际经济生活中,企业会根据不同的情况,灵活安排不同结构的短期资金来源,表 8-9 和 8-10 是格力电器 2012~2016 年度主要短期资金来源的数额和结构比例情况。

表 8-9 格力电器 2012~2016 年度主要短期资金来源金额一览表 (单位:亿元)

	短期借款	应付账款	应付票据	预收账款	应付职工薪酬	应交税费	其他应付款	流动负债合计
2012	35.2	226.7	79.8	166.3	13.6	25.2	54.4	788.3
2013	33.2	274.3	82.3	119.9	16.4	61.6	47.9	964.9

(续)

	短期借款	应付账款	应付票据	预收账款	应付职工薪酬	应交税费	其他应付款	流动负债合计
2014	35.8	267.8	68.8	64.3	15.5	83.1	25.5	1 083.9
2015	62.8	247.9	74.3	76.2	17.0	29.8	26.1	1 126.3
2016	107	295.4	91.3	100.2	17.0	31.3	22.2	1 268.8

表8-10 格力电器2012~2016年度主要短期资金来源比例结构一栏表

	短期借款	应付账款	应付票据	预收账款	应付职工薪酬	应交税费	其他应付款	合计
2012	4.47%	28.76%	10.13%	21.10%	1.72%	3.20%	6.90%	43.05%
2013	3.44%	28.43%	8.53%	12.42%	1.70%	6.38%	4.97%	34.00%
2014	3.30%	24.71%	6.35%	5.93%	1.43%	7.67%	2.35%	23.73%
2015	5.58%	22.01%	6.60%	6.77%	1.51%	2.64%	2.32%	19.83%
2016	8.43%	23.28%	7.19%	7.90%	1.34%	2.46%	1.75%	20.65%

思考题

1. 从绝对值来看，应付账款和应付票据是格力电器主要资金来源，这对格力电器有什么好处？

2. 从比例来看，短期借款融资比例有逐渐上升的趋势，而其他应付款有下降趋势，格力电器为什么要用短期借款取代其他应付款？

短期资本来源属于流动负债，它所筹集的资金使用时间较短，一般不超过1年。就短期资本来源的特点来说，主要表现在以下几个方面：

（1）融资成本较低。一般来讲，短期负债的利率低于长期负债，短期负债筹资的成本也就较低。

（2）融资弹性较好。举借长期负债，债权人或有关方面经常会向债务人提出很多限定性条件或管理规定，而短期负债契约中的限制条款相对宽松，筹资的数量和期限可以随公司业务量增减而变化，使筹资企业的资金使用较为灵活、富有弹性。

（3）融资风险较高。短期负债需在短期内偿还，因而要求筹资企业在短期内拿出足够的资金偿还债务，若企业届时资金调度失灵，就会陷入财务危机。此外，短期负债利率波动幅度也比较大（一时高于长期负债的水平也是可能的），企业承担的筹资风险概率相对于长期负债更高。

短期融资可以分为自然融资和协议融资两类。应付票据、应付账款、预收账款和应计费用属于自然融资的范畴，各种短期借款、信用证和短期应付债券属于协议融资的范畴。其中应付票据、应付账款、预收账款是商品交易中以延期付款或预收货款的形式进行购销活动而形成的借贷关系，统称商业信用。

8.5.1 自然融资

自然融资是企业在生产经营过程中自发形成的资金来源，其最大的优点在于容易取得。首先，对于多数企业来说，自然融资是一种持续性的信贷形式，且无须办理任何融资手续；其次，如果没有现金折扣或使用不带息票据，自然融资不付出任何成本；最后，自然融资对企业的限制性很小或没有限制。自然融资也有一定的缺点，首先是其期限短；其次在放弃现金折扣时的成本较高；企业筹资的主动性较小。它主要包括应付账款、应付票据、预收货款和应计费用等。

1. 应付账款

应付账款是最典型、最常见的商业信用形式，是企业因赊购货物而暂时未付的款项，是几乎所有企业都常见的一种短期融资方式。在比较发达的市场经济中，绝大多数购买者都不需要在收到货时就付款，供货方根据交易条件向买方开出发票或账单时常给予其一段较短的延迟付款期限。这样，买方实际上就以应付账款的形式获得了供货方提供的信贷，从而形成其短期资本来源。

2. 应付票据

应付票据是企业进行延期付款商品交易时开具的反映其债权债务关系的一种商业汇票，可按其承兑人不同分为商业承兑汇票和银行承兑汇票两种。在我国商业汇票的支付期最长不超过 9 个月。商业汇票可以带息，也可以不带息。对于带息商业汇票，其利率一般比银行借款利率低，不用担保，也不用保持相应的补偿余额和支付协议费。应付票据是在应付账款的基础上发展起来的一种商业信用。此时，买方企业以票据形式代替了没有正式法律凭据的赊账方式——应付账款。票据中明确了具体的付款日期、付款金额、是否计息等相关内容，从而为双方的债权债务提供了严谨的法律依据。

3. 预收货款

预收货款是指销货企业按照合同或协议约定，在货物交付之前，向购货企业预先收取部分或全部货款的一种信用形式。与前两种形式不同，这是由买方向卖方提供的一种商业信用，预收的货款成为卖方的一种短期资本来源。对于卖方来讲，预收货款相当于向购买方借用资金后用货物抵债。预收货款一般适用于生产周期长、资金需要量大的货物销售，如电梯、轮船、房地产等。预收货款从表面上看没有融资成本，但是，在买方市场的情况下，采用预收货款销售方式可能会以销售额的大幅降低为代价。

4. 应计费用

除了应付票据、应付账款、预收账款之外，应计费用也是一种自然融资来源。最常见的应计费用是应付工资、应付福利费、应交税金、其他应交款和预提费用等。所有应计费用都是已经发生但却还没有支付。通常，应计费用都有一个确切的支付日期，如工资、税金在下月初支付；当然也可能没有确切的支付日期，如应付福利费等。从某种程度上说，应计费用是一种无成本的融资方式。雇员提供劳务后，企业并没有马上支付工资给雇员，而且在支付期到来之前，也不指望会支付工资。因此，应计费用是一种无利息的自然融资来源。

我们应当清楚，自然融资也是有成本的。这一成本可能由供应商承担，也可能由购货方承担，或由双方共同承担。

如果供应商所销售的商品随价格提高，其市场需求会大幅度下降，则它是不大愿意提高价格以转移商业信用成本的。因此，这类供应商可能最终就会承担商业信用的绝大部分成本。如果供应商所销售的商品随价格提高，其市场需求不会大幅下降，则它是可以通过提高价格而转移部分或全部商业信用成本给购货方的。购货方应当明确是谁在承担商业信用成本。承担商业信用成本的购货方应多走访几家供应商，以寻求更有利的交易。

8.5.2 协议融资

协议融资主要包括短期借款、信用证和向社会公众发行的应付短期债券等。企业的这些短期融资形式都需要与贷款者或其信托担保机构签订协议，这是协议融资一词的含义所在。

1. 短期借款

短期借款是指企业向银行和其他非银行金融机构借入的期限在1年以内的借款。

我国目前的短期借款按照目的和用途分为若干种，主要有生产周转借款、临时借款、结算借款等。按照国际通行做法，短期借款还可依偿还方式的不同，分为一次性偿还借款和分期偿还借款；依利息支付方法的不同，分为收款法借款、贴现法借款和加息法借款；依有无担保，分为抵押借款和信用借款等。企业在申请借款时，应根据各种借款的条件和需要加以选择。

按照国际惯例，短期借款的信用条件主要包括以下内容。

（1）信贷限额。信贷限额是银行与企业之间的一种非正式协定，是银行对借款人规定的无担保贷款的最高额。通常信贷限额每年确定一次，它是在银行收到企业最近一次年报，并在检查企业财务经营状况之后做出的。信贷限额的数量是根据银行对企业信誉的评价和企业的需要量来确定的，并可根据情况的变化在重订日及其之前进行调整。

现金预算通常能为借款者的短期信贷需求提供最大帮助。如果估计来年的最高借款需求是70万元，企业要求的信贷限额可能就是100万元，以保持一定的安全边际。当然，银行是否同意这一要求取决于它对企业信誉的评价。如果银行同意，那么企业就可利用信贷限额融资。由于某些银行认为信贷限额借款是季节性或临时性的融资，它们可能会要求借款者在一年中的某段时期要清理银行债务，也就是不欠银行任何钱。清理银行借款表明短期借款本身是季节性的，而不是企业永久性融资的一部分。否则，银行就是在按短期利率向企业提供长期借款。一般来讲，企业在批准的信贷限额内可随时使用银行借款，但是，银行并不承担必须提供全部信贷限额的法律义务。如果借款者的信誉恶化，银行可能拒绝继续提供信用。当然在绝大多数情况下，银行感到有义务遵守信贷限额。

（2）周转信贷协定。周转信贷协定是银行给予企业最高达某一信用金额的正式法律承诺。在协定有效期内，只要企业借款总额未超过最高限额，银行必须满足企业任何时候提出的借款要求。企业享用周转信贷协定，通常要就贷款限额的未使用部分付给银行一笔承诺费（commitment fee）。

例如，某周转信贷额为1 000万元，承诺费率为0.5%，借款企业年度内平均借款额为600万元，余额400万元，借款企业该年度就要向银行支付承诺费2万元（400×0.5%）。这是银行向企业提供此项贷款的一种附加条件。

周转信贷协定承诺费的存在会在一定程度上影响借款成本。假定某企业与一家银行有周转信贷协定。在该协定下，它可以按6%的利率一直借到100万元贷款，但它必须为正式的周转信贷协定限额中未被使用部分支付0.5%的承诺费。如果该企业在此协议下全年借款

为 50 万元，那么借款的实际利率为

$$（利息＋承诺费）／可用资金＝（30\ 000＋2\ 500）/500\ 000＝6.5\%$$

（3）补偿性存款余额。补偿性存款余额是银行在收取贷款利息之外，还要求借款者按借款数额或信贷限额在银行保持一定比例的无息存款余额。这一余额的数量随信贷市场的竞争状况而变化，也随借贷双方的具体协定而不同，一般比例为10%～20%。从银行的角度来讲，补偿性余额可降低贷款风险，补偿遭受的贷款损失；对于借款企业来讲，补偿性余额则提高了借款的实际利率。

例如，某企业按年利率8%向银行借款 10 万元，银行要求维持贷款限额 15% 的补偿性余额，则企业实际可用的借款只有 8.5 万元，该项借款的实际利率为

$$（10\times 8\%）/8.5\times 100\%＝9.4\%$$

（4）借款抵押。银行向财务风险较大的企业或新设立而尚未确定信用等级的企业，有时需要有抵押品担保，以减少自己蒙受损失的风险。有了抵押品，银行的贷款偿还就有两个来源：企业履行债务的现金流转能力和抵押品的附属担保价值。

短期借款的抵押品通常是企业的有价证券、应收账款、存货和不动产等。银行接受抵押品后，将根据抵押品的面值决定贷款金额，一般为抵押品面值的30%～90%。这一比例的高低取决于抵押品的变现能力和银行的风险偏好。

抵押担保贷款的成本可能更高，其原因主要有：①抵押担保贷款的借款者信誉通常较低；②银行会以收取更高利息的形式将附属担保品的监督管理成本转移给有担保借款人；③银行将抵押贷款看成是一种风险投资，故收取较高的利息。实际上，有担保借款人的最终目标应当是成为无担保借款人。这样的话，借款人就可能省下 1～5 个百分点的短期借款成本。

企业向贷款人提供抵押品，会限制其财产的使用和将来的借款能力。

（5）偿还条件。短期借款的偿还有到期一次偿还和贷款期内定期（每月、季）等额偿还两种方式。一般来讲，企业不希望采用后种偿还方式，因为这会提高借款的实际利率；而银行不希望采用前种偿还方式，是因为这会加重企业的财务负担，增加企业的拒付风险，同时会降低实际贷款利率。

（6）其他承诺。在短期借款条件中，银行有时会要求企业做出其他承诺，如及时提供企业财务报表、保持适当的负债比率。如企业违反上述承诺，银行可要求企业立即偿还全部贷款。

短期借款的利率多种多样，利息支付方法也各不相同，银行将根据借款企业的情况选用。

短期借款利率包括优惠利率、浮动优惠利率和非优惠利率等。优惠利率是银行向财力雄厚、经营状况良好的企业贷款时收取的名义利率，为贷款利率的最低限。浮动优惠利率是一种随其他短期利率变动而浮动的优惠利率，即随市场条件变化而随时变化调整的优惠利率。非优惠利率是银行贷款给一般企业时收取的高于优惠利率的利率。这种利率通常在优惠利率的基础上加一定百分点，如银行按优惠利率加一个百分点向某一企业贷款。非优惠利率与优惠利率之间差距的大小，由借款企业的信誉、与银行的往来关系及当时的信贷状况所决定。

一般来讲，借款企业可以用以下三种方法支付银行贷款利息：

1) 收款法。收款法是在借款到期时向银行支付利息的方法。银行向工商企业发放的贷款大都采用这种方法收息。

2) 贴现法。贴现法是银行向企业发放贷款时，先从本金中扣除利息部分，而到期时借款企业则要偿还贷款全部本金的一种计息方法。采用这种方法，企业可利用的贷款额只有本金减去利息部分后的差额，因此贷款的实际利率高于名义利率。其计算公式为

$$贴现法的实际利率 = 名义利率/(1 - 名义利率) \times 100\%$$

3) 加息法。加息法是银行发放分期等额偿还贷款时采用的利息收取方法。在分期等额偿还贷款的情况下，银行要将根据名义利率计算的利息加到贷款本金上，计算出贷款的本息和，要求企业在贷款期内分期偿还本息之和的金额。由于贷款分期均衡偿还，借款企业实际上只平均使用了半数借款本金，却支付了全部利息。这样，企业所负担的实际利率便高于名义利率大约1倍。

例如，某企业借入（名义）年利率为10%的贷款100 000元，分12个月等额偿还本息。则该项借款的实际利率为

$$100\,000 \times 10\% / (100\,000/2) \times 100\% = 20\%$$

2. 信用证

对于从事国际贸易业务的企业来说，信用证也是一种很有意义的短期融资来源。例如，中国某企业想从一家美国企业进口价值100万美元的机器设备，假定双方同意以一张90天的信用证来结算该笔交易。该企业的开户银行同意当美国企业的开户银行出示发票账单、运输单据和信用证时进行付款。美国企业收到中国企业开户银行承兑的信用证后，即备货装运，签发有关发票账单，连同运输单据和信用证一并送交其美国开户银行，通知中国企业在90天后付款。根据事先的协定，该信用证被送给上述中国企业的开户银行并被承兑。信用证本质上是由银行承担了付款责任，它是用银行的信誉代替了付款人的信誉。

如果承兑银行很大而且知名度高，则这一工具在被承兑后就具有很高的流动性。这样签票人就没有必要持有信用证至最后到期日，它可以按低于面值的价格在市场上出售该信用证，其折价部分就是付给投资者的利息。在90天末，投资者将信用证提交给承兑银行并得到款项100万美元。信用证到期时，上述中国企业就应当在银行存有足够的资金来支付该信用证。这样就为它的进口货物进行了长达90天的融资。可以假定，如果在发货时即付款，该美国出口商的要价将要低一些。从这个意义上讲，中国企业就是个"借款人"。

3. 应付短期债券

应付短期债券是由大型工商企业或金融企业在货币市场上所发行的短期无担保本票，又称短期融资券。这是一种新兴的筹集短期资金的方式。

应付短期债券可以通过两种形式发行，即委托银行或券商发行和企业自行发行。委托发行风险较小，但要支付一定的发行佣金，自行发行虽然不支付佣金，但发行风险较大。

应付短期债券作为短期融资来源的优点是：①筹资成本低。在西方国家，应付短期债券的利率加上发行成本，通常要低于银行的同期贷款利率。②筹资数额较多。银行一般不会向企业贷放巨额的流动资金借款，因而，对于需要巨额资金的企业，短期融资券这一方

式尤为实用。③短期融资券融资能提高企业的信誉。由于能在货币市场上发行短期融资券的公司都是著名的大公司，因而，一个公司如果能在货币市场上发行自己的短期融资券，则说明该公司的信誉很好。

短期融资券也有缺点：①发行风险比较大。短期融资券到期必须归还，一般不会有延期的可能，到期如若不归还，将会产生严重后果。②融资弹性较小。只有当企业资金需求达到一定数量才能使用短期融资券，如果数量小，则不宜采用短期融资券。另外，短期融资券一般不能提前偿还，因此，即使公司资金比较宽裕，也要到期才能还款。③发行条件比较严格。并不是任何公司都能发行短期融资券，必须是信誉好、实力强、效益高的企业才能使用，而一些小企业或信誉不太好的企业则不能利用短期融资券来筹集资金。

本章小结

本章研究的是包括流动资产、流动负债及二者匹配之管理在内的总营运资本管理。营运资本管理必须遵循科学的原则，确定合理的政策，对营运资本各主要项目进行有效管理，以满足生产经营的日常需要，加速资金周转，减少资金占用，提高经济效益。

营运资本管理需要全面估量营运资本的流动性、获利能力与财务风险，合理安排流动资产与流动负债的规模及其比例关系，选择科学的管理政策。营运资本投放政策研究如何确定流动资产投资的数量水平，可以根据企业管理当局的管理风格和风险承受能力，分别采用宽松型、紧缩型与适中型的营运资本投放政策。不同类型的营运资本投放政策的风险水平和收益水平明显不同。营运资本筹集政策，一般可以区分为稳健型、激进型和配合型三种筹资政策。不同类型的筹资政策的收益水平与风险水平有着明显的差异。在稳健型政策下，临时性流动负债处于较低水平，偿债风险相应降低，但最终导致企业收益下降。相反，在激进型政策下，临时性流动负债的比例大大提高，企业资本成本下降，收益增加；企业流动比率下降，无力偿债风险也相应增加。而在配合型政策下，其收益与风险水平介于上述二者之间。

现金的定量管理是指在定性管理的基础上，运用数学的方法，合理确定现金持有数量，以取得现金存量最佳效益。常用的现金管理模型主要有现金周转模型、成本分析模型、随机模型等。

财务经理可通过若干权衡风险与收益水平的控制变量，显著影响企业持有应收账款的数量和"质量"。我们将这些控制变量的设置称为信用政策，其主要变量包括信用标准、信用条件、收账政策等。在评定信用品质时，一般针对下列五个因素来调查客户的信用情况，这五个因素分别为品质（character）、能力（capacity）、资本（capital）、抵押（collateral）和环境（condition）。企业可以通过改变信用政策，改变应收账款数量和质量状况来控制应收账款的增减数量。通常采用平均收账期、应收账款账龄分布百分率、未收账款百分率等指标对应收账款进行监控。

经济批量控制是最基本的存货定量控制方法，其目的在于决定进货时间和进货批量，以使存货的总成本最低。其他存货控制方法包括定额控制、归口分级控制、ABC控制法和挂签控制等。

短期融资可以分为自然融资和协议融资两类。应付票据、应付账款、预收账款和应计费用属于自然融资的范畴，各种短期借款、信用证和短期应付债券属于协议融资的范畴。其中应付票据、应付账款、预收账款是商品交易中以延期付款或预收货款的形式进行购销活动而形成的借贷关系，统称商业信用。短期融资特点表现在以下几个方面：①融资成本较低；②融资弹性较好；③融资风险较高。

参考文献

[1] 斯蒂芬 A 罗斯，等. 公司理财基础 [M]. 方红星，译. 大连：东北财经大学出版社，2002.

[2] 陈余有，张传明. 企业财务管理学 [M]. 北京：中国财政经济出版社，2003.

[3] 王玉春. 财务管理 [M]. 南京：南京大学出版社，2008.

[4] 王明虎. 财务管理原理 [M]. 北京：中国商业出版社，2006.

[5] 荆新，王化成，刘俊彦. 财务管理学 [M]. 北京：中国人民大学出版社，2002.

复习思考题

1. 搞好营运资本管理需要遵循哪些原则？
2. 如何选择营运资本管理政策？请举例说明。
3. 现金定量管理模式各有何特点？如何选择？
4. 分析采用商业信用政策的利弊，如何规避商业信用政策的风险？
5. 存货经济批量控制模型的基本假设有哪些？
6. 短期借款的信用条件主要包括哪些？

练习题

1. 某公司预测的年度赊销收入为 3 000 万元，信用条件为"$n/30$"，变动成本率为 70%，资金成本率为 12%。该公司为扩大销售，拟定了以下两个信用条件备选方案：

    A. 将信用条件放宽到"$n/60$"，预计坏账损失率为 3%，收账费用 70.20 万元。

    B. 将信用条件改为"$2/10，1/20，n/60$"，估计约有 60% 的客户（按赊销额计算）会利用 2% 的现金折扣，15% 的客户会利用 10% 的现金折扣，坏账损失率为 2%，收账费用为 58.78 万元。

    以上两方案均使销售收入增长 10%。

    要求：根据上述资料，就选用哪种方案做出决策。

2. 某公司现金收支平衡，预计全年（按 360 天计算）现金需要量为 250 000 元，现金与有价证券的转换成本为每次 500 元，有价证券年利率为 10%。请计算：

    (1) 最佳现金持有量。

    (2) 最低现金管理总成本、固定性转换成本、持有机会成本。

    (3) 有价证券交易次数、有价证券交易间隔期。

3. 某公司预计耗用甲材料 6 000 千克，单位采购成本为 15 元，单位储存成本 9 元，平均每次进货费用 30 元，假设该材料不存在缺货情况。请计算：

    (1) 甲材料的经济进货批量。

    (2) 经济进货批量下的总成本。

    (3) 经济进货批量的平均占用资金。

(4) 年度最佳进货批次。

4. 某公司客户 S 公司欠货款 400 万元已逾期，多次派人催收仍不归还。某公司经理和营销人员讨论收账方法，现有两种收账政策：方案一是向法院提出诉讼，从立案到执行大约需要 6 个月的时间；方案二是找专门讨债公司，估计一个月能收到欠款，但讨债公司要求支付 10 万元的讨债费用。不论是方案一还是方案二，收账后某公司都不会再与 S 公司发生业务往来。如果公司加权平均资金成本为 8%，试分析某公司应如何收账？

 案例题

"推出理发优惠卡"的商业融资

位于市内商业繁华区、开业近两年的某理发店，凭借精湛的技术，吸引了附近一大批稳定的客户，每天店内生意红火，加上店老板经营有方，每月收入颇丰，利润可观。但由于经营场所限制，始终无法扩大经营，该店老板很想增开一家分店，但由于本店开张不久，投入的资金较多，手头还不够另开一间分店的资金。

平时，有不少熟客都要求理发店能否打折、优惠，该店老板都很爽快地打了 9 折优惠。该店老板苦思开分店的启动资金时，灵机一动，不如推出 10 次卡和 20 次卡，一次性预收客户 10 次理发的钱，对购买 10 次卡的客户给予 8 折优惠；一次性预收客户 20 次的钱，给予 7 折优惠，对于客户来讲，如果不购理发卡，一次剪发要 30 元，如果购买 10 次卡（一次性支付 240 元，即 10 次×30 元/次×0.8＝240 元），平均每次只要 24 元，10 次剪发可以省下 60 元；如果购买 20 次卡（一次性支付 420 元，即 20 次×30 元/次×0.7＝420 元），平均每次理发只要 21 元，20 次剪发可以省下 180 元。

该店通过这种优惠让利活动，吸引了许多新、老客户购买理发卡，结果大获成功，两个月内该店共收到理发预付款达 7 万元，解决了开办分店的资金缺口，同时稳定了一批固定的客源。通过这种办法，该理发店先后开办了 5 家理发分店、2 家美容分店。

要求：

(1) 请剖析该理发店优惠让利活动所蕴含的财务思想。

(2) 从中你能得到哪些启示？

第 9 章
长 期 筹 资

本章学习要点

股票筹资

债券筹资

认股权证筹资

融资租赁

可转换债券

课前阅读材料

昔日"特钢航母"折戟高杠杆

近几年来,我国债券市场违约屡有发生。评级机构东方金诚统计数据显示,截至 2017 年 6 月 30 日,我国债券市场总计违约债券只数为 126,其中公募债券累计违约 77 只,私募债券累计违约 49 只,共涉及 57 家企业,累计违约金额 693.04 亿元。其中,东北特钢债务违约次数为 11 次,总金额 71.7 亿元,共有 10 只债券发生违约,"13 东特钢 MTN2"于 2016 年 4 月 12 日和 2017 年 4 月 12 日先后两次违约。

东北特钢,是我国北方最大的特钢企业,被称作是"特钢航母",其产品在航空、竣工等领域具有较强竞争力。然而,有背景、有市场、自带光环的大企业,也并不意味着不会违约。

一位不愿具名的券商人士表示,受市场需求疲弱影响盈利能力和内生性资金来源不足、对外部融资严重依赖等因素导致了东北特钢陷入巨额债务违约的泥潭。

在东北特钢首次债券违约后,其就承认了业绩下滑的影响。公告称,"受钢铁行业整体不景气影响,公司近期销售压力很大,库存商品增加,销售汇款不及时。"

然而,数据显示,2015 年东北特钢利润总额达到 2.2 亿元,较上年增长 30%。比起业绩,近几年来一直处于 80% 以上,并在 2016 年 7 月曝光的《省政府东北特钢工作协调领导小组会议精神传达提纲》中已上升至 120% 的企业负债率,才是其连续违约的主要原因。

东方金诚评级总监刚猛在接受人民网专访时表示,东北特钢发展战略与财务资源的不匹配,造成资金链断裂是其违约的主要原因。东北特钢的债务高企始于 2007 年的整体搬迁,在整体搬迁过程中,东北特钢投入了巨额资金进行大规模技术改造,所需资金绝大多数通过银行贷款、发行债券等方式筹集,致使东北特钢背负巨额债务,在资金周转方面出现了巨大困难。

讨论题

企业在生产经营过程中会遭遇长期资金短缺，其资金短缺该如何来解决呢？东北特钢陷入财务危机与融资策略是否有关？

9.1 股票筹资

股票是股份有限公司为筹集主权资本而发行的有价证券，是投资人在公司中拥有所有权的书面证明。股票持有人作为公司股东按持有股票的份额享有经营权和收益权，承担经营风险。发行股票是符合发行条件的股份有限公司以筹集资金为目的，依照法律规定的程序向社会投资者出售代表一定股东权利的股票的行为，是股份有限公司募集设立和增资扩股的基本手段。

股份有限公司根据投资与筹资的需要，可发行不同种类的股票。普通股按有无记名分为记名股票和无记名股票；按是否标明金额分为面值股票和无面值股票；按投资主体分为国家股、法人股和个人股；按发行对象和上市地区分为 A 股、B 股、H 股和 N 股等；股票按股东权利的不同分为普通股股票与优先股股票。普通股是股份有限公司发行的无特别权利的股份，是最基本、标准的股票。

9.1.1 发行股票的条件

由于股票发行具有较强的复杂性和技术性，各国的公司法和证券法都对发行股票的发行资格、发行条件、发行程序、发行方式等有较严格的规定。我国规范股票发行的法规主要有《中华人民共和国公司法》《中华人民共和国证券法》《首次公开发行股票并上市管理办法》和《首次公开发行股票并在创业板上市管理办法》等，对股票发行主体资格、运行状体、财务与会计指标等进行相应的规定。

9.1.2 股票发行的程序

发行股票一般都要遵循严格的法定程序，在我国，发行股票的基本程序包括股票发行准备和股票发行两个阶段。

1. 股票发行准备阶段

由于股票发行的复杂性，股份有限公司在发行股票前都要依照法律规定做一些准备，以确保股票发行的成功。其中包括股票发行人、证券承销商和其他中介机构，以发行一定数量的股票为目的所做的全部准备工作。其中包括：①公司做出发行股票的决议；②公司做好发行股票的准备工作，主要是指编写必备的文件材料及获取要求的证明材料。

股票发行申请文件主要包括以下内容：①招股说明书及招股说明书摘要；②最近 3 年审计报告及财务报告全文；③股票发行方案与发行公告；④保荐机构向证监会推荐公司发行股票的函件；⑤保荐机构关于公司申请文件的核查意见；⑥辅导机构报证监局备案的《股票发行上市辅导汇总报告》；⑦律师出具的法律意见书和律师工作报告；⑧企业申请发行股票的报告；⑨企业发行股票授权董事会处理有关事宜的股东大会决议；⑩本次募集资金运用方案及股东大会的决议；⑪有关部门对固定资产投资项目建议书的批准文件（如需

要立项批文）；⑫募集资金运用项目的可行性研究报告；⑬股份公司设立的相关文件；⑭其他相关文件，主要包括关于改制和重组方案的说明，关于近3年及最近的主要决策有效性的相关文件，关于同业竞争情况、重大关联交易、业务及募股投向符合环境保护要求的说明，原始财务报告及与申报财务报告的差异比较表及注册会计师对差异情况出具的意见，历次资产评估报告，历次验资报告，关于纳税情况的说明及注册会计师出具的鉴证意见等，大股东或控股股东最近1年的原始财务报告。

发起人向社会公开募集股份时，必须向国务院证券管理部门递交募股申请，并报送下列主要文件：①批准设立公司的文件；②公司章程；③经营估算书；④发起人姓名或者名称，发起人认购的股份数、出资种类及验资证明；⑤招股说明书；⑥代收股款银行的名称及地址；⑦承销机构名称及有关的协议。

未经国务院证券管理部门批准，发起人不得向社会公开募集股份。

2. 股票发行阶段

股票发行人在其发行股票的申请获得批准之后，即可着手股票发行工作，按照预定的方案发行股票。具体工作包括：①签署承销协议；②公告招股说明书；③按规定程序招认股份，吸纳认股款，交割股票；④成立或改组董事会、监事会。

9.1.3 股票发行与销售方式

1. 股票发行方式

股票发行方式主要有以下两种。

（1）公开间接发行。公开间接发行是指股份有限公司通过中介机构，面向社会公众发行股票。这种发行方式由于是面向社会公众发行股票，所以发行范围广，容易吸引到足够的投资者，有利于足额筹集资金；面向社会公众的发行还有助于提高发行公司的知名度，扩大其影响力；相应地，公司发行的股票也有较好的流通性和变现能力。但这种发行方式由于要经过中介机构面向社会公众发行，要遵循严格的法定程序，所以发行手续繁杂，发行成本较高。

（2）不公开（定向）直接发行。不公开直接发行是指不通过中介机构，公司直接向少数特定的对象发行股票。这种发行方式发行范围较小，不利于公司足额筹集资金；由于投资者较少，这种发行方式也不利于提高公司知名度和影响力，不利于提高公司股票的流通性和变现能力。但由于无须通过中介机构，发行成本较低。

2. 股票的销售方式

与股票的发行方式相对应，股票的销售方式包括自销和委托承销两种。

（1）自销。自销是指股份有限公司不通过中介机构，自行将股票直接销售给投资者的销售方式。自销方式可以节约发行费用，但公司需承担全部的发行风险。因此，发行公司一般很少采用这种销售方式。

（2）委托承销。委托承销是指股份有限公司委托有关证券承销机构代理发行股票的销售方式。它是发行股票最常见的销售方式。我国《公司法》规定，股份有限公司向社会公众公开发行股票，必须由依法设立的证券经营机构承销。发起人向社会公开募集股份，应当同银行签订代收股款协议。代收股款的银行应当按照协议代收和保存股款，向缴纳股款的认股人出具收款单据，并负有向有关部门出具收款证明的义务。发行股份的股款缴足后，必须经依法设立的验资机构验资并出具证明。发起人应当自股款缴足之日起 30 日内主持召开公司创立大会。创立大会由发起人、认股人组成。发行的股份超过招股说明书规定的截止期限尚未募足的，或者发行股份的股款缴足后，发起人在 30 日内未召开创立大会的，认股人可以按照所缴股款并加算银行同期存款利息，要求发起人返还。

3. 股票的承销方式

股票承销方式包括承销人包销和代销两种。证券的代销、包销期最长不得超过 4 日。证券公司在代销、包销期内，对所代销、包销的证券应当保证先行出售给认购人，证券公司不得为本公司事先预留所代销的证券和预先购入并留存所包销的证券。下文将对包销和代销做简单描述。

（1）包销。包销是股票发行的一种重要承销方式，分为全额包销和余额包销。

全额包销是指承销人先全额承购股份有限公司本次发行的股票，再通过承销人向投资者销售的承销方式。

余额包销又称助销，是指承销人承诺在投资者实际认购总额低于股份有限公司预定发行总额时，承销人承购全部剩余股票的承销方式。

在包销承销方式下，一般是承销人先以较低的价格买进股票，然后再以较高的价格销售给投资者，差额为承销人的佣金收入。在股票发行额较大时，一般由主承销人牵头组成承销团，以减少发行风险。

股份有限公司采用包销方式发行股票，可以顺利出售股票，迅速获得发行股票所募集的资金，又能够转移股票发行风险。但这种承销方式的费用较高，发行公司会丧失部分溢价收入。

（2）代销。代销是指股份有限公司委托承销人代理发行股票的承销方式。在代销方式下，承销人只是作为股份有限公司的代理机构，尽力帮助其推销股票，并按双方协商的比例从发行额中获得佣金收入，但不承担承购投资者实际认购额低于公司预定发行总额的责任。所以，在这种承销方式下，发行人负担的发行费用较低，但需承担全部的发行风险。

9.1.4 股票发行价格

股票发行价格是指股份有限公司将股票公开出售给投资者所采用的价格。股票发行价格是股票承销协议中最重要的内容，关系到发行人与承销人的基本利益，影响股票上市后的表现。股票的发行价格通常由发行公司根据股市价格水平和有关因素确定。

1. 影响股票发行价格的因素

股份有限公司采用什么样的价格发行股票，一般要考虑以下几方面的因素：

（1）公司的利润及其增长率。公司的利润水平及其增长率，反映了公司的经营能力及其发展能力，直接关系到股票价值的确认和股票的发行价格。一般来说，公司的利润及其增长率越高，股票的发行价格就越高。

（2）股市行情。二级市场的股票交易价格直接关系到股票的发行价格。若二级市场处于"熊市",则股票发行价格应定得低一些;若处于"牛市",则可定得略高一些。

（3）行业因素。股份有限公司所处行业的特点、价格水平及行业的发展前景都会影响股票的发行价格。

（4）发行数量。一般来说,若一次发行的股票数量较大时,考虑到供求关系,为保证股票顺利发行,应将发行价格定得略低一些。

（5）公司知名度。知名度高的公司由于得到较多投资者的认同,价格定得略高一些。

2. 股票发行价格确定方法

常用的股票发行价格的确定方法有议价法与竞价法。

（1）议价法。议价法是指由股票发行人与主承销商协商确定发行价。在核准制下,议价法是新股定价的主要方式,主承销商在发行市场中起着主导作用。发行人和主承销商在议定发行价格时,主要考虑二级市场股票价格的高低（可用平均市盈率等指标来衡量）、市场利率水平、发行公司的未来发展前景、发行公司的风险水平和市场对新股的需求状况等因素。具体有两种定价方式：固定价格定价方式和市场询价方式。

固定价格定价方式是由发行人和主承销商在新股公开发行前商定一个固定价格,然后根据这个价格进行公开发售。在大多数发达国家的股票发行中,承销商一般采用尽力而为的承销方式,新股发行价格的确定也采用固定价格方式。其基本做法是：发行人和承销商在新股发行前商定一个发行价格和最小及最大发行量。股票销售期开始,承销商尽力向投资者推荐股票。如果在规定时间（一般为90天）和给定价格下,股票销售额低于最低发行量,股票发行将终止,已筹集的资金返还给投资者。这种方式的优点是筹资金额确定、定价过程相对简单、时间周期较短,但定价的准确性、灵活度不高。

按照国际通行的做法,新股发行价格是根据影响新股价格的因素进行加权平均而得出的,其计算公式为

$$P_o = 40\% \times A + 20\% \times B + 20\% \times C + 20\% \times D$$

式中 P_o——新股发行价格；

A——公司最近3年平均每股收益与类似公司最近3年平均市盈率的乘积；

B——公司最近3年平均每股股利与类似公司最近3年平均股利率的商；

C——公司最近每股净资产；

D——公司当年预计每股股利与1年期定期存款利率的商。

市场询价方式在美国普遍使用。当新股销售采用包销方式时,一般采用市场询价方式。这种方式确定新股发行价格一般包括两个步骤：第一步,根据新股价值（一般采用前面介绍的股利贴现法等方法确定）、股票发行时大盘走势、流通盘大小、公司所处行业股票的市场表现等因素确定新股发行的价格区间；第二步,主承销商协同发行人向投资者介绍和推介该股票,并向投资者发送预订邀请文件,征集在各个价位上的需求量,通过反馈回来的投资者的预订股份单进行统计,主承销商和发行人对最初的发行价格进行修正,最后确定新股发行价格。

（2）竞价确定法。竞价确定法是指股份有限公司先确定一个发行底价,然后投资者在指定时间内通过交易柜台或证券交易所交易网络,以不低于发行底价的价格并按限购比例或数量进行认购委托,申购期满后,由交易所的交易系统将所有有效申购按照价格优先、

同价位申报按时间优先的原则,并由高价值到低价值累计有效认购数量,累计数量达到或超过本次发行数量的价格即为本次发行价格确定方法。在这种方法下,若在发行底价上仍不能满足本次股票发行的数量,则发行底价即为本次发行价。发行底价一般由公司和承销人根据公司的经营业绩、盈利预测、发行数量、市盈率、同类股票市价等影响股票发行价格的因素协商确定。

由于竞价法是一种"直接"的市场化定价方式,因此它更能直接地反映出投资主体对新股价格的接受程度,最终确定的价格更接近于新股未来上市后的市场价格。但在不成熟的证券市场中,却有可能造成新股发行定价过高,上市企业筹资额过大的现象。

3. 几种常见的发行价格

(1) 面值发行。面值发行也称等价发行或平价发行,是指按股票面值出售其新发行的股票,即股票发行价格等于股票面值。这种发行方式较为简便易行,且不受股市价格波动的影响,但缺乏灵活性和市场性。由于股票市场价格一般都高于股票面值,可以给投资者带来价差收益,所以,绝大多数投资者都乐于购买。这种方式通常在公司向老股东配售发行股票时采用。

(2) 时价发行。时价发行也称市价发行,是指公司以已发行的在流通中的股票或同类股票现行价格为基准来确定新发行股票的发行价格。这种发行方式下,股票市价与面值的差额归发行公司所有,计入公司的资本公积金。因此,发行公司可以用较少的发行股数即可得到与采用面额发行等额的资金,并可降低股票的发行成本。时价发行方式一般在股票公开招股或第三者配股发行时采用。

(3) 中间价发行。中间价发行是指发行公司以介于股票面值和股票市价之间的价格来发行新股票。中间价发行通常在向老股东配售新股时采用。

我国《公司法》规定,股份有限公司的资本划分为股份,每股的金额相等。公司的股份采取股票的形式。股票是公司签发的证明股东所持股份的凭证。股份的发行,实行公平、公正的原则,同种类的每股股份应当具有同等权利。同次发行的同种类股票,每股的发行条件和价格应当相同;任何单位或者个人所认购的股份,每股应当支付相同价额。股票发行价格可以按票面金额,也可以超过票面金额,但不得低于票面金额。股票采用纸面形式或者国务院证券监督管理机构规定的其他形式。股票应当载明下列主要事项:公司名称、公司成立日期、股票种类、票面金额及代表的股份数、股票的编号。股票由法定代表人签名,公司盖章。发起人的股票,应当标明发起人股票字样。公司向发起人、法人发行的股票,应当为记名股票,并应当记载该发起人、法人的名称或者姓名,不得另立户名或者以代表人姓名记名。公司发行记名股票的,应当置备股东名册,记载股东的姓名或者名称及住所、各股东所持股份数、各股东所持股票的编号、各股东取得股份的日期。发行无记名股票的,公司应当记载其股票数量、编号及发行日期。国务院可以对公司发行本法规定以外的其他种类的股份,另行做出规定。股份有限公司成立后,即向股东正式交付股票。公司成立前不得向股东交付股票。公司发行新股,股东大会应当对下列事项做出决议、新股种类及数额、新股发行价格、新股发行的起止日期、向原有股东发行新股的种类及数额。公司经国务院证券监督管理机构核准公开发行新股时,必须公告新股招股说明书和财务会计报告,并制作认股书。公司发行新股,可以根据公司经营情况和财务状况,确定其作价方案。公司发行新股募足股款后,必须向公司登记机关办理变更登记,并公告。

9.1.5 股票上市、暂停与终止

《证券法》规定股份有限公司申请股票上市,应当符合下列条件:
(1) 股票经国务院证券监督管理机构核准已公开发行。
(2) 公司股本总额不少于人民币3 000万元。
(3) 公开发行的股份达到公司股份总数的25%以上;公司股本总额超过人民币4亿元的,公开发行股份的比例为10%以上。
(4) 公司最近三年无重大违法行为,财务会计报告无虚假记载。

证券交易所可以规定高于前款规定的上市条件,并报国务院证券监督管理机构批准。

国家鼓励符合产业政策并符合上市条件的公司股票上市交易。

上市公司有下列情形之一的,由证券交易所决定暂停其股票上市交易:
(1) 公司股本总额、股权分布等发生变化不再具备上市条件。
(2) 公司不按照规定公开其财务状况,或者对财务会计报告做虚假记载,可能误导投资者。
(3) 公司有重大违法行为。
(4) 公司最近三年连续亏损。
(5) 证券交易所上市规则规定的其他情形。

上市公司有下列情形之一的,由证券交易所决定终止其股票上市交易:
(1) 公司股本总额、股权分布等发生变化不再具备上市条件,在证券交易所规定的期限内仍不能达到上市条件。
(2) 公司不按照规定公开其财务状况,或者对财务会计报告做虚假记载,且拒绝纠正。
(3) 公司最近三年连续亏损,在其后一个年度内未能恢复盈利。
(4) 公司解散或者被宣告破产。
(5) 证券交易所上市规则规定的其他情形。

9.1.6 普通股筹资

1. 普通股筹资的优点

(1) 增强公司信誉和举债能力。发行普通股筹措的是企业的主权资本,是企业承担经营风险的物质保证,也是公司负债的基础,因此,可增强公司信誉和举债能力。
(2) 筹资风险小。一方面,发行普通股所筹资金没有到期日,公司可以永久使用,不存在还本的压力;另一方面,普通股的股利支付也视公司盈利情况和经营需要而定,公司无固定的股利负担。所以,普通股筹资风险较小。
(3) 有利于足额募集资金。作为一项基本的金融资产,普通股具有鲜明特点,较高的预期报酬和较强的流动性能够吸引很多的投资者,有利于公司足额募集所需资金。

2. 普通股筹资的缺点

(1) 资金成本较高。一方面,普通股股东要比债权人承担更高的投资风险,也要求获

得更高的投资报酬，这导致公司发行普通股筹资要负担更高的成本；另一方面，利息可在税前列支，而股息只能在税后利润中支付，因此股息不具有抵税利益。所以，发行普通股筹资的资金成本较高。

（2）分散公司控制权。发行普通股筹资会增加新股东，这可能会分散公司控制权。此外，新股东与原股东对公司留存收益享有同样的分享权，因此发行新股会降低每股净资产，可能会引起普通股股价下跌。

9.1.7 优先股筹资

优先股是相对普通股而言，较普通股具有某些优先权利，同时也受到一定限制的股票。公司发行优先股筹集的资本称为优先股股本，优先股的持有者称为优先股股东。

1. 优先股的种类及其基本特征

优先股按股息是否可以累积，可分为累积优先股和非累积优先股；按能否参与剩余利润的分配，可分为参与优先股和非参与优先股，按能否转换为普通股或公司债券，可分为可转换优先股与不可转换优先股；按是否可由发行公司赎回，分为可赎回优先股和不可赎回优先股。优先股与普通股比较，具有下列特征：

（1）优先分配股利的权利。优先股股东通常优先于普通股股东分配股利，且其股利一般是固定的，受公司经营状况和盈利水平的影响较少。

（2）优先分配公司剩余财产。当公司解散、破产等进行清算时，优先股股东优先于普通股股东分配剩余财产。

（3）优先股股东一般无表决权。在公司股东大会上，优先股股东也无权过问公司的经营管理。

（4）优先股可由公司赎回。发行优先股的公司，按照公司章程有关规定，根据公司的需要，可以以一定的方式将所发行的优先股赎回，以调整资本结构。

我国优先股的特征具体参见中国证券监督管理委员会分布的《优先股试点管理办法》。

2. 优先股发行目的及发行时机

股份公司发行优先股的基本目的是筹集股权资本。但由于优先股的上述特征，公司发行优先股往往还有下列动机：

（1）防止公司股权分散化。由于优先股股东一股没有表决权，发行优先股可以避免公司股权分散，保障公司的原有控制权。

（2）维持举债能力。公司发行优先股有利于巩固权益资本的基础，增强公司的举债能力。

（3）增加普通股股东权益。由于优先股股息固定，且优先股股东对公司留存收益不具有要求权。因此，在公司收益一定的情况下，提高优先股比重，会相应提高普通股股东的权益，提高每股收益额、发挥其杠杆作用。

（4）调整资本结构。由于优先股在特定情况下具有可转换性和可赎回性，在安排资本结构时可以此来调整资本结构。

因此，公司一般选择在以下几种情况下发行优先股：公司初创、急需筹集资本时期；

公司财务状况欠佳、不能追加债务时,或公司发生财务重整时;为避免股权稀释时,等等。

3. 优先股筹资的优点

与其他筹资方式比较,优先股筹资具有下列优点:

(1) 优先股一般没有固定的到期日,不用偿付本金。发行优先股股票筹资得到一笔永久性借款,在公司存续期内,一般无须偿还本金。

(2) 股利的支付既固定,又具有一定灵活性。一般而言,优先股采用固定股利,但对固定股利的支付并不构成公司的法定义务。如果公司财务状况不佳,可以不支付优先股股利,并且优先股股东也不能像公司债权人那样迫使公司破产。

(3) 优先股筹资形成股权资本,发行优先股能增强公司的信誉,提高公司的举债能力。

4. 优先股筹资的不足

(1) 资本成本较高。由于其股利以税后利润支付,所以优先股的资本成本一般高于债务资本成本。

(2) 可能形成较重的财务负担。优先股要求支付固定股利,且又不能在税前支付,当公司盈利不佳时,可能会成为一项较重的财务负担。尤其是当公司盈利不多时,普通股可能就分不到股利。

阅读材料9-1　　中原高速(600020)优先股融资

2015年6月,中原高速(600020)非公开发行优先股3 400万股,每股面值100元,扣除发行费用后实际筹集资金337 111万元。本次优先股发行完成后,公司的净资产规模将有所增加。按照本次优先股34亿元(暂不考虑发行费用)的发行规模和截至2015年3月31日公司的净资产规模静态测算,预计公司合并报表净资产将从79.42亿元增加至113.42亿元,净资产增加比例为42.81%。按照本次发行募集资金34亿元(暂不考虑发行费用)的规模以及截至2015年3月31日公司的财务数据静态测算,本次优先股发行完成后,公司合并报表资产负债率将从80.88%下降至73.21%。

2017年7月4日,中原高速公布2016年度优先股参与剩余利润方案如下:

(1) 相关日期。

最后交易日:2017年6月30日。

股权登记日:2017年7月3日。

除息日:2017年7月3日。

现金红利发放日:2017年7月4日。

(2) 发放年度:2016年度。

(3) 发放范围。

截至2016年7月3日下午上海证券交易所收市后,在中国证券登记结算有限责任公司上海分公司登记在册的本公司优先股股东。

(4) 分配方案:根据《公司章程》《非公开发行优先股募集说明书》的约定及公司2016年度股东大会决议,本次分配以2016年年末优先股总股本34 000 000股为基数,公司以现金方式向优先股股东派发股利共计270 277 701.19元,其中,固定股息197 200 000元将于

2017 年 6 月 29 日发放，本次参与 2016 年度剩余利润分配的股利共计 73 077 701.19 元，即本次向优先股股东每股（每股面值 100 元）派发现金 2.149 3 元（含税）。

(5) 派发方式：公司全体优先股股东参与 2016 年度剩余利润分配的现金红利，由本公司直接划入其指定账户。

思考题

(1) 结合公司发行前的资产负债和权益状况，思考发行人为何会选择优先股融资。

(2) 假定以后年度中原高速优先股股利支付水平不变，则该公司优先股融资的资本成本是多少？

9.2 债券筹资

债券是各类经济主体为筹集资金而发行的，按约定利率和期限向投资者还本付息的债权债务凭证。一般来讲，根据发行主体不同债券可分为政府债券、金融债券和公司（企业）债券。发行公司债券是企业筹集长期借入资金的重要方式。

9.2.1 债券基本要素

除了发行者名称外，债券票面上通常有四个基本要素：债券面值、票面利率、债券期限和付息方式及日期。

(1) 债券面值。债券面值，是债券票面上标出的金额。

(2) 票面利率。票面利率，可分为固定利率和浮动利率两种。公司根据自身资信情况、利率变化趋势、债券期限长短等因素决定采用何种利率形式以及确定利率的高低。

(3) 债券期限。债券期限，是债券发行日至到期日为止的期间。企业通常根据资金需求的期限、未来市场利率走势、流通市场的发达程度、债券市场上其他债券的期限情况、投资者的偏好等来确定发行债券的期限。

(4) 付息方式及日期。公司债的每年付息次数决定了债券的付息日期付息。分期付息主要有按年、半年或按季度付息。

9.2.2 债券契约中的常见条款

债券契约中存在一些常见条款：限制性条款、赎回条款、偿债基金条款和回售条款。

1. 限制性条款

限制性条款是保护债权人利益的条款，一般分成否定性条款和肯定性条款。否定性条款是指不允许或限制股东做某些事情的规定。肯定性条款是指对公司应该履行某些责任的规定，如要求营运资本、权益资本或流动比率等指标不低于某一水平等。债券发行人必须严格遵守这些条款。如果存在违约，受托管理人会要求债券发行人改善经营管理。而当公司无法改善其经营管理水平时，受托管理人则会迫使债券发行人破产清算。

2. 赎回条款

赎回条款是指授予债券发行人在债券到期之前赎回全部或部分债券的权利的条款。该条款可以使债券发行人避免因市场利率下调遭受支付高额利息的损失。若市场利率下降幅度较大，债券发行人可以赎回债券，再以较低的市场利率发行新债融资。我国部分金融债券均附有允许发行人在债券到期日前赎回债券的条款，如果发行人在规定赎回日选择不行使赎回条款，则需为相应债券支付较高利率。

3. 偿债基金条款

偿债基金是债券发行人为偿还未到期债务而设置的专项基金。一般在分期偿还债券中设置，它要求债券发行人必须每年从其盈余中按一定比例提取偿债基金，也可以每年按固定金额或已发行债券比例提取偿债基金。

偿债基金条款规定债券发行人必须在规定的日期后，系统地逐年提前偿还一定比例的债券。公司可以在公开市场上赎回债券，也可以按照偿债基金条款所约定的赎回价格赎回债券。债券有秩序地偿还，可降低违约风险，增强债券的流动性，保护投资者的权益。一般而言，设有偿债基金条款的债券，其票面利率将较低。

4. 回售条款

回售条款授予债券投资者在回售期内享有按约定条件将债券回售给发债公司的权利，发债公司应无条件接受债券。回售条款是保护债券投资者利益的条款，可以避免债券投资者遭受较大的投资损失，降低投资风险，从而吸引投资者购买，促使债券的顺利发行。债券如果设有回售条款，其票面利率一般很低。

9.2.3 债券的种类

公司债券按不同标准可以分为不同的种类。

1. 按票面是否记有债权人姓名分类

债券按票面是否记有债权人姓名分为记名债券与无记名债券。

与记名股票和无记名股票的划分相似，债券票面上记载有债权人姓名或名称的是记名债券，债权人凭印鉴支取利息，转让需要通过背书方式进行。

票面上不记载债权人姓名或名称的是无记名债券，债权人凭债券或息票支取利息，转让也无须通过背书方式，债券的交割即代表交易的完成。

2. 按有无财产担保分类

债券按有无财产担保分为抵押债券和信用债券。

抵押债券是指发行公司以特定财产作为担保品的债券。当企业到期没有足够的资金偿付债券的本息时，债权人可以拍卖其抵押品以获取资金。按抵押品的不同，抵押债券又分为不动产抵押、动产抵押和证券抵押三种。

信用债券又称无担保债券，是指发行公司没有提供特定财产作为抵押，完全凭信用发行的债券。企业发行信用债券往往有许多限制条件，一般只有信誉良好的公司才能发行。

3. 按票面利率是否固定分类

债券按票面利率是否固定分为固定利率债券与浮动利率债券。

固定利率债券是指企业在发行时即确定利率并明确记载于票面的债券。浮动利率债券是指票面上记载基本利率，以后计息时按某一标准调整其利率的债券。

4. 按附加条款的不同分类

债券按附加条款的不同，可以分为下面几类。

（1）可转换债券。它是指债权人可以在约定时期内，按约定比例将所持债券转换为普通股的债券。可转换债券的转换权在债权人，但一般票面利率较低。

（2）收益债券。它是指企业只在盈利时才支付利息的债券。对投资者而言，其投资风险较高，但利率也较高。

（3）参与公司债券。它是指债权人除可以按预定利率获得利息外，还可以一定比例参与公司盈余分配的债券。

（4）附认股权债券。它是指企业发行的、附带有允许债权人按特定价格购买股票的选择权的债券。

（5）可赎回债券。可赎回债券是指债券持有人可选择在适当的时候将债券兑换成现金的一种债券。通常，只有当公司发生一些特定的重大事项，如公司被更弱的公司收购，或者大量增发债券时，才允许将这些债券兑换成现金。

9.2.4 发行债券的条件

我国《公司法》规定，公开发行公司债券，应当符合下列条件：

（1）股份有限公司的净资产不低于人民币3 000万元，有限责任公司的净资产不低于人民币6 000万元。

（2）累计债券余额不超过公司净资产的40%。

（3）最近三年平均可分配利润足以支付公司债券一年的利息。

（4）筹集的资金投向符合国家产业政策。

（5）债券的利率不超过国务院限定的利率水平。

（6）国务院规定的其他条件。

公开发行公司债券筹集的资金，必须用于核准的用途，不得用于弥补亏损和非生产性支出。

上市公司发行可转换为股票的公司债券，除应当符合第一款规定的条件外，还应当符合本法关于公开发行股票的条件，并报国务院证券监督管理机构核准。

《公司债券发行与交易管理办法》规定存在下列情形之一的，不得公开发行公司债券：

（1）最近36个月内公司财务会计文件存在虚假记载，或公司存在其他重大违法行为。

（2）本次发行申请文件存在虚假记载、误导性陈述或者重大遗漏。

（3）对已发行的公司债券或者其他债务有违约或者迟延支付本息的事实，仍处于继续状态。

（4）严重损害投资者合法权益和社会公共利益的其他情形。

《公司债券发行与交易管理办法》规定资信状况符合以下标准的公司债券可以向公众投资者公开发行，也可以自主选择仅面向合格投资者公开发行：

（1）发行人最近三年无债务违约或者迟延支付本息的事实。

（2）发行人最近三个会计年度实现的年均可分配利润不少于债券一年利息的1.5倍。

（3）债券信用评级达到 AAA 级。

（4）中国证监会根据投资者保护的需要规定的其他条件。

未达到前款规定标准的公司债券公开发行应当面向合格投资者；仅面向合格投资者公开发行的，中国证监会简化核准程序。

发行申请核准后，公司债券发行结束前，发行人发生重大事项，导致可能不再符合发行条件的，应当暂缓或者暂停发行，并及时报告中国证监会。影响发行条件的，应当重新履行核准程序。承销机构应当勤勉履行核查义务，发现发行人存在前款规定情形的，应当立即停止承销，并督促发行人及时履行报告义务。

公开发行公司债券，可以申请一次核准，分期发行。自中国证监会核准发行之日起，发行人应当在 12 个月内完成首期发行，剩余数量应当在 24 个月内发行完毕。

公开发行公司债券的募集说明书自最后签署之日起 6 个月内有效。采用分期发行方式的，发行人应当在后续发行中及时披露更新后的债券募集说明书，并在每期发行完成后 5 个工作日内报中国证监会备案。

我国《公司法》规定公司有下列情形之一的，不得再次发行债券：

（1）前一次发行的公司债券尚未募足的。

（2）对已发行的公司债券或者其债务有违约或者延迟支付债务本息的事实，且仍处于持续状态的。

（3）违反证券法规定，改变公开发行公司债券所募资金的用途。

9.2.5 发行债券的程序

公司发行公司债券具体参见《公司债券发行与交易管理办法》，概括来讲包括以下几点：

（1）做出决议或决定。股份有限公司、有限责任公司发行公司债券，要由董事会制订发行公司债券的方案，提交股东大会或者股东会审议做出决议。国有独资公司发行公司债券，由国家授权投资的机构或者国家授权的部门做出决定。

（2）提出申请。公司应当向国务院证券管理部门提出发行公司债券的申请，并提交相关文件。

（3）经主管部门核准。国务院证券管理部门对公司提交的发行公司债券的申请进行审查，对符合公司法规定的，予以核准；对不符合规定的不予核准。

（4）与证券商签订承销协议。

（5）公告公司债券募集方法。发行公司债券的申请得到核准后，应当公告公司债券募集办法。公司债券募集办法中应当载明下列主要事项：公司名称；债券募集资金的用途；债券总额和债券的票面金额；债券利率的确定方式；还本付息的期限和方式；债券担保情况；债券的发行价格、发行的起止日期；公司净资产额；已发行的尚未到期的公司债券总额；公司债券的承销机构。

（6）认购公司债券。社会公众认购公司债券的行为称为应募，应募的方式可以是先填写应募书，而后履行按期缴清价款的义务，也可以是当场以现金支付购买。当认购人缴足价款时，发行人负有在价款收讫时交付公司债券的义务。

9.2.6 债券的发行价格

债券的发行价格,是指债券投资者认购新发行的债券时实际支付的价格。公司债券的发行价格通常有三种:平价、溢价和折价。平价是指以面值作为发行价格;溢价是指发行价格高于面值;折价是指发行价格低于面值。

导致债券的发行价格和面值不一致的因素有很多,其中最重要的是票面利率和市场利率的一致程度。债券的票面金额、票面利率、到期日等在债券发行之前已根据企业经营风险等自身因素,结合目前市场利率确定下来。票面利率代表了企业提供给投资者的收益率,市场利率则表示投资者购买债券所要求的收益率。当企业提供的收益率和投资者要求的收益率一致时,债券的发行价格等于其票面金额;当企业提供的收益率小于投资者要求的收益率时,债券的发行价格低于其票面金额;当企业提供的收益率大于投资者要求的收益率时,债券的发行价格高于其票面金额。在面值一定的情况下,调整债券发行价格的目的,在于使投资者得到的实际收益率与其要求的收益率(市场利率)相符。此外,从企业形成发行决议到债券发行完毕,一般需要较长的时间,导致企业很难提供与市场利率相符的票面利率,使得企业只有通过调整发行价格来协调投资者的实际收益率和市场利率的差异。

债券发行价格的计算公式为

$$P = \sum_{t=1}^{n} \frac{I}{(1+K)^t} + \frac{F}{(1+K)^n}$$

式中　P——债券发行价格;
　　　F——债券面值;
　　　I——债券年利率;
　　　K——市场利率;
　　　n——债券期限。

9.2.7 债券的信用评级

企业债券的信用评级,是指信用评级机构对企业通过发行债券筹集资金使用的合理性、还本付息能力和企业风险程度所做的综合评价。它的主要作用是向投资者提供债券的风险信息,为企业和投资者的融投资行为提供便利。许多国家并不强制信用评级,但没有经过评级的债券一般很难被投资者接受。因此,发行债券的企业为了债券的顺利销售一般都自愿向债券评级机构申请评级。

在我国,债券的信用评级尚处于发展阶段。但鉴于证券市场发展尚不完善,投资者的投资行为还缺乏理性,中国人民银行规定,凡是向社会公开发行的企业债券,需要由中国人民银行及其授权的分行指定资信评级机构或公证机构进行评信。我国《证券法》规定,公司发行债券,必须经认可的债券评信机构信用评级,且评级必须在规定标准以上才可发行债券。

我国有关部门统一制定的债券信用评级设置及表达符号的含义如表9-1所示。

我国债券评级主要是依据企业素质、财务质量、项目可行性、发展前景和偿债能力等因素进行评价。

表 9-1　我国统一债券信用评级级别及含义

级别分类	级别分等	级别	级别含义
投资级	一等	AAA	债券有极高的还本付息能力，投资者没有风险
		AA	很高的还本付息能力，投资者基本没有风险
		A	有一定的还本付息能力，经采取保护措施后，有可能按期还本付息，投资者风险较低
	二等	BBB	还本付息资金来源不足，发债企业对经济形势变化的应变能力差，有可能延期支付本息，有一定投资风险
投机级		BB	还本付息能力脆弱，投资风险较大
		B	还本付息能力低，投资风险大
	三等	CCC	还本付息能力很低，投资风险很大
		CC	还本付息能力极低，投资风险极大
		C	企业濒临破产，没有还本付息能力

国外有名的信用评级机构是美国的标准普尔与穆迪公司，两家公司的评级设置及表达符号如表 9-2 所示。

表 9-2　标准普尔与穆迪公司信用级别及含义

公司名称		级别含义
穆迪	标准普尔	
Aaa	AAA	安全性最高，基本上无风险，无论情况如何变化，还本付息没有问题
Aa	AA	安全性高，风险性较最高等级债券略高，但没有问题
A	A	安全性良好，还本付息没有问题，但将来存在一些不利因素
Baa	BBB	安全性中等，目前的安全性、收益性没有问题，但在不景气时期要加以注意
Ba	BB	有投机因素，不能保障将来的安全性，好坏时期有波动，不可靠
B	B	不适合作为投资对象，还本付息及遵守契约条件方面不可靠
Caa	CCC	安全性极低，有无法还本付息的可能性
Ca	CC	具有极端投机性，目前正处于违约状态或有严重缺陷
C	C	最低等级债券

9.2.8　债券上市、暂停与终止

我国《证券法》规定公司申请公司债券上市交易，应当符合下列条件：

（1）公司债券的期限为一年以上。

（2）公司债券实际发行额不少于人民币 5 000 万元。

（3）公司申请债券上市时仍符合法定的公司债券发行条件。

公司债券上市交易后，公司有下列情形之一的，由证券交易所决定暂停其公司债券上市交易：

（1）公司有重大违法行为。

（2）公司情况发生重大变化不符合公司债券上市条件。

（3）发行公司债券所募集的资金不按照核准的用途使用。

（4）未按照公司债券募集办法履行义务。

(5) 公司最近两年连续亏损。

公司有前条第(1)项、第(4)项所列情形之一经查实后果严重的,或者有前条第(2)、(3)、(5)项所列情形之一,在限期内未能消除的,由证券交易所决定终止其公司债券上市交易。

公司解散或者被宣告破产的,由证券交易所终止其公司债券上市交易。

对证券交易所做出的不予上市、暂停上市、终止上市决定不服的,可以向证券交易所设立的复核机构申请复核。

9.2.9 债券筹资评价

1. 债券筹资的优点

(1) 资金成本较低。与普通股筹资相比,债券筹资的资金成本较低。因为债权人的投资风险小于股东,其要求的收益率低于股东要求的收益率,并且,债券的利息可以在税前列支,具有抵税作用,所以,债券筹资的资金成本较低。

(2) 有财务杠杆利益。由于债券持有人一般只收取固定的利息,因此,当企业的资金利润率超过债券成本时,发行债券所筹资金产生的部分收益将归属于企业及其所有者,从而导致公司和股东财富的更大增长。

(3) 保证控制权。债券持有人无权参与企业的经营管理,因此,发行债券并不影响公司控制权的稳定。

2. 债券筹资的缺点

(1) 财务风险较高。债券有固定的到期口,并要按约定方式支付利息,使公司承担固定的还本付息压力。一旦企业在需还本付息时经营不景气,固定的还本付息义务就会雪上加霜,使企业陷入财务危机,甚至会导致企业破产。

(2) 限制条件较多。债权人因无权干涉企业经营,只能靠协议或契约规定来维护自身权益,这也使企业在采用发行债券筹资时面临很多的限制。

(3) 筹资数量有限。企业利用债券筹资有一定的限度。当企业负债比例较高时,采用发行债券方式会有很多的困难,如负债成本升高、发行失败等。我国《公司法》规定,发行债券的公司流通在外的债券累计总额不得超过公司净资产的40%,从法律上规定了债券筹资的最高限额。

阅读材料9-2　　银行间债券市场非金融企业中期票据业务指引

第一条　为规范非金融企业在银行间债券市场发行中期票据的行为,根据中国人民银行《银行间债券市场非金融企业债务融资工具管理办法》及中国银行间市场交易商协会(以下简称交易商协会)相关自律规则,制定本指引。

第二条　本指引所称中期票据,是指具有法人资格的非金融企业(以下简称企业)在银行间债券市场按照计划分期发行的,约定在一定期限还本付息的债务融资工具。

第三条　企业发行中期票据应依据《银行间债券市场非金融企业债务融资工具注册规则》

在交易商协会注册。

第四条 企业发行中期票据应遵守国家相关法律法规,中期票据待偿还余额不得超过企业净资产的40%。

第五条 企业发行中期票据所募集的资金应用于企业生产经营活动,并在发行文件中明确披露具体资金用途。企业在中期票据存续期内变更募集资金用途应提前披露。

第六条 企业发行中期票据应制订发行计划,在计划内可灵活设计各期票据的利率形式、期限结构等要素。

第七条 企业应在中期票据发行文件中约定投资者保护机制,包括应对企业信用评级下降、财务状况恶化或其他可能影响投资者利益情况的有效措施,以及中期票据发生违约后的清偿安排。

第八条 企业发行中期票据除应按交易商协会《银行间债券市场非金融企业债务融资工具信息披露规则》在银行间债券市场披露信息外,还应于中期票据注册之日起3个工作日内,在银行间债券市场一次性披露中期票据完整的发行计划。

第九条 企业发行中期票据应由已在中国人民银行备案的金融机构承销。

第十条 中期票据投资者可就特定投资需求向主承销商进行逆向询价,主承销商可与企业协商发行符合特定需求的中期票据。

第十一条 企业发行中期票据应披露企业主体信用评级。中期票据若含可能影响评级结果的特殊条款,企业还应披露中期票据的债项评级。

第十二条 在注册有效期内,企业主体信用级别低于发行注册时信用级别的,中期票据发行注册自动失效,交易商协会将有关情况进行公告。

第十三条 中期票据在债权债务登记日次一工作日即可在全国银行间债券市场机构投资者之间流通转让。

第十四条 本指引自公布之日起施行。

2008年4月15日 中国银行间市场交易商协会

讨论题

查找有关资料,分析我国中期票据融资与普通的债券融资有什么联系与区别?

9.3 其他筹资方式

9.3.1 吸收直接投资

吸收直接投资,是指企业以协议合同等形式吸收国家、其他法人、个人和外商等直接投入资本,形成企业资本金的一种筹资方式。它是目前我国有限责任公司筹集股权资本的基本形式。

1. 吸收直接投资的投资主体

吸收直接投资的投资主体是指企业的投资者(出资人),这种投资主体可以是国家、法人、个人和外商。

(1)国家。它是指有权代表国家投资的政府部门或机构以国有资产向企业的投资,包括国家财政部门和经授权代表国家投资的投资公司、资产经营公司等机构向企业投入的资本等。国家对企业的投资形成国家资本金，被投资的企业称为国有独资企业、国有控股企业和国有参股企业。

（2）法人。它是指其他法人以其有权支配或控制的法人资产对被投资企业的投资。

（3）个人。它是指本企业职工或社会个人以其合法财产对企业进行的投资。

（4）外商。它是指我国港澳台地区和外国投资者对企业进行的投资。

2. 吸收直接投资的出资方式

吸收直接投资的出资方式包括以下几种。

（1）现金。它包括现款和银行存款等货币资金方式出资。

（2）实物。它是指投资者以房屋、建筑物、设备等固定资产和材料、商品等流动资产作价投资。

（3）无形资产。它是指投资者以专利权、商标权、非专有技术、土地使用权等无形资产作价投资。

投资者以实物和无形资产投资，必须符合生产经营的需要，投入资产必须进行合理估价，并办理产权转移手续。

9.3.2 留存收益

留存收益筹资也称为"内源筹资"或"内部筹资"。它是企业所实现利润的一部分或全部留下作为资本来源的一种筹资方式。

留存收益筹资的优点主要体现在：

（1）不发生筹资费用。

（2）可使企业的所有者获得税收上的利益。由于资本利得税率一般低于股利收益税率，股东往往愿意将收益留存于企业而通过股票价格的上涨获得资本利得，从而避免取得现金股利应交纳的较高的个人所得税。

（3）留存收益筹资在性质上属于股权资本，可提高企业信用和对外负债能力。

留存收益筹资的缺点主要体现在：

（1）留存收益的数量常常会受到某些股东的限制，尤其受到依靠股利维持生活的股东的反对。

（2）留存收益过多、股利支付过少，可能会影响今后的外部筹资，同时不利于股票价格的提高，可能会影响企业在证券市场上的形象。

9.3.3 认股权证

1. 认股权证的概念与特征

认股权证是由公司发行的授权其持有者按预定价格优先购买一定数量普通股的权证。这是一种典型意义上的选择权，这种选择权的行使对公司意味着股权资本量的增加。

认股权证所附的证券主要包括普通股与公司债券，即附认股权的普通股筹资与附认股权的债券筹资。在实际经济活动中，它常伴随着债券一同发行，旨在刺激投资者购买公司较低利率的长期债券。

认股权证可以同债券分离,也可联结在一起,可分离的认股权证可与债券分开出售,其债券持有人无须为获得认股权证价值而行使其购股权,不可分离的认股权证则不能与债券分开出售,它只有在债券持有人行使了优先认股权并购买了股票之后才可以与债券分开。

认股权证对持有人而言类似于购买期权,持有人在规定的期限内可以按执行价格购入股票,也可以放弃权力,或者直接转让。执行价格是指认股权证规定的股票购买价格。促使认股权证持有人行使权力的主要原因有:

(1) 股票市场价格超过认股权证的行使价格(股票的执行价格)。
(2) 公司增长潜力大,未来有盈利前景看好。
(3) 公司提高股票的派息率。

2. 认股权证的理论价值

同其他选择权样,认股权证也只有在股票市场价格上升的条件下才具有价值。

$$认股权证的理论价值 = N \times P - E$$

式中 N——一张认股权证可以购买的普通股股数;
  P——普通股票的市场价格;
  E——凭一张认股权证购买 N 股普通股的价格。

例如,如果 A 公司普通股的市场价格为 20 元,而该公司认股权证的股票执行价格为 16 元,每张认股权证可以购买 2 股股票,则认股权证的理论价值为 8 元。

一般而言,认股权证的理论价值是出售认股权证的最低价值,即底价。如果认股权证的市场价格低于其理论价值,则套利行为就会产生,即购入认股权证,凭证购买股票,再将买来的股票抛售出去。

3. 认股权证筹资的评价

利用认股权证筹资的最大优点是可以降低筹资成本。对于增长速度很快的公司而言,利用债券和优先股筹资很可能被要求很高的报酬率,因为潜在投资者只有在高价位的利率水平上才能接受此类风险证券,对公司而言,其筹资成本较高。但是,如果将此类债券附上认股权证,由于收益潜在预期,公司可以降低其证券必要的报酬率。对投资者来说,如果对公司潜在收益的预期非常乐观,也将愿意接受较低的现时收益率和不是很严格的市场签约条件。

然而,认股权证的价值都是建立在预期之上的。对投资者而言,由于杠杆作用的存在,使得认股权证的行使成为一种高收益的投资,但须以公司未来股价上升为基础,离开这一基础,选择权将不会被行使,其投资也会造成损失。

阅读材料 9-3

武 钢 权 证

武钢权证于 2007 年 4 月 17 日上市,首发数量为 72 750 万份,它与第一批股改权证不同,其出现是随着可转换分离债的面市而来到的。可转换分离债是一种债券附有认股权证。之所以企业会选择这种融资方式,主要是因为附送的权证的价值降低了企业的融资成本。以武钢可转换分离债为例,企业是以债券去融资,但是票面利率定位在 1.2% 的水平,这远低于当时企业 4% 左右的融资水平。作为补偿，武钢股份向债券购买者附赠了一个认股权证，等于企业是以债券和权证两种方式在融资。当期武钢股份可转换分离债上市募集了 75 亿元的资金，扣除费用是 73.43 亿元实际募集资金，上市后分离为 07 武钢债（126005）和武钢 CWB1。这一资金募集实际上是两个来源：一个是债券融资；另一个是销售权证的收益。按照该债券的现金流和上市时利率市场期限结构分析，该债券融资情况见表 9-3。

表 9-3　武钢可转换分离债的融资情况

债券融资	64.67	亿元
权证融资	10.33	亿元
总融资	75	亿元
权证申购成本	1.43	元/股

由表 9-3 可知，该债券的申购者获得的权证成本应当不超过 1.43 元/股。而权证上市时的理论价格是 1.11 元/股，权证溢价 28%。这里面还有一些可能的误差，即 07 武钢债信用评级是 AAA 有担保，但是当时钢铁企业效益良好，可能其通过债券融资更多，这样权证价格就到不了 1.43 元/股。如果按照实际募集资金 73.45 亿元以来计算，权证申购成本只有 1.21 元/股，这相当于上市理论价格溢价 10%，已经十分合理。可以推测申购武钢分离债的申购者持有的权证成本应当在 1.43 元/股。这与其上市时 4.383 元/股的价格相比要合得的多。

武钢权证的行权期是 2009 年 4 月 10～16 日，行权价格为 9.58 元/股，行权比例为 1∶1。只有武钢股份在行权期内达到 9.58 元/股以上，并且武钢权证的最后收盘价与行权价之和低于正股价格，武钢权证才具备行权价值。

4 月 9 日是武钢 CWB1 最后交易日，该权证集合竞价以 0.23 元/股低开，随后迅速大涨 14.46% 后，便被上交所临时停牌。截至上午 9∶34，报 0.266 元/股，涨 14.46%，换手率 65.15%，成交额超 1.18 亿元。一小时后，该权证恢复交易，随即迅速下跌。截至当天收盘，武钢 CWB1 最终报收 0.004 元/股，暴跌 98.35%，换手率高达 987.99%，成交 12.43 亿元。不过，在最后交易日出现如此大幅反弹，在历来权证的末日轮中罕见。

与价值回归为零不同，武钢 CWB1 最终仍价值 4 厘钱，按该权证 7.28 亿元的流通盘，该权证仍然烧掉了投资者 291.2 万元。东兴证券资深分析师李泽认为，部分投资者，仍对武钢 CWB1 心存暴富机会，愿意冒风险将资金留置权证中，为的就是博一把市场传闻的"武钢权证行权、融资 70 亿元"所带来的行情。不过，从暴跌来看，最终市场上的传闻不攻自破。

"武钢融资 70 亿元"的三大漏洞

回顾整个"武钢权证行权融资 70 亿元"故事始末，其中不乏一些漏洞。中信证券资深分析师汪海表示，此次"武钢权证行权"传闻，存在至少三大漏洞，只是传闻 70 亿元融资以及金融危机的大背景，故事编得太逼真了，蒙蔽了很多投资者的眼睛。

汪海指出，武钢作为全国钢铁龙头企业之一，盈利能力相对较强，且眼下七八元的股价明显高估。假如真的有人为行权把武钢股价拉至 9.58 元/股上方，则机构定会抛售。因为当行权结束后，就不再有支撑高股价的动力，那时，股价自然回落，机构可再回补仓位，轻松做个短差。

其次，假设将股价推到 10～11 元/股，只想短期套利的游资也未必会行权，因为空间不够。一旦游资行权完要出货，70亿元的资金，一口气往外跑，那武钢股份眨眼就是几个跌停，游资想跑也跑不掉。

另外，如果真有大资金想借行权大量购入武钢战略投资，不在乎高价购入，拉升武钢股价根本不划算，因为权证变成废纸才对战略投资者有利。

讨论题

根据武钢权证分析为何投资权证的风险要大于投资于股票的风险？

9.3.4 租赁融资

租赁是指资产所有者（出租人）授予另一方（承租人）在约定期限内使用资产的专用权并获得租金报酬的一种经济行为。租赁融资就是融资企业通过定期支付租金的方式获得企业经营所需的资产，即企业通过定期交付租金（相当于每期支付一定的本金和利息），获得了购买设备所需金额的贷款。

1. 租赁的种类

租赁包括经营租赁和融资租赁。

（1）经营租赁。经营租赁又称临时租赁，属于短期租赁。其主要特点有：①租期较短，一般低于资产的经济寿命。②租赁合约可以解除。在合理的条件下，承租企业可以在租赁期间提出解约。③出租人只有通过反复将该项资产出租给同一承租人或不同承租人，才能收回成本并获利。④设备的维修保养支出、保险费、财产税等一般由出租人承担，租入设备的企业只是承担按期支付租金的义务。

在经营租赁方式下，出租人承担了较高的风险，包括设备陈旧过时风险、承租人中途解约风险和难以寻找新的承租人的风险，所以，出租人一般收取较高的租金。

（2）融资租赁。融资租赁又称资本租赁，属于长期租赁。其特点是：①租赁合约规定的租期较长，一般接近于资产的经济寿命。②租赁合约不可解除，在规定租期内不经双方同意，任意一方不得中途解约。③租赁设备一般是出租人根据承租人的要求购买的，企业租赁的目的是为了融通资金，是企业集融资与融物为一体的筹资行为。④设备的维修保养支出、保险费、财产税等一般由承租人承担。但承租人无权自行拆卸改装。⑤租赁期满，一般由承租企业留购租赁设备。在融资租赁方式下，承租人通过租赁获得了设备，更像是以设备为抵押从出租人处获得了贷款。

1）融资租赁一般包括下列三种形式：

①直接租赁。直接租赁是指承租人直接向出租人租入所需资产，并向出租人支付租金的形式。除制造商外，其他出租人都是先购买企业所需资产，再将资产租给承租企业。

②售后租回。售后租回是指企业先依据协议将某项资产出售给出租人，然后再立即租回的融资租赁方式。承租企业通过这一方式，不仅可以获得现金，还可以获得在租赁期间继续使用资产的权利，很像是承租企业的一项抵押借款。会计准则对这种销售方式的账务处理有特殊规定，要求视其为一项融资行为而不能视为销售。

③杠杆租赁。在进行价格昂贵的设备租赁时，经常用到杠杆租赁。前面的两种租赁方式只涉及两方当事人，即承租人和出租人。而杠杆租赁则涉及三方当事人：承租人、出租

人和贷款人。从承租人角度来看，这种租赁和其他租赁方式并无区别，同样是承租人在租赁期内定期支付租金，获得租赁期内设备的使用权。但从出租人的角度来看，却有了较大的不同，出租人的作用发生了变化。出租人购买承租人要求的设备，所需资金部分由自己投资（比如20%），其余部分由长期贷款人提供。出租人一般以抵押资产为担保，也可以用租赁合约的转让或租赁费为担保借入长期资金。因此，出租人在这种方式下具有双重身份，既是出租人又是借款人。由于出租人借款购物出租可获得财务杠杆收益，故称为杠杆租赁。

2) 融资租赁的程序包括如下几个过程：

①选择租赁公司。提供租赁服务的公司有很多，如制造商、财务公司、保险公司、租赁公司、银行等。企业决定采用租赁方式获得所需设备时，首先要了解各租赁公司的经营范围、业务水平、资信状况及它与其他金融机构的关系，再根据租赁公司的租赁条件、租赁费率水平等信息，比较选择对企业较为有利的一家。

②办理租赁委托。选定租赁公司后，企业便可向其提出申请，办理租赁委托。承租企业需要填写"租赁申请书"，说明所需设备的具体要求，同时还要提供财务状况材料，包括资产负债表、利润表、现金流量表等。

③签订购货协议。承租人和出租人合作组织选定设备制造商，并与其进行技术与商务谈判，签署购货协议。

④签订租赁合同。租赁合同是承租人和出租人签订的具有法律效力的重要文件。

A. 一般条款。一般条款包括：合同说明，主要是明确合同的性质、当事人身份、合同签订的日期等；名词释义，解释合同中的名词以避免歧义；租赁设备条款，详细列明租赁设备的名称、规格型号、数量、技术性能、交货地点及使用地点等；租赁设备交货、验收及税金、费用条款；租赁期限和起租日期条款；租金支付条款，主要是规定租金的构成、支付方式和货币名称等，通常将这些内容以附表形式列作合同附件。

B. 特殊条款。特殊条款包括：购货合同与租赁合同的关系；租赁设备的所有权；不得中途解约；出租人的免责和承租人的保障条款；承租人的违约处罚和对出租人补救的条款；租赁设备的使用、保管、维修和保养条款；保险条款；租赁保证金和担保条款；租赁期满对设备的处理条款等。

⑤办理验货与投保。承租企业收到租赁设备，要进行验收，验收合格后签发交货及验收证书并提交给租赁公司，租赁公司据此向制造商支付设备价款。同时，承租企业向保险公司办理投保事宜。

⑥支付租金。承租企业按合向规定的支付方式和金额定期向租赁公司支付租金。

⑦租赁期满处理设备。租赁期满时，承租企业应按合同的规定，对租赁设备采用迟租、续租或留购的方式进行处理。

2. 融资租赁租金的计算

在融资租赁方式下，租金的数额和支付方式对承租企业融资成本和未来财务收支状况有重要的影响，也影响着承租企业的融资租赁决策。

(1) 决定租金的因素。融资租赁方式下租金的计算一般受以下因素影响：

1) 融资租赁租金的构成内容。融资租赁租金一般由以下几个项目构成：租赁设备的购置成本，包括设备的买价、运杂费和途中保险费等；利息，是指租赁公司为承租企业购置设备融资而应计的利息；手续费，包括租赁公司承办租赁设备的营业费用及一定盈利，租赁手续费的高低无固定标准，一般由租赁公司和承租企业协商确定。

2）租赁设备的预计残值。它是指租赁期满时设备的变现价值，一般是租赁设备购置成本的减项，除非租赁合同规定期满后设备无偿送给承租企业。

3）租赁期限。一般情况下，租期越长，承租企业每期的租金支付额就会越小。

4）租金的支付方式。租金的支付方式也会影响租金的高低。支付租金的方式一般有以下几种分类：按支付时间长短，可以分为年付、半年付、季付和月付等支付方式；按支付时点的不同，可以分为先付（在期初付）和后付（在期末付）两种方式；按每期支付金额是否相等，可以分为等额和不等额两种支付方式。

（2）租金的计算方法。租金的计算方法较多。在整个租期利率固定的前提下，租金的计算方法有附加率法和等额年金法等。

1）附加率法。附加率法是在租赁资产的购买成本或概算成本的基础上再加上一个特定的比率来计算租金。其计算公式为

$$A = \frac{P \times (1 + ni)}{n} + P \times r$$

式中　A——每期租金；

　　　P——租赁资产的概算成本；

　　　i——借款的利率；

　　　n——租赁期数；

　　　r——附加率。

2）等额年金法。在我国融资租赁实务中，计算租金一般采用等额年金法，即利用年金的现值公式计算每期应等额支付的租金。其中包括后付和先付两种形式。

后付租金法的计算公式为

由普通年金现值公式 $P = A \times (PVIFA, i, n)$

得：　每期应付租金 $(A) = P/(PVIFA, i, n)$

[例9-1]　某企业采用融资租赁方式于2013年1月1日从租赁公司租赁一设备，设备价款为40 000元，租期为5年，到期后设备归企业所有。为了保证租赁公司完全弥补融资成本相关的手续费并有一定的盈利，双方商定采用15%的折现率。试计算该企业每年末应支付的等额租金。

$$A = 40\,000 \div (PVIFA, 15\%, 5) = 40\,000 \div 3.352 = 11\,933.17(元)$$

租金摊销计划见表9-4所示。

表9-4　租金摊销计划表　　　　　　　　　　　（单位：元）

日　期	支付租金	应计租费	还本额	应还本金
2013年1月1日	0	0	0	40 000
2013年12月31日	11 933.17	6 000	5 933.17	34 066.83
2014年12月31日	11 933.17	5 110.02	6 823.15	27 243.68
2015年12月31日	11 933.17	4 086.56	7 846.61	19 397.07

(续)

日　期	支付租金	应计租费	还本额	应还本金
2016 年 12 月 31 日	11 933.17	2 909.56	9 023.61	10 373.46
2017 年 12 月 31 日	11 933.17	1 559.71	10 373.46	0
合计	59 665.85	19 665.85①	40 000	——

①最后一期应计租费含尾差，一般为倒挤数。

先付租金法的计算公式为

由先付年金的现值计算公式 $P = A \times [(PVIFA, i, n - 1) + 1]$

得

$$A = P \div [(PVIFA, i, n - 1) + 1]$$

如上例，如双方商定每年年初付租金，则每期付款额为

$$A = 40\ 000 \div 3.855 = 10\ 376.13(元)$$

3. 融资租赁筹资的优缺点

融资租赁筹资的优点包括：

（1）迅速获得所需资产。融资租赁筹资的特殊性在于它集融资、融物于一身，程序也较为简单，因此能帮助企业迅速获得所需资产，尽快形成生产能力。

（2）限制较少。与发行债券和长期借款等筹措负债资金的方式相比，融资租赁对承租企业的限制较少。

（3）降低设备陈旧过时的风险。租赁期满后，企业可以在退租、续租和留购三种处理方式中选择一种。若设备已过时，企业可选择退租，从而可转移一部分设备陈旧过时的风险。

（4）具有抵税利益。租金在税前费用中列支，承租企业可获得抵税利益。

（5）可适当降低不能偿还债务的风险。在租赁筹资方式下，租金一般是在租期内分期支付，可适当降低大量债务到期时不能偿还的风险。

融资租赁筹资的最主要缺点是资金成本较高。一般来说，在融资租赁方式下，承租企业所承担的隐含利率（计算租金时所用贴现率）要比发行债券或长期银行借款负担的利率高得多，因此，每期支付的租金也成为承租企业一项沉重的财务负担。此外，在融资租赁方式下，承租企业如果不享有设备残值，这也是一种损失。最后，在相当长的租赁期内不能对设备进行改良也会给承租企业的经营产生不利影响。

9.3.5 可转换债券融资

1. 可转换债券的基本要素

除了债券期限等普通债券应具备的基本要素外，可转换债券还具有基准股票、转换期、转换价格、赎回条款、强制性转股条款和回售条款等基本要素。

（1）基准股票。它也称正股，是可转换债券可以转换成的普通股股票。基准股票可以是发债公司自身的股票，也可以是从属于发债公司的上市子公司股票。

（2）转换期。它是可转换债券转换为股票的起始日至结束日的期限。转换期可以等于

或短于债券期限。在债券发行一定期限之后开始的转换期，称为递延转换期。

（3）转换价格。它是可转换债券转换为每股股份所对应的价格。正股市价是影响转换价格高低的最重要因素。发债公司一般是以发行前一段时期的正股市价的均价为基础，上浮一定幅度作为转换价格。如果某企业先发行可转换债券，后发行股票，一般以拟发行股票的价格为基础，折扣一定比例作为转换价格。

转换价格应在公司股份或股东权益发生变化（因送红股、转增股本、增发新股、配股和派息等情况）时做出相应的调整。为了保护可转换债券投资人的利益并促进转股，一般在可转换债券募集说明书中规定转换价格的向下修正条款。当正股市价持续低迷，符合修正条款的基本条件时，公司可以向下调整转换价格。

每份可转换债券可以转换的普通股股数称为转换比率，其计算公式为

$$转换比率 = 债券面值 / 转换价格$$

（4）赎回条款。赎回条款是指允许公司在债券发行一段时间后，无条件或有条件地在赎回期内提前购回可转换债券的条款。在有条件赎回的情况下，赎回条件通常为正股市价在一段时间持续高于转股价格达到某一幅度。可转换债券的赎回价格一般高于面值，超出的部分称为赎回溢价。

赎回条款是有利于发债公司的条款，其主要作用是加速转股过程。一般来说，在正股市价走势向好时，发债公司发出赎回通知，要求债券持有人在转股或赎回债券之间做出选择。如果赎回价格远低于转债售价或转股价值，债券投资人更愿意卖出债券或转股。所以，赎回条款实际上起到了强制转股的作用，最终减轻了发债公司的还本付息压力。

另外，如果公司在利润大幅上升时赎回其可转换债券，也会限制债券持有人对公司利润的分享。

（5）强制性转股条款。强制性转股条款要求债券投资者在一定条件下必须将其持有的可转换债券转换为股票。设有该条款的发行公司大多数为非上市公司，这些公司通常将发行可转换债券作为权益融资的手段，并不打算到期还本。强制性转股的类型包括到期无条件强制性转股、转换期内有条件强制性转股。

（6）回售条款。可转换债券的回售条款是指允许债券持有人在约定回售期内享有按约定条件将债券卖给（回售）发债公司的权利，且发债公司应无条件接受可转换债券。约定的回售条件通常为正股市价在一段时间内持续低于转股价格达到一定幅度时，也可以是诸如公司股票未达到上市目的等其他条件。回售价格一般为债券面值加上一定的回售利率。

2. 可转换债券的经济特性与发行动机

可转换债券是直接债权与基于普通股期权的结合，由于这种特殊的"转换"期权特性，使得转债得以兼具债券、股票和期权三个方面的部分特征，这种多重特征的叠加，客观上使可转换债券具有了筹资和避险的双重功能。对于发行公司管理层而言，可转换债券的这种独特性，使其具备了多方面的优势。

（1）灵活的融资方式。根据不同的发行条款，可转换债券既可以是债券，又可以是股票；既可以是优先债券，也可以是次级债券；既可以不赎回，又可以到期还本付息。另外，可转换债券通常赋予发行人赎回权利，当利率过低或者股价高涨的时候，发行公司可以赎回可转换债券然后再行融资。为了防止可转换债券转换对公司业绩的稀释，发行公司也可

以收回可转换债券。因此，可转换债券为发行公司提供了一种非常灵活的融资工具。

(2) 延期股权融资。从获取长期稳定的资本供给角度来看，企业更愿意进行股权融资，而非债权融资，这对于负债较多、自有资金不足的企业来说尤其如此。如果股市不利于进行股权融资，通过发行可转换债券，可以达到延期股权融资的目的。

(3) 较低的资本成本。与公司普通债券或优先股所支付的利率相比而言，可转换债券的利率一般较低。从国际资本市场上可转换债券的票面利率比较来看，绝大多数可转换债券的票面利率略高于同期银行贷款利率，有很少一部分低于同期银行存款利率。由于可转换债券的价值除了利息之外还有股票期权这一部分，在转换可以实现的情况下，期权部分的价值足以弥补利率差价（这正是转债吸引投资者的主要原因）。因此，可转换债券对投资者的价值越大，公司为发售该证券所需支付的费率就越低。而早期利息支付较低对一个处于成长阶段的公司而言可能是非常有益的，因为这将使其保留较多的现金用于公司的成长。

另外，相对于股票而言，可转换债券发行费用低，手续简单，并且转换前的债息可以减轻公司的税负；相对于债权人而言，尽管发行债券可能传达的是好消息，但贷款人会担心其财富被剥夺，为降低这种被剥夺的可能性，债权人会坚持采用保护性条款和成本高昂的监控工具，权益持有者为了不使来源于债权人的财富遭到剥夺，还要使用其他保护与监控工具，这必然会提高筹资成本。运用可转换债券这一融资工具，可能会降低对成本高昂的监控的需要，从而降低资本成本。

(4) 溢价股权融资，缓解业绩稀释。发行人可以通过发行可转换债券获得比直接发行股票更高的股票发行价格。即使一家公司可以有效地运用新的募集资金，但募集资金购买新设备并产生回报需要一段时间，直接发行新股一般会在短期内造成业绩的稀释，因此该公司股票发行价通常低于股票市场价格。相比之下，由于发行可转换债券赋予投资者未来可转可不转的权利，且可转换债券转换有一个过程，业绩的稀释可以得到缓解。因此，在目前的国际市场上，通过认购可转换债券获得的标的股票，其价格通常比直接从市场上购买股票的价格高出5%~30%。

(5) 风险低，易于发行。对投资人而言，可转换债券既有债券的安全性又可享受公司成长的收益。持有该债券，可以获得固定收入债券的投资收益，如果该公司业绩增长良好，持有人可以将其转换成股票从公司业绩增长中获利。需要指出的是，股票价格上升致使可转换债券价格相应上升，可转换债券持有人可以通过直接卖出可转换债券获取股价上涨收益。另一方面，如果股票价格大幅下跌，可转换债券价格只会跌到具有相应利息的普通债券的价格水平。因此，在与普通股同样享有公司业绩增长收益的同时，可转换债券提供了在经济形势不好时的抗跌保护，可转换债券价格的下跌风险被限制在直接价值上，这比股票一般的止损指令（如涨跌停板）更为有效地控制风险，这有利于可转换债券的发行。

另外，由于可转换债券兼具债券、期权和股票这三种金融产品的部分特点，可以满足这三方面潜在投资者的要求。特别是在债券市场与股票市场中某一市场疲软时，投资者会对另一市场较有兴趣，这也有助于促进可转换债券的成功发行。

(5) 公司具有良好发展前景的信号。发行可转换债券也被视作是一种公司信号传递的机制，投资者也可以根据可转换债券的转换价格、转换期限等信息了解公司的情况。因为公司内部人（经理层人员）要比外部人（投资者）掌握更多的公司信息，在制度比较完善的情况下，公司对外发布的各种信号代表了内部人对公司的判断。发行可转换债券改变了企业的资本结构，是公司对外的一种信号传递。Kim认为，发行债券说明公司内部人预计公司未来盈利良好，有较强的未来支付能力，而他们又不愿同外部人分享盈利和风险，而发行股票则说明公司内部人认为企业未来盈利能力较差，他们愿意与外部人分享风险和盈利。当转换价格较高时，可转换债券持有人实施转换的可能性比较小，因而可转换债券就更类似于债券；当转换价格较低时，说明公司希望可转换债券持有人实施转换，使本公司的股票得以稀释，此时可转换债券就更类似于股票。因而转换价格的高低给人们一种信号，即公司内部人对企业未来盈利的判断。Stein的观点类似，他认为企业可以分为好、中、差三类，好企业会发行债券，差的企业会发行股票，只有中等企业既要权益资本，又希望能向市场表明其盈利状况，而发行可转换债券正好能起到这种作用，即向外发布了一个公司发展良好的信号。Darren等人认为，可转换债券的转换期限也是公司的一种信号传递，可转换债券的转换期限越长就越似债券，从而给投资者以公司良好的信息；可转换债券的转换期限越短，说明公司愿意与外部人分享风险和盈利，可转换债券就越类似于股票。

发行企业出于公司战略也会发行可转换债券。因为可转换债券同时具有债券和股票的特性，公司可以根据转换的情况调整企业的资本结构和财务结构，实现税务方面的目的和抵御外来收购风险。

总体而言，可转换债券的优点可以概括体现在以下两个方面：

第一，转换期权的存在，使得投资者愿意接受较低的债务利息，意味着可转换债券是一种"廉价"的融资渠道，进而可以减轻公司的财务负担。

第二，"高估"股票预期发行价格，进而获得有关股票发行的"溢价"，以体现其中蕴含的期权价值。

由此，公司发行可转换债券的两个动机——低利率筹资和延期股权溢价融资似乎非常明确，也容易理解。但是，经济学者在经过深入分析之后，发现关于可转换债券上述两个明显的优势仅仅是一种"虚幻"，从而带有很大的欺骗性（Brennan，Schwartz，1981）。他们认为，可转换债券的"低息"是以转换为条件的，而转换对于发行公司而言，实际上意味着把公司经营成功所能给原有股东带来的收益预先转让给了可转换债券的投资者（股价上扬，转换价值急剧上升），当然同时也转让了公司经营失败的风险（引致股价下跌，转换价值丧失），因而绝对不是一份"免费的午餐"；可转换债券的投资者之所以愿意接受低息的回报，仅仅是因为他们相信可转换债券中蕴含的期权价值可以弥补这种损失，这是一种"收益与风险"的权衡；所谓的"溢价"也是一种误导，这仅仅是与今天的股价对比的结果，而适当的比较标准应是明天的股价可能是多少。当然，如果考虑现代金融理论的基本思想，证券（包括期权、转换权）的定价是建立在"无风险套利"基础之上时，可转换债券的交易对于发行公司和投资者而言，将是一种"零和博弈"，既没有谁受益，也没有谁损失。

虽然上述两种发行可转换债券的动机可能有些虚幻，但是作为一种创新型金融产品，可转换债券依然具有极为独特的经济性质，进而成为一些公司融资的主要渠道。

3. 可转换债券的融资风险

可转换债券所具有的多重性质决定了它具有多重功能，发行企业在充分利用其优点的同时，不可忽略可转换债券的潜在风险。可转换债券融资风险具体包括以下内容。

（1）发行风险。由于可转换债券利率远低于同期普通公司债券利率甚至可能低于同期银行存款利率，投资者收益较低；公司未来股票市价如果低于转换价格，投资者转换后将遭受转换损失；可转换债券投资者与发行企业存在着严重的信息不对称问题；可转换债券的票面利率较低，对投资者具有吸引力的是其转换股权的价值，只有具备良好业绩和发展潜力的公司及其投资项目，才能被投资者青睐；发行时机的选定权在于证监会，可能错失最佳的发行时机。另外，因可转换债券从属于衍生证券的范畴，这种性质决定了其定价、发行与转换的复杂性，考虑到这种复杂性所产生的投资者出于其认知的缺乏所导致的信息要求的提高，使得可转换债券的发行比一般证券更具风险。上述诸多因素造成上市公司、投资银行较少选择可转换债券作为首选融资方式，而投资者在购买转债时也非常谨慎，这不可避免地使得可转换债券在发行时存在发行风险。

（2）利率风险。可转换债券的基本属性是债券，发行公司承担到期还本付息的责任。由于其兼具股票的性质，票面利率一般较低，并且这一低幅难以确定：利率高，成功发行的可能性大；利率低，融资成本低，但有可能不具吸引力。同时，即使低于同期银行存款利率，仍有利率波动的风险。

（3）汇率风险。对于在境外发行可转换债券的公司而言，如果转换不成功，可能存在汇率风险。

（4）公司价值变动风险。由于可转换债券所含买权的价值取决于其标的股票价格的走势，而股票价格的走势又主要取决于发行公司价值的变动及投资者对发行公司成长的预期。股票及公司价值的变动程度越大，转债的价值就越大。但另一方面要注意的是，变动程度越大，公司价值低于债券面值的风险就越大，可转换债券的转换风险也越大：股价下降可能导致转换风险；股价上扬，甚至远高于约定的转换价格时，发行公司将蒙受筹资成本相对增加的损失。尽管发行公司可按事先约定的价格赎回未转换的可转换债券，但是，这会使发行公司在资金调度上受到严重的约束。

（5）经营风险。可转换债券的最大风险是经营风险。发行公司因为企业突然融进大量低成本的资金，往往会投资一些低效益或风险过高的项目，过度扩张。同时，因为可转换债券的发行量较大，未来对利润摊薄的影响也较大，企业对此必须维持高增长速度，以增加利润，抵销转换时的冲击。因此，可转换债券可能增加公司的经营压力。

本章小结

普通股的发行和上市要具备国家规定的条件，其发行价格通常有等价、时价和中间价三种。利用普通股融资没有固定的利息负担、风险小、能增加公司的信誉，并且限制较少，但融资成本较高，易分散公司控制权，加大了公司被收购的风险，对公司股票的市场价格也会带来不利影响。优先股没有固定的到期日，股利标准是固定的，同时又有一定的灵活性；优先股的发行能提高公司的举债能力，不会改变普通股股东对公司的控制权，但具有资本成本较高、筹资限制较多等缺点。

债券的价格由债券票面价值、票面利率、市场利率和债券期限决定。企业债券融资可利用财务杠杆资本成本较低，不会影响股东的控制权，融资具有一定的灵活性。但其缺点在于财务风险较高，筹资数量也有限。

租赁可分为经营租赁和融资租赁。在租赁筹资方式下,承租企业要按合同规定向租赁公司支付租金。融资租赁具有能够及时获得所需资产、增加筹资弹性、减少设备引进费等优点;其缺点主要是融资成本高,存在当事人违约风险、利率和税率变动风险,难以改良设备。

利用认股权证筹资的最大优点是可以降低筹资成本。然而,认股权证的价值都是建立在预期之上的,对投资者而言,由于杠杆作用的存在,使得认股权证的行使成为一种高收益的投资,但须以公司未来股价上升为基础,离开这一基础,选择权将不会被行使,其投资也会造成损失。

可转换债券的优点可以概括体现在以下两个方面:第一,转换期权的存在,使得投资者愿意接受较低的债务利息,意味着可转换债券是一种"廉价"的融资渠道,进而可以减轻公司的财务负担;第二,"高估"股票预期发行价格,进而获得有关股票发行的"溢价",以体现其中蕴含的期权价值。发行企业在充分利用其优点的同时,不可忽略可转换债券的潜在风险。可转换债券融资风险包含发行风险、利率风险、汇率风险、公司价值变动风险、经营风险等。

参考文献

[1] 崔毅,邵希娟. 现代财务管理[M]. 广州:华南理工大学出版社,2002.
[2] 竺素娥,涂必胜. 财务管理[M]. 北京:中国科学技术出版社,2006.
[3] 王斌. 财务管理[M]. 北京:高等教育出版社,2007.
[4] 薛玉莲,李中全. 财务管理学[M]. 北京:首都经济贸易大学出版社,2004.

复习思考题

1. 简述普通股、优先股股东的权利及普通股、优先股筹资的优缺点。
2. 长期债券有哪些种类?我国对债券发行的条件和资格是怎样规定的?
3. 比较普通股融资与长期负债融资的利弊。
4. 债券评级对债券发行的影响是什么?
5. 对承租人来说,融资租赁有哪些好处?
6. 为什么说可转换债券是一种"上可攻,下可守"的融资方式?
7. 你是如何理解"权证不同于正股,到期要么行权,要么变成废纸"这句话?

练习题

1. 某公司发行5年起的债券,面值为1 000元,付息期为1年,票面利率为10%。
   要求:(1) 计算市场利率为8%时的债券发行价格。
   (2) 计算市场利率为12%时的债券发行价格。
2. 某投资者欲对一股票做5年期的投资,股票的市价为20元,预计5年后股票市价上涨为35元,每年每股股利预计增长10%,当年股利为2元,贴现率为12%,试分析该投资者是否应该进行投资。
3. 瑞来公司需要一台设备,购置成本148 000元,使用寿命7年,残值1 000元。折旧期与使用期一致,采用直线法折旧。公司取得设备有两种选择:一种选择是从银行贷款148 000元购买该设备,贷款年利率10%,需在7年内每年年末等额偿还本息;另一种选择是租赁设备,租期7年,每年年末需支付租金30 000元,每年支付的租金可抵税。

租赁手续费14 000元在租赁开始日支付,并需要分期摊销和抵税。公司适用的所得税税率为25%。假设投资人要求的必要报酬率为10%。

要求:分析瑞来公司应该采用何种方式取得设备。

(资料来源:王斌.财务管理[M].北京:高等教育出版社,2007:p195)

4. 宜城公司是一家生产家具的企业,目前生产的各种家具在市场上销售顺利。宜城公司上一年度销售收入1 000万元,获得净利润300万元,估计以后每年收入和利润都会按15%的比例增长,目前股利每股1元,以后每股股利也按15%增长。目前公司因业务发展较快,资金周转困难,需要对外融资。目前公司有两种融资方案,一种方案是向银行借款1 000万元,每年利率5%;另一种方式是向其他投资者吸收股票投资,已有商业伙伴嘉怡公司同意购买宜城公司股票100万股,每股股价10元。宜城公司目前有普通股股票200万股,总资产3000万元,负债1 000万元。

要求:
(1) 计算两种融资方案的资本成本。
(2) 考虑宜城公司应选择哪一种融资方案?

案例题

A公司决定在2017年年底前投资建设一个项目。公司为此需要筹措资金5亿元,其中,5 000万元可以通过公司自有资金解决,剩余的4.5亿元需要从外部筹措。2017年6月1日,公司召开会议讨论筹资方案,并要求财务部提出具体计划,以提交董事会会议讨论。公司在2017年4月1日的有关财务数据如下:

(1) 资产总额为30亿元,资产负债率为40%。

(2) 公司有长期借款5.5亿元,年利率为6%,每年年末支付一次利息。其中,8 000万元将在2年内到期,其他借款的期限尚余5年,借款合同规定公司资产负债率不得超过55%。

(3) 公司发行在外普通股5亿股。另外,公司2016年完成净利润3亿元。2017年预计全年可完成净利润4亿元。公司适用的所得税税率为25%。假定公司的股利分配方案是年股利为0.7元/股。

随后,公司财务部设计了两套筹资方案,具体如下:

甲方案:以增发股票的方式筹资4.5亿元。公司目前的普通股每股市价为15元。拟增发股票每股定价为10.4元,扣除发行费用后,预计净价为10元。为此,公司需要增发4 500万股股票以筹集4.5亿元资金。为了给公司股东以稳定的回报,维护其良好的市场形象,公司仍将维持其设定的每股0.7元的固定股利分配政策。

乙方案:以发行公司债券的方式筹资4.5亿元。鉴于目前银行存款利率较低,公司拟发行公司债券。设定债券年利率为4.8%,期限为8年,每年付息一次,到期一次还本,发行总额为4.61亿元(平价),其中,预计发行费用为1 100万元。

问题讨论

该案例涉及哪些财务管理知识?综合运用这些知识,分析上述两种筹资方案的优缺点,并从中选出最佳筹资方案。

第 10 章
利 润 分 配

本章学习要点

利润分配的程序与原则

股利支付的方式与程序

股利分配政策的基本理论

影响股利政策的类型与选择

课前阅读材料

苹果公司股利分配案例

苹果计算机公司创立于 1976 年,到 1980 年,该公司研究生产的家用电脑已经销售 13 万多台,销售收入达到 1.17 亿美元。1980 年,苹果公司首次公开发行股票上市。上市以后,公司快速成长,到 1986 年,公司的销售收入已达到 19 亿美元,净利润实现 1.54 亿美元。1980~1986 年,苹果公司的净利润年增长率达到 53%。1986 年,苹果公司与马克公司联合进入办公用电脑市场。办公用电脑市场的主要竞争对手是实力非常强大的 IBM 公司,尽管竞争非常激烈,1987 年,苹果公司仍然取得了骄人的成绩,销售收入实现了 42% 的增长。但是,人们仍然对苹果公司能否持续增长表示怀疑。为了增强投资者的信心,特别是吸引更多的机构投资者,苹果公司在 1987 年 4 月 23 日宣布首次分配季度股利,每股支付现金股利 0.12 美元,同时按 1∶2 比例进行股票分割(即每 1 股拆分为 2 股)。股票市场对苹果公司首次分配股利反应非常强烈,股利分配方案宣布当天,股价就上涨了 1.75 美元/股,在 4 个交易日里,股价上涨了约 8%。在之后三年多的时间里,苹果公司的经营业绩保持良好的增长,截至 1990 年,实现销售收入 55.58 亿美元,净利润 4.75 亿美元,1986~1990 年,销售收入平均年增长率为 31%,净利润平均年增长率为 33%。但是 1990 年以后,苹果公司的业绩开始逐年下降,1996 年亏损 7.42 亿美元,1997 年亏损 3.79 亿美元。苹果公司的股票价格也从 1990 年的 48 美元/股跌到 1997 年的 24 美元/股。尽管经营业绩发生较大变化,但苹果公司从 1987 年首次分配股利开始,一直坚持每年支付大约每股 0.45 美元的现金股利,直到 1996 年,由于经营的困难,不得不停止发放股利。

思考题

苹果公司减少股利发放的原因是什么?

10.1 利润分配的程序与原则

利润是企业资本收益的具体形式。实现投入资本的保值与增值,是企业盈利的基础,也是实现企业价值最大化的必要条件。利润分配是企业财务活动的重要内容,从企业财务管理角度来看,利润分配直接关系到企业的投资人、债权人、经营者及职工的利益。息税前利润是企业收益分配的主要对象。息税前利润应由企业资本提供者参与进行分配,包括主权资本、人力资本、债务资本和环境资本。息税前利润的分配包括税前、税中和税后利润分配三大基本内容和三个基本层次:①税前利润分配,是指对税息前的利润分配,包括债务资本利息的支付和利润总额的计算两个主要内容;②税中利润分配,是对利润总额的分配,企业所得税计算与税后利润的计算是其基本构成内容;③税后利润分配,是对税后净利润的分配,它包括弥补以前年度亏损、盈余公积的提留和股利的分配等内容。

10.1.1 利润分配的程序

我国《公司法》第一百六十六条规定:"公司分配当年税后利润时,应当提取利润的百分之十列入公司法定公积金。公司法定公积金累计额为公司注册资本的百分之五十以上的,可以不再提取。公司的法定公积金不足以弥补以前年度亏损的,在依照前款规定提取法定公积金之前,应当先用当年利润弥补亏损。公司从税后利润中提取法定公积金后,经股东会或者股东大会决议,还可以从税后利润中提取任意公积金。公司弥补亏损和提取公积金后所余税后利润,有限责任公司依照本法第三十四条的规定分配;股份有限公司按照股东持有的股份比例分配,但股份有限公司章程规定不按持股比例分配的除外。股东会、股东大会或者董事会违反前款规定,在公司弥补亏损和提取法定公积金之前向股东分配利润的,股东必须将违反规定分配的利润退还公司。公司持有的本公司股份不得分配利润。"

从《公司法》的规定可以看出,公司当年税后利润的分配程序为:①弥补以前年度亏损;②提取法定公积金;③提取任意公积金;④向股东分配利润,即股利分配。

其中,法定公积金与任意公积金统称为公积金,它们是企业在弥补以前年度亏损后从税后利润中提取的用于防范和抵御风险、弥补公司资本的重要资本来源。法定公积金的计提比例及计提方法依规定执行,任意公积金的计提比例及计提方法由公司自行决定。根据《公司法》第一百六十八条的规定,公司的公积金用于弥补公司的亏损、扩大公司生产经营或者转为增加公司资本。但是,资本公积金不得用于弥补公司的亏损。法定公积金转为资本时,所留存的该项公积金不得少于转增前公司注册资本的25%。

10.1.2 利润分配的原则

利润分配要兼顾各方利益,应遵循的原则如下。

1. 利润分配必须严格遵守国家法律和制度

企业进行利润分配应该充分注意合法性和合理性。规范企业利润分配的法律和制度主要有《公司法》《企业财务通则》等。这些法律法规对企业利润分配进行了明确规定,要求企业实现的利润必须按有关法律的规定向国家缴纳所得税,对净利润部分要按规定的比率计提公积金，剩余部分可向投资者个人分配。企业有权选择具体分配政策向投资者分配利润，如果企业当年无利润实现，原则上不应向投资者分配利润。

2. 利润分配要兼顾投资者、经营者和职工的利益

作为企业的所有者和最终风险的承担者，投资者有权享有企业实现的净利润，这也是现代企业制度的本质要求。但从经营者和职工角度来看，企业利润大小与他们的辛勤劳动是分不开的，因此，在保障投资者利益的前提下，提高经营者和职工的劳动积极性和创造性，是企业利润分配过程中必须正视的重要问题。另外，企业在利润分配时，还可以对那些为企业做出较大贡献的员工实施必要的物质奖励，如年终给予一次性奖励或赠送红股等。

3. 利润分配要有利于增强企业发展的后劲

从投资者角度出发考虑，如何对当期可供分配的利润进行分配，关系着投资者眼前利益和长远利益的协调平衡。另外，合理的分配政策还要有利于企业以丰补歉，协调不同年度之间的收益分配关系。

4. 利润分配要体现投资与受益对等原则

企业分配利润应体现"谁投资谁受益"，受益大小与投资比例相适应，即投资与受益对等原则，这也正是协调各投资者之间利益关系的关键所在。投资者进行投资活动就有权享受收益，因而要求企业在向投资者分配利润时，应本着公开、公平、公正的原则，平等地对待所有投资者，不搞幕后交易，不帮助大股东侵害小股东的利益。只有这样，才能从根本上保护现有投资者和潜在投资者的利益，鼓励投资者进行投资。

10.2 股利支付的方式与程序

10.2.1 股利支付方式

股份制企业股利支付的方式一般有现金股利、股票股利、财产股利和负债股利等。我国有关法律规定，股份制企业只能采用现金股利和股票股利两种方式。

1. 现金股利

现金股利是股份制企业以现金的形式发放给股东的股利，这是最常用的股利支付方式，现金股利发放的多少主要取决于企业的股利政策和经营业绩。企业选择现金股利方式的条件主要有：企业有充足的可以支付的现金，资产流动性较强；企业有较强的外部筹资能力；现金的支付不存在债务契约的约束；等等。由于现金具有较强的流动性，且现金股利还可以向市场传递一种积极的信息，因此，现金股利的支付有利于支撑和刺激企业的股价，增强投资者的投资信心。

2. 股票股利

股票股利是企业将应分配给股东的股利以股票的形式支付。可以用于发放股票股利的，除了当年的可供分配利润外，还有企业的盈余公积金和资本公积金。

股票股利并没有改变企业账面的股东权益总额，同时也没有改变股东的持股结构，但是，会增加市场上流通的股票数量。因此，企业发放股票股利会使股票价格相应下跌。由

此可见，分配股票股利，一方面扩张了股本；另一方面起到股票分割的类似作用。

发行股票股利虽然不能增加股东财富，也不会增加公司价值，但它仍会给股东和公司带来好处。这主要表现在：

（1）能达到节约现金支出的目的。较之现金股利，股票股利既可以实现股利分配的目标，又可以不增加企业的现金流出量，这对于处于高速成长期、现金流较为短缺的公司尤为有利。

（2）有利于公司把股票市价维持在希望的范围内。有些公司不希望股票市价过高，因为这可能使一些投资人失去购买能力。对于这类公司，可利用分配股票股利的办法，把股价维持在希望的范围内。

（3）与现金股利配合使用，以增加股东财富。如果公司在发放股票股利之后，维持现金股利的发放，则对股东有利。

（4）有时公司发行股票股利后，股价并不成同比例下降，这样便增加了股东的财富。因为股票股利通常由处于成长中的公司所采用，投资者可能会认为，公司盈余将会有大幅度增长，并能抵消增发股票所带来的消极影响，从而使股价稳定不变或略有上升。

对于企业来说，分配的股票股利不会增加其现金流出量，因此，如果企业现金紧张或者需要大量的现金进行投资的话，可以考虑采用股票股利的方式。但是，也应当注意，一直实行稳定的股利政策的企业，由于发放股票股利而扩张了股本，如果以后继续维护原有的股利水平，势必会增加未来的股利支付。另外，也有一些投资者会认为企业发放股票股利是传递了一个坏信息，即公司现金支付能力不足，公司面临一定的财务风险。所以，如果企业长期发放股票股利，会使投资者对企业失去信心，导致企业股票市价大幅下跌，从而为廉价收购者提供可乘之机。

3. 财产股利

财产股利是以现金之外的其他资产支付股利，主要包括实物股利，如实物资产或实物产品等；证券股利，如公司拥有的其他公司的债券、股票等。其中，实物股利并不增加公司的现金流出，适用于现金支付能力较低的时期。证券股利既保留了公司对其他公司的控制权，又不增加公司目前的现金流出，且由于证券的流动性较强，是股东乐于接受的股利支付方式。

4. 负债股利

负债股利是公司以负债支付的股利，通常以公司的应付票据支付给股东，在不得已的情况下，也可发行公司债券抵付股利。由于负债均需还本付息，这种股利方式对公司的支付压力较大，只能作为现金不足时的权宜之策。

10.2.2 股票回购

股票回购是指公司出资购回本公司发行在外的股票的行为。被购回的股票一般并不注销（但需要相应调整股本额），而是作为库藏股，有些公司在时机有利时会重新出售回购的股票。

在财务上，库藏股是指公司收回已发行的且尚未注销的股票。它具有以下四个特点：

①该股票是本公司的股票；②它是已发行的股票；③它是收回后尚未注销的股票；④它是还可再次出售的股票。除此之外，凡是公司未发行的、持有其他公司的以及已收回并注销的股票都不能视为库藏股。此外，库藏股还具有以下特性：第一，库藏股并不享有与其他发行在外股票一样的权利，如它不具有投票权、股利的分派权、优先认购权等；第二，库藏股有一定的库存期限（一般在一个会计年度之内），库存期限过长易被公司管理层所操纵（如公司为了操纵每股收益或出于管理层个人激励目的而有意回购股票）。

我国《公司法》第一百四十二条规定："公司不得收购本公司股份。但是，有下列情形之一的除外：

（一）减少公司注册资本；

（二）与持有本公司股份的其他公司合并；

（三）将股份奖励给本公司职工；

（四）股东因对股东大会作出的公司合并、分立决议持异议，要求公司收购其股份的。

公司因前款第（一）项至第（三）项的原因收购本公司股份的，应当经股东大会决议。公司依照前款规定收购本公司股份后，属于第（一）项情形的，应当自收购之日起十日内注销；属于第（二）项、第（四）项情形的，应当在六个月内转让或者注销。

公司依照第一款第（三）项规定收购的本公司股份，不得超过本公司已发行股份总额的百分之五；用于收购的资金应当从公司的税后利润中支出；所收购的股份应当在一年内转让给职工。

公司不得接受本公司的股票作为质押权的标的。"

1. 股票回购的影响

（1）股票回购对股东的影响。股票回购首先对股东会产生有利影响，表现为：①股票回购是公司发展良好表现的预兆。因为股票回购决策大多是在管理层认为公司股票价格过低的情况下做出的；②股票回购可以使股东推迟纳税。因为股东拥有股票卖与不卖的权利。由于公司的发放股利需缴纳所得税，所以，对于急需现金的股东来说，他可以出售一部分股票以解燃眉之急，而对于不急需现金的股东而言则可以保留股票，从而推迟纳税。

股票回购对股东的不利之处在于：①股票回购风险较大。因为人们一般认为现金股利可靠、实惠，而通过股票回购使股价上涨从中获益的方法不稳定，并且股价受多种因素影响。②股票回购可能导致公司被股东起诉。许多出售股票的股东或许是因为未掌握公司目前及将来经营活动的准确消息。如果公司在股票回购之前，不将其回购计划公布于众，可能引起部分股东的误解，以至于诉诸法律。③回购价格过高，不利于留存股票的股东。如果公司的股票交易并不活跃，而现在却急于回购相当数量的股票，则其价格将有可能被哄抬以致超过均衡价格，而公司停止收购后，股票价格又会下跌。

（2）股票回购对股份公司本身的影响。股票回购对股份公司本身也会有积极影响，主要有：①股票回购可能增加股利分配政策的灵活性，既可保持公司股利分配的稳定性，又不必提高股利分配比例。②股票回购可以调整资本结构。公司调整资本结构，可以通过举债、出售资产等方式，使其资本结构最优。但是公司依靠负债筹资，可能时间较长，如果公司在采取发行长期债券的同时，将所得资金用于股票回购，可迅速改变资本结构。③股票回购可提高公司竞争力，防止被其他公司兼并或收购。

但股票回购也对公司产生一些不利影响：①股票回购会减少公司投资机会，缩小经营规模。②股票回购会带来一定风险。因为股票回购取代现金股利，有时不易被股东接受，会被误认为公司前景不妙；另一方面，税务部门如果认为股票回购是为了逃避对股利的征税，公司可能会被课以重罚。③公司如果被认为通过股票回购是为了操纵股票价格，证券管理部门可能会向公司提出质询，甚至公司股票回购会被禁止。

2. 股票回购的方法

公司在决定实施股票回购时，可以采取的方法有两种：自我认购和公开回购。

（1）自我认购。自我认购是指企业向股东发出回购要约以购买部分股票。根据认购价格的确定方法不同，又分为固定价格自我认购和荷兰式拍卖自我认购。在固定价格自我认购方式下，公司要事先确定一个固定的认购价格，该价格通常高于股票现行市场价格，然后将该报价正式告诉股东。股东可自行决定是否以该价格出售股票。在荷兰式拍卖自我认购方式下，公司要事先说明愿意回购的股票数量和愿意支付的最低价格、最高价格。通常，愿意支付的最低价格稍高于现行市场价格；然后，股东确定愿意出售的股票数量以及在企业给定的价格范围之内能够接受的最低出售价格；最后，公司根据股东报价确定最终认购价格，并向报价低于或等于最终认购价格的股东回购股票。

（2）公开回购。公开回购也就是公司像其他投资者一样在股票二级市场上购买自己的股票。这种回购方式下的认购价格就是现行市场价格。对公司而言，公开回购的交易成本小于自我认购的交易成本。但这种方式往往受到较严格的监控，回购时间较长。

无论采用何种方法，都不能触犯相关法律法规，并尽量减轻股票回购对股票市价的负面影响。

阅读材料10-1 **中联重科股份有限公司关于回购部分A股社会公众股份的报告书**

一、回购股份方案

（一）回购股份的目的

针对公司近期A股股价表现偏弱，整体估值较低，为提升股东回报水平、增强投资者信心，同时为完善股价稳定机制以应对市场风险、维护投资者权益，在综合考虑公司财务状况和业务发展等相关因素的基础上，公司拟以自有资金回购部分A股社会公众股股份并相应减少公司普通股股本。

（二）回购股份的用途

本次回购的股份将依法予以注销并减少公司普通股股本。

（三）回购股份的方式

公司拟采用深圳证券交易所集中竞价交易方式回购股份。

（四）回购股份的价格区间

公司本次回购A股的价格不超过公司截至2015年年末每股净资产，即人民币5.21元/股。

（五）拟回购股份的种类、金额、数量及占总股本的比例

公司本次回购的股份种类为A股社会公众股，回购总金额不超过人民币10亿元。在回购价格不超过5.21元/股的情况下，以此计算可回购A股1.92亿股，占公司发行在外A股

数量的 3.06%，占公司总股本的 2.50%。

在满足上述条件的情形下，公司最终回购金额和数量以回购期限到期时实际回购结果为准。

(六) 拟用于回购的资金来源

本次拟用于回购的资金来源为公司自有资金。

……

二、管理层关于本次回购股份对公司经营、财务及未来发展影响和维持上市地位等情况的分析

公司本次回购股份所需资金不超过 10 亿元。截至 2015 年 12 月 31 日，公司合并报表口径总资产、净资产、流动资产分别为 937.23 亿元、406.09 亿元和 745.85 亿元，公司拟回购资金上限所占比重分别为 1.07%、2.46% 和 1.34%，同时，根据本次回购方案，回购资金将在回购期限内择机支付，并非一次性支付，存在一定弹性。综上，公司认为有能力以自有资金支付本次回购的价款，本次回购的实施不会对公司经营、财务及未来发展产生不利影响。

截至 2015 年 12 月 31 日，公司总股本为 76.64 亿股，按照本次回购股份 1.92 亿股计算，本次回购股份数量占公司总股本的比例为 2.50%，不会引起公司股权结构的重大变化，亦不会对公司上市地位构成影响。

特此公告。

中联重科股份有限公司
董事会
2016 年 11 月 18 日

讨论题

1. 中联重科股份有限公司为什么要进行股票回购？
2. 股票回购可能对中联重科股份有限公司的财务状况产生哪些影响？

10.2.3 股票分割

股票分割是指将面额较大的股票折成数段面额较小股票的行为，也称"拆股"。就会计而言，股票分割不会对企业的财务结构产生任何影响，而是仅仅增加了发行在外的股票数量并使每股面值下降，而企业资产负债表股东权益各账户的余额都保持不变，合计数也不会变化。

1. 股票分割的动机

(1) 降低股票股价，提高企业股票的市场流动性。通常认为，股票价格太高，会降低股票吸引力，不利于股票交易，而股票价格下降则有助于股票交易。通过股票分割可以大幅度降低股票市价，增加投资吸引力。

(2) 股票分割的信息效应有利于以后股价的提高。企业在实行股票分割时，往往也会向市场传递一种信息，暗示企业管理层有信心不断提高企业的盈利能力，因而往往会刺激股价的上扬。

(3) 为发行新股做准备。股票价格的高低往往是影响新股发行顺利与否的关键性因素。当市场股票价格太高时，会使许多潜在的投资者不敢轻易购买投资公司的新发股票，而在

新股发行前,适时进行股票分割,有利于提高股票的可转让性,促进股票市场交易的活跃,更广泛地吸引各个层次投资者的注意力。

相反,有些公司认为自己的股票价格过低,为了提高股价,可以采取反分割(也称股票合并)的措施。反分割是股票分割的相反行为,即将数股面额较低的股票合并为一股面额较高的股票的行为。

2. 股票分割对股东的影响

(1) 可能会增加股东的现金股利。一般来说,股票分割后,只有极少数的公司还能维持分割之前的每股股利,不过,只要股票分割后每股现金股利的下降幅度小于股票分割幅度,股东仍能多获现金股利。

(2) 满足投资者信息上的需求。股票分割一般都是股价不断上涨的公司所采取的行动。公司宣布股票分割,等于向社会传递了本公司的盈余还会继续大幅度增长的有利信息。这一信息将会使投资者争相购买股票,引起股价上涨,进而增加股东财富。

需要指出的是,尽管股票分割与发放股票股利都能达到降低公司股份的目的,但一般来说,只有在公司股价剧烈上涨且预期难以下降时,才采用股票分割的办法降低股价,而在公司股价上涨幅度不大时,往往通过发放股票股利的方法将股份维持在理想的范围之内。

10.2.4 股利支付程序

股份制企业的股利支付必须遵循法定的程序,一般是先由董事会提出分配预案,然后提交股东大会决议通过才能进行分配。股东大会决议通过分配预案之后,要向股东宣布发放股利的方案,并确定股权登记日、除息日和股利发放日。

1. 股利宣布日

股利宣布日就是股东大会决议通过并由董事会宣布发放股利的日期。在宣布分配方案的同时,要公布股权登记日、除息日和股利发放日。

2. 股权登记日

股权登记日是有权领取本期股利的股东资格登记截止日期。规定股权登记日是为了确定股东能否领取股利的日期界限,因为股票是经常流动的,所以确定这个日期是非常有必要的。凡是在股权登记日这一天登记在册的股东都有资格领取本期股利,而在这一天之后登记在册的股东,即使是在股利发放日之前买到的股票,也无权领取本次分配的股利。

3. 除息日

除息日,即指领取股利的权利与股票分离的日期。在除息日前,股利权从属于股票,持有股票者即享有领取股利的权利;除息日始,股利权与股票分离,新购入股票的人不能分享股利。在此期间的股票交易称为无息交易,其股票称为无息股。证券业一般规定在股权登记日的前四日(正常交易日)为除息日,这是因为过去股票买卖的交割、过户需要一定的时间,如果在除息日之后股权登记日之前交易股票,公司将无法在股权登记日得知股东更换的信息,但是现在先进的计算机交易系统为股票的交割过户提供了快捷的手段,股票交易结束的当天即可办理完全部的交割过户手续。因此,我国沪、深股票交易所规定的除息日是在股权登记日的次日(正常交易日)。

4. 股利支付日

股利支付日也称股利发放日，是指股份公司实际向股东支付股利的日期。

10.3 股利政策的类型与选择

10.3.1 股利分配政策的基本理论

股利政策是关于股份公司是否发放股利、发放多少股利、何时发放股利以及以何种形式发放股利等方面的方针与策略。长期以来，围绕股利政策是否会影响企业价值或股东财富这一问题一直存在不同的观点，并由此形成了不同的股利政策理论。归结起来，股利政策理论有股利无关论和股利相关论两大类。

1. 股利无关论

股利无关论（MM理论）是由美国学者默顿·米勒（Merton Miller）和弗兰科·莫迪利亚尼（Franco Modigliani）于1961年在他们的著名论文《股利政策、增长和股票价值》中提出的。该理论认为，股利政策对公司的股票价格或资金成本没有任何影响，即股利政策与公司价值无关。MM理论的成立是建立在一定假设之上的，这些假设主要包括：①不存在任何个人或企业所得税；②资本市场是一个完善资本市场，该市场不存在任何股票的发行成本和交易成本，任何投资者都无法左右证券价格；③股利政策的选择不会改变企业的权益资本成本；④关于未来的投资机会，投资者和管理者能获取相同的信息。在这些理论假设下，企业如果因为需投资项目缺乏资金而不支付股利，股东也能理解企业的做法并给予支持；即使企业在资金紧张时支付股利，股东仍然会通过购买公司股票的方式将资金还给股东，不会对企业股票价格产生影响。MM理论是以完美无缺的资本市场为前提的，但现实的资本市场并不像MM理论所描述的那样完善，构成该理论的主要假设都缺乏现实性，因此，该理论自面世以来，就引起了广泛的争议。

2. 股利相关论

股利相关论认为，企业股利政策与企业的价值大小或股价高低并非无关，而是具有一定的相关性，该理论的流派较多，其中代表性的观点主要有：

（1）股利偏好理论（一鸟在手论）。这一理论是由迈伦·戈登（Myron Gordon）和约翰·林特纳（John Lintner）首先提出的，这一说法来源于英国一句格言"双鸟在林，不如一鸟在手。"这一理论认为，投资者对股利收益和资本利得具有不同的偏好，股利收入比股票价格上涨产生的资本利得更为可靠，股利可视为投资者的既得利益，好比在手之鸟，而股票价格的升降具有很大的不确定性，犹如林中之鸟，不一定能得到。因此，资本利得的风险要远远高于股利收入的风险。

（2）信息效应理论。该理论认为，支付股利是在向投资者传递企业的某种信息，因为投资者与企业管理者存在着明显的信息不对称。管理者对企业未来投资机会和收益的信息，比投资者要了解得更为丰富和具体。企业的股利分配是投资者获取信息的重要途径。稳定和增长的股利会向投资者发出未来收益良好的信号，表明企业未来创造现金流量的能力在不断的增强，企业管理者有充分的信心和把握。因此，发放高现金股利的股票一般会受到投资者的青睐,股票价格相应会上涨。反之,发放低现金股利或不发放现金股利的股票,往往受到投资者的质疑,并被认为企业盈利能力差或未来的经营前景不好,以致投资者抛售股票,从而使股票价格下降。另外,股利的派发从一定程度上说,也是对企业盈利能力和现金流量充足程度的一种反映,因为企业的每股收益指标容易被操纵和粉饰,而现金流量和股利往往是无法随意粉饰的。

(3) 税收效应论。该理论认为,MM 理论中关于不存在个人及公司所得税这一假设也是不存在的。现实生活中,不仅存在着个人和公司所得税,而且在西方国家,资本利得收入计征的所得税与股利收入计征的所得税的课税比率也是不同的。一般而言,资本利得所得税率较低,股利收入所得税率较高。另外,投资者不出售股票就不会获得资本利得,也就不要纳税,如果投资者将资金一直保留在公司中,直到出售股票获得资本利得时才需纳税,那就具有延迟纳税的效果,即企业的股利政策采取多留少分,有利于投资者减少纳税,从而获得更多投资收益。

10.3.2 影响股利政策的因素

企业股利的支付受多种因素的影响,其中主要包括法律、契约、企业发展的需求和股东意愿等几个方面。

1. 法律性限制

公司法确定了企业向其股东支付股利的合法性,但并不强制企业一定要分派股利。同时,也从法律角度对企业在发放股利方面的限制做出了明确规定,主要表现在以下方面。

(1) 资本保全条款。为防止资本侵蚀,公司法要求公司不能因为支付股利而引起资本减少。这一条规定的目的在于保证公司有完整的产权基础,保护债权人的利益。任何导致资本减少的股利发放都是在分配公司股东原投入的资本,而不是分配收益,因此是非法的,公司的董事会要对此负责。

(2) 留存盈利的规定。该规定与防止资本侵蚀的规定相类似。规定股利只能从当期及过去累积的留存盈利中支付。也就是说,公司股利的支付不能超过当期与过去的留存盈利之和。

(3) 无偿债能力条款。无偿债能力包括两种情况:一是公司出现资不抵债;二是指公司尽管尚未陷入资不抵债的境地,但由于资产流动性不足,造成财务困难,无力偿付到期的债务。若公司在前一种情况下仍向股东支付股利,意味着股东侵占了本属于债权人的清算资产;在后一种情况下向股东支付股利,也是对债权人利益的侵犯。无偿债能力条款规定:如果公司已无力偿付到期债务或因股利的支付将使其失去偿债能力,公司不能支付现金股利;否则,属于违法行为。

阅读材料 10-2　上市公司监管指引第 3 号——上市公司现金分红

……

第四条　上市公司应当在章程中明确现金分红相对于股票股利在利润分配方式中的优先顺序。具备现金分红条件的,应当采用现金分红进行利润分配。采用股票股利进行利润分配的,应当具有公司成长性、每股净资产的摊薄等真实合理因素。

第五条 上市公司董事会应当综合考虑所处行业特点、发展阶段、自身经营模式、盈利水平以及是否有重大资金支出安排等因素，区分下列情形，并按照公司章程规定的程序，提出差异化的现金分红政策：

（一）公司发展阶段属成熟期且无重大资金支出安排的，进行利润分配时，现金分红在本次利润分配中所占比例最低应达到80%。

（二）公司发展阶段属成熟期且有重大资金支出安排的，进行利润分配时，现金分红在本次利润分配中所占比例最低应达到40%。

（三）公司发展阶段属成长期且有重大资金支出安排的，进行利润分配时，现金分红在本次利润分配中所占比例最低应达到20%。

公司发展阶段不易区分但有重大资金支出安排的，可以按照前项规定处理。

第六条 上市公司在制定现金分红具体方案时，董事会应当认真研究和论证公司现金分红的时机、条件和最低比例、调整的条件及其决策程序要求等事宜，独立董事应当发表明确意见。

独立董事可以征集中小股东的意见，提出分红提案，并直接提交董事会审议。

股东大会对现金分红具体方案进行审议前，上市公司应当通过多种渠道主动与股东特别是中小股东进行沟通和交流，充分听取中小股东的意见和诉求，及时答复中小股东关心的问题。

第七条 上市公司应当严格执行公司章程确定的现金分红政策以及股东大会审议批准的现金分红具体方案。确有必要对公司章程确定的现金分红政策进行调整或者变更的，应当满足公司章程规定的条件，经过详细论证后，履行相应的决策程序，并经出席股东大会的股东所持表决权的2/3以上通过。

第八条 上市公司应当在年度报告中详细披露现金分红政策的制定及执行情况，并对下列事项进行专项说明：

（一）是否符合公司章程的规定或者股东大会决议的要求。

（二）分红标准和比例是否明确和清晰。

（三）相关的决策程序和机制是否完备。

（四）独立董事是否履职尽责并发挥了应有的作用。

（五）中小股东是否有充分表达意见和诉求的机会，中小股东的合法权益是否得到了充分保护等。

对现金分红政策进行调整或变更的，还应对调整或变更的条件及程序是否合规和透明等进行详细说明。

第九条 拟发行证券、借壳上市、重大资产重组、合并分立或者因收购导致上市公司控制权发生变更的，应当在募集说明书或发行预案、重大资产重组报告书、权益变动报告书或者收购报告书中详细披露募集或发行、重组或者控制权发生变更后上市公司的现金分红政策及相应的安排、董事会对上述情况的说明等信息。

思考题

我国证监会为什么会出台这种监管政策？对上市公司股利政策有什么影响？

2. 契约性限制

当公司签订长期借款协议、债券协议、优先股协议以及租赁契约等外部融资协议时，常常会应对方的要求,接受一些有关股利支付的限制条款。这些限制条款主要表现为:只能以长期借款协议履行后所产生的收益支付股利,而不能动用在此之前的留存盈利;除非公司的盈利达到一定水平,否则不得发放现金股利;当净营运资本低于某一下限时不能支付股利;只有在优先股股利全部支付后才能支付普通股现金股利;将股利发放额限制在某一盈利额或盈利百分比上。

确立这些契约性限制条款,目的在于促使企业把利润的一部分按有关条款要求的特定形式(如偿债基金等)进行再投资,以扩大企业的经济实力,从而保障借款的如期偿还,维护贷款人的利益。

3. 企业经营的限制

《公司法》确定了企业股利发放的法律界限,但企业在制定股利政策的过程中还要综合考虑生产经营的实际情况,最重要的是企业经营的现金流量情况。具体来讲,又包括资产流动性、筹资能力与资金要求、盈利稳定性以及企业控制权等几个方面。

(1)资产流动性。因为现金股利支付是一项现金流出,过度的股利分派势必会影响到维持企业正常生产经营所必需的资产流动性,因此,股利的分派应以不危及企业经营上的资产流动为前提。如果企业资产的变现能力较强,现金的来源较为充裕,那么它支付现金股利的能力也较强。

由于会计利润与净现金流量之间存在着时间上的差异,因此,并非所有具有高盈利性的企业都能够支付高的股利,这在一些处在成长期的企业表现得尤为明显。由于扩大再生产的固定资产投资需要占用大量的现金资源,企业资产流动性相对不足,在这种情况下还强行要求企业支付高股利显然是不明智的。由此可见,现金股利的支付水平,在很大程度上受企业资产变现能力的限制。

(2)筹资能力与资金需求。企业财务的灵活性,一方面依赖于资产的流动性;另一方面如果能够迅速筹集到经营所需要的资金,也是对企业财务灵活性的良好补充。

企业如果处在发展期,拥有较多的投资机会,那么,它往往倾向于采取低股利,提高再投资比率的政策,将盈利留存在企业。这样,一方面可以满足企业的资金需求;另一方面可以增大企业权益基础,提高潜在的筹资能力。但是,这类企业在制定股利政策时往往会处于两难境地:一方面,企业在发展,需要投入资金;另一方面,股东心理上可能因为害怕承担风险而希望提高股利发放比率,这就需要进行权衡。只有当企业确信并使股东明白,企业确实有盈利较高的项目,将盈余留存下来会获得比股东自行投资获得更高的报酬,企业股票的价格有望大幅度增长并足以抵消因少派股利而使股东承受的损失时,采取低股利政策才有充足的经济依据。

(3)盈利稳定性。企业的股利政策在很大程度上受其盈利稳定性的影响。一般来说,盈利稳定的企业比较有信心维持支付较高比率的股利。此外,盈利稳定的企业由于其经营和财务风险相对较少,因而,可以比其他企业以更低的成本筹集资金。因此,一个企业的盈利越稳定,股利的支付率也会越高。像自来水、天然气等公用事业公司就是这类企业的典型例子。

(4)企业控制权。如果企业一方面支付较高比率的股利,另一方面必须通过发行新股票来筹集新增投资所需资金,这样就有可能导致现有企业控制格局的政策改变。在这些企业的长期经营中,可能已经形成了在现有股东基础上建立的以董事会为首的企业控制结构,为避免控制权旁落,它们可能更倾向于支付低股利,更多地依赖企业内部融资。

4. 股东意愿

企业经营的一个重要目的是实现股东财富的最大化。因此,企业制定股利政策时,必须充分考虑股东的意愿。但需要明确的是,企业股东为数众多,制定的股利政策不可能使每个股东都实现财富最大化。因此,所谓合理的股利政策,通常是指那些可以增加大部分股东财富的股利政策。要制定合理的股利政策需要考虑以下几个方面的因素。

(1) 税收因素。公司的股利政策受股东应纳所得税状况所左右。如果一个公司拥有很大比例的因达到个人所得税的某种界限而按高税率课税的富有股东,则其股利政策将倾向于多留盈余、少派股利。由于股利收入的税率要高于资本利得的税率,这种多留少派的股利政策可以给这些富有股东带来更多的资本利得收入,从而达到少缴所得税的目的。相反,如果一个公司的绝大部分股东是低收入阶层,其所适用的个人所得税税率比较低,这些股东就会更重视当期的股利收入,宁愿获得没有风险的当期股利,而不愿冒风险去获得以后的资本利得。因而,对这类股东来说,税负状况并不是他们关心的内容,他们更喜欢较高的股利支付率。

(2) 股东的投资机会。除企业利用留存利润进行再投资之外,股东也可利用现金股利进行再投资。基于股东财富最大化考虑,如果企业的再投资利润率低于股东个人再投资利润率,那企业就应该尽可能地把盈利以现金形式分派给股东。

尽管要求企业对每一位股东的个人投资机会做出评价是不太现实的,但企业至少要以风险类似的其他行业为参照评价外部投资机会的可能报酬率。如果结果显示,外部投资机会的报酬率更高,则企业应该选择多付现金股利、少留留存盈利的做法。相反,如果企业投资机会的投资报酬率高于外部投资报酬率,则企业应选择低股利政策。

(3) 股权的稀释。由于企业盈利是企业内部融资的重要渠道之一,如果将大部分的盈利以股利形式发放出去,就有可能导致现有股利和盈利的稀释,即如果企业一边支付大量的现金股利,一边发行新股,现有股东的控制权就有可能被稀释。另外,随着新股的发行,流通在外的普通股数量必然增加,最终将导致企业的每股盈利和每股市价的下降,综合影响的结果并不一定有利于现有股东。同时,企业的权益基础由于股利的发放而下降,这一方面将增加企业负债筹资的难度;另一方面也增加了企业被收购的潜在威胁。

阅读材料10-3　　"高送转"背后是"馅饼"还是"陷阱"

所谓"高送转",是指上市公司送红股或者转增股票的比例很大。因此大多数投资者通常认为"高送转"向市场传递了公司未来业绩将保持高增长的积极信号,都将"高送转"看作重大利好消息,"高送转"也成为半年度报告和年度报告出台前的炒作题材。

那么"高送转"真的是一块藏着肉的"大馅饼"吗?年报数据显示,不少推出高送转方案的公司出现利润下滑的情况,2016年劲胜精密,其前三季亏损超过2亿元人民币,预告公司全年亏损4.6亿元,同比下降718.51%。太原刚玉、国联水产、顺威股份、广田股份四家公司的净利润同比降幅分别为150%、99.11%、95.60%和50%。现在"高送转"慢慢变成机构游说或胁迫上市公司大比例转增，以利庄家高位抛货走人；现在的大比例转增则已变成解救高位被套机构及定向增发买方的重要工具，而且这类大比例转增还在攀比、没有底线。

2017年8月14日晚间，赤峰黄金披露了公司的2017年半年度报告。半年报显示，赤峰黄金报告期内实现营业收入9.78亿元，同比增长12.78%；实现归属于股东的净利润约7 914万元，同比下降11.12%。同时，经董事会审议，公司拟以未来实施分配方案时股权登记日的公司总股本为基数，以资本公积金向全体股东每10股转增10股。8月15日，赤峰黄金则因其中报业绩下滑的同时推出高送转方案遭到上交所的问询，并申请停牌。赤峰黄金对问询函予以回复称"实施高送转方案有利于提升公司的注册资本及股票在二级市场的流动性，并承诺提议股东等相关股东及董事六个月内不减持。"8月15日晚间，上交所火速发出问询函，重点要求公司补充说明本次高送转预案是否符合公司实际经营业绩情况，并要求公司结合所在行业的成长性、近三年的业务发展及公司现有股本规模，分析说明通过此次高送转大规模扩张股本的合理性和必要性。

（资料来源：缪璐."高送转"背后是"馅饼"还是"陷阱"？[OL].中国新闻网，[2016-02-25].http://news.21cn.com/caiji/roll1/a/2016/0225/14/30668208.shtml）

思考题
你如何看待"高送转"？为何证券交易机关部门对上市公司高送转监管趋于严格？

10.3.3 股利政策的类型与选择

股利政策是为指导企业股利分配活动而制定的一系列制度和策略，主要包括股利支付水平以及股利分配方式等内容。企业股利政策的制定应充分考虑自身的实际情况，立足于企业价值最大化的理财目标。因此，不同的股利政策会影响到企业当期现金流量和内部筹资的水平，并影响到企业筹资方式的选择。

1. 剩余股利政策

在剩余股利政策下，企业当期实现利润应优先满足投资机会的需要，如有剩余的盈余，方可进行股利的发放；如果没有剩余的话，则不派发股利。可见，该股利政策对股利的支付，要视企业利润的大小和投资机会的多少而定，属波动性股利政策。

剩余股利政策把投资放在首位，有利于企业把握投资机会，不断增加企业收益水平，提高股东财富；而且，留存收益比增发新股成本较低，有利于降低资本成本，增加权益资本，改善资本结构。但在实际操作过程中，要加强投资机会的可行性研究和审查，权衡投资的风险与收益；否则，一旦投资决策失误，将会严重损害股东的利益。

2. 固定股利发放率政策

固定股利发放率政策是企业按当期净利润或当期可供分配利润的固定比率向股东支付股利的政策，即按每股收益的一定比例来确定每股股利。由此可见，该股利政策使股利大小与盈利水平保持了相对的稳定，盈利水平高，股利发放就多，当企业亏损时，就无股利发放。但该股利政策也有明显的不足之处，即不利于企业价值最大化，因为企业的收益有一定的波动性特点，固定股利发放率使股利发放数量也呈明显的波动性，从而向外界传递一种企业未来收益不稳定的信息，最终必然会影响未来收益的稳定性程度。

3. 稳定增长股利政策

稳定增长股利政策是指企业的股利发放在一定时期内保持稳定并稳中有增的一种股利分配政策。在该股利政策下，无论企业的财务状况如何及资金需求如何变化，每期都要按固定的股利支付额度向股东分派股利，当企业的收益水平已达到一个新的高度，且持续的收益增长有把握时，才考虑增长股利，使股利的支付在一定时期内达到稳中有升的趋势。该股利政策向市场传递企业收益稳定的信号，有利于增强投资者的信心，对于那些依靠股利维持消费的投资者更有吸引力，因而有利于企业股价的稳定提高。但如果企业某年度收益不够理想时，为保证固定股利的发放，有时不得不放缓或放弃某些投资项目，从而会影响企业盈利的增长。

4. 正常股利加额外股利政策

在这一股利政策下，企业的股利分为正常股利和额外股利两部分。正常股利基本上是固定的，往往被定位在一个较低水平上，不管企业经营状况如何，该部分股利每期都应发放。额外股利的大小视企业各经营期间的盈利状况而定，盈利较好时，额外股利也相应较多；盈利状况不良时，可以少发放或不发放额外股利。此股利政策使股东每期都有相对比较稳定的股利，因而有利于股价的稳定，同时对企业来说，该股利政策也有较大的财务灵活性。因此，该股利政策适合于收益波动性较大的企业。

阅读材料 10-4　2000~2002年我国三大石油公司股利政策比较及动因浅析

1. 我国三大石油公司股利政策的比较

我国三大石油公司上市近三年来，在股利政策方面表现出一定的差异。中国石油奉行平稳的高股利政策，中国石化努力追求平稳的高股利政策，中海油表现出低股利政策。

（1）中国石油平稳的高股利政策。中国石油近几年来奉行稳定的高股利政策，而且固定股利支付率，每年的股利支付率保持在45%，公司一年中一般有两次分红——年中和年末，总额每年随净利润的不同而发生变化。

（2）中国石化努力追求平稳的高股利政策。中国石化自海外上市以来，一直努力实行高股利政策，股利支付率基本上保持在45%~50%。公司分红的一个特点是每股股利固定，稳定在0.08元/股。

中国石化在2000年的时候，现金流基本上不能满足投资和支付利息，但公司仍然支付了净利润45%的股利，这时公司不足的现金流量要依靠外部融资。随后的2001年和2002年，剩余现金流量为正，表明这两年的现金流可以满足公司对资金的需求。

（3）中海油的低股利政策。中海油2000年的股利支付率为62.41%，属高股利政策。但公司在香港和纽约上市以来，实行的是低股利政策。2001年和2002年的全年股利支付分别为每股0.25港元和0.26港元，股利支付率分别为27.36%和24.53%（剔除2002年年末期特别股利的影响）。

2. 我国三大石油公司股利政策差异之动因浅析

我国三大石油公司所处的外部环境（包括法律环境、经济环境）、公司性质、股权结构等都基本一致,又处于同一行业领域,应该说公司在许多方面是很相似的,是什么原因造成了这三大石油公司在制定股利政策方面有如此大的差异呢?主要原因有如下几点:

(1) 经营战略不同。中国石油近几年的经营主要集中于国内油田的勘探开发业务(勘探重点集中于塔里木盆地天然气勘探、鄂尔多斯盆地、准噶尔盆地和松辽盆地的石油勘探)、优化油气炼制业务和加强销售渠道建设,同时稳健地实施海外扩张策略。可以看出,公司今后几年在投资方面不会有太大的变动,面临的决策和盈利状况预见性较强。在这种情况下,公司无疑可以实行稳定的高股利政策。

中国石化在下游业务方面具有很大的优势,销售渠道较全面,主要劣势在于公司的油气资源储量较少。公司近期的战略投资主要是放在强化上游业务和内部重组上。从公司近期的行动上看,公司基本上是立足国内,积极参与国际石油勘探开发。公司近期投资变动不大,现金流基本上可以支持公司的高股利政策。但与中国石油相比,中国石化的高股利政策相对较勉强,要维持这一高股利政策还需要公司认真管理好现金流。

中海油的经营战略基本上是一种扩张性的,近三年每年都把大多数可动用的现金流用于投资,而且每年的投资额度都有大幅的增长。近期公司已经成功收购印度尼西亚东固液化天然气项目12.5%的股权(收购金额2.75亿美元)和进行澳大利亚大陆架天然气项目股权的收购(收购金额3.48亿美元)。这些扩张行动都需要大量的资金支持,因而不难理解公司实行低股利政策。

(2) 财务状况及前景预期不同。中国石油近几年来经营状况平稳,盈利能力保持稳定,现金流量充沛,而且可以预见公司未来十几年盈利能力将保持一定的水平。目前在我国石油行业中,主要盈利的板块是上游板块(勘探开发板块)。中国石油在这一板块中实力最强,油气储量居于三大石油公司之首。由于油气田的开采年限一般较长,因而给公司保持长期平稳盈利提供了有力的保障。正因为如此,中国石油敢于也有能力维持高的股利支付政策。

相比较而言,中国石化主要优势在于炼制、油气销售和石油化工,原油勘探开发板块相对较弱,公司的盈利能力较另两家公司低许多。公司的净利润和可支配现金流均较稳定,但近几年的投资额变动较大,这给公司的现金流量带来了一定的波动性。公司虽然在财务方面基本可以支撑其高股利政策,但这种股利政策对公司的现金流量是一个考验,公司需要仔细筹划。

中海油由于连年的扩张战略,资金大多用于投资,且每年的投资总额都在大幅增长。公司2001年和2002年的可支配现金流量都不足以支持投资支出,公司需要利用外部融资。在这种情况下,实行低股利政策无疑是比较明智的。

(3) 资本市场定位不同。在资本市场中,公司会有意识地给自己一个定位,也就是在投资者心目中形成一种形象。股利政策的定位在其中起着很重要的作用。

中国石油和中国石化施行的高股利政策,是有意在资本市场中树立红利股的形象,管理层是在向外界投资者努力证明公司的经营状况良好且平稳,管理层对公司未来若干年的发展持乐观态度。

中海油的低股利政策是公司有意向外界宣扬其高成长的"故事"。公司利用股利政策向外界传递信息:公司将加大投资力度,保持高速成长。对于中海油这样一个高效率的公司而言(近三年的平均净资产收益率为36%),加大投资力度无疑可以为股东创造更大的价值。

实际上，从中国石油和中海油上市以来股价的良好表现来看，两者的定位受到了不同类型投资者的青睐。

(4) 受国外其他石油公司股利政策的影响不同。我国三大石油公司均在香港和纽约上市，因而境外市场中其他一体化石油公司的分红情况会对公司股利政策产生影响。

美国上市的一体化石油公司在1998年和1999年倾向于高股利政策，股利支付率在50%以上，而最近三年来股利支付率均在30%以下，说明许多石油公司在改变自己的股利政策。

但从历史上看，业绩稳定的石油公司还是倾向于稳定的高股利政策。中国石油和中国石化的股利政策可能都受此理念的影响。而中海油的低股利符合最近石油公司的普遍趋势。

总之，股利政策是一个综合决策，需要考虑公司内部和外部的众多因素。当然，不管公司采取何种股利政策，都要与自身条件相协调。我国三大石油公司实行的股利政策尽管存在着较大的差异，但都是适合公司自身发展与定位的，都在一定程度上支撑了公司的股价，在公司与投资者之间起到了良好的沟通作用。

(资料来源：付建奎，冯永祥. 2000~2002年我国三大石油公司股利政策比较及动因浅析 [J]. 国际石油经济，2003 (12) .)

讨论题

1. 2002~2003年我国三大石油公司分别采取什么样的股利政策？与行业和公司特征有什么关系？
2. 我国证券市场投资者需求对三大石油公司的股利政策有什么影响？

本章小结

《公司法》规定，公司当年税后利润的分配程序为：①弥补以前年度亏损；②提取法定公积金；③提取任意公积金；④向股东分配利润，即股利分配。

利润分配要兼顾各方利益，应遵循如下原则：①严格遵守国家法律和制度；②兼顾投资者、经营者和职工的利益；③有利于增强企业发展的后劲；④体现投资与受益对等原则。

股份制企业股利支付的方式一般有现金股利、股票股利、财产股利和负债股利等。股利支付必须遵循法定的程序，一般是先由董事会提出分配预案，然后提交股东大会决议通过才能进行分配。股东大会决议通过分配预案之后，要向股东宣布发放股利的方案，并确定股权登记日、除息日和股利发放日。

股利政策是关于股份公司是否发放股利、发放多少股利、何时发放股利以及以何种形式发放股利等方面的方针与策略。股利政策理论有股利无关论和股利相关论两大类。股利相关论认为，企业股利政策与企业的价值大小或股价高低并非无关，而是具有一定的相关性，该理论的流派较多，其中代表性的观点主要有：①股利偏好理论；②信息效应理论；③税收效应论。

企业股利的支付受多种因素的影响，其中主要包括法律、契约、企业发展的需求和股东意愿等几个方面。股利政策类型主要有剩余股利政策、固定股利发放率政策、稳定增长股利政策、正常股利加额外股利政策等。

参考文献

[1] 崔毅,邵希娟. 现代财务管理 [M]. 广州:华南理工大学出版社,2002.
[2] 竺素娥,涂必胜. 财务管理 [M]. 北京:中国科学技术出版社,2006.
[3] 王斌. 财务管理 [M]. 北京:高等教育出版社,2007.
[4] 薛玉莲,李中全. 财务管理学 [M]. 北京:首都经济贸易大学出版社,2004.
[5] 陈志武. 为什么微软决定发红利?[N]. 新财富,2003-03-23.
[6] 付建奎,冯永祥. 2000~2002年我国三大石油公司股利政策比较及动因浅析 [J]. 国际石油经济,2003 (12).

复习思考题

1. 什么是股利无关论?
2. 为什么说股利政策也是企业筹资政策的重要组成部分?
3. 常用股利政策有哪些类型?
4. 影响股利政策的因素有哪些?

练习题

1. A公司本年实现税后利润200万元,下一年拟上一个新投资项目,需资金100万元。公司目标资本结构为权益与负债之比为5:3,公司发行在外的普通股为80万股。公司决定采用剩余股利政策进行股利分配,公司计提法定盈余公积金的比例为10%。

   要求:
   (1) 计算应提取的法定盈余公积数额。
   (2) 计算本年应发现金股利。
   (3) 计算每股股利和每股收益。

2. A公司目前发行在外的股数为1 000万股,该公司的产品销路稳定,拟投资1 200万元,扩大生产能力50%。该公司想要维持目前50%的负债比率,并想继续执行10%的固定股利支付率政策。该公司在2004年的税后利润为500万元。

   要求:该公司2005年为扩充上述生产能力必须从外部筹措多少权益资本?

3. 某公司近三年每年都支付每股0.5元的股利,股票价格也基本稳定在每股10元。2017年公司全面净利润为10 000万元,流通的普通股股数40 000万股。公司目前正在开董事会讨论2018年度股利分配政策。董事张先生是大股东代表,他提出在2017年度公司盈利仅为0.25元/股,因此如果坚持每股支付0.5元,就会造成超盈利水平派现,因此主张公司可以适当降低每股股利,建议公司拿出8 000万元分配股利,余下2 000万元留存企业,作为来年再投资项目的预留资金;董事陈先生为独立董事,他认为公司虽然盈利少于往年,但仍应保留每股0.5元的股利支付水平,不足的部分可以用以前年度留存的利润来弥补。如果降低每股股利,股东就会担心公司对未来信心不足,因而可能会抛售股票。

   问题:
   (1) 张先生和陈先生的股利政策建议各有什么理论依据?从实际情况来看,他们分别代表了哪些不同类别股东的利益？

(2) 如果你是公司董事长，你认为公司应该采取什么样的股利政策？

4. 某股份有限公司2015年在提取了盈余公积金和公益金后的税后利润为500万元，发放的股利为200万元。该公司的经济效益较好，过去的三年里股利一直以15%的比例增长。该公司2016年在提取了盈余公积金和公益金后的税后利润为600万元，股本总额自2010年起一直没有发生变动，发行在外的普通股股数为100万股。试计算在下列各种情况下，2016年该公司应发放的股利是多少：

(1) 2016年公司按照固定股利或持续增长的股利政策发放股利。

(2) 2016年公司起拟改用低正常股利加额外股利政策，正常股利为每股2元，当税后净利润超过500万元时发放额外股利，额外股利的发放数额为税后净利超过500万元以上部分的30%。

案例题

光华公司是一家加工行业企业有关资料如下：

(1) 公司2016年年初未分配利润贷方余额为181万元，本年息税前利润为800万元，适用的所得税税率为25%。

(2) 公司发行在外的普通股60万股，每股面值1元，每股溢价收入9元；公司负债总额为200万元，均为长期负债，平均年利率为10%，假定公司筹资费用忽略不计。

(3) 公司股东大会决定本年度按10%的比例计提法定盈余公积，本年按可供股东分配利润的15%向普通股股东发放现金股利。

要求：

(1) 计算本年度净利润。

(2) 计算本年应计提的法定公积。

(3) 计算本年可供股东分配的利润。

(4) 计算每股支付的现金股利。

第 11 章
财务管理其他专题基本原理

本章学习要点

企业合并的基本形式以及合并价值评估

国际财务管理的环境和基本内容

资本运营的基本概念和形式

课前阅读材料

雀巢收购徐福记获批 糖果业步入寡头割据时代

糖果生产商徐福记国际集团昨天（12月7日）在新加坡交易所发布公告宣布，中国商务部于12月6日已批准雀巢公司以17亿美元收购徐福记60%股权的交易。雀巢计划让徐福记从新加坡交易所摘牌。摘牌时间将另外公布。根据收购协议，徐福记的创立者徐氏家族将间接持有徐福记剩余40%的股权。

分析人士指出，狼真的来了，国内糖果行业格局将引来一场革命性的巨变，中国消费品即将迈入寡头割据时代。

早在今年7月，雀巢宣布计划出资21亿新加坡元（约17亿美元）收购糖果制造商徐福记60%的股权。根据双方协议，雀巢将首先收购徐福记独立股东所持有的43.5%的股权，此外将再从徐氏家族目前持有的56.5%的股权中购得16.5%的股份。徐福记现任首席执行官兼董事长徐乘将继续带领新的合资公司。

徐福记的产品包括糖果、谷物小食品、预包装蛋糕和萨其马。雀巢认为，徐福记的产品非常适合中国消费者的需求和习惯，对包括烹饪产品、速溶咖啡、瓶装水、奶粉和餐饮服务业产品在内的雀巢公司在华现有产品线是一个补充。

截至2010年6月30日，中国糖果生产商徐福记实现利润6.02亿元，实现收入43亿元。该公司股票目前在新加坡上市，在国内拥有四家大型工厂，并拥有16 000名员工。

（资料来源：2011年12月08日 01：41 每日经济新闻）

思考题

1. 雀巢收购徐福记的目的是什么？
2. 雀巢收购徐福记采用什么样的支付方式？为什么？

11.1 企业合并

企业合并是当今企业发展的重要方式，也是经济生活中经常出现的事项。所谓企业合并，是指一家企业通过市场方式获得另外一家企业的控制权，从而使两家企业在同一管理层控制下协同经营，成为一个整体。企业合并是经济学中广泛讨论的课题，从财务管理角度而言，我们主要讨论企业合并的动机与形式、企业合并的价值评估与支付方式，以及企业合并的融资渠道三个方面的问题。

11.1.1 企业合并的动机与形式

1. 企业合并的动机

目前，理论界对企业合并的动机看法并不同一，主要的观点如下。

（1）协同效应理论。协同作用（synergy）是指两个公司合并后，其实际价值将会大于合并前两个公司单独价值的和。协同作用产生有三种途径：管理协同、经营协同和财务协同。管理协同是指如果 A 企业的经营管理比 B 企业更有效率，在 A 企业并购了 B 企业后，B 企业的经营管理水平被提高到 A 企业水平，从而使合并后企业效率增加。管理协同发挥效应的前提是两家企业在管理风格和企业文化方面比较类似，行业差异比较小。经营协同是指企业并购后经济效益随着资产经营规模的扩大而得到提高。实现经营协同有 4 个方面的原因：①获得规模经济和范围经济；②降低交易费用；③分散经营风险；④增加市场垄断。当然，经营协同效应的产生需要合并前两个企业处于相同行业，各自具有自身的竞争优势。财务协同理论认为，并购起因于财务目的，主要是利用企业多余的现金寻求投资机会（多余资金的投放）和降低资本成本（如果目标企业破产风险大，资本成本高）。

（2）价值低估理论。所谓企业价值低估是指企业的权益（股票）的现行市场价值低于其内在价值。价值低估的原因，一是由于目标企业的管理层没有充分发挥经营管理潜力；二是资本市场对目标企业信息缺乏了解。企业如果能在市场上发现某企业价值低估，就可能收购该公司，通过改进管理层、向资本市场充分披露信息等手段，促使目标企业价值上升，从而实现收购的价值增值。

（3）管理层利益驱动理论。这种观点认为，并购企业合并目标企业，有时并不是因为合并目标企业能够给并购企业带来价值增值，而是满足管理层利益增长的需要。企业管理层通过并购目标企业，可以获得如下利益：①管理范围扩大，寻租机会增多；②管理企业增加，工薪增加；③获得更大的个人影响力。因此，为实现上述目标，管理层可能会随意选择一个目标企业进行合并，以实现自己的个人利益。

（4）谋求快速进入一个新市场或新行业。企业要进入一个新市场或新行业，可以通过在新的地区设立经营机构开始经营，但这种做法时间长，而且人力资源的储备也存在一定的不确定性。合并一个已经正常营业的企业，可以快速达到上述目的，且相对风险比较小。

> **阅读材料 11-1**　　**可口可乐称收购案仍在审批　有信心赢得并购**[一]
>
> 　　可口可乐就收购汇源一事,将相关文件向商务部递交审批已有一段时日。然而,商务部仍未公布审批结果。与此同时,"商务部已否决可口可乐收购汇源"的消息在业内盛传。昨日,可口可乐(中国)公司站出来辟谣称,目前商务部仍在审批,可口可乐也尚在不断根据有关部门要求,补充相关资料。
>
> 　　据了解,可口可乐在 9 月 3 日宣布拟以 24 亿美元现金收购汇源,并承诺保留汇源品牌。9 月 22 日,可口可乐公司宣称已向商务部递交了收购汇源的反垄断申报文件。当时,可口可乐副总裁、公共事务及传讯总监李小筠表示,递交材料到完成审批过程需要一定时间,这起并购案能否成行,商务部的态度是关键。
>
> 　　日前,可口可乐中国实业有限公司 CEO 杨马腾在接受媒体采访时表示,可口可乐已做好充分的准备去赢得这场并购,"我相信这绝对是一笔很好的交易,对每个人都有好处。这一点在未来肯定能被证明。"杨马腾透露,可口可乐收购汇源是为实现本地化战略,实现果汁资源的本土化。"我相信果汁在中国有很好的市场前景。中国本地区有更多果汁生产所需的水果资源,如果可口可乐能做好本土化原料供应,就不必再依靠从巴西等其他国家进口了。"此外,杨马腾否认收购汇源果汁后,可口可乐会形成行业垄断。
>
> 　　(资料来源:欧志葵. 可口可乐称收购案仍在审批　有信心赢得并购[N]. 南方日报,2008-10-28.)
>
> **思考题**
>
> 　　可口可乐公司收购中国汇源公司的目的是什么?

2. 企业合并的形式

不同的合并动机影响企业合并的形式。从合并双方的行业差别来看,企业合并可以分为横向合并、纵向合并和混合合并。

(1) 横向合并。横向合并中,合并双方的主营业务相同或基本相似。从这一点来看,横向合并更有利于并购企业和目标企业在采购、生产和销售方面进行重新整合,进行优势互补;也可以利用双方在采购和销售方面的规模扩大,提高市场的垄断程度,增加企业获利能力。

例如,[阅读材料 11-1]中可口可乐通过横向合并收购汇源,主要可以利用汇源现有的市场经营能力直接进入中国果汁饮料市场。根据汇源果汁的公开文件,汇源果汁主要的有形资产是果汁罐装生产部分以及在各地的销售网络。这家公司在全国拥有二十余个生产基地;截至 2007 年年底,拥有 3 804 家经销商和 8 000 家分销商,共有 3 900 名销售代表。一旦交易完成,可口可乐将拥有上述资产,获得所有汇源果汁现有的客户和汇源果汁产品的生产厂,无须在中国从无到有地建立其果汁生产和营销网络。在碳酸饮料逐步萎缩的趋势之下,迅速拿下一个在果汁市场上市场份额保持领先的品牌,对完善可口可乐的业务版图至关重要。截至 2007 年年底,汇源 100% 纯果汁及中浓度果蔬汁的销售量分别占国内市场总额的 42.6% 和 39.6%,汇源已经连续数年在这两项指标上占据市场领导地位。

[一] 2009 年 3 月 18 日,中国商务部根据中国《反垄断法》否决了可口可乐收购汇源果汁集团公司的申请。

(2) 纵向合并。所谓纵向合并，是指并购公司和目标公司属于同一行业的上下游企业，比如钢铁企业收购矿山企业或煤炭企业。并购企业选择同行业上下游企业进行合并，其主要目的是降低企业与上下游行业的交易成本，扩大合并后企业的价值链，提升企业整体价值。例如，为降低冶炼用煤炭价格，宝钢集团从2005年开始先后在河南、山西两省多地收购煤炭企业；此外为降低未来生产用铁矿石价格，宝钢集团曾设想收购全球产量第三的澳大利亚力拓矿石公司。这些都是纵向合并的做法。

(3) 混合合并。所谓混合合并，是指并购公司和目标公司所经营行业相关度很低。并购企业选择本相关行业企业进行合并，可能处于未来发展方向考虑，也可能是利用多余资金进行投资，实施资本运营战略。混合合并主要在20世纪70年代比较流行，自20世纪90年代开始，混合合并逐渐减少。

11.1.2 企业合并的价值评估与支付方式

企业合并的主要决策由并购企业提出。从并购企业角度来说，在并购中需要考虑许多问题，其中比较重要的两个问题是：目标企业价值多少？并购目标企业的价格利用什么方式进行支付？

1. 目标企业价值评估方式

从财务管理角度说，目标企业的价值评估有多种方式，主要的方式有：

(1) 未来现金流量折现法。这一方法的基本思想是将目标企业收购看成是一个投资项目，根据未来目标企业的现金流量，确定其价值。

[例11-1] 2009年年初A公司计划收购B公司，因此从多个方面收集B公司资料，表11-1是B公司2005～2008年主要经营活动现金流量数据。

表11-1 B公司2005～2008年主要经营活动现金流量数据 （单位：万元）

	2005	2006	2007	2008
营业收入	25	30	32	28
经营成本	18	19	20	18
上缴税金	5	6	6	5

假设B公司未来市场需求和经营规模均不变，A公司预计收购B公司后经营10年，每年的投资必要收益率为6%，试估计B公司的市场价值。（不考虑10年后B公司资产残余价值）

解答：

上述B公司由于未来市场需求和经营规模均不变，因此未来净现金流入不会有太大变化。2005～2008年B公司平均营业收入28.75万元，经营成本18.75万元，上缴税金5.5万元，净现金流量为4.5万元。假定未来每年现金净流量为4.5万元，则未来10年的现金流量现值为 $4.5 \times PVIFA(6\%, 10) = 33.12$ 万元。

因此，B公司的价值为33.12万元。

未来现金流量折现法从理论上说是比较完美的，但在实际工作中存在问题，其突出问题就是目标公司没来现金流量很难估计，因而难以进行合理运用。

(2) 市盈率法。市盈率法的基本思想是：企业价值取决于其市盈率和每股收益的成绩，而每股收益可以根据企业财务会计数据获得，因此估计企业价值主要取决于对企业市盈率的估计。

[例 11-2] 2009 年年初 A 公司计划收购 B 公司，因此从多个方面收集 B 公司及行业相关资料。表 11-2 是 B 公司 2005～2008 年度每股收益及同行业上市公司市盈率的数据。

表 11-2　B 公司 2005～2008 年度每股收益及同行业上市公司市盈率的数据

	2005	2006	2007	2008
B 公司 EPS（元/股）	2	2.5	1.5	2.2
C 公司市盈率（倍）	10	15	9	13

假设 B 公司未来市场需求和经营规模均不变，试估计 B 公司的股票市场价值。

解答：

首先根据上述数据，计算 B 公司 2005～2008 年度平均每股收益为 2.05 元/股，而 C 公司平均市盈率为 11.75 倍，如果 B 公司与 C 公司市盈率相同，则 B 公司每股价值为 2.05 × 11.75 = 24.09（元/股）。

市盈率法计算简单，但方法的准确性取决于市盈率估计，上例中用 C 公司的市盈率估计 B 公司的市盈率，如果两公司在风险、技术特征等方面存在差异，就需要对 C 公司市盈率进行一定的修正，再作为 B 公司市盈率的估计数。

2. 支付方式

企业合并时，并购公司可以采取现金支付、交换股票以及现金 + 股票的支付方式。并购公司向目标公司采用什么样的支付方式，受多种因素影响。我们可以从并购公司和目标公司两个方面进行讨论。

(1) 并购公司角度。从并购公司角度来讲，并购支付方式主要取决于以下几个方面的因素：

1）现金充裕程度。并购公司现金越充裕，就越可能采用现金支付。

2）资本结构情况。如果并购企业负债比例比较高，则可能倾向于换股收购，相反则可能采用现金支付。

3）控股权和收益的稀释度。如果并购公司股东担心换股会导致控股权和收益被过分稀释，则可能采用现金支付方式。

例如，宝钢集团（宝钢）2009 年 3 月 1 日正式与杭州钢铁集团公司（杭钢）在宁波举行《关于宁波钢铁有限公司的股权收购协议》和《关于宁波钢铁有限公司的合资合同》签约仪式。根据协议规定，宝钢将投资 20.214 亿元（现金支付），收购宁波钢铁 56.15% 的股份，成为第一大股东。3 月 1 日下午，宁钢随即召开了重组后的首次临时股东大会和董事会，确定公司增资扩股后的股权结构：宝钢持股 56.15%，杭钢从原本 43.85% 的股份降至 34%，新增宁波市政府持有另外 9.85% 的股权。宝钢采用现金支付，主要因为其现金量充足，对外筹资能力强，也因为宝钢集团是国有企业，难以发行股票与宁钢股东进行换股。

（2）目标公司角度。从目标公司角度来说，并购支付方式主要取决于目标公司股东的需求。从目标公司股东来看，接受什么样的支付方式主要考虑如下因素：

1）股东收益的增长幅度。如果目标公司股东认为合并后未来公司盈利潜力很大，就可能倾向换股方式。

2）税收因素。如果目标公司股东接受现金支付，则在收到现金时可能会缴纳所得税，因此为避免税收，可能会采用换股方式。

3）控制权的稀释。如果目标公司股东还想保持对合并后企业的影响力，就可能通过换股，成为合并以后公司的股东，从而确保其对企业的持续影响。上述宝钢收购宁钢案例中，宁钢股东之所以接受现金支付方式，主要在于宁钢股东也需要收回投资，转投其他行业。

11.1.3 企业合并的融资渠道

由于企业合并时并购公司需要支付巨额并购资金，因此除换股支付方式外，并购企业需要筹集资金用于支付目标公司股东。通常并购企业会通过以下筹资渠道筹集资金。

1. 长期借款

向金融机构借款是企业并购中经常采取的措施，这是因为向银行借款速度快，借款条款也可以协商，具有很大的弹性，这对于一些与金融机构有战略合作关系的大企业来说非常合适。当然，借款占并购总金额的比例有一定的限制，以确保金融机构的贷款安全。例如我国规定，企业并购中，并购方的并购专项贷款不得超出并购总资金的50%。在上例宝钢集团收购宁波钢铁公司中，宝钢集团在2009年3月3日与交通银行（601328）签署了《并购贷款合同》，将由交通银行上海分行为其提供7.5亿元并购贷款，用于收购宁波钢铁有限公司56.15%的股权，约占总交易金额20.214亿元的37%，符合监管部门关于并购贷款不能超过并购总金额50%的限制。

2. 发行证券筹资

向金融机构借款存在一定的金额限制，因此如向金融机构借款不能满足并购支付需要，企业可通过发行证券（股票、债券等）筹集部分资金。向资本市场公开发行证券，可以获得大量的资金，其缺点是速度慢，且发行证券容易影响公司的控制权。

3. 回收投资，出售应收账款

在企业存在大量对外投资和应收债权时，企业可考虑出售非战略性投资项目，收回外部应收款项，增加资金来源，降低筹资压力。

阅读材料 11-2　　联想收购 IBM 的筹资渠道

新浪科技讯 北京时间5月1日消息，联想今日下午3点正式宣布完成收购 IBM 全球 PC 业务，任命杨元庆接替柳传志担任联想集团董事局主席，柳传志担任非执行董事。前 IBM 高级副总裁兼 IBM 个人系统事业部总经理斯蒂芬·沃德（Stephen Ward）出任联想 CEO 及董事会董事。合并后的新联想将以130亿美元的年销售额一跃成为全球第三大 PC 制造商。

根据收购交易条款，联想已支付给 IBM 的交易代价为12.5亿美元，其中包括约6.5亿美元现金，及按 2004 年 12 月交易宣布前最后一个交易日的股票收市价价值 6 亿美元的联想股份。交易完成后，IBM 拥有联想 18.9% 股权。此外，联想将承担来自 IBM 约 5 亿美元的净负债。

在 2005 年 3 月 31 日宣布的另一项交易中，联想引入全球三大私人股权投资公司：得克萨斯太平洋集团、General Atlantic 及美国新桥投资集团，同意由这三大私人投资公司提供 3.5 亿美元的战略投资。根据协议，联想将向这三家私人投资公司共发行价值 3.5 亿美元的可换股优先股，以及可用作认购联想股份的非上市认股权证。有关这项交易需要召开的股东大会将在 2005 年 5 月 13 日举行。

（资料来源：新浪科技．联想正式宣布完成收购 IBM 全球 PC 业务 [J/OL]．[2005-05-01]．http://tech.sina.com.cn/it/2005-05-01/1511599777.shtml．）

思考题
1. 联想收购 IBM 的支付方式是什么？
2. 联想收购 IBM 的筹资渠道是什么？为什么这样筹集资金？

11.2 国际财务管理

在现代市场经济环境下，国际化经营和投资成为许多企业的选择，因此在财务管理上也需要考虑国际经营背景下的环境变化和政策变更，本节我们主要讨论国际财务管理的主要环境和主要方法。

11.2.1 国际财务管理环境

企业开展国际经营，其财务管理的环境有了一定的变化，突出表现在以下几个方面。

1. 外币市场与外币资金结算

如果一家企业从事国际范围内的经营活动，就会涉及外汇资金的收付，由于汇率的不断变化，企业也会存在外币资金结算的损益。作为企业需要在外币市场上进行操作，因此企业需要正确认识外汇市场以及相关操作规则，正确进行管理。

根据《中华人民共和国外汇管理条例》（2008 年修订）规定，所谓外汇，是指下列以外币表示的可以用作国际清偿的支付手段和资产：①外币现钞，包括纸币、铸币；②外币支付凭证或者支付工具，包括票据、银行存款凭证、银行卡等；③外币有价证券，包括债券、股票等；④特别提款权；⑤其他外汇资产。

境内企业在国际经营中的外汇收支，可以通过外汇市场进行外汇与本币之间的转换。所谓外汇市场，是指由外汇购买和外汇出售方进行交易所形成的市场。从世界范围来看，外汇市场的交易形式有两种：一是无形的外汇市场，即没有一个固定的交易场所，如美国、瑞士等；另一种是有形的外汇市场，即存在一个固定的交易场所，如德国。

改革开放以前，我国实行统收统支的外汇管理体制，一切外汇收入必须出售给国家，一切外汇支出都要由国家计划安排，因而不存在外汇的买者和卖者，也就不存在外汇市场。随着改革开放的逐渐深入，企业有了外汇收支的可能性和必要性，因而放松企业的外汇管理成为必然，为此，我国外汇市场的发展经历了一个逐渐改进的过程。

第一阶段：外汇调剂市场阶段（1980~1993年）。为调动出口企业创汇的积极性并配合外贸体制改革，国务院于1979年8月13日颁发了《关于大力发展对外贸易增加外汇收入若干问题的规定》，并制定了《出口商品外汇留成试行办法》，在外汇由国家集中管理、统一平衡和保证重点适用的同时，实行贸易外汇和非贸易外汇留成办法。所谓外汇留成是指出口企业将出口收入的外汇卖给国家后，国家按规定比例给予出口企业的地方外汇留成额度，用汇时，用汇单位用人民币配以额度，按国家规定的外汇牌价购买外汇。

第二阶段：市场化、规范化的银行间外汇市场阶段（1994年开始）。1993年年底，中国人民银行公布了《关于进一步改革外汇管理体制的公告》，决定从1994年1月1日起对外汇管理体制进行新一轮的改革。这次改革的一个重要内容就是在原有外汇调剂市场的基础上建立银行间外汇市场并取消了外汇留成，停止发行外汇券，取消外汇收支的指令性计划，实行银行结售汇制度，实现汇率并轨，实行以市场供求为基础，单一的、有管理的浮动汇率制度。这标志着我国外汇市场进入了一个以单一汇率和以市场为基础配置外汇资源为特征的新的发展时期。

阅读材料 11-3

中国外汇交易中心

1. 基本职能

中国外汇交易中心暨全国银行间同业拆借中心（简称交易中心），为中国人民银行直属事业单位，主要职能是：提供银行间外汇交易、人民币同业拆借、债券交易系统并组织市场交易；办理外汇交易的资金清算、交割，提供人民币同业拆借及债券交易的清算提示服务；提供网上票据报价系统；提供外汇市场、债券市场和货币市场的信息服务；开展经人民银行批准的其他业务。

2. 组织架构

交易中心总部设在上海，备份中心建在北京，目前在广州、深圳、天津、济南、大连、南京、厦门、青岛、武汉、重庆、成都、珠海、汕头、福州、宁波、西安、沈阳、海口18个中心城市设有分中心。

3. 发展概况

交易中心是国家外汇体制改革的产物，成立于1994年4月。根据中国人民银行、国家外汇管理局发展市场的战略部署，交易中心贯彻"多种技术手段，多种交易方式，满足不同层次市场需要"的业务工作方针，于1994年4月推出外汇交易系统，1996年1月启用人民币信用拆借系统，1997年6月开办银行间债券交易业务，1999年9月推出交易信息系统，2000年6月开通"中国货币"网站，2001年7月试办本币声讯中介业务，2001年10月创办《中国货币市场》杂志，2002年6月开办外币拆借中介业务，2003年6月开通"中国票据"网，推出中国票据报价系统，2005年5月上线银行间外币买卖业务，2005年6月开通银行间债券远期交易，2005年8月推出人民币/外币远期交易。以电子交易和声讯经纪等多种方式，为银行间外汇市场、人民币拆借市场、债券市场和票据市场，提供交易、清算、信息和监管等服务，在保证人民币汇率稳定、传导央行货币政策、服务金融机构和监管市场运行等方面发挥了重要的作用。

4. 交易服务

组织原则：国家外汇管理局为外汇市场的监管部门，中国人民银行公开市场业务操作室为外汇市场调控部门，交易中心负责外汇市场组织运行。

会员构成：外汇市场实行会员制的组织形式，凡经中国人民银行批准可经营结售汇业务的外汇指定银行及其授权分支机构可成为外汇市场会员。

交易方式：外汇市场采用电子竞价交易系统组织交易。会员通过现场或远程交易终端自主报价，交易系统按"价格优先、时间优先"撮合成交。会员可选择DDN、F.R或拨号上网等方式实现远程联网。

交易时间：每周一至五（节假日除外）9：30 ~ 15：30。

交易品种：人民币兑美元、港元、日元和欧元的即期交易。

汇价形成：外汇市场每场交易产生开盘价、收盘价和加权平均价，人民币兑美元的加权平均价由中国人民银行公布作为第二日人民币兑美元的基准汇价，银行据此公布人民币兑美元挂牌价。

5. 清算服务

清算原则：外汇市场实行"集中、双向、差额、一级"的清算原则，由交易中心在清算日集中为会员办理人民币、外汇资金收付净额的清算交割。

清算速度：外汇市场本、外币资金清算速度为 $T+1$，交易日后的第一个营业日办理资金交割。

清算方式：人民币资金清算通过中国人民银行支付系统办理，外汇资金清算通过境外清算系统办理。

清算备份：在北京备份中心建立实时清算备份系统。

6. 网络服务

交易系统采用上海、北京双中心异地备份的体系结构，公共数据网与金融卫星专用网互为备份，形成了全国范围的实时电子交易平台。经鉴定，该系统设计合理、功能齐全、运行安全可靠、用户界面友好，是一项具有国内先进水平的系统工程。多年来，交易中心一直致力于建设一个安全、高效、可控的电子交易平台。根据市场发展的需要，2002年全面实施了网络系统的扩容改造，在上海、北京、广州、深圳、济南和天津六地设中继站，所有成员都通过以上六地接入交易中心网络。经过网络扩容和本外币交易、信息系统升级改造，系统安全性、稳定性、有效性和可扩性明显提高，为加速实现全国统一联网和交易主体增加、交易量增长提供了强有力的技术保障。

7. 信息服务

中国货币网（www.chinamoney.com.cn）是交易中心为银行间市场提供交易所需信息、中小金融机构备案报价和银行结售汇备案的基本平台，以"方便交易、防范风险、便利监管"为宗旨，为金融机构广泛参与市场、获取行情报价、了解对手资信、熟悉政策法规、学习操作技能、交流业务经验、培育市场人才、展示机构风采提供快捷的通道和基础的信息。中国货币网同时为未与交易中心交易系统联网的金融机构提供报价服务，为人民银行、国家外汇管理局提供市场监管服务。

> **思考题**
> 我国外汇市场与西方发达国家外汇市场相比有什么特点？

2. 政治环境变化

进行跨国的经营和投资，则经营和投资所在国的政治形势以及国际政治形式变化都会对财务管理产生影响。这些政治环境包括战争、政党变更、区域经济一体化等诸多问题。例如，2004年5月1日，匈牙利、波兰等10个新成员国正式加入欧盟，欧盟由15国增加到25国，拥有4.5亿消费者，年进出口总额接近3万亿美元，占世界总贸易额的20%，GDP占世界1/4，成为全球最大的贸易集团和进口市场。欧盟扩大产生贸易转移效应，对中国的影响包括两个方面：一是老成员转向从新成员购买原从中国购买的产品；二是新成员实施欧盟"共同贸易政策"抬高对区外贸易门槛后，阻碍中国产品进入原市场。目前，欧盟区域内贸易比重已高达60%，由于欧盟内部实行零关税，这10国加入欧盟后，区域内贸易比重将进一步上升，同时减少对外部贸易的依赖程度。经济发达的老成员将把新成员变成它们的制造业和农副产品生产基地，减少对区域外该产品的进口。由于中国与10国的经济发展水平、产业贸易结构、产品价格、技术含量水平相近，比较优势相差不大，而且这些国家占有地理位置、文化习俗及语言等方面的优势，欧盟区域内成员国的商品将可能替代从中国进口的商品，中国对欧盟出口的部分商品将可能有所减少。过去，中国与这10国对外贸易基本上为顺差，因此，届时与这些国家的贸易摩擦有可能会加剧。

> **阅读材料 11-4　欧盟对华光伏产品反倾销**
>
> 继美国之后，欧盟开始酝酿对华光伏产品双反增加追溯期，而此前追溯原则极少出现在中欧贸易战中。
>
> 2月21日，江苏南京一家光伏企业法务部人士向记者介绍，欧盟委员会正在讨论要求欧盟海关从3月起对进关的中国光伏组件（硅片、电池片及组件）进行登记，从而为追溯征收反倾销税做准备，"很有可能是从3月8日开始登记"。
>
> 在2月18日、20日两天，欧盟委员会即对对华光伏产品反倾销案件分别举行了两场听证。在此次听证会上，除起诉方以德国 SolarWorld 为主导的 EU ProSun（欧洲光伏制造商联盟）外，包括英利绿色能源、天合光能、阿特斯阳光等中国光伏企业及支持中方的欧洲同仁均有与会。
>
> "两次听证主要是审查此次反倾销案的合法性，同时 EU ProSun 提出要求对2月底前进口欧盟的中国光伏产品进行注册，由此为未来增添追溯性关税铺路。"上述法务部人士表示，EU ProSun 认为欧盟双反会最终成行，而中国光伏产品会在初裁的6月份前加大对欧洲的出口力度。
>
> 数据显示，2011年中国对欧洲光伏产品出口高达204亿美元，直接从业人口超过30万人。如果欧盟对中国光伏的"双反"案获得通过，那么它将成为中国与欧盟历史上最大的贸易纠纷。
>
> （资料来源：梁钟荣．欧盟对华光伏产品反倾销［N］．21世纪经济报道，2013-02-22.）
>
> **思考题**
> 欧盟对我国光伏产业的反倾销制裁对我国光伏产业有什么影响？

3. 经济政策变化

由于各个国家的经济体制不同，因此进行跨国经营要能够积极适应各国不同的经济政策差异。例如，权威机构泰华农民研究中心 2008 年 11 月 5 日称，美国新总统为兑现竞选期间所做的承诺，将推出刺激经济的新措施，以恢复经济，但新总统的贸易与经济政策也将对泰国产生影响。该机构分析，美国对泰国产品尤其是奢侈品的需求将有所减少，在美国双赤字和失业率上升等负面因素困扰下，奥巴马的减税措施也许无法增强美国人民的消费信心，因为奥巴马为刺激经济增长所做的巨额支出可能让美国人民觉得奥巴马将以增加税收来弥补政府预算赤字，因此人们将会选择持有现金以为将来做准备。泰国对美国的出口贸易将因美国预算赤字增加导致美元贬值（在其他影响美元币值的因素不变的情况下）而受到打击，泰铢币值将坚挺，从而将推升美国市场上的泰国商品价格。另一方面，美元贬值将导致人民币升值，使美国市场上的中国产品价格上升，造成中国对美国出口贸易放缓，从而导致泰国对中国的出口贸易也随之放缓。

4. 国际贸易形势

国际贸易是企业进行跨国经营的前提条件，也是国际财务管理的基础，国际贸易顺利发展，则企业跨国经营的效益增加，资金周转顺利，否则，就可能出现跨国经营失败，从而产生国际财务上的收支不平衡等问题。

11.2.2 国际财务管理的内容

一般来说，企业进行跨国投资和经营，所涉及的国际财务管理问题主要有以下几点。

1. 外汇管理

外汇管理的主要原因是企业跨国经营存在外汇风险。所谓外汇风险是指由于汇率变动而对公司的资产、负债价值产生变动以及公司获利能力产生影响的可能性。企业的外汇风险包括经济风险、交易风险和折算风险。经济风险是指由于未预期的汇率变化对国际经营企业未来可获得现金流量的净现值的影响。交易风险是指在汇率变化前发生，而且在汇率变动后仍未结清的债权债务可能受汇率变化而变动的风险。折算风险是指由于国际经营企业需要将跨国经营机构，以外币折算的会计报告转换成统一货币的合并报表，在汇率折算过程中由于汇率变化而带来的股东财富价值的变化。

对于以上三种外汇风险，国际经营企业有不同的管理方法，对于折算风险一般由各地企业会计准则统一规定处理方法，在此不做讨论。对于交易风险，财务上一般采用套期保值的方法进行处理。对于交易风险，主要的应对策略是重新安排资金转移时间。例如，持有弱币并富有强币债务的公司都会在弱币贬值之前，尽早用弱币来清偿强币债务，以降低持有弱币的风险。

2. 国际融资管理

所谓国际融资是指国际经营企业跨越国界在国际金融市场上筹集资本。例如，我国 H 股上市公司在香港发行 H 股上市以及我国上市公司在美国纽约证券交易所发行证券筹集资金等，都属于国际融资。

国际经营企业进行国际融资，需要考虑如下事项。

(1) 国际融资的条款限制。在国际市场进行融资，与国内市场融资有一些区别，比如在纽约证券交易所。对美国以外公司上市的考察内容：①社会公众持有股票数不少于250万股；②拥有100股以上的股东人数不少于5 000名；③公司的股票市值不少于1亿美元；④公司必须在最近三个财政年度里连续盈利，且盈利在最后1年不少于250万美元、前2年每年不少于200万美元或在最后1年不少于450万美元，3年累计不少于650万美元；⑤公司有形资产净值不少于1亿美元；⑥对公司的管理和操作方面有多项要求；⑦其他有关因素，如公司所属行业的相对稳定性、公司的行业地位、产品市场情况、公司前景、公众对公司股票的兴趣等。企业必须达到上述条款要求，才能在纽约证券交易所发行股票筹集资本。

(2) 采用恰当的融资方式。各国的金融体系不同，因此在不同的国家筹集资金要选择恰当的方式。美国是证券市场主导型的融资方式。以证券市场为主导的融资模式是英美等国家融资方式的典型特点。美国虽然商业银行众多，但根据规定，银行只能经营短期贷款，不能经营7年以上的长期贷款。在这种条件下，企业的长期资本不能通过银行中介进行间接融资，只能依靠证券市场进行直接融资。由于美国税法规定公司股息分配前要缴纳所得税，而债息分配前免交所得税，公司债成为美国证券市场占主导地位的融资工具。据统计，美国企业有2/3是通过发行公司债进行融资，股票发行规模只占企业长期债务总额的1/3左右。日本是主银行制度的融资方式。日本证券市场并不发达，其融资方式主要采取"银行导向"型金融（bank-oriented financing），银行系统的间接融资占据了资本供应的主渠道地位，直接融资（债券、股票）比例较小。特别是从经济恢复时期到高速增长时期，企业对银行贷款的依赖程度不断提高。在日本，由于允许银行持有企业5%~10%的股份，企业与银行之间的关系一般比较固定。更为独特的是日本所有的大企业都有自己的主银行。所谓"主银行"，是指对于某个企业而言在资金筹措和运用等方面容量最大，并且拥有持股、人员派遣等综合性、长期性交易关系的银行。由于主银行既是企业最大的债权人又是股东，这就强化了主银行对企业的控制力。主银行与企业之间相互依存，形成了一种长期的紧密合作关系。

(3) 考虑融资结构安排。在选择国际融资方式时，融资结构安排是需要考虑的项目。这里的融资结构既包括负债和所有者权益之间的关系，也包括各种币种来源的匹配，宗主国和东道国控制权比例的安排等内容，只有将这些内容进行综合平衡，才能进行正确的融资决策。

3. 国际投资管理

所谓国际投资，是指国际经营企业在本国以外进行投资的行为。国际经营企业进行跨国投资，需要考虑以下内容。

(1) 国际投资方式。进行国际投资可以有多种方式，比如国际合资投资、国际合作投资、国际独资投资、国际证券投资等形式。所谓国际合资投资是指某国投资者与另一外国投资者通过组建合资经营企业的形式进行的投资，合资者共同投资、共同经营、共负盈亏、共担风险。国际合资投资的主要优点在于可以通过东道国合资者的帮助，减少经营风险，争取东道国的国民待遇。国际合作投资是通过建立合作经营企业的形式进行投资，其优点是合作经营形式简单，程序快捷，投资形式灵活，其缺点是：合作形式不固定，容易产生纠纷。国际独资投资是指通过在国外设立独资企业的形式所进行的投资。其优点是进行国际独资投资由投资者自己提供全部资本，独立经营管理，因而在资金的筹集、运用和分配上，都拥有自主权，不会受到其他干涉。进行独资投资有利于企业学习所在国的先进技术和管理经验，有利于使投资者在更广大的范围内来配置资源和生产能力。企业进行独资投资可利用各国税率的不同，通过内部转移价格的形式，进行合理避税。进行国际独资投资的缺点主要是：进行独资投资，对东道国的投资环境调查起来比较困难，不太容易获得详细的资料．因而，投资者承担的风险较大。在很多国家，独资企业设立的条件都比合资企业和合作企业要严格。特别是有些行业根本不允许独资企业进行经营，这也是独资企业的不利之处。国际证券投资是指投资于国外证券市场发行的证券。其主要优点是流动性较大，其缺点在于对被投资对象的风险评估存在困难。

（2）国际投资区域选择。进行国际投资可以在不同的国家进行，因此在选择投资区域时，需要考虑东道国的许多特征，包括如下几个方面：

1）东道国政局的变动。例如，政府主要领导层的变动，主要党派之间引起的政局动荡，社会中各民族间、各宗族间的矛盾摩擦引发的社会动乱等，都可能会使投资者的利益受损。

2）东道国意识形态领域中的宣传。例如，东道国政府鼓动或民间自发出现的"抵制外国货"意识和运动，以及认为外来资本是一种"经济侵略"的意识，都会在一定程度上对外国投资者的利益造成冲击。

3）东道国的国有化风险。这主要是指东道国通过国有化政策迫使国际经营企业放弃对所在地区投资的权益的风险。

4）战争风险。某些东道国与邻国关系恶化，导致战争的爆发，一方面，投资者的企业难以正常运行而使利益受损；另一方面，东道国如果受到国际社会制裁，投资者也会因此利益受损。

5）东道国经济政策的合理性和规范性，如果东道国经济体制健全，法规完善，就有利于国际经营企业投资。

（3）国际投资的项目选择。不同的项目在国际投资中流动性和风险不同，获利能力不同，不同的东道国在吸引外资方面的政策也会不同，因此国际经营企业应选择合适的投资项目进行决策。比如，海尔集团在其海外发展战略中，首先选择美国作为海外投资的基地，1999年4月30日，海尔在美国南卡来罗纳州建立美国海尔工业园；其次进入欧洲发展，2001年6月19日，海尔集团在意大利设立生产基地；借助欧美发展的成功影响，海尔在2003年以后进入亚洲市场。从海外发展的成功可能性来说，选择美国发展白色家电作为起点具有非常重要的意义，美国消费者对冰箱等白色家电消费量大，新产品进入市场快，海尔选择美国，可以利用科技和新产品开发优势迅速进入市场，从而成功发展海外投资。

4. 国际营运资本管理

国际经营企业需要在国际经营的情况下进行资金统一管理，而各国的外汇管理制度存在不同，这就需要国际经营企业设计出一个适应自己特点和所在国家的外汇管理制度的资金管理方法。例如，中国石油天然气集团公司（简称CNPC）在2003年提出全面建设具有国际竞争力的跨国企业集团的奋斗目标，努力实现"两个转变"，即由国内石油公司向跨国石油公司转变、由单纯的"油气生产商"向具有复合功能的"油气供应商"转变。为此 CNPC 跨国公司战略下资金管理的总目标设定为：①保证资金的均衡性、高效性、安全性和及时性努力实现跨国资金的均衡流动；②加速资金回流，减少资金流出，在全球范围内控制资金风险，使资金余额保持在最低水平，尽量降低内部资金调拨成本；③在保证资金需要的前提下，增加剩余资金的收益，努力实现 CNPC 资金的保值增值。为此，CNPC 跨国公司战略下资金管理突出以下几个方面的要求：①以最少量的资金支持 CNPC 在全球范围内的生产经营活动；②加速资金流动；③提供金融缓冲，从 CNPC 整体上进行资金管理，保证资金平衡；④从整体上提高资金调度、使用和储存的经济效益；⑤规避风险和管制；⑥减轻税负；⑦实现对 CNPC 全球资金的监控和授权管理；⑧从全球角度进行债务融资集中管理，保持强大的外部融资功能和优化的债务结构。

11.3 资本运营

11.3.1 资本与资本运营的概念

1. 资本的概念和特征

（1）资本的概念及作用。按照马克思主义的观点，所谓资本，是指能够带来剩余价值的价值。资本从政治经济学的角度来说，是资本家剥削工人的工具。从企业经营的微观角度说，资本具有如下作用：

1）联结生产要素，形成现实的生产能力，推动价值的增值和积累。在市场条件下，生产资料、劳动力及各类生产要素处于分离状态，它们只有通过资本购买，才能转化为现实的生产力。

2）资源配置职能。资本为了追求高利润的投资场所，就会不断地从利润低的部门转出，转入高利润率的部门，带动各种资源流动，形成社会资源配置。

3）激励与约束职能。由于资本的逐利性，资本所有者要求企业管理人员积极开源节流，扩大资本投资收益，从而会形成对管理层的约束，激励管理层努力工作。

（2）资本的特征。资本具有如下特征：

1）资本的增值性。资本投资者投入资本，必须获得必要报酬。

2）资本的运动性，资本必须投入运营过程中，才能实现价值增值，这种运动性既表现为企业内部资金运动，也表现为资本参与社会整体资本运动。

3）资本的竞争性，不同的行业和企业资本都会在统一的市场上发生竞争，效率高的资本会获得更高的利润，而效率低的资本可能会出现亏损，以至退出市场。

4）资本的开放性，在一个开放的环境下，资本为获得超额回报，必然会从高盈利企业向低盈利行业流动，形成资本的开放性。

5）资本的独立性和主体性，资本属于其所有者，所有者独立开展资本运营，并获取其经营收益。

2. 资本运营的概念和特点

所谓资本运营，是指对企业可以支配的资源和生产要素等进行运筹和优化配置，以实现最大化资本增值目标。企业实行资本运营，其必要性在于：资本为获取超额收益，必然要求在其流动的范围内进行优化配置（行业、地区、产品等方面）；其可行条件是资本能够在一定的范围内合理流动，这就需要一个比较发达的资本市场，使资本所有者可以在这个市场内对资本进行优化配置，从而获得更高的效益。

与传统的企业经营方式相比，资本运营具有以下特征：

（1）资本运营是以资本导向为中心的企业运作机制。传统体制下，企业经营者只关注企业的生产经营，这在市场环境恶化时不能解决企业问题，资本运营不仅考虑企业生产经营（企业内部资本循环），还考虑资本在不同行业、不同区域、不同结构的成本收益，从而超越传统生产经营的限制，拓展了企业活力。

（2）资本运营是以价值形态为主的管理。传统的企业运营方式下，企业经营者注重存货的购入和生产，以及开发出市场需求的产品，通过销售实现收益，因此对各种实物资产的配置有很严格的要求，确保资产质量以及资产使用效率。而在资本运营模式下，企业经营者要求将所有可利用和支配的资源和生产要素都看成可以经营的价值资本，考虑到资源的投入、产出和价值增值，注重价值的流动性和获利能力。

（3）资本运营是一种开放式经营。传统的企业经营方式下，企业经营者利用本企业资本进行生产经营，在必要的情况下获取部分负债资金，其资本使用效率比较低；在资本运营方式下，企业经营者要求最大限度地支配和使用资金，以较少的资本调动支配更多的社会资本，企业经营者不仅关注企业内部的资源，还利用一切融资手段、信用手段扩大资本的份额，重视通过并购、参股、控股等途径，实现资本与外部资源的结合，扩大资本资源配置的范围。

（4）资本运营是一种结构优化式经营。资本结构的优化是指资本所有者将资本配置在各个不同的行业、企业、投资对象上，确保投资收益和风险的最优结合，因此资本运营方式下企业经营者强调资本结构优化，这种优化体现在资本来源结构、投资对象结构等方面的优化，而在传统经营方式下企业经营者一般注重资产结构的合理以及资本来源的合理，从这个角度说，资本运营优化的范围更广。

11.3.2 资本运营的内容

资本运营的内容极为丰富。从资本运营形态的角度，可以将资本运营划分为实业资本运营、产权资本运营、金融资本运营和无形资本运营等类型。

1. 实业资本运营

所谓实业资本运营，实质上就是企业将资本直接投放到生产经营活动中所需要的固定资本和流动资本之中，以形成从事产品生产或提供服务的经济活动能力的运作过程。实业资本运营的最终目的，就是要运用资本投入所形成的实际生产经营能力，从事产品生产、销售或者提供服务，以获取利润，实现资本增值。实业资本运营是资本运营最基本的方式。其他形式的资本运营必须以实业资本运营为基础，其运营收益来自于实业资本运营。

实业资本运营具有如下特征：

（1）实业资本运营伴随着实际的生产经营管理活动，即企业资本运营过程存在于实际的生产运作过程。

（2）资本投入回收较缓慢。这是因为企业实业运营需要固定资产和流动资产的合理使用。固定资产周转缓慢，往往需要多年才能收回投资。

（3）资本流动性差，用于实业资本运营的资产专用性很强，不能够及时变成现金。

（4）资本利润率较高，由于实业资本运营风险大，经营中需要有很多的专业知识，因此往往能获得比较高的收益。

2. 产权资本运营

所谓产权，是指法定主体对财产所拥有的占有权、使用权、收益权和处置权的总和。产权具有如下特征：产权是由所有权派生的权利，产权的基础和核心是所有权；产权所包含的权益是可以分离和转让的；产权是一种价值形态的财产收益。

产权资本运营包括以下两个层次。

（1）资本所有者及其代理人依据出资者的所有权经营企业的产权资本，以实现企业的保值增值目标。此时，产权资本运营的主要活动包括：①通过改变企业的资本结构，使投资主体多元化，实现资本扩张；②通过投资活动，形成资本性权益（如收购子公司）；③通过产权转让，分散风险等。

（2）企业经营者依据企业的法人财产权经营企业的法人资产，以实现企业法人资产的保值增值。这个层次的产权资本运营与实业资本运营含义相同。

产权资本运营需要具备一些前提条件，这些条件包括：

第一，产权的界定。产权界定与运用市场机制配置资源的效率有紧密关系。产权界定清晰，则市场资源配置效率高。然而产权界定也需要成本，因此对一些特殊的资产，产权界定因费用过高而不可行（企业自然环境），因此只能作为公共产品处理。在现代经济生活中，产权界定的基本工具是公司制。在现代公司制度下，实现了出资者所有权、法人财产权和经营权的三权分离，为产权资本运营提供了条件。

第二，产权交易市场的规范。产权交易市场是产权交易的场所，是企业产权交易关系的总和。产权交易市场是产权交易顺利进行的重要条件，它可以使企业生产要素在更广阔的范围和更深层次上进行优化配置。同时，交易市场使资源配置的成本降低。在我国产权交易市场包括股票交易所、产权交易所（中心）、资产调剂市场、承包市场、租赁市场。产权交易市场规范，可以保护产权交易者的利益，促进产权交易市场的流动性，从而保证产权资本运营的顺利进行。

第三，完善的法律、法规。国家要通过各种法律，保护产权所有者的合法权益，确保产权资本运营收益得到实现。

3. 金融资本运营

所谓金融资本运营，就是指企业以金融资本为对象而进行的一系列的资本经营活动。金融资本运营的基本形式是 $G-G'$，即只有货币价值的直接投入和产出，无生产经营循环。金融资本运营活动的收益主要来自于金融工具的价格波动和投资报酬。

金融资本运营的作用在于以下几个方面：①金融资本运营为企业投融资活动提供了一种新的方法和途径。②金融资本运营是一种国际通行的规范运作方式，它不仅为企业的经营发展提供了广阔的空间，也为企业走出国门，参与国际市场竞争提供了一个有利的工具。

例如，期权与期货的套期保值的使用，可以使企业避免经营风险。③金融资本运营为实业资本运营和产权资本运营提供了发展空间。

金融资本运营具有如下特点：第一，经营所需的资本额相对较少，无须大规模固定资产投入；第二，资金流动性强，企业变现能力较大；第三，不确定性较大，影响因素多，金融市场受多种因素影响，企业经营者要具备各方面的信息收集和判断能力。

4. 无形资本运营

无形资本运营是指企业对拥有的各类无形资产进行运筹和谋划，使其实现价值增值最大化的活动。无形资本运营是许多大型国际企业广泛采用的资本运营方法，其主要形式包括特许经营、连锁经营等。

无形资本运营的主要作用有：

（1）促进企业实现规模经营。企业可以通过授权连锁等方式，利用社会资金扩大企业规模，从而获得更多的利润。

（2）推动企业重视技术和产品开发、客户管理。企业如果想开展无形资本运营，其产品质量和功能必须具备很高的水平，形成一定的垄断优势，才具备授予他人无形资产的条件，这就促使企业开展技术和产品开发，提升客户忠诚度。

（3）推动企业产业结构、产品结构的高技能化。企业通过吸收高新技术，创造品牌，获得市场的垄断地位，从而增加无形资产价值，开展无形资本运营。

（4）提高经营管理水平。比如企业可以通过创新经营管理模式，实现全面业务外包，实现投资效益的几何级数增长。

11.3.3 资本运营的形式

资本运营有很多种具体形式，主要形式有以下几种。

1. 企业并购

并购是兼并与收购的合称。兼并（merger）有两层含义，狭义的兼并是指在市场机制的作用下，企业通过产权交易获得其他企业的产权，使这些企业法人资格丧失，并获得它们控制权的经济行为。广义的兼并是指在市场机制的作用下，企业通过产权交易获得其他企业产权，并企图获得其控制权的经济行为。收购（acquisition）是对企业的资产和股份的购买行为，收购涵盖的内容较广泛，其结果可能是拥有目标公司几乎全部的股份或资产，从而将其吞并，也可能是获得企业较大一部分股份或资产，从而控制该企业，还有可能仅拥有少部分股份或资产，而成为该企业股东中的一个。收购和广义的兼并常作为同义词使用，尤其是当兼并和收购同时使用时。因此，并购（M&A）泛指在市场机制作用下，企业为了获得其他企业的控制权而进行的产权交易活动。

2. 上市经营

上市是指将企业资产进行整合重组，对外公开招募股本，在证券市场上市交易。通过上市，企业可以建立在证券市场上源源不断地筹集资本，开展资本运营的通道，有利于企业规模的不断扩大。其具体做法可分为包装上市、买壳上市、借壳上市。

阅读材料 11-5　　　　　　　**飞鹤乳业借壳上市**

飞鹤乳业已经有了四十多年专业乳品制造的历史。2000 年，董事长冷友斌携骨干员工买下当时隶属黑龙江农垦局的飞鹤乳业全部股份。2001 年，黑龙江农垦局将飞鹤乳业资产划归完达山集团，作为一种补偿，冷友斌和持股员工得到了飞鹤乳业品牌所有权，而有形资产全部划归完达山集团。至此，飞鹤乳业成为一个没有实际资产的空壳。

2001 年的秋天，冷友斌携 100 多名员工撤出齐齐哈尔，筹资 240 万元买下了克东县乳品厂，并投资 400 万元对厂房进行改造，添置设备。隔年，他们买下了齐齐哈尔市拜泉县农场，使飞鹤乳业资产增值达 3 200 万元。

随着公司的不断扩大，资金"瓶颈"开始显现，这期间，冷友斌尝试向银行贷款，遭到拒绝。在一位从事证券业老乡的启发下，冷友斌把目光投向海外上市。2002 年年初，冷友斌等人在美国东部的特拉华州注册了一家控股公司（American Dairy Holdings Inc）。随后，该控股公司吸纳了国内的飞鹤乳业。于是，飞鹤乳业成为一家具有美国外资背景的中国企业。

在中间商的协助下，冷友斌获得了一家在 OTCBB 挂牌的 Lazarus Industies Inc 公司 88% 的股份。2002 年 5 月，公司更名为 American Dairy Inc（股票简称 ADIY），并且于 2003 年 5 月 13 日在美国的 OTCBB 挂牌上市。

在柜台上市后，飞鹤当即成立了一家生物科技公司，一家豆粉制作公司，旗下一下子拥有了 2 家核心公司、8 家联合企业。

飞鹤抓住中国乳业正处于"春天"的机会，快速做大婴幼儿奶粉、大豆制品加工，主攻方向也放在县市级以上二类城市，这些是乳业巨头们留下的缝隙市场，正适合中型公司去挖掘。由于飞鹤乳业的优质资产的注入，ADIY 的股价从以前的几美分狂涨至 3 美元左右，并一直稳定在此价位附近。股份稳定了，企业融资就有了保障。

思考题

飞鹤乳业借壳上市的原因是什么？

3. 公司分立

公司分立是指母公司将所持有子公司的股份分配给母公司的股东，从而从法律和组织上将子公司分离出去，形成一个与母公司有相同结构的公司。公司分立的原因主要在于如下几个方面。

（1）突出主业。为使核心业务获得更多的发展空间，在总资本有限的情况下，企业可以将非核心部分资产分立出去，获得更多的资金和资源。

（2）方便分立公司上市。通过公司分立，可以将预备上市部分资产独立起来，为后续上市提供条件。

（3）为了反垄断诉讼。企业为市场垄断嫌疑，往往会出售部分资产，增加市场竞争度，避免遭受反垄断诉讼。

4. 资产剥离

资产剥离是指出售企业的一部分资产给其他企业以获得现金收入。剥离的原因在于：

处置一些低值的、与企业核心运营联系不大的运营业务，将出售所得用于收益较高的机会；获得资金发展主业；收获过去成功；避免被接管；从以往收购中去除不合理业务。

本章小结

企业合并是指一个企业通过市场方式获得另外一个企业的控制权，从而使两个企业在同一管理层控制下协同经营，成为一个整体。企业合并的动机有协同效应、价值低估和管理层利益驱动等原因。从合并双方的行业差别来看，企业合并可以分为横向合并、纵向合并和混合合并。企业合并可以通过未来现金流量折现法、市盈率法进行评估；企业合并支付方式可以根据主并购企业情况综合采用长期借款、发行证券等融资方式。

在当今全球化趋势下，财务管理要注意在国际化的环境下如何开展运营。企业进行跨国投资和经营，所涉及的国际财务管理问题主要有外汇管理、国际融资管理、国际投资管理、国际营运资本管理等内容。企业进行国际财务管理时，要充分考虑政治、经济政策、国际贸易环境以及外汇管制政策等方面因素变化，调整企业财务管理政策。

所谓资本运营，是指对企业可以支配的资源和生产要素等进行运筹和优化配置，以实现最大限度资本增值目标。从资本运营形态的角度来看，可以将资本运营划分为实业资本运营、产权资本运营、金融资本运营和无形资本运营等类型。资本运营有很多种具体形式，主要形式有：企业并购、上市经营、公司分立、资产剥离等方式。

参考文献

[1] 陆正飞. 财务管理 [M]. 大连：东北财经大学出版社. 2001.
[2] 尹后顺，刘士武. 企业融资方式的国际比较 [J]. 辽宁经济，2008（6）.
[3] 秦晓磊. 我国企业国际投资面临的政治风险及对策 [J]. 时代经贸，2007（12）.
[4] 吴杰，吉寿松. 基于跨国经营战略的企业集团资金管理模式研究——以中石油集团公司为例 [J]. 集团经济研究，2005（8）.
[5] 申恩平，袁冶，苗乐平. 关于资本运营形式的划分 [D]. 沈阳工业大学学报，2000（9）.
[6] 杨青杰. 飞鹤乳业如何借壳上市 [J]. 中国牧业通讯，2004（1）.

复习思考题

1. 企业合并的主要动机是什么？
2. 国际财务管理的环境与一般财务管理环境相比有什么不同？
3. 什么是资本运营？资本运营与传统资本运营相比有什么特点？
4. 借壳上市为什么能成为我国许多企业进行资本运营的主要选择？

练习题

1. A公司2018年购买B公司50%股票，购买成本为1 000万元，控股后，A公司向B公司投资设备100万元，并派出管理层管理该公司，每年支付管理层薪金100万元。2001年年初，B公司效益好转，A公司出售持有B公司所有权益，获得价款2 000万元，试计算A公司资本运营收益率。

2. 甲公司欲收购乙公司股票，事先派出公司董事会秘书与乙公司高管层接触，了解乙公司对甲公司收购事项的态度和要求。董事会秘书和乙公司高管层接触后，告诉甲公司董事长，乙公司对收购事项提出如下要求：

(1) 按乙公司目前股票市场价格的2倍价格收购乙公司全部股票，目前乙公司每股市场价格为15元，共10 000万股。

(2) 甲公司可以支付现金，也可以支付股票，如果交换股票，必须以甲公司自身的股票来交换，交换比例为1份甲公司股票换2份乙公司股票，目前甲公司股票每股40元。

(3) 甲、乙两公司合并后，必须要保证乙公司有两人出任合并后甲公司董事。在上一年度，乙公司净利润18 000万元，甲公司目前20 000万股，上一年度盈利30 000万元。假定甲公司的投资必要报酬率为6%。

要求：

(1) 从甲公司来看，乙公司提出的收购价格是否可接受？

(2) 如果考虑接受乙公司提出的收购价格，在支付方式上采用换股方式还是现金方式？

案例题

汉鼎宇佑收购迷之游戏公司　两次被收购给出运营数据不一致

游戏公司上海灵娱网络科技有限公司（下称上海灵娱），在短短一年之内被收购两次，其前后公布的游戏玩家、流量等运营数据前后却有着很大差异。这是怎么回事？

交易标的上海灵娱网络科技有限公司旗下主要经营《大闹天宫OL》和《暴风王座》等游戏，这两款游戏也是这家公司最重要的收入来源。公开信息显示，这两款游戏的用户数量，在今年出现了极大幅度的下滑。其中，《大闹天宫OL》在2016年1~8月的用户数量仅为90.8万用户。在恒天海龙收购上海灵娱交易预案中，曾披露这款游戏2015年1~9月的用户数量是6 698.9万，2014年用户数量是6 453万。

《大闹天宫OL》（大陆地区）于2013年5月进行封闭测试，2013年9月开始在大陆地区公测并正式上线运营，报告期内主要运营数据如表11-3所示。

表11-3　报告期内《大闹天宫OL》主要运营数据（2014年至2016年8月）

项目	2014年	2015年	2016年1~8月
总用户数量	31 153 777	1 825 233	908 747
当期月均活跃用户数量	2 927 669	260 347	123 307
当期月均付费玩家数量	81 308	8 252	2 938
当期流水总计（万元）	48 637.77	5 025.87	962.55
月均ARPPU值	566	481	394
充值消费比	97.98%	113.37%	116.77%

数据来源：2016年11月披露的汉鼎宇佑交易预案、界面新闻研究部。

不过，用户数量急速下滑还不是最主要的。更值得注意的是，关于上海灵娱过往的多个同项数据，汉鼎宇佑和恒天海龙在各自交易预案中均给出截然不同的披露。

报告期内《大闹天宫OL》主要运营数据如表11-4所示。

表 11-4 报告期内《大闹天宫 OL》主要运营数据（2013 年至 2015 年 9 月）

项 目	2013	2014 年	2015 年 1~9 月
总用户数量	25 134 496	64 536 968	66 789 162
当期月均活跃用户数量	7 021 856	3 035 117	353 928
当期月均付费玩家数量	84 348	100 566	17 838
当期流水总计（万元）	23 208.04	60 182.48	7 495.55
月均 ARPPU 值	294	502	466

数据来源：2016 年 1 月恒天海龙交易预案、界面新闻研究部。

两份收购预案的主要差异在于用户数量以及月均活跃用户付费数量。以《大闹天宫 OL》游戏的流水举例。2016 年 1 月恒天海龙收购时交易预案披露出的经营数据为：2014 年总用户数量为 6 453.6 万人，当年总流水 6.08 亿元；2015 年 1~9 月的总用户数量为 6 678.9 万人，当期流水骤降为 7 495 万元。但是当汉鼎宇佑收购同一交易标的时，数据又被"一举推翻"。2016 年 11 月披露的交易预案中显示，《大闹天宫 OL》2014 年 3 115.3 万人次，较上一份缩水了近一半；而 2015 年以及 2016 年的用户数量更是骤降，分别仅为 182.5 万人次以及 90.8 万人次。

运营数据的差异不仅仅出现在这一款游戏上。根据界面新闻查阅，除了《大闹天宫 OL》之外，其经营数据的前后差异还出现在游戏《暴风王座》上。恒天海龙的交易中显示 2015 年 1~9 月《暴风王座》的总用户数量为 856.4 万人，当期总流水为 8 572 万元；而到最近披露的汉鼎宇佑交易预案中，2015 年全年的总用户数量仅为 703 万人，总流水为 8 263 万元。可以看到，多了 3 个月的时间，但这款游戏无论是用户数量还是总流水，均不升反降。

（资料来源：陈菲遐. 两次被收购给出的运营数据哪次是真？汉鼎宇佑要收购一家谜之游戏公司 [OL]. 新浪网，2016-11-21）

思考题

目标公司 2014 年和 2015 年有关产品经营数据为什么会发生变更？

试 卷 一

一、单项选择题（每小题1分，共15分）

1. 财务管理观念是人们在进行财务管理工作时的指导思想，这些观念是根据财务管理的理论和实践总结出来的，对财务管理的各方面工作都有指导作用。我们主要讨论的两个基本观念是：（　　）。
   A. 价值观念和风险观念
   B. 时间观念和投资观念
   C. 时间价值观念和投资风险观念
   D. 时间性价值观念和投资性风险观念

2. 税收是财务管理的重要影响因素，这是因为税收影响企业的（　　），进而影响企业的市场价值。
   A. 现金支出
   B. 现金收入
   C. 资源占用与利益分配关系
   D. 投资者关系

3. 某公司有三个投资项目，其中：项目A的标准离差率为0.237 0，项目B的标准离差率为0.339 6、项目C的标准离差率为0.083 9，请问A、B、C三个投资项目中，风险最大的投资项目是（　　）。
   A. B项目
   B. A项目
   C. A项目和B项目
   D. B项目和C项目

4. 下列计算公式：（主营业务收入－营业成本）÷主营业务收入，所反映的财务指标是（　　）。
   A. 利润率
   B. 毛利率
   C. 息税前利润率
   D. 销售利润率

5. 杜邦分析法是利用各种财务比率指标之间的内在联系，对公司财务状况和经济效益进行综合分析与评价的一种系统分析方法。其基本原理为将（　　）分解为多项财务比率乘积，有助于深入分析及比较企业的经营业绩。
   A. 市盈率
   B. 净资产收益率
   C. 销售利润率
   D. 总资产报酬率

6. 假设某公司年度固定债务利息为500万元，优先股股利为零，公司所得税税率为30%，当营业利润为1 500万元时，则该公司的财务杠杆系数为（　　）。
   A. 0.8
   B. 1.25
   C. 3
   D. 1.5

7. 新天地公司年度赊销收入净额为450万元，应收账款平均收账期为40天，变动成本率为70%，资金成本率为12%，则应收账款占用资金的机会成本是（　　）。
   A. 3.5
   B. 6
   C. 5.2
   D. 4.2

8. 现金流量预算着力于资金的集约管理和企业的金融运作，立足"（　　）"。
   A. 存量节约
   B. 加大流量和流速
   C. 增量增收
   D. 流向调整

9. 当固定成本为80万元，变动成本率60%，销售额为400万元，则边际贡献总额为（　　）。
   A. 80万元
   B. 40万元
   C. 160万元
   D. 240万元

10. 某企业拟购买一种利随本清的企业债券，面值800元，期限6年，票面利率8%，不计复利，该企业按要求的必要投资报酬率10%计算债券投资价值为667.78元，此时该债券市场价格700元，请你从财务角度判断能否购买？（　　）。
    A. 不可以购买　　　B. 可以购买　　　C. 不知道　　　D. 以上都对
11. 预算编制起点可以是（　　）。
    A. 弹性预算　　　B. 销售预算　　　C. 全面预算　　　D. 费用预算
12. 西施公司资产总额5 000万元，产权比率为1.5，则资产负债率为（　　）。
    A. 0.67　　　B. 0.33　　　C. 0.50　　　D. 0.60
13. 新安公司预计2010年第三、四季度销售产品分别为220件、350件，单价分别为2元、2.5元，各季度销售收现率为60%，其余部分下一季度收回，则第四季度现金收入（　　）元。
    A. 701　　　B. 440　　　C. 875　　　D. 437.5
14. 银海公司年末会计报表部分数据：流动负债60万元，流动比率2，速动比率1.2，销售成本100万元，年初存货52万元，则本年度存货周转次数为（　　）。
    A. 1.65次　　　B. 2.3次　　　C. 2次　　　D. 1.45次
15. 某企业在2010年度的经营中遇到如下问题：借款利率下降；市场需求降低；公司发生火灾；国际金融危机。在这些问题中，属于公司特有风险的是（　　）。
    A. 借款利率下降　　B. 市场需求降低　　C. 公司发生火灾　　D. 国际金融危机

二、多项选择题（每小题2分，共10分）

1. 股利政策的类型主要有（　　）。
    A. 剩余股利政策　　　　　　　　B. 固定股利发放率政策
    C. 每年都不发股利政策　　　　　D. 正常股利加额外股利政策
2. 下列属于应收账款管理成本的有（　　）。
    A. 调查客户信用情况的费用　　　B. 坏账成本
    C. 收账费用　　　　　　　　　　D. 机会成本
3. 公司债券的发行价格是发行公司发行债券时所使用的价格，下列说法正确的是（　　）。
    A. 债券票面利率高于市场利率，为溢价发行
    B. 债券票面利率低于市场利率，为溢价发行
    C. 债券市场利率高于票面利率，为折价发行
    D. 债券市场利率低于票面利率，为折价发行
4. 财务管理中，进行现金管理的模型主要有（　　）。
    A. 现金周转模型　　B. 成本分析模型　　C. 投资回收模型　　D. 筹资回收期模型
5. 公司持续发展的关键在于（　　）的协调程度。
    A. 营运能力　　　B. 偿债能力　　　C. 盈利能力　　　D. 杜邦分析体系

三、判断题（每小题1分，共5分）

1. 成本习性，是指成本与业务量之间的依存关系，也称动态化成本。（　　）
2. 经营杠杆系数等于2的意义是：当企业销售额增长10%时，息税前利润将下降20%；反之，当企业销售额下降10%时，息税前利润将增长20%。（　　）

3. 资本资产定价模型（CAPM）的基本原理主要来自人们对风险与收益之间关系的认识。（　　）
4. 运用净现值和内部报酬率进行投资项目决策，所得出的决策结论不一定是一致的。（　　）
5. 现金的管理成本是一种固定成本，在相关范围内，与现金持有量之间并无明显的比例关系。（　　）

四、计算与分析题（每小题10分，共40分）

1. 宏达公司资产负债表简表如下：

资产负债表

2001年12月31日　　　　　　　　　　　　　　　　　　　　　　　　　　　（单位：元）

资产	金额	负债及所有者权益	金额
货币资产	25 000	流动负债	
应收账款净额			
存货		长期负债	
固定资产净额	294 000	所有者权益	240 000
资产总计		负债及所有者权益合计	

已知：该公司2000年产品销售成本为315 000元，存货周转次数为4.5次；年末流动比率为1.5；产权比率为0.8，期初存货等于期末存货。

要求：

（1）根据上述资料计算填写宏达公司2000年12月31日资产负债表简表。

（2）假定本年赊销净额为86 000万元，期初应收账款等于期末应收账款。计算宏达公司应收账款周转期。

2. 某公司2010年年初的负债及所有者权益总额为9 000万元，其中公司债券为1 000万元（按面值发行，票面年利率为8%，每年年末付息，3年后到期）；普通股股本为4 000万元（面值1元，4 000万股）；资本公积为2 000万元；其余为留存收益。2011年该公司为扩大生产规模，需要再筹集1 000万元资金，有以下两个筹资方案可供选择。

方案一：增加发行普通股，预计每股发行价格为5元。

方案二：增加发行同类公司债券，按面值发行，票面年利率为8%。

预计2011年可实现息税前利润1 600万元，适用的企业所得税税率为25%。要求运用每股利润无差别点法进行筹资决策。

3. 马鞍山生化科技有限公司拟筹资2 800万元，其中发行债券1 300万元，筹资费率2%，债券年利率为10%，所得税率为25%；优先股500万元，年股息率12%，筹资费率3%；普通股1 000万元，筹资费率4%，第一年预期股利率为10%，以后每年增长4%（每年都固定在4%）。要求计算：

（1）债券资本成本；优先股资本成本；普通股资本成本。

（2）假设各种筹资方式筹资额占总资本的比重为发行债券46.5%；优先股17.8%；普通股35.7%，请计算该筹资方案的综合资本成本。

4. 太白公司准备购入一套机械设备，现有甲、乙两个方案可供选择。甲方案需投资20万元，使用寿命5年，采用直线法计提折旧，5年后设备无残值。5年中每年销售收入8万元,每年付现成本为3万元。乙方案需投资24万元,采用直线法计提折旧,使用寿命5年,5年后有残值收入4万元,5年中每年的销售收入为10万元,付现成本为每年4万元,以后逐年增加日常修理费2 000元(比如今年2 000元修理费,明年就是4 000元),另需垫支营运资金3万元,假设两方案所得税率为25%。

要求:

(1) 计算两方案的现金流量。

(2) 假设两个方案的资本成本为8%,分别计算甲、乙方案的净现值。

五、简答题(每小题6分,12分)

1. 财务管理的对象是什么?请说明理由。

2. 请简要解释财务管理中为何选择现金流量而不是利润作为决策评价的基础?

六、案例分析题

东方公司财务××××年的有关财务比率如下表所示。

东方公司部分财务比率

××××年

月份 项目	1	2	3	4	5	6	7	8	9	10	11	12
流动比率	2.2	2.3	2.4	2.2	2.0	1.9	1.8	1.9	2.0	2.1	2.2	2.2
速动比率	0.7	0.8	0.9	1.0	1.1	1.15	1.2	1.15	1.1	1.0	0.9	0.8
资产负债率(%)	52	55	60	55	53	50	42	45	46	48	50	52
资产报酬率(%)	4	6	8	13	15	16	18	16	10	6	4	2
销售净利率(%)	7	8	8	9	10	11	12	11	10	8	8	7

1. 东方公司生产经营有什么特点?

2. 流动比率与速动比率的变动趋势为什么会产生差异?怎样消除这种差异?

3. 资产负债率的变动说明了什么问题?3月份资产负债率偏高能说明什么问题?

4. 资产报酬率与销售净利率的变动程度为什么不一致?

5. 该企业在筹资、投资方面应注意什么问题?

参 考 答 案

一、单项选择题（每小题1分，共15分）

1. C 2. A 3. A 4. B 5. B 6. B 7. D 8. B 9. C
10. A 11. B 12. D 13. A 14. C 15. C

二、多项选择题（每小题2分，共10分）

1. ABD 2. AC 3. AC 4. AB 5. ABC

三、判断题（每小题1分，共5分）

1. × 2. × 3. √ 4. √ 5. ×

四、计算与分析题（共40分）（计算公式正确酌情给2分，计算结果错误，酌情扣1～2分）

1. （1）答案：

货币资产	25 000	应收账款净额	43 000
存货	70 000	固定资产净额	294 000
资产总计	432 000		
流动负债	92 000	长期负债	100 000
所有者权益	240 000	负债及所有者权益合计	432 000

解析：（1）资产总计 = 所有者权益（1 + 产权比率）= 240 000 × (1 + 0.8) = 432 000（元）

（2）期末存货 = 期初存货 = 产品销售成本/存货周转次数
　　　　　　= 315 000/4.5 = 70 000（元）

（3）应收账款净额 = 资产总额 − 固定资产净值 − 存货 − 货币资金
　　　　　　　　= 432 000 − 294 000 − 70 000 − 25 000 = 43 000（元）

（4）流动负债 = 流动资产/流动比率 = (432 000 − 294 000)/1.5 = 92 000（元）

（5）长期负债 = 432 000 − 240 000 − 92 000 = 100 000（元）

（6）应收账款周转期 = $\dfrac{360}{(43\,000 + 43\,000)/2} = \dfrac{360 \times 43\,000}{86\,000} = 180$（天）

2. ① 根据题意，

列方程 $(EBIT - 80) \times (1 - 25\%)/(4\,000 + 200) = (EBIT - 160) \times (1 - 25\%)/4\,000$

解得：$EBIT = 1\,760$（万元）

② 筹资决策

∵ 预计息税前利润 1 600 万元 < 每股利润无差异点的息税前利润 1 760 万元

∴ 应当通过增加发行公司股票的方式筹集所需资金。

3. 债券资本成本 = [1 300 × 10% × (1 − 25%)]/[1 300(1 − 2%)] = 7.65%

优先股资本成本 = (500 × 12%)/[500(1 − 3%)] = 12.37%

普通股资本成本 = (1 000 × 10%)/(1 000 × (1 − 4%)) + 4% = 14.4%

该筹资方案的综合资本成本 = 7.65% × 46.5% + 12.37% × 17.8% + 14.4% × 35.7% =

10.34%

4.（1）甲方案每年提取折旧额 = 20÷5 = 4（万元）；净利润 = (8-3-4)×(1-25%) = 0.75（万元）

甲方案第1年年初现金流量 = -20万元；第1至5年末每年现金流量 = 4+0.75 = 4.75（万元）

乙方案每年提取折旧额 = (24-4)÷5 = 4（万元）

乙方案第1年年初现金流出流量 = -(24+3) = -27（万元）

乙方案第1年年末现金流入流量 = (10-4-4)×(1-25%)+4 = 5.5（万元）

乙方案第2年年末现金流入流量 = (10-4-4-0.2)×(1-25%)+4 = 5.35（万元）

乙方案第3年年末现金流入流量 = (10-4-4-0.4)×(1-25%)+4 = 5.2（万元）

乙方案第4年年末现金流入流量 = (10-4-4-0.6)×(1-25%)+4 = 5.05（万元）

乙方案第5年年末现金流入流量 = (10-4-4-0.8)×(1-25%)+4+4+3 = 11.9（万元）

（2）甲方案的净现值 = $\sum_{t=1}^{5} \frac{4.75}{(1+8\%)^t} - 20 = 4.75 \times PVIFA_{8\%,5} - 20 = 4.75 \times 3.99271 - 20 = -1.0346$（万元）

乙方案的净现值

$= \frac{5.5}{(1+8\%)^1} + \frac{5.35}{(1+8\%)^2} + \frac{5.2}{(1+8\%)^3} + \frac{5.05}{(1+8\%)^4} + \frac{11.9}{(1+8\%)^5} - 27$

$= 5.5 \times PVIF_{8\%,1} + 5.35 \times PVIF_{8\%,2} + 5.2 \times PVIF_{8\%,3} + 5.05 \times PVIF_{8\%,4} + 11.9 \times PVIF_{8\%,5} - 27 = 5.5 \times 0.92593 + 5.35 \times 0.85734 + 5.2 \times 0.79383 + 5.05 \times 0.73503 + 11.9 \times 0.68058 - 27 = 2.6181$（万元）

五、简答题（每小题6分，12分）

1. 答：财务管理的对象是企业的资金及其运动。这是因为财务管理主要是为企业理财，这就需要管理企业的资金，而不是管理企业的人事、生产、营销、科技开发、安全等其他事务。从财务管理实务工作来看，财务管理的筹资、投资、利润分配、营运资金管理等也主要是管理企业各项资金的分布和流转情况，提出优化建议。

2. 答：

（1）在投资项目的整个投资有效年限内，利润总计与现金净流量总计是相等的，从而使得以现金净流量取代利润作为评价净收益指标不仅是可能的而且也是现实的。

（2）按权责发生制计算出来的利润因受折旧方法等会计政策选择因素的影响，存在一定程度的主观性，相对而言，采用现金流量指标可以更加有效地保证评价结果的客观性。

（3）在项目投资的分析过程中，项目的现金流动状况比盈利状况更加重要。可以说，有利润的年份不一定能产生多余现金用来进行其他项目的再投资，而一个投资项目能否维持下去，并不取决于一定期间是否有盈利，更多的却取决于能否产生现金，从而用于各种支付。

六、案例分析题（18分）

解析：

1. 生产经营可以从销售净利率变动方面进行分析，即夏季利润率高，冬季利润率低，属于季节性营业企业。

2. 流动比率和速动比率冬季高，夏季低，说明企业可能冬季存货高，夏季存货低，可以在淡季减少存货。

3. 资产负债率变动说明企业没有一个稳定的资本结构，3月份负债率增加可能是企业临时融资需要增加负债所导致。

4. 资产报酬率和销售净利率变动程度不一主要是因为资产规模和业务收入变动不同步。

5. 注意投资一些与主营业务不同步的项目，融资注意不能扩大负债水平。

试 卷 二

一、单项选择题（每小题1分，共15分）

1. 影响财务管理目标实现的两个最基本的因素是：（　　）。
   A. 投资报酬率和风险　　　　　　B. 时间价值和投资风险
   C. 投资项目和资本结构　　　　　D. 资金成本和贴现率

2. 关于产权比率与资产负债率，下列说法正确的是（　　）。
   A. 两个比率对评价偿债能力的作用完全不同
   B. 资产负债率侧重于揭示财务结构的稳健程度
   C. 产权比率侧重于分析债务偿付安全性的物资保障程度
   D. 产权比率侧重于揭示自有资金对偿债风险的承受能力

3. 通常情况下，下列各项中不能在销售预算中找到的内容有（　　）。
   A. 销售单价　　　B. 生产数量　　　C. 销售数量　　　D. 回收应收账款

4. 某人购买一张债券，该债券2年到期，每年末支付利息10元，2年年末支付本金100元，某人需要的投资收益率为5%，则该债券的内在价值应为（　　）。
   A. $[10/(1+5\%)] + [10/(1+5\%)^2] + [100/(1+5\%)^2]$
   B. $[10\times(1+5\%)] + [10\times(1+5\%)^2] + [100\times(1+5\%)^2]$
   C. $[10/(1+1\times5\%)] + [10/(1+2\times5\%)^2] + [100/(1+5\%)^2]$
   D. $[10/(1+5\%)\times1] + [10/(1+5\%)\times2] + [100/(1+5\%)\times2]$

5. 反映社会平均资本利润率高低以及资金供求关系，同时也影响着普通股股票投资收益率的是（　　）。
   A. 市场投机气氛　　　　　　　　B. 市场利率水平
   C. 国家宏观经济形势　　　　　　D. 以上都对

6. 下列筹资方式中，资金成本最高的是（　　）。
   A. 发行股票　　　B. 发行债券　　　C. 留存收益　　　D. 长期借款

7. 下列关于营业周期的说法正确的是（　　）。
   A. 营业周期等于流动资产减流动负债
   B. 营业周期是公历1月1日至12月31日
   C. 营业周期等于应收账款周转期加存货周转期
   D. 以上都对

8. 对股份公司而言，下列各项中可以用于分配股利的是（　　）。
   A. 实收资本　　　　　　　　　　B. 资本公积
   C. 上年未分配利润　　　　　　　D. 息税前利润

9. 西南机械制造有限公司2014年年末的流动比率为1.6，已知2014年年末的流动负债为

100万元,则2014年年末该公司营运资本为(   )。

A. 160万元　　　B. 60万元　　　C. 100万元　　　D. 62.5万元

10. 下列关于净现值的说法正确的是(   )。
    A. 净现值的计算并没有考虑风险问题
    B. 计算净现值的前提是估算投资项目的现金流量
    C. 在财务决策中,运用净现值与现值指数,得到的决策结论一定是相同的
    D. 净现值就是使得内部报酬率等于零的边际贡献

11. 在企业利润分配中,股利支付与企业盈利状况密切相关的股利分配政策是(   )。
    A. 剩余股利政策　　　　　　　　　B. 固定股利政策
    C. 固定股利支付率政策　　　　　　D. 低正常股利加额外股利政策

12. 下列关于融资租赁的说法,正确的是(   )。
    A. 融资租赁直接涉及的是钱而不是物
    B. 只有上市公司才能开展融资租赁业务
    C. 融资租赁实质上具有借贷属性,是承租企业筹措长期资金的一种特殊方式
    D. 融资租赁是商业信用的一种形式

13. 企业现金管理的目标,就是要在资产的(   )之间做出权衡和抉择,以获取最大的长期利润。
    A. 风险和盈利能力　　　　　　　　B. 流动性和偿债能力
    C. 偿债能力和盈利能力　　　　　　D. 流动性和盈利能力

14. 企业的信用政策主要包括(   )。
    A. 机会成本、管理成本、收账费用　　B. 信用标准、信用条件、收账政策
    C. 信用期限、坏账损失、折扣率　　　D. 信用调查、信用评估、信用额度

15. 下列关于普通股筹资特点表述,不正确的是(   )。
    A. 增强公司信誉和偿债能力　　　　B. 筹资风险大
    C. 分散公司控制权　　　　　　　　D. 有利于足额筹集所需资金

二、多项选择题(每小题2分,共10分)

1. 债券契约中的常见条款包括(   )。
   A. 限制性条款　　B. 增值性条款　　C. 赎回条款　　D. 回售条款

2. 下列各项中,影响财务杠杆系数的因素有(   )。
   A. 销售收入　　　B. 变动成本　　　C. 固定成本　　D. 财务费用

3. 下列属于上市公司股利支付方式的有(   )。
   A. 财产股利　　　B. 现金股利　　　C. 股票股利　　D. 债转股

4. 净资产收益率可以综合反映企业的(   )。
   A. 盈利能力　　　B. 短期偿债能力　　C. 长期偿债能力　　D. 营运能力

5. 财务管理十分重视股价的高低,其原因是股价(   )。
   A. 代表了投资大众对公司价值的客观评价
   B. 反映了资本与获利之间的关系
   C. 反映了每股盈余的大小和取得的时间

D. 它受企业风险大小的影响，反映了每股盈余的风险

三、判断题（每小题 1 分，共 5 分）

1. 上市公司支付股利必须遵循法定的程序，有几个重要的日期，其中除息日是有权领取本期股利的股东资格登记截止日期。（　　）
2. "在股利收入与股票价格上涨产生的资本利得收益之间，投资者更倾向于前者"，该观点体现的股利理论是信号传递理论。（　　）
3. 只要企业存在固定成本，就一定存在经营杠杆的作用。（　　）
4. 随着投资组合中资产种类的逐渐增加，非系统风险发生的可能性逐渐减少。当组合中包括所有资产时，非系统风险接近于零；但系统风险仍不能随资产组合种类的增加而降低。因此当组合中包括所有资产种类时，组合的风险主要是系统风险。（　　）
5. 资金成本的基础是资金的时间价值，但两者在数量上是不一致的。（　　）

四、计算与分析题（每小题 10 分，共 40 分）

1. M 公司流动资产由速动资产和存货构成，2014 年期初存货为 170 万元，期初应收账款为 150 万元，期末流动比率为 200%，期末速动比率为 100%，存货周转率为 4 次，期末流动资产余额为 300 万元，假设一年按 360 天计算。

要求：
（1）计算该公司流动负债期末余额。
（2）计算该公司存货期末余额和年平均余额。
（3）计算该公司本年营业成本。
（4）假定本年赊销净额为 1 080 万元，应收账款以外的其他速动资产忽略不计，计算该公司应收账款周转天数。

2. 某企业拟进行股票投资，现有甲、乙两只股票可供选择，具体资料如下：

经济情况	概　率	甲股票预期收益率	乙股票预期收益率
繁荣	0.3	60%	50%
复苏	0.2	40%	30%
一般	0.3	20%	10%
衰退	0.2	−10%	−15%

要求：
（1）分别计算甲、乙股票收益率的期望值、标准差和标准离差率，并比较其风险大小。
（2）如果无风险报酬率为 4%，风险价值系数为 8%，请分别计算甲、乙股票的必要投资收益率。
（3）假设投资者将全部资金按照 60% 和 40% 的比例分别投资购买甲、乙股票构成投资组合，已知甲、乙股票的 β 系数分别为 1.4 和 1.8，市场组合的收益率为 10%，无风险收益率为 4%，请计算投资组合的 β 系数和组合的风险收益率。
（4）根据资本资产定价模型计算组合的必要收益率。

3. 尚闯机械制造有限公司由于扩大经营规模的需要，拟筹集新资金，有关资料见

下表。

资金种类	目标资本结构	新融资额	资本成本
长期借款	15%	45 000 元以内	3%
		45 000 元以上	5%
长期债券	25%	200 000 元以内	10%
		200 000 元以上	11%
普通股	60%	300 000 元以内	13%
		300 000 元以上	14%

要求：

（1）计算该公司的融资总额分界点。

（2）计算该公司的边际资本成本。

4. 甲公司打算投资 20 万元建设一个项目，预计投产后年均收入 96 000 元，付现成本 26 000 元，预计有效期 10 年，按直线法提折旧，无残值，所得税税率是 25%，请计算该项目的年现金流量。

五、简答题（每小题 5 分，共 15 分）

1. 在投资决策过程中，经常用到的贴现现金流量指标，其中运用 NPV 与 IRR 进行决策时，可能导致决策结果的矛盾，请分析其深层次的原因。

2. 请运用所学财务理论知识并结合自己的理解，谈谈负债筹资的意义。

3. 请简要介绍什么是 EVA？什么是 BSC？并用精练的语言对这两个概念引入企业财务业绩评价方面的特点进行分析。

六、案例分析题（共 15 分）

佛山照明的悲哀

佛山照明公司上市 16 年来，连续 16 年分红，创造了我国股票市场长期、持续分红一个新的历史纪录。同时，累计现金分红高达 21.1 亿元，是沪深两市唯一一家现金分红超过股票融资的公司，有"现金奶牛"的美誉。佛山照明长期高额派现所形成的"佛山照明现象"引起金融界人士的极大关注。多数投资者认为，该公司年均红利支付率高达60%～80%，使一些稳健的投资者获利颇多，投资者通过现金分红可以稳定的获取长期远高于银行定期储蓄的收益率，这是中国资本市场价值投资的典型体现。不少投资者评选该公司为中国最诚信上市公司，为 A 股的典范。

但是，对于这样长期高派现的上市公司，二级市场的反应并不积极，股价一直稳定甚至于说是呆滞。将近十年，除了 2007 年在大牛市行情中股价冲击 29 元外，大多数年份股价稳定维持在 10～15 元的水平，并且换手率较低。这对于短线交易的流通股股东多为不利。他们表示不满与恼火，一位股民抱怨说："我在股市投资十年，从未见过这样死的股票。"股价的不活跃导致多数短线投资者对该公司都避而远之。

请仔细阅读上述案例，综合运用所学知识回答下列问题：

1. 你如何看待佛山照明公司长期高额派现决策的正确性？

2. 董事长钟信才在公司初创之时为什么要做高额派现的承诺？在起伏、动荡的我国资本市场上钟信才为什么对中小股东一直坚守自己长期分红的承诺？你怎样看待董事长钟信才的做法？

3. 在我国证券市场发展进程中，部分上市公司在股利分配方面呈现出不同程度的"铁公鸡"现象，为此，有人提出监管当局应该推行强制分红的政策，在这个问题上，您的主张是什么？

参 考 答 案

一、单项选择题（每小题1分，共15分）

1. A 2. D 3. B 4. A 5. B 6. A 7. C 8. C 9. B
10. B 11. C 12. C 13. D 14. B 15. B

二、多项选择题（每小题2分，共10分）

1. ACD 2. ABCD 3. ABC 4. ACD 5. ABCD

三、判断题（每小题1分，共5分）

1. × 2. × 3. √ 4. √ 5. √

四、计算与分析题（共40分）（计算公式正确酌情给2分，计算结果错误，酌情扣1~2分）

1. （1）流动负债年末余额 = 300/200% = 150 万元

    （2）存货年末余额 = 300 - 150 × 100% = 150（万元）；存货年平均余额 = (170 + 150)/2 = 160（万元）

    （3）本年营业成本 = 160 × 4 = 640（万元）

    （4）应收账款年末余额 = 300 - 150 = 150（万元）；应收账款平均余额 = (150 + 150)/2 = 150（万元）；应收账款周转天数 = 150 × 360/1080 = 50（天）

2. （1）甲、乙股票收益率的期望值、标准差和标准离差率：甲股票收益率的期望值 = 0.3 × 60% + 0.2 × 40% + 0.3 × 20% + 0.2 × (-10%) = 30%

    乙股票收益率的期望值 = 0.3 × 50% + 0.2 × 30% + 0.3 × 10% + 0.2 × (-15%) = 21%

    甲股票收益率的标准差 =

    $\sqrt{(60\% - 30\%)^2 × 0.3 + (40\% - 30\%)^2 × 0.2 + (20\% - 30\%)^2 × 0.3 + (-10\% - 30\%)^2 × 0.2}$ = 25.30%

    乙股票收益率的标准差 =

    $\sqrt{(50\% - 21\%)^2 × 0.3 + (30\% - 21\%)^2 × 0.2 + (10\% - 21\%)^2 × 0.3 + (-15\% - 21\%)^2 × 0.2}$ = 23.75%

    甲股票收益率的标准离差率 = 25.30%/30% = 0.84

    乙股票收益率的标准离差率 = 23.75%/21% = 1.13

    （2）甲、乙股票的必要投资收益率：

    甲股票的必要投资收益率 = 4% + 0.84 × 8% = 10.72%

    乙股票的必要投资收益率 = 4% + 1.13 × 8% = 13.04%

    （3）投资组合的β系数和组合的风险收益率：

    组合的β系数 = 60% × 1.4 + 40% × 1.8 = 1.56

    组合的风险收益率 = 1.56 (10% - 4%) = 9.36%

(4) 组合的必要收益率 = 4% + 9.36% = 13.36%。

3. 解：

(1) 融资总额分界点 A = 45 000/15% = 300 000 万元

融资总额分界点 B = 200 000/25% = 800 000 万元

融资总额分界点 C = 300 000/60% = 500 000 万元

(2) 根据上述融资总额分界点可将筹资范围分为 0~300 000 万元、300 000 万~500 000 万元、500 000 万 - 800 000 万元及 800 000 万元以上四段，分别计算相应边际资本成本如下：

边际资本成本(0 ~ 300 000 万元) = 3% × 15% + 10% × 25% + 13% × 60%
= 10.75%

边际资本成本(300 000 万 ~ 500 000 万元) = 5% × 15% + 10% × 25% + 13% × 60%
= 11.05%

边际资本成本(500 000 万 ~ 800 000 万元) = 5% × 15% + 10% × 25% + 14% × 60%
= 11.65%

边际资本成本(800 000 万元以上) = 5% × 15% + 11% × 25% + 14% × 60%
= 11.9%

4. 解：建设期现金流出 20 万元，投产后 1~10 年每年利润为 96 000 - 26 000 - 200 000/10 = 50 000（元），所得税为 50 000 × 25% = 12 500（元），因此每年的净现金流量为 96 000 - 26 000 - 12 500 = 57 500（元）。

五、简答题（每小题 5 分，共 15 分）

1. 解答要点：在投资决策过程中，经常用到的贴现现金流量指标，其中运用 NPV 与 IRR 进行决策时，可能导致决策结果的矛盾，其深层次的原因是：NPV 与 IRR 这两种方法对再投资率的假设各不相同。NPV 法假设投资方案所产生的现金流量再投资后，能得到的报酬率为方案的贴现率（如资本成本）。在 IRR 法中，假设投资方案所产生的现金流量再投资后，能得到的报酬率为方案的内部报酬率。

2. 答：

(1) 负债筹资有利于提高企业的经营规模，增强企业的市场竞争能力。企业通过举债可以在较短的时间内筹集足够的资金扩大经营规模，参与市场竞争。

(2) 负债筹资可使企业得到财务杠杆效益，提高企业股东的收益。在投资利润率大于债务利息率的情况下，由于企业支付的债务利息相对固定，当息税前利润增加时，每 1 元息税前利润所负担的债务利息就会相应降低，从而给企业所有者带来额外收益。

(3) 负债筹资可以使企业获得节税收益。

(4) 负债筹资可减少货币贬值的损失。

(5) 负债筹资可以降低综合资本成本。

3. 解答要点：EVA 是单一的、滞后的、带有短期性质的财务指标，难以衡量经营者在研究和开发等方面为企业长远利益所做的贡献，难以适应知识经济时代无形资产在研发支出和创造价值方面的比重越来越大的要求。EVA 过于看重财务业绩的可直接计价因素，而忽视了市场占有率、创新、质量和服务、雇员培训等非财务因素，在一定程度上也是不利于企业的长期可持续发展。

BSC 则成功地解决了传统业绩评价体系与企业的长期战略相脱节的问题，将企业的长期战略和短期行动紧密联系起来，平衡兼顾了战略与战术的衡量、长期目标与短期目标的衡量、财务指标与非财务指标的衡量、滞后指标与先行指标的衡量以及外部与内部的衡量等诸多方面，多角度地为企业提供综合信息。

六、案例分析（15 分）

答：评分标准：大体上表述合理，语言通顺，决策正确即可。

股利分配的建议权在董事会。分别从正反两个方面分析推行强制分红的政策的优劣，最后提出自己的主张。